21世纪全国高职高专旅游系列规划教材

U0825013

旅游客源国概况

主　编　金丽娟
副主编　朱永文　王忠伟
　　　　柳　旭

北京大学出版社
PEKING UNIVERSITY PRESS

内容简介

本书的编写是为了适应“十二五”期间高等职业教育教学的改革和发展，满足我国市场经济体制下新型旅游管理岗位第一线的需要。本书系统、全面地介绍了国际旅游业市场概况，亚洲旅游区、欧洲旅游区、非洲旅游区、美洲旅游区及大洋洲旅游区等主要客源国的国家概况、发展简史、政治、经济、文化、民俗、主要旅游资源、主要旅游热点等。内容涵盖量大，有利于开拓学生的知识视野。

本书适用于高职高专旅游类专业学生使用，同时也可作为旅游行政管理工作者、旅游服务人员和出境旅游者的参考书。

图书在版编目(CIP)数据

旅游客源国概况/金丽娟主编．—北京：北京大学出版社，2015.1
(21世纪全国高职高专旅游系列规划教材)
ISBN 978-7-301-24883-6

Ⅰ.①旅…　Ⅱ.①金…　Ⅲ.①旅游客源—概况—世界—高等职业教育—教材　Ⅳ.①F591

中国版本图书馆CIP数据核字(2014)第237377号

书　　　名：**旅游客源国概况**
著作责任者：金丽娟　主编
策 划 编 辑：刘国明
责 任 编 辑：刘国明
审　　　校：刘仁军
标 准 书 号：ISBN 978-7-301-24883-6/F·4072
出 版 发 行：北京大学出版社
地　　　址：北京市海淀区成府路205号　100871
网　　　址：http://www.pup.cn　新浪官方微博：@北京大学出版社
电 子 信 箱：pup_6@163.com
电　　　话：邮购部62752015　发行部62750672　编辑部62750667　出版部62754962
印　刷　者：北京虎彩文化传播有限公司
经　销　者：新华书店
787毫米×1092毫米　16开本　18.25印张　426千字
2015年1月第1版　2019年2月第7次印刷
定　　　价：37.00元

前　言

随着世界旅游业的快速发展，有着丰富旅游资源和日益发展壮大的中国已经成为世界旅游大国。我国的海外旅游客源市场范围十分广泛，其发展变化不仅与我国旅游业有着密切的关系，而且对世界旅游业也有着重要影响。了解我国主要旅游客源国的基本概况和旅游业发展情况，从而更准确地把握我国旅游客源市场的发展趋势，是加快我国旅游业发展的必要前提和条件，也是旅游从业人员必备的基本知识和素质。

“旅游客源国概况”是旅游类专业学生的必修课程之一，是一门介绍中国主要客源国家的国家概况、政治、经济、文化、民俗风情、旅游业发展概况等内容的课程。本课程旨在通过对主要客源国家相关知识点的学习，让学生了解我国各主要客源国的政治、经济、文化发展等方面的基本状况，以便于在今后的旅游服务工作中有针对性地做好入境旅游接待工作；让学生了解我国的各主要旅游客源国的旅游资源状况和旅游热点等方面的基本知识，以便于今后有针对性地做好旅游出境服务工作，更有效地指导旅游实际工作，促进我国旅游业的快速持续发展。

“旅游客源国概况”是一门知识性很强的课程，根据本课程知识累积的特性，在编写过程中注重知识性、时效性、趣味性相结合，编写了大量的知识链接，图文并茂，增加了可读性。由于篇幅所限，无法对每个国家及相涉国家所须掌握的所有知识一一详尽叙述，因此我们根据最近几年旅游客源市场的变化情况，选取了我国的一些主要客源国以及对今后的旅游服务工作最具指导意义的知识要点，编辑“旅游客源国概况”内容，以期引导任课教师在此基础上将各知识要点引申和扩展，帮助学生更好地完成该课程知识积累的任务。

本书由金丽娟任主编，朱永文、王忠伟、柳旭任副主编。具体编写分工为：金丽娟（鄂州职业大学）负责拟定提纲和全书的统稿，同时编写第3章；朱永文（杭州科技职业技术学院）编写第2章；王忠伟（黄河水利职业技术学院）编写第1章、第4章；柳旭（辽宁轻工职业学院）编写第5章、第6章。在统稿过程中，鄂州职业大学卫扬勇做了大量、细致的工作，在此致以深深的谢意！

本书在编写过程中参考并引用了相关文献与资料，在此谨向相关作者致以真诚的谢意！

由于作者水平有限，编写时间仓促，书中不足之处在所难免，恳请各位专家、广大读者批评指正。

编　者

2014年7月

目　录

1

旅游客源市场概述

学习目标

知识目标：了解世界旅游业的产生与发展，熟悉世界旅游区的划分，掌握中国重要的入境客源市场，了解中国出境市场的发展。

技能目标：能够根据中国出入境客源市场的发展特点，分析判断中国出入境旅游客源市场的发展趋势。

素质目标：能运用所学相关知识，分析相关客源市场的基本情况，为了解和分析入境市场打下基础。

课前导读

世界旅游业发展的主流趋势

当今，世界旅游业在经济全球化和世界经济一体化的作用下，进入了快速发展的黄金时代，并已发展成为世界第一大产业。从世界旅游业未来的发展方向看，在未来10~20年内，发展的主流趋势将表现在以下几方面。

(1) 市场细分化趋势。现代旅游者的旅游目的越来越个性化，而且旅游组织者也越来越重视从更深层次开发人们的旅游消费需求，因此旅游产品市场更加细分。除了传统的观光旅游、度假旅游和商务旅游外，特殊旅游、专题旅游更有发展潜力，像宗教旅游、探险旅游、考古旅游、修学旅游、蜜月旅游、购物旅游、奖励旅游、民族风俗旅游等，将会形成特色突出的旅游细分化市场。多年来国家级专项旅游产品的不断推出就是发展细分市场的重要举措。

(2) 彰显区域文化特色的度假胜地将成为主流产品和重要支柱。在未来的市场发展中，观光型旅游并不会完全失去市场，但在传统的旅游客源国家中度假旅游将更为盛行，将会逐步取代观光旅游成为国际旅游的主体。以浓厚的区域文化内涵和生态、绿色、低碳的自然资源环境为支撑的度假胜地将是度假旅游产品的重要支柱，这些旅游度假胜地如地中海地区、加勒比海地区仍将是国际旅游者集中的地区。在环太具有丰富海滩资源的泰国、印度尼西亚、中国大陆沿海区域将是旅游者热衷于选择的目标。

(3) 旅游者追求更为灵活多变的旅游方式。随着世界各地旅游设施的建立健全，世界性预订服务网络的普及完善，使散客旅游越来越方便。在追求个性化的浪潮下，目前世界上散客旅游人数已超过旅行社固定包价的旅游人数，散客旅游和中短距离区域内的家庭旅游在旅游者人数中所占比例将逐渐增加，小包价、个人委托代办服务也占有越来越重要的市场份额。

(4) 在旅游中追求更多的参与性和娱乐性。旅游者将转向追求那些富有活力、情趣、具有鲜明特点的旅游场所，喜欢那些轻松活泼、丰富多彩、寓游于乐、游娱结合的旅游方式。能亲身体验当地人民的生活，直接感受异国的民族文化风情，通过参与和交流得到感情的慰藉和心灵的撞击。因此，旅游产品设计开发将更加注重民族风情、地方特色、游娱结合。

(5) “银色市场”不断扩大。按照世界现行标准，一个国家老年人人口比例超过总人口比例的7%即为老年型国家，这个比例仍在增加。西方主要客源国大都进入老年型国家，其中英国、德国、瑞士等国老年人比例已超过总人口的14%。现代的老年人对异国的古老传统文化比年轻人更感兴趣，对旅游休闲度假更有兴趣。同时在美国9.11事件之后，欧美出现了携孙辈一起出游的现象。银色市场越来越被各旅游接待国所重视，将来会成为一个很重要的市场面。

(6) 对旅游安全更为重视。民族冲突、宗教冲突、国际恐怖主义、政局动荡、传染性疾病、旅游目的地社会不安定等，都会随时对国际旅游业的发展形成局部威胁。在具备闲暇时间和支付能力的条件下，唯一能使旅游者放弃旅游计划的因素就是对安全的顾虑。旅游安全和旅游目的地的社会和谐将被越来越重视。

(7) 区域旅游势头不减。由于地缘和文化的原因，对大部分国家来说，邻近市场仍将是本国旅游客源的主体市场。区域经济一体化会以其“地利、人和”的优势，推动区域旅游业以更高的速度增长。亚太将成为世界滨海游乐业蓬勃发展的地区之一，中国—东盟自由贸易区以及东北亚的中日韩将是亚太地区重要的旅游度假区域接待板块（魏敏 2011）。

1.1 世界旅游业概况

旅游业，国际上称为旅游产业，是凭借旅游资源和设施，专门或者主要从事招徕和接待游客，为其提供交通、游览、住宿、餐饮、购物、文娱等6个环节的综合性行业。旅游业务主要有三部分构成：旅游业、交通客运业和以饭店为代表的住宿业。它们是旅游业的三大支柱。

1.1.1 世界旅游业的产生与发展

旅游（Tour）这个词来源于拉丁语的“tornare”和希腊语的“tornos”，其含义是“车床或圆圈和围绕一个中心点或轴的运动”。所以旅游指一种往复的行程，即指离开后再回到起点的活动；完成这个行程的人也就被称为旅游者（Tourist）。

人类的旅游活动，经历了位移—迁徙—旅行—旅游等几个阶段。现代大众旅游的蓬勃兴起，催生出一项生气勃勃的产业——旅游业。我国在1923年上海商业储蓄银行开设“旅行部”才有我国第一家经营旅游业务的企业。所以普遍认为我国的旅游业作为一项经济事业是20世纪20年代才产生的。从旅游者的角度讲，旅游有广义、狭义之分。狭义的旅游，指以休闲游乐为主要目的的旅行，大凡游览观光、度假、娱乐等旅行活动均属此类。广义的旅游，指一切离开常住地的社会活动，如会议出差、商务往来、文化交流、宗教活动、科学考察等。因此，广义的旅游可以理解为迁徙和位移。从历史的角度看人类旅游活动的演变，大致经历了3个历史阶段：古代旅游、近代旅游和现代旅游。

1. 古代旅游（19世纪40年代以前）

在原始社会的早期阶段，人类所有的活动都是围绕着求生存这一核心目的进行的。早期人类穴居野处，居无定所，为自然环境所迫，也为了寻找新的采集和狩猎的资源，扩大新的生存，不得不“迁徙往来无常处”。到了原始社会的新石器时代晚期，金属工具开始出现，生产效率较以前有了很大的提高，从而导致了劳动剩余物的出现和增多。农业和畜牧业有了较快的发展，手工业也开始逐渐发展起来。到了原始社会末期，手工业日渐形成专门性的行业，并最终从家庭生产中分离出来。社会分工的发展使劳动生产率进一步得以提高，劳动剩余物的增多则加速了私有制的形成和商品交换的发展。随着生产分工和交换的扩大发展，到了原始社会瓦解和奴隶制社会开始形成之时，专门从事贸易经商的商人阶级开始出现。这便是第三次社会大分工，即商业从农、牧、手工业中分离出来。

社会分工的发展使得不同产品交换的地域范围不断扩大。正是由于这一发展，人们需要了解其他地区的生产和需求情况，需要到其他地区去交换自己的产品或货物，因而也便产生了旅行外出的需要。所以，人类最初的外出旅行实际上远非消闲和度假活动，而是人们出于现实的产品交换或经商的需要而促发产生的一种经济活动。综观历史上遗留下来的诸多著名的古老旅行线路，例如“丝绸之路”（图 1.1）、“香料之路”、“琥珀之路”、“食盐之路”等，都是这类活动踏出的踪迹。所以，联合国以及世界旅游组织在很多研究报告中都曾指出，在最初的年代中，主要是由商人开创了旅行的通路。

图 1.1　古代丝绸之路

古代旅游具有以下特点。

（1）交通工具落后，制约了人类远行的脚步。19 世纪 40 年代以前，旅行交通沿袭了数千年的传统的方式。步行、人力、兽力为主。速度慢，八百里加急是皇帝紧急情况下专用的最快速度了。折算成里程速度为 33.3 华里/小时（16.66km/h）。载重量低，四轮马车、大木船是载人最多的交通工具了。成本高，基于这个因素，传统交通运行成本比现代交通高了许多。超出了普通大众的承受能力。交通落后，人类大规模地，频繁地远行旅游基本不可能。

图 1.2　古代官宦旅行

（2）出游人少，难以形成专门的产业。历史上，只有占极少数的王公、皇族、贵族、僧侣（图 1.2）等有占有社会资源的特权，还有出游的消费外，绝大多数普通大众由于经济条件、自由时间和社会地位的制约，被排除在旅游的行列之外。因此，没有一定规模的消费动力的推动，为旅游服务的产业——旅游业就难以形成。旅游者大多采取自助游的方式。

（3）游客活动范围小，社会的影响力弱。交通落后限制了人类远行的脚步。人类在地球上的活动范围大大受到限制，旅游活动对社会的影响力度就相对有限。像国际的交往，民间的往来，文化的交流，科技的交流都受限制。因此，旅游既不能成为经济产业，也不会成为十分被重视的社会现象。

知识链接 1－1

中国古代旅游

中国古代旅游有很多种，让人感到很新鲜。

古代帝王旅游。中国古代社会是重视儒家伦理等级的社会，统治阶级与庶民百姓的旅游风尚存在差别，而封建帝王出游规模之宏大、排场之奢华又堪称其最。据载，黄帝打败炎帝后巡游天下，“东至于海，登丸山，及岱宗。西至于崆峒，登鸡头。南至于江，登熊、湘，北逐荤粥，合符釜山，而邑于涿鹿之阿，迁徙往来无常处……”此可视为中国帝王的早期旅游。秦始皇统一全国后，为巩固统一局面，先后进行了5次大规模的巡游。西汉武帝在位期间，为了宣扬其文治武功，东巡13次，沿途经过西岳华山、中岳嵩山和东岳泰山等著名旅游胜地，遍及许多重要地区。

古代商人的商务旅游。中国历史上的商务旅游活动开展得很早。史书所载的“肇牵车牛远服贾”（《尚玉·酒浩》）就属于殷末周初商人的商务旅游活动。在《周易》中有许多围绕商务旅行的内容：如“复卦”中的第二个爻辞说：“休复，吉”，意思说是商旅美满地归来。李白的《长干行》所反映的就是商人的出门之久和行程之远，以及由此导致的家人对远行经商之人的切切思念。白居易的《琵琶行》中的“商人重利轻别离，前月浮梁买茶去”，也是歌女对其行商夫君的抱怨。此外，古代社会交通不便，山林草泽密布，社会服务业不发达，所以出门在外风险不少，这造成了中国古代商务旅游的诸多艰难。

文人和士大夫的游学、游玩。荀子说：“不登高山，不知天之高也；不临深溪，不知地之厚也。”（《荀子·劝学》）这说的是学习必须深入实地，联系实际。而要做到这一点，就必须出游考察。司马迁说：“异时诸侯并争，厚招游学。”这里的“游学”特指文人的外出求学活动，同时指旅游者在旅途中的行为。司马迁本人就是游历祖国名山大川、深入实地进行学习考察的杰出代表。在士大夫中，喜欢旅游者也很多。如唐代陈子昂曾任右拾遗，他写下的《登幽州台歌》中就有“前不见古人，后不见来者”千古之绝句。唐代柳宗元被贬谪永州、柳州后，写出了许多脍炙人口的游记散文。

平民旅游。中国古代的下层社会成员，有着自己特定的旅游方式及风俗。古语云：父母在，不远游，游必有方。再加上受古代意识里的旅行遇怪、遇险等观念的影响，因此近游方式相对较多。传统的旅游活动有踏青、端午节划龙舟、重阳节登高等。

2. 近代旅游（19世纪到第二次世界大战结束）

19世纪之后，现代意义的旅游才真正出现。首先是以消遣为目的而外出观光、休闲、度假的人数在规模上逐步占了上风，开始超过了以求生存为目的的商务旅行或其他旅行行为。

（1）产业革命对旅游业的影响。产业革命给人类社会带来了深刻的变化，当然也会对当时旅游活动的发展产生影响。这些影响主要发生在以下几个方面。①产业革命加速了城市化的进程，最终会导致人们适时逃避城市生活的紧张节奏和拥挤嘈杂的环境压力从而对回归自然的追求；②产业革命造就了资产阶层，从而扩大了参与外出旅游的队伍；③科学技术的进步为大众旅游创造了条件，蒸汽技术在交通运输中的普遍有效地运用，为现代旅游业产生创造了条件。

（2）交通运输的发展。在铁路运输问世之前的近两个世纪中，欧美人外出旅行时可供使用的最先进的交通运输工具莫过于公共马车。实际上，公共马车运输的速度和费用都制约着其使用者范围的扩大。铁路客运的出现使人们开始抛弃这类陈旧的旅行方式，越来越多的人开始选择乘坐轮船，特别使选择乘坐火车外出旅行和旅游。

（3）托马斯·库克与近代旅游业的诞生。托马斯·库克（1808—1892，图 1.3）敏锐地观察到大众旅游的兴起和需要，决意设立一种新的业务组织去适应和满足这种旅游中介需要，从而开创了旅游经营的先河。

1841 年 7 月 5 日，托马斯·库克通过包租火车，组织了一次规模很大的团体旅游活动。参加这次旅游活动的人数多达 570 人。他们从英格兰中部城市莱斯特出发，目的地是 12 英里之外的洛赫伯勒。此行的目的是去参加戒酒大会，当天晚上返回莱斯特城。这次活动普遍被认为是世界上第一次团体火车旅游（图 1.4），并被认为是近代旅游业开端的标志。

图 1.3　托马斯·库克

图 1.4　托马斯·库克组织的火车旅游

1845 年，托马斯·库克决定开办商业性的旅行社业务，并于当年夏天组织了首次 350 人的团体消遣旅游。这次团体旅游活动的组织具有以下一些特点。①出于纯商业性的营利目的；②过夜旅游而不是一日往返游；③这次旅游活动的组织有“专业”性质；④这次旅游活动编写了历史上第一本导游指南；⑤这次旅游活动开了导游的先河。1872 年，托马斯·库克首创了组织环球旅游的先例；在这次环球旅游中，该旅行团到访了中国的上海。总之，托马斯·库克在组织旅游业务方面的开创精神和托马斯·库克旅行社的成功经营，特别是对旅游业务的经营，在世界各地都产生了很大的影响，在世界旅游业发展史中具有重要的地位。托马斯·库克的名字几乎成了旅游的代名词，托马斯·库克被誉为近代旅游业的先驱。托马斯·库克创办旅行社的活动标志着近代旅游业的诞生。

（4）近代旅游的特点。交通变革时代，人类频繁远行成为可能。火车、轮船的出现，使旅游活动的规模、范围和内容都发生了翻天覆地的变化。人类大规模频繁远行有了可能的条件。与传统交通相比，近代交通速度快、载人量大，成本低廉，是近代旅游活动产生的物质条件。

旅游人数增加，旅游不是王公贵族的专利。产业革命产生了大量的中产阶级和资产阶级。让大量的新生中产阶级有了出游的财富和机会，也有了出游的要求。尤其是欧洲文艺复兴时期以来，人们从对神的崇敬、膜拜转而到对人本身的重视。人文主义的思潮，让人们更多地关注到人的生活质量和享乐。所以，郊游、踏青、社交、休闲旅游逐步成了时尚。

旅游需求的增长，催生了为旅游服务的专门行业。近代旅游者数量的猛烈增长，就需要为广大游客服务的公共的服务产业。这时候标志性的事件就是英国牧师托马斯·库克在1845年成立的“托马斯·库克旅行社”，这是世界第一家专门为游客服务的，以收取佣金为代理方式的第一个旅游企业。它标志着旅游产业的产生，也标志着旅行社的产生。

3. 现代旅游（第二次世界大战结束到现在）

第二次世界大战后，世界有一个较长时间的相对和平的时期。政治稳定、生产恢复、经济繁荣、推动了旅游迅猛发展。旅游队伍由社会的上层人士逐步扩展到平常的百姓人家，旅游活动真正成为一种大众性活动。

（1）现代旅游发展的战后背景。

① 飞机在旅游业的应用。1919年，德国开通了世界上第一条国内民用航线，这家运输公司就是后来的德国汉莎航空公司。1927年10月28日，泛美航空公司开辟了第一条国际航空信件邮递航线。1928年1月16日，泛美航空公司在同一航线上运送了第一批乘客。1958年，波音707喷气式飞机（图1.5）开始投入使用，每小时平均飞行800~1 000km，这意味着，用同样长的时间空中旅行者可以到达远得多的地点，这对商务旅行来说具有特殊的价值。20世纪70年代初，泛美航空公司开始使用新型的波音747客机，将352名乘客从纽约送到伦敦，它标志着大型喷气式客机的开始。

图1.5　航空旅游客机

② 海滨度假的兴起。海滨旅游资源的开发与保健有很大的关系。18世纪初，海水与健康有关的说法才为英国人所接受，海滨旅游地开始兴起，如斯卡伯勒城、布赖顿等。随着全球经济稳定持续地发展，旅游活动首先在发达欧美国家盛行起来。加上喷气式飞机大量使用，使长距离旅行成为可能。于是，海滨旅游成为大众旅游的目的地。

③ 私人汽车和度假旅游。1905年，英国2/3的度假者要在假日期间乘坐火车，到1970年，这个数字便下降为1/7。在这个时期，英国拥有的私人汽车数由200万辆上升到1 100万辆，到20世纪80年代末则上升为2 000万辆。随着私人交通工具的普及，人们开始积极地改善公路状况。1920年，美国建立全国的公路网。同时，汽车旅行者的出现产生了最早的针对汽车旅客的旅馆，后来演变为现在的汽车旅馆。

（2）大众旅游。第二次世界大战后，世界经济迅速发展，人们收入的增加和支付能力的提高对旅游的迅速发展和普及起了极其重要的刺激作用，有的学者称为大众旅游的时代到来了。1951年，国际旅游人数共2 528. 2万人，到2000年就上升到69 800万人，50年增加近30倍。1950年，国际旅游收入达到21亿美元，到2010年上升到4 760亿美元，增长了200多倍。

（3）21世纪以来的全球旅游（图1. 6）。2005年1月31日世界旅游组织发表年度报告显示，2004年国际旅游人数达到7. 6亿人次，为历史新高。这一数字比2003年增长了10%，增幅也是20年来的最高水平；2005年世界国际旅游抵达人数达到8. 08亿人次，比2004年增长了5. 5%；2006年国际旅客人数达到8. 42亿人次，同比增长了4. 5%，超出了旅游界的预期。

图1. 6　全球旅游的兴起

世界旅游组织指出，尽管欧洲等成熟的旅游市场仍然是世界旅游的主要目的地，但新兴经济国家以及发展中国家的旅游业增长速度非常快。2010年新增加的5 200万入境旅游者中，欧洲接纳了1 900万，亚太接纳了1 700万，美洲、中东和非洲各接纳了600万、500万及300万。所有区域当年的旅游业增长速度都超出了长期平均值，其中，中东的增长速度最快，达到13%，其次是亚太、非洲、美洲和欧洲。2011年世界各地旅游业呈现积极增长态势，国际游数量客较2010年增长4 500万人次，增长了4. 81%。2012年国际游客数量比2011年上升了4%，达到10亿3 500万人次，历史上首次突破10亿大关。从区域来看，新兴国家与地区的旅游业保持着强劲增长势头，到亚太地区旅游的国际游客人数上升了7%，达到2亿3 300万人次，其中，到东南亚地区旅游的国际游客上升了9%，另外，北非地区、中东欧地区的国际游客人次也增长了8%，到欧洲旅游的国际游客数量增长了3%，世界旅游组织预测，2010年至2020年的10年，全球游客数量平均每年将增长了3. 8%，其中亚太地区将以8%的速度成为全球旅游最具活力的地区之一。

（4）现代旅游表现特点。

① 旅游交通工具成熟。表现为立体交通体系的形成。飞机技术尤其是汽车技术的成熟，游客出游有更多的选择自由。旅游的方式也出现了多样化的趋势：国际游、国内游；观光游、休闲游、考察游；自驾车、团队游等。

② 大众化旅游时代到来。普通大众成了旅游的主流——无论从出游的人次的总量增长上来看，还是从旅游内容的构成上来看（以大众观光为主流），普通大众占了主要优势。所以我们把20世纪至今，称为大众旅游的时代。

③ 旅游业获得了国民经济的重要地位。现代旅游所获得的经济总量，使之成为当今世界第一大经济产业。尤其在发达国家，远远超过其他任何行业的收入。而且现代人逐渐认识到，旅游业对其他行业的拉动和影响作用是无比大的，所以，旅游业在国民经济中占了越来越重要的作用。

知识链接1－2

个性化、大众化旅游兴起 旅游微时代正悄然到来

当人们越来越习惯在微博上记录生活，在微电影中体会情感的时候，人们发现以个性化、大众化为需求的微旅游悄然兴起，并成为一种个性张扬，更富刺激的独特旅行方式，深受年轻一代主流消费人群的喜爱。

微旅游区别于远距离、长时间的旅游行为，具有近距离、短时间、低成本、慢体验的特点。它不需要长时间精心计划和刻意安排，其核心价值是追求旅游当中的自由。旅游者可以在自己喜欢的地方随意停留，并且以自己喜爱的方式接触旅游目的地。对于大众而言，可以免除长途跋涉的疲惫奔波和烦琐的旅游筹备，就近、随性地进行一次旅行，以达到彻底放松身心、体验另一种生活的乐趣。

对于现在的上班族来说，周末是他们出游的最好时机，哪怕是周五晚上突然蹦出想出去走走的念头，只需在网上搜些攻略，周六就可以背上背包出发了。随着城镇化的高速发展，大城市产生了通病，如太急、太挤、太忙。因此，微旅游自然成为新型旅游生活的新要求。比如以郊区采摘游、特色游、民俗游等不同形式的微旅游悄然进入我们的生活。微旅游不是一股流行浪潮，而是一种必然趋势，将成为旅行的主要方式。

1.1.2 世界旅游组织与世界旅游区

1. 世界旅游组织

世界旅游组织是联合国系统的政府间国际组织，最早由国际官方旅游宣传组织联盟（IUOTPO）发展而来。其宗旨是促进和发展旅游事业，使之有利于经济发展、国际间相互了解、和平与繁荣。

世界旅游组织是世界上唯一全面涉及国际间旅游事务的全球性政府间机构，同时也是当今旅游领域中最具知名度并且最具影响力的国际性组织。主要负责收集和分析旅游数据，定期向成员国提供统计资料、研究报告，制定国际性旅游公约、宣言、规则、范本，研究全球旅游政策。

该组织最早可追溯到 1898 年设立的旅游协会的国际联盟，1919 年改称国际旅游同盟，1925 年 5 月 4 日至 9 日在荷兰海牙召开了国际官方旅游协会大会。1934 年在海牙正式成立国际官方旅游宣传组织联盟。1946 年 10 月 1 日至 4 日在伦敦召开了首届国家旅游组织国际大会。1947 年 10 月在巴黎举行的第二届国家旅游组织国际大会上决定正式成立官方旅游组织国际联盟，成为联合国附属机构，其总部设在伦敦，1951 年迁至日内瓦。1969 年联合国大会批准将其改为政府间组织，1975 年 1 月 2 日正式改用现名，总部设在西班牙马德里，1976 年成为联合国开发计划署在旅游方面的一个执行机构。2003 年 11 月成为联合国专门机构。

世界旅游组织成员分为正式成员（主权国家政府旅游部门）、联系成员（无外交实权的领地）和附属成员（直接从事旅游业或与旅游业有关的组织、企业和机构）。联系成员和附属成员对世界旅游组织事务无决策权。截至目前，世界旅游组织有正式成员 154 个。

世界旅游组织的组织机构包括全体大会、执行委员会、秘书处及地区委员会。其中全体大会为最高权力机构，每两年召开一次，审议该组织重大问题。执行委员会每年至少召开两次。执委会下设 5 个委员会：计划和协调技术委员会、预算和财政委员会、环境保护委员会、简化手续委员会、旅游安全委员会。秘书处负责日常工作，秘书长由执委会推荐，大会选举产生。地区委员会系非常设机构，负责协调、组织本地区的研讨会、工作项目和地区性活动。每年召开一次会议。共有非洲、美洲、东亚和太平洋、南亚、欧洲和中东 6 个地区委员会。

世界旅游组织确定每年的 9 月 27 日为世界旅游日。为不断向全世界普及旅游理念，形成良好的旅游发展环境，促进世界旅游业的不断发展，该组织每年都推出一个世界旅游日的主题口号。

1975 年 5 月，世界旅游组织承认中华人民共和国为中国唯一合法代表。1983 年 10 月 5 日，该组织第 5 届全体大会通过决议，接纳中国为正式成员国，成为它的第 106 个正式会员。1987 年 9 月，在第 7 次全体大会上，中国首次当选为该组织执行委员会委员，并同时当选为统计委员会委员和亚太地区委员会副主席。1991 年，再次当选为该组织执委会委员。

2. 世界旅游区

旅游区，是指自然地理与人文地理环境特征基本相似，自然旅游风光与旅游特征基本相近的地理区域综合体。也称为旅游区或文化旅游区。根据旅游地理区划的基本原则，采取综合性区划命名法将世界划分为五大旅游区：亚洲旅游区、欧洲旅游区、非洲旅游区、美洲旅游区和大洋洲旅游区。

1）亚洲旅游区基本概况

亚洲旅游区位于东半球的东北部，北临北冰洋，南临印度洋，东临太平洋，西面与欧洲旅游区相连、与非洲旅游区毗邻（亚欧旅游区以乌拉尔山、乌拉尔河、大高加索山、里海、黑海、土耳其海峡为界，亚非旅游区则以红海、苏伊士运河为界）。东部和东南部的海洋上，分布着一系列大小岛屿，从北到南主要有千岛群岛、萨哈林岛（库页岛）、日本群岛、琉球群岛、台湾岛、马来群岛等。南部有三大半岛，从东到西有中南半岛、印度半岛和阿拉伯半岛。

亚洲旅游区面积约为 4 400 万公里，几乎占世界陆地面积的 3/10，是世界第一大洲。亚洲旅游区有 48 个国家和地区。

整个亚洲旅游区中，东亚虽然现代旅游业起步较晚。但是近 30 年来，旅游业发展的速度却是相当惊人的。各国政府大力扶持旅游业的发展，使该地区的入境旅游发展以高于世界 2 倍的速度增长。东亚地区的旅游资源也极具特色。本地区地域辽阔，自然景色多姿多彩，是世界上山水风光最为壮美的旅游区之一。自然景观差异非常明显，许多生物资源表现出古老性、独特性和稀有性。另外，在亚太地区包价旅游价格偏低，即使是亚太地区旅游消费较高的新加坡，饭店客房的出租价格也低于同样标准的欧洲一些国家，因此在旅游价值上具有一定的竞争优势。

东亚和东南亚大多为发展中国家，各国都比较重视旅游业。20 世纪 70 年代后期以来，几乎所有的国家都开始大力发展国际旅游业，如中国、马来西亚、印度尼西亚，甚至越南、老挝、柬埔寨等，旅游业发展的模式均为“入境旅游—国内旅游—出境旅游”。特别是日本，1996 年出境旅游者已达 1 669 万人次，成为世界七大客源国之一。此外，韩国、中国、中国台湾地区、中国香港地区、新加坡等都有较大的发展。

这一旅游区中的南亚地区，人口稠密，种族、民族与宗教信仰复杂多样。印度河流域是人类古文明的四大发祥地之一，悠久的历史文化留下众多的名胜古迹，又有喜马拉雅山脉南侧等风光迷人的游览区。南亚是佛教和印度教的发源地，宗教对当地政治、经济、文化发展以及民间生活习俗的形成等都有极其深刻的影响。该地区旅游业较发达的国家为印度、斯里兰卡和尼泊尔。

西亚是“五海三洲两洋之地”，处于亚洲、非洲、欧洲三大洲的交界地带，位于阿拉伯海、红海、地中海、黑海和里海（内陆湖）之间，是联系亚欧非三大洲和沟通大西洋和印度洋的枢纽，也是人类古代文明发祥地之一；古巴比伦（即两河文明）位于今伊拉克的美索不达米亚平原；伊斯兰教、基督教、犹太教等世界性和地区性宗教的源地。该地区旅游业较发达的国家有埃及、沙特、土耳其、以色列等。

2）欧洲旅游区基本概况

欧洲旅游区从东部的乌拉尔山脉向西一直延伸到大西洋沿岸。欧洲共有 45 个国家和地区，在旅游地理上习惯分为西南欧、中欧、北欧和东欧 4 个旅游地区。

欧洲多半岛和岛屿，有许多深入陆地的内海，主要有波罗的海、北海、第勒尼安海、亚得里亚海等，海岸线异常曲折复杂。欧洲大陆地形以平原为主，冰川地貌分布较广，高山峻岭横踞南部，其中阿尔卑斯山脉是欧洲最高大的山脉，山势雄伟。欧洲湖泊众多，多为冰川作用形成。仅芬兰境内则有大小湖泊 6 万多个，是闻名世界的“千湖之国”。全欧大部分地区处于北温带，由于地形及距海远近的原因，各地气候差别很大。因此自然旅游资源极为丰富。

欧洲居民大多数属欧罗巴人种，95%的欧洲人属印欧语系。人口7亿多，城市人口约占全洲人口的64%，人口密度仅次于亚洲。欧洲大多数人是基督教教徒，位于意大利首都罗马西北角的梵蒂冈，是世界天主教的中心。

欧洲历史悠久，是人类文明发展较早的地区，希腊、古罗马曾是欧洲古代文明的代表，文化绚丽多彩。以意大利为中心的欧洲“文艺复兴”运动，创造出众多璀璨的艺术珍品，同时欧洲又是产业革命和无产阶级革命的发祥地，两次世界大战的主战场，许多重大历史事件和著名人物都在此留下遗迹，拥有众多颇负盛名的城堡、教堂、雕塑、绘画以及文学艺术作品等人文旅游资源。

欧洲是近代旅游业的发源地，也是世界最大的旅游市场。欧洲各国除利用本国的旅游资源开展海滨、登山、滑雪、狩猎等活动外，还举办国际旅游博览会、旅游市场会，以促进和加强旅游区域的协作和开展中短途旅游。意大利、法国、西班牙、奥地利、英国等国家是传统的旅游国家，每年接待的旅游者超过1 000万人次。

3）非洲旅游区基本概况

非洲是“阿非利加洲”的简称，位于东半球的西南部，地跨赤道南北，西北部的部分地区伸入西半球。东濒印度洋，西临大西洋，北隔地中海和直布罗陀海峡与欧洲相望，东北隅以狭长的红海与苏伊士运河紧邻亚洲。面积约3 020万平方千米（包括附近岛屿）。约占世界陆地总面积的20.2%，次于亚洲，为世界第二大洲。非洲大陆轮廓地势由东南向西北倾斜，大陆的东南部地势较高，著名的东非大裂谷带从东北向西南贯穿整个高非洲。裂谷边缘的乞力马扎罗山，海拔5 895m，是非洲第一高峰，赤道雪峰蔚为壮观。非洲大陆的中部与西北部以盆地地形为主，称低非洲。低非洲的刚果河流域盆地地势发育较完整，下游是世界闻名的瀑布群区。闻名世界的撒哈拉大沙漠横贯刚果河以北低地。非洲重要的河流有尼罗河、刚果河、尼日尔河、赞比西河等。非洲是一个热带大陆，全洲有3/4的面积在南、北回归线之间，形成高温、干燥、对称的多类型气候特点。

非洲是人类的发祥地之一，具有非常丰富的历史文化遗迹。整个非洲共有54个国家，均属于发展中国家。人口10亿多，约占世界人口的15%。非洲是黑人的故乡，黑种人占全洲的2/3强。非洲语言主要有闪含语、苏丹语和班图语三大语系。

非洲旅游业起步晚，基础差，发展不平衡，但由于非洲具有丰富的历史文化遗迹、迷人的自然风光和奇异的野生动植物，发展旅游业具有巨大的潜力。因此旅游业发展也较快。2000年非洲国家的旅游总收入是107亿美元。非洲旅游业异军突起，主要应归功于南部和北部非洲国家。南部非洲国家以独具特色的国家野生动物公园和旖旎的自然风光取胜，生态旅游快速增长；北非国家则凭借海滩这张王牌，吸引了大批度假旅游者。非洲旅游业发达的国家是埃及、南非、突尼斯、摩洛哥等。

非洲的旅游业以接待国际旅游者为主，以欧洲为主要客源市场。近年来，许多国家重视旅游开发，利用本地特有的自然风光和民俗，针对游客的猎奇和求新心理，大力开展各种专项旅游活动，如奇特风光游、民族风情游、沙漠探险游、珍稀动植物考察游、考古游和海上游等，以吸引世界各地游客。非洲旅游业的发展前景十分广阔。

根据世界旅游组织非洲委员会最近发表的统计资料，非洲旅游业近10年来发展迅速，据估计，到2020年，非洲旅游业的发展速度将超过世界其他一些地区，平均增长速度达到5.5%。

4）美洲旅游区基本概况

美洲（全称亚美利加洲），陆地面积约4 208万平方公里，约占世界陆地总面积的28.1%。居民大都是英、法等欧洲国家移民的后裔，其次是印第安人、黑人和混血人种。全美洲包括51个国家和地区，在旅游地理上习惯分为北美洲和南美洲两大旅游区。

美洲地形分为明显的3个地带：西部为高大的山系，北段由海岸、内华达山、落基山组成，中段为墨西哥高原和中美地带，南段为世界上最长的安第斯山脉；东部为低缓山地与高原，有阿巴拉契亚山脉、世界最大的巴西高原；中部有世界最大的亚马孙平原、密西西比河等。美洲各地自然景观差异很大，风光各异。美洲的河流、湖泊不仅利于航运，而且多为旅游胜地、可供观光、探险、漂流等旅游活动。美洲南北跨度为世界各洲之首，气候复杂多样，这有利于本洲内部客源的流动。

美洲也是民族成分最复杂的洲，既有黄、白、黑三大人种，又有他们通婚以后形成的混血人种。民族渊源关系对美洲人外出旅游流向产生很大影响，白种人多前往欧洲，黑种人则往非洲“寻根”，黄种人和亚洲联系较多。印第安文化在安第斯山地、墨西哥高原一带留下了丰富的遗迹，成为美洲旅游的重要文化吸引物。

美洲旅游业起步较早，第二次世界大战以后发展迅速。目前，该地区的旅游业发展规模仅次于欧洲，为世界第二大旅游发达地区。美洲旅游区旅游业发展极不平衡，旅游业较发达的国家有美国、加拿大、墨西哥、秘鲁、加勒比海各国。这些国家又由于其经济发达程度、资源特色各不相同，旅游业发展也有很大区别。

美国、加拿大土地辽阔，具有多处壮丽的自然景观，经济、文化、科技发达，因而这两国有众多的国家公园、现代化的游乐场及博物馆。两国旅游业发达，美国号称世界头号旅游大国。墨西哥、秘鲁历史上曾长期为印第安文化遗址为主要吸引源，供旅游者参观浏览。加勒比海各国利用热带海岸的优势，发展海滨浴场、游航俱乐部、避暑别墅、矿泉疗养等，旅游业自20世纪80年代采取得了突破性的发展。美国、加拿大是我国的主要客源国。

5）大洋洲旅游区基本概况

大洋洲位于太平洋西南部和南部，赤道南北的广大的海域，是地球上陆地面积最小的洲，陆地总面积为897万平方千米。

大洋洲四周环海，又位于热带及亚热带再加上密布的群岛，形成了美丽的海岛风光。其中，澳大利亚的大堡礁、黄金海岸，新西兰的峡湾，汤加海岸的巨浪水柱、奇特的火山岛等，都是其他大洲难以比拟的国际著名海岛海滩旅游胜地。由于大洋洲地处南半球大洋的中央部分，长期处于孤立状态，从而遗留有各种珍奇的野生动植物，例如，袋鼠、考拉熊、鸭嘴兽等都是本区特有的古老动物。大量的外来移民进入大洋洲，带来世界各地的文化和建筑风格，形成了大洋洲独特的建筑艺术。如墨尔本保留的19世纪的欧洲建筑风格和20世纪的现代建筑组合在一起，由“建筑艺术博物馆”之称；澳大利亚的悉尼歌剧院，享有“澳洲白莲”的雅号。

1.2 中国国际旅游业市场

旅游业作为一个朝阳产业，目前已成为中国主要产业之一。随着我国经济的快速发展和人民生活水平的提高，人们对旅游消费的需求也进一步提升。改革开放以来，我国的旅游业一直保持平稳较快增长，有力地拉动了我国国民经济的提升。

1.2.1 中国旅游业概况

1. 中国旅游业的发展历程和特点

中国是一个幅员辽阔、风光多姿、历史悠久、文化灿烂的文明古国。古代中国一直是东方政治经济文化的中心。唐代的长安（今西安)，元、明、清时的北京，曾有四方使臣、客商、高僧、名士云集，可称东方旅游的中心。

在自然经济占统治地位的封建社会中，中国虽有旅行游览活动，但没有作为经济产业的旅游业。20世纪初，英国的通济隆洋行、美国的运通公司和日本的国际观光公社在上海、天津和广州等沿海城市设立了分公司，经营中外人士在中国的出入境旅游。1923年8月，上海商业储蓄银行设立了“旅游部”，开始经营国内旅游业务，主要范围在沪、宁、杭地区。1927年6月，该部改名“中国旅行社”。其总社设在上海，全国有22个分社、9个支社、7家旅馆，并在马来西亚、印度、越南、缅甸、菲律宾、美国、新加坡和中国香港等国家和地区设有办事处，出版有《旅行杂志》(1927—1954年)。“中国旅行社”开创了中国人自办旅行社的先河。

中华人民共和国成立后，中国旅游业的历史揭开了新的一页。建国初期，福建、广东先后成立华侨服务社，免费或低费为华侨出入境服务。1954年4月，中国国际旅行社作为社会主义的国有企业正式成立。“文革”十年动乱期间，正是世界旅游业迅速举步之时，作为政治活动一部分的旅游工作遭到严重摧残，中国的旅游事业与世界旅游业由此更拉大了距离。

党的十一届三中全会以后，随着改革开放的深入，中国的旅游业经历了一场新中国成立以来的第一次历史性转变。邓小平在1979年初指出：“旅游事业大有文章可做，要突出地搞，加快地搞”、“旅游这个行业，要变成综合性行业”。

中国旅游业的发展具有以下特点。

（1）旅游业在性质上发生了改变。从政治接待转变为经济产业，以往，旅游工作主要从外交活动、统战工作和劳动福利的角度开展，很少以至根本不考虑经济效益；现在，随着国内工作重心的转移，旅游业初步形成了由行、住、食、游、购、娱6个要素组成的综合性的新兴产业。

(2) 在接待对象上，从过去的半封闭式向全世界开放。20 世纪 60 年代以前，国际游客绝大多数来自苏联、东欧和亚洲的社会主义国家。20 世纪 60 年代以后，大部分的国际游客来自西方国家，还包括海外同胞，入境的海外同胞主要是华侨和港澳同胞。20 世纪 80 年代以后，我国旅游接待的大门，既向西方国家开放，也向东方国家开放。在海外游客纷纷涌来的同时，国内旅游也客流滚滚，并开办了中国公民出境旅游，形成了入境旅游、出境旅游和国内旅游三者相互促进的局面。

(3) 在接待区域上有所扩大。1978 年以来我国相继开放 1 290 个地区，年接待海外旅游者 1 万人次以上的景点景区达 1 400 多处，海内外旅游者的足迹遍及中国各地。中国的旅游产品结构适应世界旅游发展的新趋势，从单一的观光型向观光、度假与专项旅游相结合发展。

(4) 在产业规模上有所扩大。从几家旅行社、高档宾馆、餐馆，发展为由旅馆业、旅行社、旅游交通、旅游商品、旅游娱乐、旅游教育、旅游宣传出版等构成的综合性产业，成为第三产业中的重点产业。到 2012 年末，全国纳入统计范围的旅行社共有 24 944 家，有 11 367 家星级饭店，拥有客房 149. 72 万间，床位 267. 74 万张；全国拥有外商和港、澳、台同胞投资兴建的 467 家星级饭店。

(5) 在旅游经济的所有制构成上发生了改变。从单一的全民所有制结构转向以公有制为主体的全民、集体、私营、个体、股份、中外合资（或合作）和外商独资并存的多种所有制结构。

(6) 旅游文化迅速发展。随着旅游业的发展及旅游活动质量的提高，旅游的文化内涵逐渐加重，旅游活动的文化信息量日渐提高，旅游从业人员的数量和质量不断提高。由旅游教育、科研、咨询、宣传、出版、文娱为主要因素的旅游文化体系迅速发育成长，并成为旅游产业和旅游生产力中不可缺少的一部分。

(7) 在管理体制上，从政企合一的指令性计划管理向政企分开的市场经济型管理转变。旅游企业从外事接待单位、行政机构的附属物向自主经营、自负盈亏、自我积累、自我发展的旅游产品的生产者和经营者转变。各级行政管理机构对旅游业的管理模式从指令式的微观掌管向导向型宏观调控转变。“旅行社管理条例”等一系列旅游法规相继出台，旅游业在市场经济基础上迈上政府主导和企业运作的道路。

(8) 加强了国际联系。从过去的隔绝式转为开放式、参与式，从坐等海外游客上门转向主动出门宣传促销、组织招徕。1983 年 10 月，我国正式加入世界旅游组织，成为该组织的第 106 个成员国，继而当选为执委会委员、亚太地区委员会副主席。国家旅游局先后向美国、加拿大、英国、法国、德国、瑞士、澳大利亚、日本、新加坡、以色列和香港地区派出 10 多个办事处，我国代表团参加了世界各种旅游博览会、交易会。中国旅游以崭新的姿态登上了世界旅游舞台。

30 多年来，旅游业成为中国改革开放的先导行业，第三产业的重点产业，国际旅游、国内旅游和出境旅游得到飞速发展。世界旅游组织预测，到 2020 年，世界国际旅游人数将达 16 亿人次，全球旅游外汇收入将达 2 万亿美元。届时，中国将成为世界第一旅游目的地。中国将从世界旅游资源大国发展成为世界旅游强国。

2. 中国国际旅游业在国民经济中的地位

中国国际旅游业在中国旅游业中占有重要的地位，发展国际旅游业具有创造外汇收入，促进市场繁荣，保证国民经济稳定发展的作用，在国民经济中占有重要地位。

（1）发展国际旅游业可以提供更多的劳动就业机会。旅游业是一项综合性极强的服务行业。要满足旅游者多方面的需要，就要发展相应的直接间接地提供服务的行业。据测算，旅游业每增加一个直接就业人数，社会间接就业人数就可增加 5 个以上。因此，发展国际旅游业可以促进第三产业的发展，为人们提供大量的工作岗位。近年来在旅游业的带动下，我国的交通运输、餐饮、零售、娱乐等与旅游业密切相关的第三产业更是得到了蓬勃的发展。大力发展旅游给这些行业带来了充足的客源，也给这些行业不断提出新的要求，推动了这些行业的发展。

（2）发展国际旅游业可以促进相关产业的发展，改善国民经济结构。由于旅游而刺激的消费，无论是从质量上还是从数量上说都比较高。在更新换代方面，某些旅游消费品的周期更短，这就对生产和服务部门提出了更高的要求。因此，旅游消费这种新形式就成了推动生产发展的新动力，也为其他部门、行业开辟新的生产门路提供了可能。同时，旅游业的发展还会促进各种经济信息的交流，为新产业的产生提供了条件。

（3）发展国际旅游业可以增加外汇储备。大力发展国际旅游业，提高我国在国际旅游业中的地位，吸引境外旅游者前来旅游，将会吸引更多的外资，从而为国家经济建设积累资金。同时，由于旅游业本身所产生的乘数效应对提高全社会的经济效益作用更为明显。通过发展国际旅游业提高社会经济效益，确实是一项具有积极作用的重要措施。

（4）发展国际旅游业有利于促进国际间文化交流，增进不同国家、地区人民之间的友谊。国际旅游发展所形成的游客流是信息流、观念流的载体，这些信息、观念、生活方式的传播，可以起着打破旅游目的地国家和地区封闭保守思想、引发思维观念更多的作用，其意义比因发展旅游所获得的经济效益要深远得多。

（5）发展国际旅游业，可以提高我国在国际上的知名度。通过发展国际旅游业，不同国家、不同种族的人来到这个古老东方国度，在饱览我国的大好河山、领略悠久的历史和灿烂的文化、品尝可口的美食后，开始对中国有了更多的了解和更多的认识，也提高了中国在旅游者心目中的地位，从而可以提高我国在国际上的知名度。通过发展旅游业，国际地位不断提高，国际合作日益活跃。

3. 中国成为世界旅游强国之展望

在改革开放以来的三十几年中，我国实现了由旅游资源大国向亚洲旅游大国的历史性跨越，入境、国内和出境旅游三大市场全面发展，市场前景日益广阔。通过发展旅游业，使我国的国际地位不断提高，国际合作日益活跃。最重要的是，走出了一条具有中国特色的旅游业大发展之路，探索和创造了一系列宝贵的、对今后工作有重要指导意义的经验。这些经验说明了我国旅游业发展到现在，已经具备了一定的规模和实力，国家旅游局在“十五”计划和2015、2020年的规划设想中也提出，今后20年，我国要实现从“亚洲旅游大国”向成为“世界旅游强国”的新跨越。世界旅游组织（WTO）也预测，到2020年，世界国际旅游人数将达到16亿人次，全球旅游外汇收入将达到2万亿美元。届时，中国将成为世界第一旅游目的地。中国将从世界旅游资源大国发展成为世界旅游强国。

（1）国际旅游接待人数和创汇水平名列世界前茅。目前，中国接待入境过夜旅游人数占世界总量的4.8%，约为美国的1/4，西班牙的2/3，法国的3/5；旅游创汇占世界总量的3.8%，约为美国的1/5，西班牙的1/2，法国的3/5，英国的3/5。据国家旅游局预测，2020年中国将接待海外旅游者1.35亿~1.45亿人次，约占世界总量的8.4%~9.0%；国际旅游创汇530亿~760亿美元，约占全世界总量的2.7%~3.8%。据世界旅游理事会（WTTC）预测，2020年中国将接待1.37亿入境旅游者，占世界总量的8.6%，居世界首位。见表1-1、表1-2、表1-3。

表1-1 1978—2012年入境旅游人数 单位：万人次

年份	总计	外国人	港澳台侨胞	其中港澳同胞	其中台湾同胞
1978	180.92	22.96	157.96	156.15	—
1982	792.43	76.45	715.98	711.70	—
1992	3 811.49	400.64	3 410.85	3 262.57	131.78
2002	9 791.00	1 343.95	8 446.88	8 080.82	366.06
2012	13 240.53	2 719.16	10 521.38	9 987.36	534.02

说明：资料来源，中华人民共和国国家旅游局，下同。

表1-2 1978—2012年国际旅游（外汇）收入

年份	旅游（外汇）收入（亿美元）	发展指数（1978年为100）	比上年增长（%）
1978	2.63	100.0	—
1982	8.43	320.7	7.4
1992	39.47	1 501.3	38.7
2002	203.9	7 752.8	14.57
2012	500.28	19 022.1	3.2

表1-3 1978—2012年中国入境旅游人数和旅游（外汇）收入的世界排名

年份	过夜旅游者人数（万人次）	世界排名	旅游（外汇）收入（亿美元）	世界排名
1978	71.60	—	2.63	—
1982	392.40	16	8.43	29
1992	1 651.20	9	39.47	17
2002	3 680.26	5	203.85	5
2012	5 772.49	3	500.28	5

(2) 国内旅游的人次、出游率和消费居世界先进行列。目前，中国国内旅游总人次虽居世界第一，但出游率较低，2001 年为 6.2%，与世界旅游发达国家相比，出游率仅为它们的 1/10~1/8。中国国内旅游的人均消费水平也较低，总产出水平并不高，目前只相当于墨西哥的水平。2012 年中国国内旅游人数 29.57 亿人次，国内旅游收入 22 706.22 亿元人民币。其中：城镇居民旅游消费 17 678.03 亿元，农村居民旅游消费 5 028.19 亿元。国内旅游出游人均花费 767.90 元。其中：城镇居民国内旅游出游人均花费 914.50 元，农村居民国内旅游出游人均花费 491.00 元。据国家旅游局预测，2020 年中国国内旅游收入将达 19 000 亿~27 000 亿元。届时国内旅游人数与国际旅游人数之比约为 8∶9，国内旅游收入与国际旅游收入之比约为 4∶1，接近世界平均水平。

(3) 出境旅游的规模居世界前列。2000 年中国公民出境旅游花费 131 亿美元，占世界总量的 2.7%，位于美国、德国、英国、日本、意大利、法国之后，居世界第七位。2001 年中国公民出境旅游人数 1 121 万，居亚洲第二位。2012 年，我国出境旅游人次数为 8 318.27 万人次，同比增长 18.41%。从绝对数量而言，中国出境市场已经超过德国与美国，成为世界第一大出境旅游市场。据世界旅游组织预测，2020 年中国公民出境旅游将达 1 亿人次，占世界总量的 6.2%，仅次于美国、日本和德国，名列世界第四。

(4) 旅游经济总量在国民经济中的比重接近世界平均水平。根据 WTTC 预测，2020 年，中国旅游业总产出将占国内生产总值的 8.64%，旅游消费将占消费总额的 6.79%，旅游投资将占投资总额的 8.16%，旅游外汇收入将占外贸出口的 8.11%，旅游外汇支出将占外贸进口的 7.23%，居民旅游消费占全国居民总消费的 6.79%，旅游业的投资占全国总投资的 8.16%，接近于世界平均水平。据国家旅游局预测，2020 年全国旅游业总收入 3.3 万亿元，相当于国内生产总值的 8%，真正成为国民经济的支柱产业。

(5) 培育一批享誉世界的旅游名品、精品和绝品。遍布神州大地的高品位的自然风光资源、历史文化资源和现代社会资源将得到精心保护，将有 50 个左右的自然与文化遗产进入世界遗产名录。各地各类有代表性的旅游资源将得到科学、有序开发，形成一批世界一流的旅游名品、精品和绝品。传统的观光旅游产品不断推陈出新，新兴的度假旅游产品将陆续成熟，各类专项旅游产品将层出不穷。中国将成为世界著名的会议展览中心。一批适应 21 世纪世界潮流和人类身心需求的生态旅游绝品、文化旅游精品、康体健身名品，将在世界旅游市场上一领风骚。

(6) 拥有一批具有国际竞争实力的骨干旅游企业集团。旅游企业是旅游产业的细胞、旅游强国的支柱。在国内外市场经济浪潮的搏击中，中国将涌现出一大批跨国经营、跨所有制成分、跨行业生长、现代化管理、信息化经营、集行游、住、食、购、娱于一体的骨干旅游企业集团，成为中国旅游驶向全球的“航空母舰”，并作为中国旅游的品牌企业屹立于世界旅游企业之列。

(7) 造就一支宏大的高素质的产业队伍。据 WTTC 预测，到 2020 年，中国旅游业旅游就业人数将达6 889万，占全国总就业人数的8.54%。这将是一支在职业道德、心理素质、文化素养和技术技能水平各方面都是高水平的现代产业队伍，为此需要建立起由高等、中等学校和职业培训中心组成的完整的旅游教育基地，形成学历教育、岗位资质教育和终身教育相结合的旅游教育体系。全国要创建若干个世界著名的旅游院校，各旅游省市、特别是以建设旅游强省强市为目标的地区，都要建立院校与社会培训相结合的旅游教育基地。

(8) 建立现代科技教育支撑体系。旅游产业是集资源、资金和智力于一体的现代文化性、服务性产业经济。现代科技教育是旅游创新的智能动力和旅游强国立国的智力支柱。在旅游资源保护和开发、旅游产品设计和组配、旅游产业的经营和管理等硬件与软件各方面，广泛采用生物、宇宙、电子、海洋、激光技术和历史学、考古学、社会学、美学及心理学等自然、人文各个科学领域内的世界先进科技成果。旅游经济将成为率先用现代高科技成果装备起来的产业之一，成为知识经济的重要载体之一。为此，必须建成一批各有特色、门类齐全、世界先进的旅游院校与科研院所，成为培养旅游人才的摇篮和科技创新的基地。

(9) 形成与国际接轨的旅游经营管理机制。我国旅游业是在改革开放中从事业型转变为产业型的，在产品开发、市场营销、企业管理等方面最先引进和借鉴国际惯例和标准，是中国率先与国际初步接轨的产业之一。21世纪中国将推动旅游产业在法规理念、市场准入、双向开放、政策透明、信息网络、经营方式、企业机制、人事体制、统计体系等各方面进行全方位、深层次的变革，基本与国际接轨，旅游业将真正成为国际化的产业。

(10) 建立经济效益、社会效益和环境效益互相促进的旅游可持续发展体系。可持续发展已成为当今世界的共同使命。旅游业是促进人类社会可持续发展的先锋产业。中国旅游业将坚持可持续发展的理念：规划的科学编制和切实实施，资源的严格保护和适度利用，生态旅游产品的精心设计和有序开发，绿色饭店和绿色餐饮的推广，自然能源的充分利用和消费用品的节约使用，以人为本的服务和天人合一理念的结合，旅游者与旅游地居民的友好交流，旅游者与服务者的互相尊重，管理层与员工群的亲和融合，使人们在旅游这一文明、健康、高尚的生活方式中，深切感受和享受到自然界内部的和谐统一、人与自然的和谐共存、人与人之间的和谐相处，使自然生态与人文生态环境质量在信息时代迈向新的高度。

在已经到来的21世纪中，我国作为幅员辽阔、历史悠久、奋发猛进的泱泱大国，将以奇特独有的旅游资源、多姿多彩的旅游产品、东方风范的旅游服务、与国际同轨的经营管理，当之无愧地迈入世界旅游强国之列。

1.2.2 中国入境旅游客源市场

1. 中国海外客源市场现状与基本格局

中国旅游业的国际地位不断提升。2000年中国接待入境过夜旅游者人数排名世界第五位。2001年，继续稳居世界第五位，旅游外汇收入首次超过英国和德国，由世界第七位升至第五位。2003 年，入境过夜旅游者人数和旅游外汇收入分别为世界第五位和第七位。

1）海外客源市场

中国海外客源市场分两大块，一块是香港、澳门和台湾同胞及侨胞，另一块是外国人（包括已加入外国国籍的海外华人）。作为海外旅游者，港、澳和华侨游客自新中国成立以来一直是中国海外客源市场的主体。1988 年后，随着海峡两岸关系的变化，台湾旅游者成为海外客源市场的又一重要组成部分。

在海外游客中，港、澳、台同胞约占 80%~90%，外国人约占 10%~20%。前 20 年来，中国海外客源市场基本上保持这种格局，近 10 年来，外国人来华旅游逐渐增多，见表 1-4。

表 1-4　1978—2012 年来华旅游入境人数及其所占比例

（按外国人、华侨和港、澳、台同胞分）

年　份	总　计	外国人	港澳台同胞
1978	180.92 万	24.77 万	156.15 万
	100%	13.7%	86.3%
1979	420.39 万	36.24 万	384.15 万
	100%	8.6%	91.4%
1988	3 169.8 万	184.22 万	2 985.58 万
	100%	5.8%	94.2%
1998	6 347.84 万	710.77 万	5 637.07 万
	100%	11.2%	88.8%
2001	8 901.3 万	1 122.64 万	7 778.66 万
	100%	12.6%	87.4%
2012	13 240.54 万	2 719.16 万	10 521.38 万
	100%	20.5%	79.5%

说明：资料来源，中华人民共和国国家旅游局，下同。

2）外国客源市场

外国客源市场以亚洲为主体，欧洲和北美为两翼。

亚洲客源市场约占我国外国人客源市场的 50%左右，是中国的基础客源市场。欧洲市场约占 1/4 左右，北美市场约占 1/10 左右，欧美市场是中国的传统客源市场。（见表 1-5 和表 1-6）。

20 世纪 80 年代，在旅华客源国中，日、韩遥遥领先（见表 1-7），构成中国最重要的客源国，约占中国外国客源市场总量的 50%（1979 年占 48%，1985 年占 51.7%），其次为西欧 3 国（英、德、法）和东南亚 3 国（菲、新、泰）。

表 1－5 1979、1980、1990、2001 年来华旅游外国人数（按洲别分）

地区	1979		1990		2001		2012	
	接待数（万人）	份额（%）	接待数（万人）	份额（%）	接待数（万人）	份额（%）	接待数（万人）	份额（%）
亚洲	17.85	49.3	91.52	52.4	698.24	62.2	1 664.88	61.2
欧洲	9.07	25	44.63	25.5	256.73	22.9	592.16	21.78
美洲	8.12	22.4	30.35	17.4	127.84	11.4	317.95	11.69
大洋洲	0.89	2.5	6.35	3.6	31.02	2.8	91.49	3.36
非洲	0.31	0.8	1.26	0.1	7.33	0.7	52.49	1.93
其他	0.01	0.03	0.63	0.4	1.49	0.1	0.19	0.01
总计	36.25	100	174.74	100	1 122.65	100	2 719.16	100

表 1－6 1978、1988、1994、2001、2012 年中国的前 10 位客源国

	1978 年	1988 年	1994 年	2001 年	2012 年
1	日本	日本	日本	日本	韩国
2	美国	美国	美国	韩国	日本
3	菲律宾	英国	俄罗斯	俄罗斯	俄罗斯
4	英国	德国	韩国	美国	美国
5	法国	菲律宾	蒙古	马来西亚	马来西亚
6	新加坡	泰国	新加坡	新加坡	越南
7	德国	新加坡	马来西亚	菲律宾	新加坡
8	泰国	加拿大	菲律宾	蒙古	蒙古
9	加拿大	法国	英国	英国	菲律宾
10	澳大利亚	澳大利亚	泰国	泰国	澳大利亚

表 1－7 2001 年入境外国旅游者人数（按国籍分）

序 位	国 籍	2001 年	占总数比重（%）
1	日本	2 385 700	21.3
2	韩国	1 678 836	15.0
3	俄罗斯	1 196 175	10.7
4	美国	949 161	8.5
5	马来西亚	468 613	4.2
6	新加坡	415 047	3.7
7	菲律宾	407 990	3.6

续表

序位	国籍	2001年	占总数比重（%）
8	蒙古	387 057	3.4
9	英国	302 527	2.7
10	泰国	298 417	2.7
11	澳大利亚	255 096	2.3
12	加拿大	253 876	2.3
13	德国	253 354	2.3
14	印尼	224 177	2.0
15	法国	199 523	1.8
16	印度	159 361	1.4
17	越南	113 823	1.0
18	荷兰	92 953	0.8
19	意大利	77 684	0.7
20	朝鲜	77 051	0.7
21	哈萨克斯坦	69 273	0.6
22	巴基斯坦	53 061	0.5
23	瑞典	52 807	0.5
24	新西兰	44 350	0.4
25	缅甸	39 640	0.4
26	西班牙	35 914	0.3
27	丹麦	34 139	0.3
28	比利时	32 469	0.3
29	奥地利	31 401	0.3
30	瑞士	30 816	0.3

进入20世纪90年代，亚洲客源国家的市场发展强劲。东北亚的俄罗斯（主要是东部地区）、韩国、蒙古，东南亚的马来西亚、印尼等国成为中国的新兴客源国，连同日本、菲律宾、泰国等洲内市场成为中国的主体客源市场。远程的欧、美市场一直平稳发展，成为中国稳定的客源市场。

2. 中国入境客源市场的特点

中国海外客源市场的总体格局是：亚洲和东太平洋区域市场是主体，欧洲和北美远程洲际市场为两翼。亚洲地区主要客源地区和国家是：中国香港、中国澳门和中国台湾地区，日本、韩国和俄罗斯东部以及蒙古等东北亚国家，马来西亚、新加坡、菲律宾、泰国、印度尼西亚和越南等东南亚国家，以及印度等南亚国家。大洋洲是澳大利亚等国。欧洲的主要客源国是：英国、德国、法国、荷兰、瑞典、葡萄牙、瑞士等西欧国家，美洲的主要客源国是美国和加拿大。

入境旅游者已从20世纪80年代首次来华游客为主，转向多次来华游客为主。20世纪90年代以后，多次来华的游客约占入境游客总数的3/4，尤其是散客，4/5以上是多次来华者。

海外旅游者的旅游方式已从20世纪80年代初的团体为主，转向散客为主。2001年，来华过夜旅游者达3 316.67万人次，经过我国旅行社接待的过夜旅游者1 453.64万人次，占过夜旅游者总数的43.9%。

入境旅游大跨度的长线团减少，一次旅游经停城市数趋减，环口岸地域游或一地游的游客增多。海外旅游者人均停留天数逐步缩短。在华游览1~3座城市的短程游客，1990年约占60%。2001年，这类游客占81.9%。海外旅游者的在华平均停留天数，1990年为10.3天，1994年为7.7天，2000年缩短到6.1天。

海外旅游者对中国旅游资源最感兴趣的是山水风光、文物古迹和民俗，其次是餐饮、购物和文化艺术。2001年，海外旅游者对中国各类旅游资源的选择分别为：山水风光（53.1%）、文物古迹（45.0%）、民俗（35.3%）、饮食烹饪（30.4%）、旅游购物（25.5%）、文化艺术（26.3%）。与此同时，海外旅游者的旅游需求日趋多样化、个性化，对旅游产品的选择性越来越强。

海外游客在数量上约占中国国内外游客总数的1/10，但旅游外汇收入约占国内外旅游总收入的3/10。对海外旅游者的接待服务直接推动中国旅游业同国际标准接轨。因此，大力开发和拓展海外客源市场，是中国旅游业的长期的战略任务。

1.2.3 中国出境旅游客源市场

20世纪80年代中期，我国才开始出现出境旅游的萌芽，随着我国经济的不断发展，人民生活收入水平的不断提高，使出境旅游在20世纪90年代开始了真正大发展。1984年开始，我国的出境旅游先后经历了试探性发展阶段（1984—1989年）、初步发展阶段（1990—1996年）、规范发展阶段（1997—2000年）、快速发展阶段（2001年至今）4个阶段。1984年，国务院正式批准的港澳探亲游首次为中国内地游客提供了机会。1987年，丹东市居民赴朝鲜新义州市的“一日游”标志着中国出境旅游的雏形——边境旅游拉开序幕。1990年对泰国、新加坡、马来西亚3国探亲游的开放，使边境游升级为出境游，也掀起以东南亚为目的地的出国旅游高潮。东南亚旅行深入人心，时至今日，很多国民仍将其作为认识世界的第一站。1997年3月，国家旅游局、公安部颁布了《中国公民自费出国旅游管理暂行办法》，标志着我国出境旅游市场的形成。随着《中国公民自费出国旅游管理暂行办法》的颁布实施，140余个ADS协议（旅游目的地协议）的不断签署，使中国游客可旅行的范围已扩展到世界一半以上的国家。进入21世纪，我国出境游市场迎来了突飞猛进、飞跃发展的“黄金十年”。10年间，我国出境旅游市场蓬勃发展，出境游持续高速增长，出境游秩序大大改善，出境游产品不断更新。我国跻身世界第三大出境旅游消费国，是全球增长最快的新兴客源输出国。随着我国出境旅游市场的不断成熟完善，中国游客在境外旅行的需求、方式及其国际形象都发生了不小的变化。同时，世界旅游业的格局发生了巨大的变化，越来越多的国家认识到中国旅游市场的潜力，中国出境旅游市场的世界影响力正在增强。

在持续20余年的高速增长之后，2011年中国出境旅游人次数达到了创纪录的7 025万人次。这个数量已经是美国出境市场的1.2倍，以及日本出境市场的3.5倍，我国出境旅游规模已超过美、日成为世界第一大出境旅游市场。在市场不断成熟的过程当中，游客消费的行为也逐渐理性，具体表现在追求更加经济的旅行方式。

中国出境旅游的快速增长不仅能够增长国人的见识，同时对于输出中国文化，甚至对影响世界旅游格局功不可没。2010年，亚太地区入境游客增长率达到12.8%，是自2008年次贷危机之后除中东外旅游业恢复程度最大的区域，在全球旅游格局中的比重拓展到21%。其中，中国公民赴亚洲地区出境人次增长20%，赴太平洋地区出境人次增长66.4%，对整个亚太地区入境旅游增长的贡献接近40%。有理由相信，中国出境旅游在未来仍将继续引领亚太目的地国家与地区旅游业。同时，在出境市场的推动下，中国企业也加快了“走出去”的步伐，积极向外输出资本、品牌、管理技术与人才。出境旅游规模的扩展、空间范围的扩大，以及消费规模的提升，必将推动产业要素在世界范围内更大规模地流动，在推动全球旅游产业转型升级方面发挥一定作用（中国旅游研究院2012）。

2012年，我国全年出境旅游人数8 200万人次，同比增长16.7%，出境旅游花费980亿美元，同比增长35.2%。近年来，中国出境游规模以每年20%的速度增长，2012年超过8 000万人次，尤为值得关注的是，长期滞后于旅游出境消费发展的中国旅游企业跨国发展，在2012年迅速改变格局（2012年度中国旅游业分析报告）。

1.2.4 中国出入境旅游客源市场的发展趋势

1. 入境客源市场的发展趋势

进入21世纪，中国的海外客源市场将向横广向和纵深层次拓展，规模更加宏大，质量不断提高，逐步进入成熟阶段。

中国的海外客源市场将在“一体两翼”格局的基础上，进一步扩展到世界五大洲更多的国家和地区，趋向全方位、多元化。

在亚太地区经济进一步提升和该地区区域经济合作进一步深化的基础上，我国的这一主要客源市场将达到一个新的水平。

港澳回归后的港澳同胞赴大陆探亲、观光、度假、商务和会议旅游的势头会更加强劲。随着海峡两岸关系的改善和中国台湾经济的稳定发展，中国台湾客源市场将得到新的增长。

在东北亚地区，日本近年来的经济动荡和两国历史纠葛，虽然使旅华游客的增长速度有所减缓，但日本旅华市场将覆盖我国更多的地区。随着韩国经济的复苏和中韩交通条件的改善，韩国入境市场将得到恢复和大幅度增长，成为中国一大客源国。俄罗斯、蒙古的旅华游客随着其国内改革、经济的稳定和发展，将继续稳步增长。俄罗斯近年来已成为中国的第二客源国，俄罗斯人来华已从边境贸易发展为到内地进行商贸与观光度假相结合的旅游活动。俄罗斯已成为中国入境客源市场的一个新的增长点。

在东南亚地区，中国与东南亚各国的关系进一步加强，旅游合作进一步扩大，东南亚作为我国的一个传统市场必将在新的世纪中得到更大的发展。随着革新开放的深入和国民经济的发展，越南将成为中国在东南亚地区的又一新兴客源市场。

在南亚地区，具有12亿人口的印度是一个很有潜力的客源市场。印度的中产阶级正在迅速崛起，印度出境旅游20世纪90年代一直在稳步增长。中印两国是近邻，印度市场有望成为中国入境市场的一大新兴市场。

在大洋洲地区，澳大利亚和新西兰的国民经济基本是稳步增长的趋势，商务旅游和观光度假等出境旅游以较快速度增长。随着中国与澳大利亚旅游交往的新进展、中澳航班的增加，澳大利亚将成为中国居民的旅游目的地，澳大利亚赴中国的客源市场也会得到同步增长。

在美洲地区，美国将仍然是中国的一个重点客源市场，客源层次将由目前的中下层居多向高中层拓展。加拿大旅华市场亦会有较大的增长。南美洲几乎是中国国际客源市场中的一项空白。随着亚洲与南美洲经贸联系的加强和新航线的开通，南美将会成为中国一个新的客源地。

中东和非洲历来是中国国际客源市场中的薄弱环节。随着中东和平进程的推进、中以建交和中国推出穆斯林专项旅游产品，中国将陆续打开这个富有潜力的国际客源市场。南非国民经济持续发展，出境旅游在20世纪90年代迅猛发展。中南两国已就空中、海上交通和经贸合作进行磋商。随着两国外交和经贸关系的突破，南非在21世纪必将成为中国的又一新兴海外客源市场。

2. 出境客源市场的发展趋势

中国出境旅游的快速发展已经受世界各国的关注，各国都将吸引中国游客前往作为旅游业发展的重要内容。以美国为例，中国大陆从2011年起已成为美国前十位旅游客源市场之一。而近两年来，中国大陆成为美国增长最快的旅游市场，也是美国最为看好的旅游市场。美国商务部表示，在未来5年中国大陆赴美人数预计增长率将达200%，在2016年超过法国和德国赴美游客人数，中国出境人数增长意味着对美国经济复苏贡献巨大，因此将大力争夺中国出境旅游市场。

我国出境旅游快速增长，成为全球国际旅游增长的重要支撑。2012年中国公民出境旅游目的地新增加到146个。在规模迅速扩大的同时，我国游客出境旅游也在往深度和广度发展。

1）市场规模继续扩大

中国出境游人数的增长与中国经济的发展和收入水平的提高有密切的相关性。在中国经济快速增长的1998年到2007年间，中国出境游人数的年平均增长率达到23%。根据中国旅游研究院统计数据，2010年我国出境游人数达到5 739万人次。尽管目前我国公民旅游还以国内游为主，但随着经济的增长、人均可支配收入的增加，出境旅游人次、出境业务年收入、毛利在“三游”中的比例不断提高，出境旅游消费处在不断升级阶段，出境游需求相当旺盛，出境旅游市场是中国旅游市场发展最为迅速表现最为活跃的市场。同时，目前人民币持续升值的趋势将进一步有利于出境旅游市场的发展。根据世界旅游组织预测，到2020年，中国将成为世界上第四大旅游客源国，出境旅游人次将达到1亿人次。

2）旅游目的地国家和地区的增加将推动出境游市场的发展

截至2010年底，国家旅游局已与140个国家和地区的旅游部门签署了《旅游目的地国地位谅解备忘录》，其中有110个国家和地区已对中国公民全面开放。欧洲一直是我国旅游者热衷前往的境外旅游目的地之一，尤其是2004年欧盟与中国《旅游目的地国地位谅解备忘录》正式签署，同年9月1日起除英国以外的24个欧盟国家，以及挪威、冰岛、瑞士、列支敦士登和罗马尼亚共30个国家正式向中国游客开放。截至2010年年底，共有37个欧洲国家对中国公民开放。

从各出境旅游目的地市场来看，随着宏观经济的逐步好转，以及中国旅游者对欧洲的向往，业界对未来欧洲旅游市场持乐观态度。就大洋洲旅游、非洲旅游及东南亚旅游市场而言，在未来几年内都将会保持增长态势。从需求和供给来看，美国旅游等新兴市场有着巨大潜力。

3）旅游产品逐步向注重品质和质量转变

中国出境旅游市场经历了多年的发展，正在进入一个转型升级的阶段。随着中国公民人均收入的日渐提高，旅游观念的日益成熟，中国旅游者的需求和消费行为开始发生明显的变化，旅游消费市场不断增长，呈现出多元化和个性化的发展态势。传统的团队观光旅游已经不能满足旅游者的需求，旅游者从传统的团队观光游，逐渐转向深度游、休闲度假游等休闲型消费方式，自由行和个性化旅游成为旅游发展趋势。

近年来，中国政府出台了一系列的提升旅游服务质量的政策法规，许多中国游客的消费理念也在悄然发生转变，他们从“出发前看重价格，旅行中追求品质”的不成熟旅游消费观念，开始转变为“出发前注重品质，认可合理的价格”。同时许多富裕的中国人对追求高端产品和高品质服务也有很大的需求。因此，市场需求结构在发生变化。对于走马观花式的旅游线路产品已经逐渐疲倦，定制游、特色游的需求日益增长，那些针对性强的出境旅游产品或深度游产品将在未来更受欢迎，出境旅游产品的特色与品质将走向一个新的高度，一定程度上也会实现新的市场增量（2012—2016年中国旅游行业市场前景调查及投融资战略咨询报告）。

课后习题

一、思考题

1. 中国海外客源市场的总体格局是什么？列举中国在各世界旅游区中的主要客源国是哪些？

2. 中国出入境旅游客源市场的发展趋势？

3. 当前，世界旅游业取得了空前发展，进入了一个全新的阶段。世界旅游业发展新方向有哪些？

二、实际操作训练

查询资料，调查统计本城市入境游客主要来自哪些国家和地区。

2 亚洲地区

学习目标

知识目标：了解亚洲地区主要客源国的地理位置、地形气候、人口民族、语言宗教、国旗国徽国歌等概况，掌握各主要客源国的人文地理、民俗、旅游资源的基本知识。

技能目标：能够对亚洲各主要客源国概况做出简要分析，能够正确运用民俗知识接待亚洲主要客源国游客，能够根据客源地区旅游资源设计简单可行的旅游线路。

素质目标：能运用所学相关知识，分析相关客源国的基本情况，为了解和分析亚洲市场打下基础。

课前导读

亚洲曾译作“亚细亚洲”，是七大洲中面积最大，人口最多的一个洲。面积为4 400万平方千米，约占世界陆地总面积的29.4%。人口42亿多，约占世界总人口的60.41%。居民多属黄种人，约占全洲人口的3/5；其次为白种人，黑种人很少。全洲大小民族、种族共有约1 000个，约占世界民族、种族总数的一半。其中有十几亿人口的汉族，也有人数仅几百的民族或部族。居民语言分属汉藏、南亚、阿尔泰、印欧等9个语系。亚洲是世界文明古国中国、印度和古巴比伦的所在地，也是世界三大宗教的发源地。

亚洲地区在地理习惯上分为东亚、东南亚、南亚、西亚、中亚和北亚。包括中国、韩国、日本、新加坡、马来西亚、泰国、印度尼西亚、菲律宾、越南、印度、沙特阿拉伯、以色列等48个国家和地区。亚洲地形总的特点是地表起伏很大，崇山峻岭汇集中部，山地、高原和丘陵约占全洲面积的3/4。全洲平均海拔950m，是世界上除南极洲外地势最高的一洲。亚洲的大陆海岸线绵长而曲折，海岸线长69 900km，是世界上海岸线最长的大洲。亚洲有世界陆地上最低的洼地和湖泊——死海，还有被称为“世界屋脊”的青藏高原。亚洲地跨寒、温、热三带，其气候基本特征是大陆性气候强烈，季风性气候典型，气候类型复杂多样。亚洲地域辽阔，自然景色多姿多彩，是世界上山水风光最为壮美的地区之一。

2.1 樱花之国——日本

2.1.1 概况

日本全称为“日本国（Japan）”，意思是“日出之国”，誉称“樱花之国”。

1. 地理位置

日本位于亚洲东北部的太平洋上，北临鄂霍次克海，东濒太平洋，西隔东海、日本海，与中国、朝鲜、韩国、俄罗斯相望。领土由北海道、本州、四国、九州4个大岛和其他6 800多个小岛屿组成，因此也被称为“千岛之国”。日本总面积约为37.78万平方千米。其中本州、北海道、九州、四国四大岛，约占国土面积95.4%。

2. 自然环境

日本境内多山，山地面积约占总面积的76%，大多数山为火山，其中著名的活火山富士山海拔3 776m，是日本最高的山，也是日本的象征。日本地震频发，全国每年发生有感地震1 000多次，是世界上地震最多的国家之一，全球10%的地震均发生在日本及其周边地区。日本火山众多，形成许多温泉，全国有大小温泉近2万处。日本河流众多，都以流程短、流速快为特征，急流和瀑布多。最长的河流信浓川长367km，最大的湖泊是琵琶湖，面积672.8km^2。

知识链接2－1

日本人的岛国意识

“岛国意识”也即“生存意识”、“危机意识”，日本的国民有一种较为强烈的生存危机感，从而表现出来较强的勤劳、节俭、努力、创新的意识。这种意识会从生活的方方面面中表现出来。比如推崇樱花的气质，日本尊樱花为国花，不仅是樱花的妩媚娇艳，更主要的是它经历短暂灿烂之后随即凋谢的“壮烈”。“欲问大和魂，朝阳底下看山樱。”日本人认为人生短暂，活着就要像樱花一样只争朝夕。樱花气质代表男子汉的气概，被尊为日本精神。从中我们可以看到岛国意识影响下形成的那一份悲壮。日本人这种生存意识、危机意识的形成跟它的国情是分不开的。

日本大部分地区属于温带海洋性季风气候，终年温和湿润，冬无严寒，夏无酷暑。日本夏秋两季多台风，6月份多梅雨。1月平均气温北部-6℃，南部16℃；7月北部17℃，南部28℃。四季分明，降水充沛，年降水量700～3 500mm，最高达4 000mm以上。

3. 人口、语言及宗教

日本人口约1.27亿（2013年10月），居世界第10位。城市人口约占78%。人口主要集中在沿海平原一带，是世界上人口密度最高的国家之一。日本主体是大和族，占总人口的98%以上，北海道约有2.4万阿伊努族人，琉球群岛有部分琉球族人。日本居民中还有一部分外侨，其中朝侨最多，大多聚居在横滨、神户两市。

日本通用的语言是日语。以东京语为基础的日本语称为标准语，普及全国各地。北海道地区有少数人会阿伊努语。

日本有神道、佛教、基督教等多种宗教。主要宗教为神道教和佛教为主，分别占总人口的49.6%和44.8%。大多数日本人既信神道教又信佛教。神道教是日本固有的宗教。它所崇拜的是象征太阳的所谓“天照大神”。明治维新后定神道教为国教，现有神社等神道设施18万多处。日本人信奉的佛教属于大乘佛教。

4. 国旗、国歌、国花

国旗：亦称太阳旗（图2.1），呈长方形，长与宽比为3∶2。旗面为白色，正中有一轮红日。白色衬底象征着纯洁，红日居中象征着忠诚。传说日本是太阳神所创造，天皇是太阳神之子，太阳旗来源于此。在日本，由于法律并没有确立正式的国徽，因此习惯上，日本皇室的家徽“十六瓣八重表菊

图2.1　日本国旗

纹”，即菊花纹章被广为作为日本代表性的国家徽章而使用。此图案源于佛教的法轮，也反映了日本以花道闻名于世的传统。

国歌：《君之代》。

国花：樱花，是日本人民特别喜爱的花，其数量之多居世界各国之冠。同富士山一样是日本的象征。

国鸟：绿雉。

5. 行政区划

日本的都、道、府、县是平行的一级行政区，直属中央政府，但各都、道、府、县都拥有自治权。全国分为1都（东京都）、1道（北海道）、2府（大阪府、京都府）和43个县，下设市、町、村。首都为东京。

2.1.2 发展简史、政治、经济、文化

1. 发展简史

公元4世纪中叶，日本开始成为统一的国家，称为大和国。公元645年“大化革新”后，日本建立了以天皇为绝对君主的中央集权制国家。12世纪末，日本进入由武士阶层掌管实权的“幕府时代”。1868年实行“明治维新”，废除封建割据的幕藩体制，建立统一的中央集权国家，恢复了天皇至高无上的统治。明治维新后，日本资本主义发展迅速，对外逐步走上侵略扩张的道路。1894年，日本发动甲午战争；1904年挑起日俄战争；1910年侵吞朝鲜。1926年，裕仁天皇登基，日本进入昭和时代。

1931年日本制造“九·一八”事变，侵占中国东北地区。1937年7月7日挑起“卢沟桥事变”，发动全面侵华战争。1945年8月15日，日本宣布无条件投降，成为战败国。战后初期，美军对日本实行单独占领。1947年5月，日本实施新宪法，由绝对天皇制国家变为以天皇为象征的议会内阁制国家。1952年日本恢复国际地位。

2. 政治

日本目前实行议会制君主立宪政体。现行《日本国宪法》于1947年5月3日实施。宪法规定，国家实行以立法、司法和行政三权分立为基础的议会内阁制；天皇为日本国和日本国民总体的象征，无权参与国政。

议会由众、参两院组成，为最高权力机关和唯一立法机关。众议院定员480名，任期4年。国会可通过内阁不信任案，首相有权提前解散众议院重新选举。参议院定员242名，任期6年，每3年改选半数，不得中途解散。在权力上，众议院优于参议院。

内阁为国家最高行政机关，对国会负责，由内阁总理大臣（首相）和分管各省厅（部委）的大臣组成。首相由国会提名，天皇任命，其他内阁成员由首相任免，天皇认证。日本政府实施行政改革后政府机构为1府12省厅。

日本的司法权属于最高法院及下属各级法院。采用“四级三审制”，即最高法院为终审法院，审理“违宪”和其他重大案件。高等法院负责二审，全国共设4所。各

都、道、府、县均设地方法院一所（北海道设四所），负责一审。全国各地还设有家庭法院和简易法院，负责民事及不超过罚款刑罚的刑事诉讼。

3. 经济

战后的日本奉行“重经济、轻军备”路线，重点发展经济，使日本在20世纪60年代末成为世界第二大经济体，经济实力仅次于美国。1990年保持了头号债权国和最大贸易出超国地位。日本以市场经济占主导地位，工业高度发达，以钢铁、机械为主，是世界三大汽车制造和船舶生产国之一，电子技术在世界市场也有着强劲的竞争力。日本的服务业，特别是银行业、金融业、航运业、保险业以及商业服务业占国内生产总值的比重最大，而且处于世界领导地位，首都东京不仅是全国第一大城市和经济中心，更是世界数一数二的金融、航运和服务中心。日本对外贸易发达，主要贸易对象为美国、亚洲国家和欧盟国家。日本2010年国内生产总值54 742亿美元，位于美国和中国之后，居世界第三位。日本的著名企业有索尼株式会社、松下电器产业株式会社、丰田汽车公司等。

4. 文化

日本独特的地理条件和悠久的历史，孕育了别具一格的日本文化。樱花、和服、俳句与武士、清酒、神道教构成了传统日本的两个方面——菊与剑。

日本是一个非常重视教育的国家。学校教育分为学前教育、初等教育、中等教育、高等教育4个阶段，社会教育也很普遍。日本的风俗画（浮世绘）是典型的花街柳巷艺术。能剧是世界上现存的最古老的戏剧之一。能剧源于古代舞蹈戏剧形式，表演者穿戴日本传统服饰，戴上面具或者无表情地表演情趣盎然的传统舞蹈。

歌舞伎，日本民族传统的舞台艺术，“歌”代表音乐，“舞”代表舞蹈，“伎”则是技巧的意思。歌舞伎出现于16世纪末，是反映宫廷及武士生活的历史剧目。歌舞伎最大特征是女性角色全部由男性演员扮演。东京银座的歌舞伎座和京都4条街的座都是非常著名的歌舞伎表演剧场。

知识链接2-2

歌舞伎

日本典型的民族表演艺术，起源于17世纪江户初期，1600年发展为成熟的一个剧种，演员只有男性。歌舞伎的始祖是日本妇孺皆知的美女阿国，她是岛根县出云大社巫女（即在神社专事奏乐、祈祷等工作的未婚年轻女子），为修缮神社，阿国四处募捐。她在京都闹市区搭戏棚，表演《念佛舞》。阿国创新的《念佛舞》，经不断充实、完善，从民间传人宫廷，渐渐成为独具风格的表演艺术。歌舞伎是日本所独有的一种戏剧，也是日本传统艺术之一。在日本国内被列为重要无形文化财产，在2005年被联合国教科文组织列为非物质文化遗产。

茶道，又称“茶之道”，也叫做茶汤（品茗会），是一种独特的饮茶仪式和社会礼仪。日本的茶道最早是由中国唐朝贞观年间传到日本的，日本人民称“中国是日本茶道的故乡”。茶道被称为美学宗教，以“和”、“敬”、“清”、“寂”为基本精神。花道，又称插花、生花，是日本的一种室内装饰艺术。日本花道最早来源于中国隋朝时代的佛堂供花，江户时代被命名为花道。花道有20多种流派，各流派均以天、地、人三位一体的和谐为统一思想。书道，即用毛笔写汉字。佛教自唐朝传入之后，僧侣和佛教徒学中国用毛笔抄录经书，故书法随之在日本开始盛行。古代日本人称书法叫“入木道”或“笔道”，17世纪才出现“书道”这个名词。相扑，也称角力、角抵，是闻名世界的日本传统格斗运动。相扑源于中国，大约在唐朝时传入日本，在日本有着举足轻重的地位，被称为日本“国技”。体重为100~200kg的大力士互相搏斗，圆形竞技场直径4.55m，穿着古代服装的裁判称为“行司”，手拿一把扇子。只要把对手推出绳套或搏倒在地，即为胜者（图2.2）。“横纲”是相扑的最高级别。

图2.2　日本相扑

柔道，在日语中是“柔之道”的意思，通过把对手摔倒在地而赢得比赛。柔道的基本原理不是攻击、而是一种利用对方的力量的护身之术，柔道家的级别用腰带的颜色（初级为白，高级为黑）来表示。空手道，经琉球王国（现在的冲绳）从中国传入日本的格斗运动。空手道不使用任何武器、仅使用拳和脚，与其他格斗运动相比，是一种相当具有实战意义的运动形式。剑道，是指从武士的重要武艺剑术中派生而出的日本击剑运动。比赛者按照严格的规则，身着专用防护具，用一把竹刀互刺对方的头、躯体以及手指尖。国球是棒球。棒球是最受欢迎的体育项目之一，是日本青年中最盛行的运动。

2.1.3　民俗

1. 姓名称谓

日本人姓名绝大部分用汉字表达，姓名的组合顺序与中国人姓名的组合顺序一样，二者都是姓在前，名在后。不过日本人的姓名字数往往较多，并且以4字的最为多见。日本妇女婚前姓父姓，婚后则改姓夫姓。称呼日本人时，可称之为“先生”、“小姐”或“夫人”，也可以在其姓氏之后加上一个“君”字，将其尊称为“某某君”。只有在很正式的情况下，称呼日本人时才需使用其全名。

2. 生活习俗

（1）服饰。在公开场合，一般穿西服，以套装最为常见。日本人在节庆日和某些重要场合爱穿传统服装——和服（图2.3），并配以木屐。和服是日本的国服，也称“着物”，是仿照我国隋唐服式改制的。和服的基本特点，在于它是由一块布料缝制而成，并且没有什么线条。它领口很大，袖子宽短，腰身广阔。穿和服的时候，不戴首饰，不用纽扣，只用一条打结的腰带，一般都要脚穿木屐或草屐，并且配以布袜。男式和服色彩庄重，背后饰有“家纹”，女式和服艳丽，腰带更宽，打结处好像一个小包袱。妇女和服的款式和花色的差别是区别年龄和结婚与否的标志。例如：未婚女子穿宽袖外服和红领衬衣，已婚女子穿紧袖外服和素色衬衣。虽然今天日本人的日常服装早已为西服所替代，但在婚礼、庆典、传统花道、茶道以及其他隆重的社交场合，和服仍是公认的必穿礼服。

(2) 饮食。日本人的饮食，主要有“日本料理”、“中国料理”和“西洋料理”3种。料理是日本人对饭菜的统称。日本料理，是日本民族传统的饭菜，主食为米饭，副食多为海产。日本人喜欢清淡，不喜油腻。酷爱吃鱼，并有生食的习惯，如“生鱼片”。日本的传统美食有生鱼片、寿司、天妇罗（油炸菜、虾、鱼等）、鸡素烧（日式火锅），还有各式各样的鱼饼、海鲜鲜制品等，讲究新鲜配料。“便当”和“寿司”是日本普遍受欢迎的两种传统方便食品。“便当”就是盒饭，“寿司”就是人们逢年过节时才吃的“四喜饭”（图2.4）。是以生鱼片、生虾、生鱼粉等为原料，配以精白米饭、醋、海鲜、辣根等，捏成饭团后食用的一种食物，种类多达数百种。

饮食禁忌是不吃肥猪肉和猪的内脏，也有一些人不喜欢吃羊肉和鸭肉。餐前餐后习惯饮用绿茶。爱喝传统的日本清酒和中国绍兴的黄酒。每逢过节或过生日，多吃红豆饭，表示吉利。

图2.3 日本和服

图2.4 日本寿司

(3) 民居。日本人的住宅基本上有两种形式：一种是西式住宅，一种是日式住宅。日本式住宅建筑的特色首先是木质结构，其次是房间里垫得高高的榻榻米（草垫），适应当地的自然气候条件，利于抗震、防风、防潮。日本式房间的特点是不用床，不用椅子，地板或榻榻米起到床的作用，人们直接或垫上坐垫坐在榻榻米上。住房面积用榻榻米表示，一张榻榻米约2m²。根据传统习惯，人们进入屋内必须脱鞋。

知识链接 2－3

日本清酒

日本清酒是借鉴中国黄酒的酿造方法而发展起来的日本国酒。日本人常说，清酒是上帝的恩赐。1 000 多年来，清酒一直是日本人最常喝的饮料。在大型的宴会上、结婚典礼中、酒吧间或寻常百姓的餐桌上，人们都喝清酒。清酒已成为日本的国饮。日本清酒虽然借鉴了中国黄酒的酿造法，但却有别于中国的黄酒。该酒色泽呈淡黄色或无色，清亮透明，芳香宜人，口味纯正，绵柔爽口，其酸、甜、苦、涩、辣诸味谐调，酒精含量在15%以上，含多种氨基酸、维生素，是营养丰富的饮料酒。

3. 主要节庆

日本的法定节日：元旦、成人节、建国纪念日（2月11日）、春分日（3月21日前后）、宪法纪念日（5月3日）、男孩节或端午节（5月5日）、敬老节（9月15日）、秋分日（9月23日前后）、体育节（10月第2个星期一）、文化节（11月3日）、勤劳感谢节（11月23日）、天皇诞生日（12月23日）。日本还有很多民间节日，如女孩节或偶人节（3月3日）、七夕或乞巧节（7月7日）、盂兰盆会（8月15日左右）、“七五三”节（11月15日）等。

元旦（1月1日）。日本人特别重视新年，按照日本的风俗，除夕前要大扫除，并在门口挂草绳，插上桔子（称“注连绳”），门前摆松、竹、梅（称“门松”，现已改用贴画代替），取意吉利。除夕晚上全家团聚吃过年面，半夜听“除夕钟声”守岁，元旦早上吃年糕汤（称“杂煮”）。

成人节（每年1月第2个星期一）。日本的成人节源于古代的成人仪礼，而日本古代的成人仪礼是受中国“冠礼”的影响。1948年，日本政府根据民俗规定满20岁的人要过“成人式”，目的是要让青年意识到自己已成为社会的正式成员。凡年满20岁的男女青年在成人节这天要身穿传统服装参加官方或民间团体为他们举办的成人仪式，内容包括年轻人宣誓、长者的祝贺和参拜神社以及参加各种传统的文娱活动等。

男孩节（5月5日，端午节）。在这一天，有儿子的家庭门前均悬挂着祝男孩子健康成长的“鲤鱼旗”。日本以阳历5月5日作为端午节。端午节与男孩节同日，所以这天家家户户门上还摆菖蒲叶，屋内挂钟馗驱鬼图，吃去邪的糕团（称“柏饼”）或粽子。“菖蒲”和“尚武”谐音，“鲤鱼旗”表示鲤鱼跳龙门。日本人认为鲤鱼是力量和勇气的象征，表达了父母期望子孙成为勇敢坚强的武士的愿望。这一天为全国公休日。男孩节同时也是日本的儿童节，所以不管男孩女孩，都可以在这一天享受到父母特别的祝福和关爱。

女孩节（3月3日，偶人节）。这是日本女孩子的节日。这个节日起源很早，要上溯到700年前的平安时代。如今的庆祝方式是从江户时代传下来的。有女孩子的家庭都要供出小巧的偶人（也叫“雏人形”），祝愿家中女孩平安。这种小偶人价格昂贵，女孩的父母，尤其是外祖父母，差不多都要为她买一套精美的小偶人。少的摆一层，多的用“偶人架”摆上好几层，最多的可摆七、八层，而最上的一层，大多是一个皇帝和一个皇后。女孩从一岁时得到这些小偶人，以后每年3月3日都要拿出来陈列，直到出嫁时带走。

“七五三”节（11月15日）。每逢11月15日，3岁和5岁的男孩、3岁和7岁女孩穿上鲜艳的和服去参拜神社，祈愿神灵保佑他们在成长道路上一帆风顺。据说这种习俗始于江户时代中期。这一天，孩子们都要吃“赤豆饭”，还要吃专为庆贺“七五三”而做的红色或白色的棒形糖果“千岁糖”，希望孩子吃了可以活泼健壮、长生不老。古时日本人视奇数为吉祥之数，其中“七五三”又是最无忌讳的数字（与之相反，四和九是日本人最忌讳的数字）。

4. 礼仪禁忌

日本以“礼仪之邦”著称，讲究礼节是日本人的习俗。在人际交往中，日本人通常都习惯于以鞠躬作为见面礼节，并说“您好”、“对不起”、“打搅您了”、“请多关照”等礼貌用语。在行鞠躬礼时鞠躬的度数的大小、鞠躬的时间的长短以及鞠躬的次数的多少，往往会与向对方所表示的尊敬的程度成正比。忌讳鞠躬时手插在口袋里；忌讳问青年妇女年龄及婚配。有的时候，日本人还会一面与人握手，一面鞠躬致敬，或是仅仅与他人握手为礼。不过在一般情况下，日本妇女，尤其是日本的乡村妇女，与别人见面时，只鞠躬不握手的。

日本人与他人的初次见面时，通常都要互换名片，否则即被理解为是不愿与对方交往。互赠名片时，要先行鞠躬礼，并双手递接名片。接到对方名片后，要认真阅读，用点头动作表示已清楚对方的身份。因而有人将日本人的见面礼节归纳为“鞠躬成自然，见面递名片。”在一般情况下，日本人外出时身上往往会带上好几种印有自己不同头衔的名片，以便在交换名片时可以因人而异的使用。

日本人无论是访亲见友或是出席宴会都要带去礼品。忌用梳子、手绢作礼品；探望病人时忌讳送菊花、山茶花、仙客来花、白色的花和淡黄色的花；也不愿接受有菊花或菊花图案的礼物，因为那是皇室的标志。日本人忌讳绿色，认为是不祥的颜色。忌讳梅花、荷花，在他们看来荷花意味着祭奠，认为梅花是不祥之花。日本人喜爱鹤和乌龟，认为二者都是长寿、吉祥的代表。日本人对金色的猫以及狐狸和獾极为反感，认为它们是“晦气”、“贪婪”与“狡诈”的化身。

中国人送礼成双，日本人却对奇数颇有好感，尤其用3、5、7这3个单数。忌讳数字4、9，因为日语中的“4”与死同音，而“9”的发音与“苦”相近。在3人并排合影时，日本人谁都不愿意在中间站立，他们认定，被人夹着是不祥的征兆。日本人忌把筷子放在碗碟上面或垂直插在米饭中。日本人忌讳头朝北睡，因为死人停尸时都是头朝北的。

2.1.4 旅游业概况

1. 旅游资源概况

日本是我国传统的客源国。日本特殊的地理环境和悠久的民族文化，使日本成为极富自然之美和人文之美的国家。日本自然旅游资源丰富，以火山、温泉、樱花而闻名于世；人文旅游资源也很丰富，有许多古都、遗迹、寺院、神社等建筑和日式庭院，各种浓厚民间色彩的祭祀及庆祝活动丰富多彩，松岛、宫岛、天桥立是“日本三景”。奈良、京都、镰仓是日本的三大古城。偕乐园、兼六园、后土园是日本的三大名园。二条城、姬路城、名古屋城、熊本城、大阪城、松本城、犬山城是日本武家政治的遗迹。被联合国教科文组织列为自然与文化遗产的有：法隆寺地区的佛教建筑物、姬路城、古京都的历史遗迹、白川乡与五箇山的历史村落、原子弹爆炸圆顶屋（广岛和平纪念碑）、严岛神社、古都奈良的历史遗迹、日光的神社与寺院、琉球王国王城遗址以及相关遗迹、纪伊山地的圣地和参拜道、石见银山遗迹及其文化景观、岩手县平泉遗迹、富士山、屋久岛、白神山地、知床半岛、小笠原群岛。

2. 旅游热点

1）东京

东京是日本首都，全称东京都，古称江户，总面积 2 188km^2，是世界上人口最多的城市之一。东京是日本的首都，政治、经济、文化、教育中心，是日本的海陆空交通的枢纽，是现代化国际大都市和世界著名旅游城市之一。这座世界级特大城，既保留了日本传统特色，又具有浓郁的欧美风格；既有高雅古典的宫殿园林和寺院，更有气派恢宏的摩天大楼和热闹喧嚣的繁华街市。日本的旅游一向以东京为起点。主要旅游景点有东京塔、银座、皇宫、明治神宫、浅草寺、新宿御宛、太阳城、上野公园和迪士尼乐园等。

东京塔，日本最高的独立铁塔，建成于 1958 年，塔高 333m，是一座电视及广播电台的发射塔。铁塔由 4 脚支撑，为棱锥体，塔身相间橙黄色和乳白色，鲜艳夺目。在 100m 和 250m 高的地方，各有一个展望台，全市景观尽收眼底。铁塔大楼一层为休息厅，二层有商场，三层是规模居日本及远东第一的蜡像馆，四层是近代科学馆和电视摄影棚，五楼是发射台。

银座，东京最繁华的商业区，这里有“东京的心脏”之称。银座大道为步行商业街，全长 1 500m，这里集中了全国最著名的百货公司和高级专卖店，专门销售高级商品。银座大道后街有很多饭店、小吃店、酒吧、夜总会、茶座，游客可以坐在街心饮茶谈天。入夜后，路边大厦上的霓虹灯变幻无穷，构成了迷人的银座夜景。

日本皇宫，天皇的起居之地，位于东京市中心千代田区，是天正十八年（1590年）由德川幕府第一代将军德川家康修筑，占地 2.3 万平方米。自 1869 年由京都迁都东京以来，已历 4 代天皇，即明治、大正、昭和及平成天皇。皇居一般不对外开放，但皇居四周的大片绿地却是市民的免费公园。其中正殿是整个宫殿的中心，皇室的主要活动和外交礼仪都在正殿的“松之阁”举行，长和殿是天皇接受群众朝贺的地方，丰明殿内有大宴会场，常御殿为天皇内宫。

明治神宫，位于东京涩谷，是纪念明治天皇和皇后的别宫，建于 1915 年，第二次世界大战时被焚，1958 年按原样重建。明治神宫是东京 5 个最主要的神社之一，整个神宫占地 152.3 万平方米。神宫内有南、北、西 3 条参拜道，从南面正路进人，经过神宫桥，迎面即是巨大的大鸟屋（牌坊），是日本木造牌坊中最大的，道路两旁古树参天，百鸟争鸣。神宫内苑，西边是美丽的神宫御园，御园西北角是明治神宫本殿。外苑有圣德太子纪念馆，国立竞技场，东京都体育馆等。

浅草寺，东京最古老、最为众所敬重的寺庙，日本现存的具有“江户风格”的民众游乐之地。位于东京台东区，创建于628年。寺院的大门叫“雷门”，门内有长约140m的石铺参拜神道通向供着观音像的正殿。寺西南角有一座五重塔，仅次于京都东寺的五重塔，为日本第二高塔。寺东北有浅草神社，造型典雅，雕刻优美。

新宿御苑。新宿御苑是东京最大的日式庭园和法式庭园相结合的公园，位于市中心，面积约58公顷。这里原来是信川高远藩主内藤骏河守的住宅，明治五年（1872年）改为水果蔬菜研究所，7年以后成为新宿植物御苑，第二次世界大战后改立为公园。原为日本林泉式庭园，后经设计改建成法式庭园。园内林木丰茂，景色宜人，还有1 500株樱花树，春天时樱花竞相开放。

上野公园，日本最大的公园，原是德川幕府的家庙和一些诸侯的私邸，1873年改为公园。上野公园是东京最著名的赏樱胜地。园内樱花数目多达1 200棵。每年樱花季节，都要在此举办隆重的“樱花祭”。有“史迹和文化财物的宝库”之称的上野公园里，有宽永寺、德川家灵庙、东昭宫、清水堂、西乡隆盛铜像等古迹，这些江户和明治时代的建筑散落在苍松翠柏之中，与湖光山色十分相宜。园内还有很多博物馆，有东京国立博物馆、国立科学博物馆、国立西洋美术馆、都立美术馆等。

迪士尼乐园，位于日本东京都以东的千叶县浦安市舞滨，被誉为亚洲第一游乐园的东京迪士尼乐园，依照美国迪士尼乐园而修建，主题乐园面积为46公顷，是目前世界上最大的迪士尼乐园。

2）京都

京都位于日本列岛中心的关西地区，仿效中国唐代长安的形式建造，是有名的历史古城。公元794年平安京城始建于京都，历经大政奉远直至1869年迁都到东京为止的1 000多年间，京都一直是日本的首都，有“千年古都”之称。京都有数百间有名的神社、神阁和古寺名刹，拥有日本二成以上的国宝。京都又是“中国化”极深的城市，许多店铺的名称上仍然有汉字的痕迹。京都具有浓郁的日本风情，是日本人心灵的故乡。它是日本纺织物、陶瓷器、漆器、染织物等传统工艺品的产地。同时，它又是日本花道、茶道的繁盛之地，被称为“真正的日本”。主要旅游景点有京都御所、桂离宫、二条城堡、清水寺、金阁寺等。

京都御所，位于京都鸭川对岸西面，现仍为天皇在京都的住所。京都御所最初是作为天皇的第二宫殿而建成的。几个世纪以来皇宫几经修复，现存的建筑和结构形成19世纪中叶的安政二年（1855年）。正殿和紫宸殿曾举行过大正、昭和的继位大典。曾经环绕着大殿的庭园现已成为京都御苑，是对外开放的公园。

桂离宫，位于京都桂川的西岸。原是居住在京都八条的皇族智仁亲王的别墅——桂山庄，明治十六年（公元1883年）成为皇室的行宫，并改称桂离宫。桂离宫占地6.94公顷，有山、有湖、有岛。山上松柏枫竹翠绿成荫，湖中水清见底，倒影如镜。岛内楼亭堂舍错落有致。主要建筑有书院、松琴亭、笑意轩、园林堂、月波楼和赏花亭等。桂离宫的建筑和庭园布局，堪称日本民族建筑的精华，不少外国人认为，“日本之美”即以桂离宫为代表。

二条城堡，始建于公元1603年，城堡以巨石做城垣，周围有东西长500m、南北长300m的护城河，河上有仿唐建筑。初为德川家康到京都的下榻处，后因德川庆喜在此处决议奉还大政而闻名。1886年成为天皇的行宫，1939年归属京都府。主要建筑有本丸御殿、二之丸御殿等。二条城一向以樱花种类丰富见称，是京都首屈一指的赏樱胜地。在城内的樱之园，可观赏到有“樱花王者”称誉的八重樱华贵庄严的身姿。

金阁寺，建于1379年，原为足利义满将军的山庄，后改为禅寺。“金阁寺”一名源于足利义满修禅的舍利殿，因其外以金箔装饰，民众遂以金阁殿称之，寺院也因此被唤作金阁寺。其后金阁寺建筑几乎皆遭毁损，保存至近代的金阁殿亦在1950年的火灾中被毁，今日的金阁殿是1955年依原物重建而成，殿外金箔为1987年重贴。金阁寺不仅被日本指定为特别名胜，还是闻名遐迩的世界文化遗产。

3）奈良

奈良，日本三大古都之一，位于日本本州岛中西部，与京都和大阪成等腰三角形。奈良古称“大和之国”，8世纪时日本的首都，也是日本文化的摇篮。从6世纪开始，这里就是日本佛教文化中心。奈良名胜古迹、历史文物众多，有“社寺之都”之称。主要景点有奈良公园、唐招提寺、东大寺等。

唐招提寺，中国唐代高僧鉴真和尚亲手兴建的，是日本佛教律宗的总寺院，这座具有中国盛唐建筑风格的建筑物被确定为日本国宝。唐代高僧鉴真第6次东渡日本后，于公元759年主持建造，大约于公元770年竣工。有金堂、讲堂、经藏、宝藏以及礼堂、鼓楼等建筑物。其中金堂最大，以建筑精美著称。讲堂是当年鉴真师徒讲经之地。讲堂庭院里的藏经室收藏有1 200多年前鉴真从中国带去的经卷。御影堂内，供奉着鉴真的坐像，高2尺7寸，面向西方，双手拱合，结跏趺坐，闭目含笑，两唇紧敛，表现鉴真于公元763年圆寂时的姿态，已被定为日本国宝，每年只开放3天供人瞻仰。

东大寺，初建于745年，是日本佛教华严宗总寺院，属于中国唐代建筑风格。东大寺大佛殿，正面宽度57m，深50m，为世界最大的木造建筑。大佛殿内，放置着高达15m的大佛像卢舍那佛。中国唐代高僧鉴真和尚曾在这里设坛授戒。

4）大阪

大阪，日本的第三大城市，古称浪速，又叫难波，19世纪起始称大阪。这里是日本的经济、贸易、文化中心，同时作为日本的历史文化名城，由于濒临濑户内海，自古以来大阪就为古都奈良和京都的门户，是日本商业和贸易发展最早的地区，曾有几代日本天皇在此建都，因此名胜古迹众多。大阪的名胜古迹主要有奈良时代的古皇宫难波宫遗址、平安时代的大会佛寺、江户时代的丹珠庵和明治时代造币局的泉布观等。东区有丰臣秀吉修建的大阪城。大阪市地势东高西低，大阪人利用西部地势较低的有利条件，兴建了多条运河，使水运更发达，水域面积占大阪总面积的10%以上，故有“水都”之称，全市有1 400座桥。

5）横滨

横滨，日本第二大城市，是神奈川县的首府，位于本州岛东南部，东濒东京湾，是天然的良港。位于东京湾西岸的横滨港，经常被视为是东京的外港，沿岸设有大量的港埠设施与伴生的工业与仓储产业。横滨曾经是日本东西方交流的重要城市。市内有弘明寺、金泽文库、总持寺、伊势山皇大神宫等名胜古迹。位于横滨市中区山下町有“中华街”，是全日本最大的唐人街。

6）镰仓

镰仓，位于神奈川县，仅次于京都、奈良的一座古都，是1192年至1333年间封建时代的政府所在地，距离东京51km，是一处滨海胜地。这里气候温和，海滩景色极佳，游客四季不绝。这个古老的城市以大佛而闻名。大佛高11.4m，用古铜铸成，已有700年的历史。佛像内有阶梯，缓步而上，可达佛像的肩部。另外镰仓车站旁，有著名的鹤冈八幡宫，声名之大，不下大佛。宫内有很多历史古迹。此外，图觉寺、建长寺也是镰仓的名胜。

7）箱根

箱根，位于神奈川县西南部，距东京约90km，是日本的温泉之乡、疗养胜地。箱根是富士箱根伊豆国立公园的核心，周围的丛山之间，翠峰环拱、溪流潺潺，景色十分优美。碧波荡漾的芦之湖为火山湖，面积有7km²。大涌谷和小涌谷的周围岩崖的裂缝中，喷出一种带有硫黄的蒸气。远望半山腰终日白烟缭绕，如白云出岫，是箱根的奇景之一。这里的温泉久享盛名，著名的“箱根七汤”，就是7个被视为疗养胜地的温泉。此外还有“箱根八里”、早云寺、千条瀑、仙石原、九头龙神社等名胜古迹。

8）富士山

富士山（图2.5）在日语中的意思是“火山”，它海拔3 776m，面积为90.76km²，屹立于本州中南部，跨静冈、山梨两县，东距东京80km。富士山是日本国内的最高峰，也是世界上最大的活火山之一，1707年喷发后休眠至今。富士山山顶上的两个火山口形成了两个美丽的火山湖，山麓处还有火山喷发后留下了千姿百态的山洞，有些仍在不断喷气。富士山四周有剑峰、白山岳、久须志岳、大日岳、伊豆岳、成就岳、驹岳和三岳等“富士八峰”。富士山北麓有富士五湖，湖光山色十分宜人。其中河口湖中所映的富士山倒影，被称作富士山奇景之一。南麓是一片辽阔的高原牧场，绿草如茵，牛羊成群。

图2.5 日本富士山

9）北海道

北海道位于日本北部，是日本四大主岛中最北的岛屿，日本第二大岛，面积占全日本的五分之一强，而人口不及东京都的一半，人口密度极低，多集中于以札幌为中心的小樽与旭川之间。北海道的道府是札幌。北海道是日本的游览胜地之一，因为樱花和雪景以及不逊于法国普罗旺斯的薰衣草花海而享誉全球。北海道旅游12月至次年2月最佳，冬季去北海道可以欣赏雪景，雪祭活动也是一大亮点。夏季也适合游览，7、8月是薰衣草等各类鲜花的花期。

2.2 泡菜之国——韩国

2.2.1 概况

韩国全称“大韩民国（Republic of Korea）”，国名来源于古代朝鲜半岛南部的辰韩、马韩、弁韩等“三韩”部落。2012年7月1日，韩国“行政中心城市”世宗市正式诞生。

1. 地理位置

韩国位于亚洲大陆东北朝鲜半岛的南部，三面环海。东临日本海，西濒黄海，西南隔朝鲜海峡与日本相望，北部以临时军事分界线为界与朝鲜为邻。韩国除与大陆相连的半岛之外，还拥有3 200个大小岛屿，面积较大的岛屿有济州岛、巨济岛等。面积9.96万平方千米，海岸线长5 259km。

2. 自然环境

韩国属于温带季风气候，海洋性特征显著。韩国四季分明，春、秋两季较短；夏季炎热、潮湿；冬季寒冷、干燥，时而下雪。年均气温13℃，降水量约1 300～1 500mm。冬季平均气温为零度以下。夏季八月份最热，平均气温为25℃。三、四月份和夏初时易受台风侵袭。韩国可观赏四季变幻的景观是旅游最大的乐趣之一，其中秋天是旅游的最佳季节。

3. 人口、语言及宗教

韩国人口约5 000万（2013年），是世界上人口密度最高的国家之一。主要民族为韩民族（或称朝鲜族），占全国总人口的99%，是一个单一民族的国家。使用单一语言韩语，英语也可在旅游区及商业区通用。主要信奉佛教、基督教、天主教，还有部分人信奉道教，儒学在社会也有较大的影响。

4. 国旗、国歌、国花

国旗：太极旗（图2.6）。横竖比例为3：2，白底代表土地，中间为太极两仪，四角有黑色四卦。太极的圆代表人民，圆内上下弯鱼形两仪，上红下蓝，分别代表阳和阴，象征宇宙。四卦中，左上角的乾即三条阳爻代表天、春、东、仁；右下角的坤即六条阴爻代表地、夏、西、义；右上角的坎即四条阴爻夹一条阳爻代表水、秋、南、礼；左下角的离即两条阳爻夹两条阴爻代表火、冬、北、智。整体图案意味着一切都在一个无限的范围内永恒运动、均衡和协调，象征东方思想、哲理和神秘。国徽：为圆形。圆面为五瓣的木槿花，中间为阴阳图案。木槿花的底色白色象征着和平与纯洁，黄色象征着繁荣与昌盛。一条白色饰带环绕着木槿花，饰带上有国名“大韩民国”四字。

图 2.6 韩国国旗

国歌：《爱国歌》。

国花：木槿花。花开时节，木槿树枝会生出许多花苞，一朵花凋落后，其他的花苞会连续不断地开，开得春意盎然，春光灿烂。因此，韩国人也叫它“无穷花”。国树：松树。

国兽：虎。

国鸟：喜鹊。

5. 行政区划

行政区划分为 9 个道、1 个特别市（首尔）、1 个特别自治市（世宗）和 6 个广域市，其中 9 个道依次为：京畿道、江原道、忠清南道、忠清北道、庆尚南道、庆尚北道、全罗南道、全罗北道、济州特别自治道（济州岛）。6 个广域市依次为：釜山广域市、仁川广域市、光州广域市、大田广域市、大邱广域市、蔚山广域市。首都为首尔。

2.2.2 发展简史、政治、经济、文化

1. 发展简史

公元 1 世纪后，朝鲜半岛一带形成高句丽、百济、新罗 3 个政权形式和所属关系不同的国家。公元 7 世纪中叶，新罗在半岛占据统治地位。公元 10 世纪初，高丽取代新罗。1392 年，李氏王朝取代高丽，定国号为朝鲜。1897 年李氏王朝结束，改国名为“大韩帝国”。1910 年，朝鲜半岛沦为日本殖民地。1945 年 8 月 15 日，日本宣布无条件投降，朝鲜半岛获得解放，同时美国、苏联分别进驻朝鲜半岛南、北部，以北纬 38°线为分界线，形成了南北分治的局面。从此“三八线”便成为分裂朝鲜半岛的界线。1948 年，南部和北部先后成立了“大韩民国”（8 月 15 日）和“朝鲜民主主义人民共和国”（9 月 9 日）。朝鲜半岛至今仍以“三八线”附近一带的“军事分界线”为界分为两个国家。

2. 政治

韩国目前实行总统制共和政体。1987 年新宪法规定，韩国实行三权分立、依法治国的体制。行政权属于以总统为首的政府，立法权属于国会，司法权属于独立的法院。

总统是国家元首和全国武装力量司令，在政府系统和对外关系中代表整个国家，总统任期5年，不得连任。作为总统主要行政助手的国务总理由总统任命，但须经国会批准。总统无权解散国会，但国会可用启动弹劾程序的方式对总统进行制约，使其最终对国家宪法负责。总统兼任政府首脑，国务总理辅助总统工作。韩国实行一院制，国会是国家立法机构，共299个议席，每届任期4年，国会议长任期2年。宪法赋予国会的职能除制定法律外，还包括批准国家预算、外交政策、对外宣战等国家事务，以及弹劾总统的权力。韩国法院共分3级：大法院、高等法院和地方法院。大法院是最高法庭，负责审理对下级法院和军事法庭作出的裁决表示不服的上诉案件。大法官由总统任命，国会批准。大法官的任期为6年，不得连任，年满70岁必须退位。检察机构有大检察厅、高等检察厅和地方检察厅，隶属法务部。大检察厅是最高检察机关。

3. 经济

韩国是新兴的工业化国家，工业是国民经济的主导部门。自20世纪60年代以来，韩国政府实行了“出口主导型”开发经济战略，推动了韩国经济的飞速发展，缔造了举世瞩目的“汉江奇迹”，跻身成为“亚洲四小龙”之一。20世纪90年代开始进入中等发达国家行列。韩国经济实力雄厚，钢铁、汽车、造船、电子、纺织等已成为韩国的支柱产业。大企业集团在韩国经济中占有十分重要的地位，三星、现代、SK、LG和KT（韩国电信）等大企业集团创造的产值在其国民经济中所占比重超过60%。2002年汽车产量320万辆，居世界第六位。造船订单标准货船吨数759万吨，为世界第一。韩国的电子工业发展迅速，为世界十大电子工业国之一。近年来，韩国重视IT产业，不断加大投入，IT技术水平和产量均居世界前列。对外贸易在韩国国民经济中占十分重要地位，主要贸易伙伴有中国、日本、美国、东南亚国家。

4. 文化

韩国是一个十分重视教育的国家。全国各类大专院校数以千计。学制为小学6年，初中3年，高中3年，大学4年。高等教育机构80%为私立。韩国在文学、艺术等方面都有自己的特色。韩国的美术主要包括绘画、书法、版画、工艺、装饰等，既继承了民族传统，又吸收了外国美术的特长。韩国的绘画分东洋画和西洋画，书法在韩国是一种高雅的艺术形式。

韩国人素以喜爱音乐和舞蹈而著称。韩国现代音乐大致可分为“民族音乐”和“西洋音乐”两种。民族音乐又可分为“雅乐”和“民俗乐”两种。雅乐是韩国历代封建王朝在宫廷举行祭祀、宴会等各种仪式时由专业乐队演奏的音乐，通称“正乐”或“宫廷乐”。民俗乐中有杂歌、民谣、农乐等。乐器常用玄琴、伽耶琴、杖鼓、笛等。韩国民俗乐的特色之一是配上舞蹈。韩国的舞蹈多姿多彩，有宫廷舞、民俗舞（乡土舞）、假面舞和杖鼓舞等。韩国舞蹈非常重视舞者肩膀、胳膊的韵律。道具有扇、花冠、鼓等。

韩国戏剧起源于史前的宗教仪式，音乐和舞蹈在所有的传统戏剧表演中起了不可缺少的重要作用。主要包括假面剧、木偶剧、曲艺、唱剧、话剧等五类。其中假面剧又称“假面舞”，为韩国文化象征，在韩国传统戏剧中占有极为重要的地位。

知识链接 2－4

韩国假面舞

假面舞是朝鲜族戴假面具表演的男性舞蹈。起源于古代的新罗时代（668 年—935 年），大约 17 世纪基本形成现在的舞蹈形式。假面舞是在庶民中发展起来的，过去农民在节日庆典上一起进餐，以滑稽的动作讽刺统治阶级的政治矛盾，起到调节气氛的效果。其表演综合了唱诵、对话、舞蹈等艺术形式，并具有戏剧性。假面舞多用于表现讽刺性内容，情节活泼、幽默。表演分 7 幕 12 场，每一幕有独立的内容。现在表演一般取其中部分情节和动作，在节日及其他娱乐的场合表演。舞蹈节奏 为“打令”和“古哥里”。伴奏乐器有箫、笛、鼓、长鼓、三弦琴等。现在各地继承传统假面舞的基础上又发展出具有本地特色的假面舞。比如山台假面舞、凤山假面舞等。其中山台假面舞实用 18 种面具，上演的舞蹈丰富多彩。

2.2.3 民俗

1. 姓名称谓

韩国人的姓名基本都是以韩文发音的 3 个中国字组成。第一个字为姓，后两个字是名字。金、李、朴、崔、郑被誉为五大姓，约占全国人口的 60%。韩国妇女婚后不随其夫而改姓。

韩国人在绝大多数情况下，不直呼他人的名字，即使在兄弟姐妹之间也是这样，年幼者更是不能称呼长者的名字。在社会交往活动中，相互间可称对方为“先生”、“夫人”、“太太”、“女士”、“小姐”等；对有身份的人可称对方为“先生”、“阁下”等，也可加上职衔，学衔，军衔等，韩国丈夫介绍自己的妻子时会说“我夫人”或“我太太”。关系亲密的朋友之间，往往在对方名字之后加上“兄弟”、“姐姐”、“妹妹”等称谓。对男性也可称“君”，但往往同其姓名连称。对不相识的男性年长者可以称“阿炯吉”（即“大叔”或“大伯”），对不相识的女性年长者可以称为“阿妈妮”（即“大婶”、“大娘”）。

2. 生活习俗

1）服饰

在交际应酬之中通常都穿着西式服装。着装朴素整洁、庄重保守。在某些特定的场合，尤其是在逢年过节的时候，喜欢穿本民族的传统服饰——韩服。韩服的线条兼具曲线与直线之美，尤其是女士的短上衣和长裙上薄下厚，端庄娴雅（图 2.7）。女性短上衣的长带垂落在长裙前面，起到装饰的作用。韩服还可掩饰体形上的不足，使体形较矮的人看上去较高，较瘦的人看上去则较丰满，增添女性之美。男子上身穿袄，下身穿宽大的长裆裤，以细带缚住宽大的裤脚，外面有时还会加上一件坎肩，甚至再披上一件长袍。过去韩国男子外出之际还喜欢头戴一顶斗笠。根据不同季节、身

图 2.7　女士韩服

份、其着装的穿法、布料、色彩不同。

2）饮食

韩国人饮食的主要特点是辣和酸。主食主要是米饭、冷面。他们爱吃的菜肴，则主要有泡菜、烤牛肉、烧狗肉、人参鸡等。在日常生活中，大酱汤和泡菜是不可缺少的两道菜。韩国饮食以泡菜文化为特色，一日三餐都离不开泡菜。韩国传统名菜烧肉、泡菜、冷面已经成了世界名菜。与泡菜一同被列为韩国代表饮食的拌饭，作为韩国最高传统饮食，是在白米饭上拌上炒肉，各种各样的青菜，与辣椒酱或调料等一起拌着吃。

韩国人一般都不吃过腻、过油、过甜的东西，并且不吃鸭子、羊肉和肥猪肉。韩国人的饮料较多。韩国男子通常酒量特别大，爱喝烧酒、清酒、啤酒。韩国人一起喝酒时，不能自己给自己倒酒，而必须别人为你倒酒。拒绝别人的酒是不礼貌的表现，如不胜酒力，可在杯中剩点酒。

知识链接 2－5

韩国的婚俗

在韩国，传统婚俗、现代婚礼与宗教婚礼并存。行韩式婚礼时，新娘穿上红色的冠服，再衬以白、红、黄、绿、蓝等七种颜色的圆衫，两颊点上红圈，双手捧一块白布在胸前，新郎双手用红布包着一只鸳鸯，行传统的奠雁之礼迎娶新娘，然后新郎新娘共饮合欢酒，行交拜礼，拍照留念。儒家传统影响在韩国比较流行，一旦确定婚姻关系后，不轻易解除婚约，再婚或寡妇再嫁也较难。原配夫妇结婚 60 周年时举行“回婚礼”，两位老人要穿结婚时穿的婚服，子孙们向老人敬酒祝贺。

3）民居

传统的韩式住宅是平房，按房子的排列可分为单排房住宅、双排房住宅、直角房住宅及四合院。韩国传统房屋叫韩屋。韩屋以自然和人类共存为原则来创造居住空间。因此韩国传统房屋的自然性不仅影响房屋位置还影响到建筑材料。韩屋的另一个特征是在设计上还考虑到夏天的乘凉和冬天的取暖设施。韩国夏天闷热，冬天寒冷，因此取暖设施的炕和乘凉用的大厅是专门为韩国人抵御严寒和酷暑而设计的。

作为韩国传统取暖装置的“温突”是通过加热地面的石头来提高室温的。温突的工作原理原本是在灶孔点燃柴火，使产生的热气传到房间地面的石头。现在温突多采用使热水通过房间地面管道流淌的加热方式。

3. 主要节庆

韩国的主要节日有：元旦（1 月 1 日）、春节（农历正月初一）、大望日（农历正月十五)、独立运动纪念日（3月3日）、植树节（4月5日）、佛诞节（农历四月初八)、儿童节（5月5日）、端午节（农历五月初五）、显忠日（6月6日）、青椒节（6月16日）、制宪节（7月17日）、光复节（8月15日）、秋夕节（农历八月十五日）、开天节（10月3日）等。

春节。春节是韩国最隆重的节日，韩国称春节为“旧正”，也就是农历新年。国家规定春节放假3天，是一年中假期最长的。韩国人讲究年三十之前必须回家探亲，称为“归省”。韩国的年夜饭讲究很多，最大的特点是饭菜一律为传统饮食，而且全部出自媳妇之手。全家要吃“五谷饭”，做“打糕”，包韩式“馒头”。大年初一，最郑重而庄严的礼仪是“祭礼和岁拜”。祭礼完毕后，全家才能吃大年初一的第一餐，而这一餐必须是“米糕片汤”。吃罢“米糕片汤”，随后要举行“岁拜”。家中晚辈向父母长辈拜年磕头，长辈要给晚辈“压岁钱”。

大望日。正月十五在韩国被称为“大望日”，这一天人们吃用5种以上谷物煮制的五谷饭，祈愿丰年。这一天还要吃花生、松子、栗子等坚硬的果实，吃的个数要与自己年龄相同，边吃边祈愿健康。在正月十五的民俗游戏中，最有代表性的是“放风筝”和“放鼠火”。

端午节。端午节又称“重午”、“重五”、“端阳”、“五月节”。韩国端午并不吃粽子，更没有龙舟比赛，而是男人摔跤，女子用菖蒲汤洗头和荡秋千（图2.8），全家人会穿上传统的韩国服装聚集在一起吃饭聊天，传统的食品有车轮饼——艾子糕。现在韩国唯一完整保留端午习俗的是位于东海之滨的江陵。韩国政府为了保护本国的传统文化，已经成功将江陵端午祭申报为世界非物质文化遗产。

图2.8 韩国端午节习俗

知识链接 2-6

江陵端午祭

江陵端午祭是韩国江原道江陵地区节日习俗，于2005年11月25日向联合国教科文组织成功申报为非物质文化遗产。江陵端午祭是现在韩国保存比较完整的传统节日习俗之一。

原来在韩国许多地区都有端午习俗，后来随着社会的发展渐渐消失了，唯独江陵地区完整地保存着。中国端午节流传到朝鲜半岛后，融入了朝鲜族的民族特色，后来形成了端午祭，时间上也略有变更，其内容也与中国传统的端午节相差很大。韩国江陵端午祭起源于新罗时代的山神祭，原是村农祈祝丰收的庆典，已有1 000多年的历史。韩国的端午祭实际上是由舞蹈、萨满祭祀、民间艺术展示等内容构成。其中的祭祀仪式所祭祀的神灵是“大关岭山神”、洞（村落）城隍等，保存了完整的形式和内容，是江陵端午祭的核心。

秋夕节。韩国的秋夕节在农历八月十五，又称为中秋节。中秋节在韩国的受重视程度不亚于春节。韩国人的中秋节，除了全家团聚之外，也是追忆祖先恩德的日子，更为重要的是祭祖和扫墓。秋夕节当天，韩国人都喜欢穿着传统的服饰出游，会到景福宫、韩国民俗村、国立民俗博物馆、南山韩屋村等地进行踢毽子、打陀螺等各种秋夕民俗活动。类似我国吃月饼的风俗，韩国秋夕要吃松糕。

4. 礼仪禁忌

韩国人注重礼仪是全社会的风俗。韩国人见面时的传统礼节是鞠躬，晚辈、下级走路时遇到长辈或上级，应鞠躬、问候，站在一旁，让其先行，以示敬意。鞠躬的幅度越大，时间越长越表示尊重。通常情况下，鞠躬要达到30°左右，并停顿2~3秒。

在正规交际场合，一般都采用握手礼，在不少场合有时也同时采用先鞠躬、后握手的方式。在行握手礼时，讲究使用双手，或单独使用右手。当晚辈、下属与长辈、上级握手时，后者伸出手来之后，前者须先以右手握手，随后再将自己的左手轻置于后者的右手之上。韩国人的这种做法，是为了表示自己对对方的特殊尊重。韩国妇女在一般情况下不与男子握手，代之以鞠躬或者点头致意。

与韩国人交谈时，应回避本国政治、与朝鲜的关系、与日本的关系、妻室等话题，喜欢询问个人情况。韩国人的民族自尊心很强，他们强调所谓“身土不二”。在韩国，一身外国名牌的人，往往会被韩国人看不起。需要向韩国人馈赠礼品时，宜选择鲜花、酒类或工艺品。但是，最好不要送日本货。

韩国人大都珍爱白色，并且对熊和虎十分崇拜。韩国人喜欢单数，不喜欢双数。由于发音与“死”相同的缘故，韩国人对“4”这一数目十分厌恶。通常说“4”时以两双、两对、二加二等来表示。受西方风俗影响，也有不少韩国人不喜欢“13”这个数。与韩国人交谈时，发音与“死”相似的“私”、“师”、“事”等几个词最好不要使用。

与年长者同坐时，坐姿要端正。长辈面前应跪坐在自己的脚底板上，无论是谁，绝对不能把双腿伸直或叉开，否则会被认为是不懂礼貌或侮辱人。未征得同意前，不能在上级、长辈面前抽烟，不能向其借火或接火。吃饭时不要随便发出声响，更不许交谈。进入家庭住宅或韩式饭店应脱鞋。

照相在韩国受到严格限制，军事设施、机场、水库、地铁、国立博物馆以及娱乐场所都是禁照对象，在空中和高层建筑拍照也都在被禁之列。

2.2.4 旅游业概况

1. 旅游资源概况

韩国是中国主要的旅游客源国。韩国不但有迷人的自然景观，而且有众多保存完好的名胜古迹，拥有独特的文化和历史遗产，包括山岳、湖泊、温泉、海滨、皇宫、寺庙、宝塔、古迹、民俗村及博物馆等，共有 2 300 余处。被联合国教科文组织列为自然与文化遗产的有：首尔宗庙、海印寺藏经板、佛国寺与石窟庵、水原华城、昌德宫、庆州历史遗址区、江华支石墓遗址、朝鲜王陵 40 座、韩国的历史村落、济州火山岛和熔岩洞窟。

2. 旅游热点

1）首尔

首尔（Seoul），韩国首都，国际化大都市，世界十大金融中心之一。正式名称为首尔特别市，前称为汉城。首尔位于朝鲜半岛中部、地处盆地，汉江迂回穿城而过。现有人口约 1 045 万，占全国人口的 1/5 强，是韩国的政治、经济、文化和教育中心，也是全国的陆海空交通枢纽。首尔始建于公元前 18 年，1394 年朝鲜王都建于此，因历代王朝在此修建了许多宫殿，故享有“皇宫之城”之美誉。这里名胜古迹颇多，素称韩国瑰宝。首尔市内的建筑古老和现代共存，既有景福宫等朝鲜时代的古宫，也有最尖端的综合文化设施。此外，明洞、狎鸥亭洞等购物街道和丰富多彩的演出设施也是世界闻名的。主要旅游景点有朝鲜时期的五大古宫（景福宫、昌德宫、昌庆宫、德寿宫、庆熙宫）和首尔宗庙以及首尔世界杯体育场、乐天世界、63 大厦、汉江、南山、北汉山国立公园、大学路、仁寺洞等，近郊的景点有首尔游乐场、爱宝乐园、韩国民俗村、水原华城、南汉山城等。

景福宫。李朝时期首尔的五大宫之一，也是李氏王朝的正宫，位于首尔钟路区世宗路。李朝始祖太祖李成桂于公元 1394 年开始修建，具有 600 多年的历史。中国古代《诗经》中曾有“君子万年，介尔景福”的诗句，此殿借此而得名。景福宫位于东阙（昌德宫）、西阙（庆熙宫）的北侧，因而又称“北阙”。景福宫在韩国五大宫阙中无论就规模还是建筑风格都堪称五宫之首。宫苑正殿为勤政殿（图 2.9），是景福宫的中心建筑，李朝的各代国王都曾在此处理国事。此外，还有思政殿、乾清殿、康宁殿、交泰殿等。宫苑还建有一个 10 层高的敬天夺石塔，其造型典雅，是韩国的国宝之一。

图 2.9　景福宫勤政殿

昌德宫，又名乐宫，是韩国的“故宫”，位于首尔市钟路院西洞，是李朝王宫里保存得最完整的一座宫殿。公元 1405 年，李朝第 3 代国王在此建为离宫。因为位于景福宫的东侧，昌德宫与昌庆宫一起被称为“东阙”。壬辰之乱时被烧毁。现存的建筑为公元1611年重建的。这座建筑作为王宫长达300年。整座宫殿内为中国式的建筑，入正门后是处理朝政的仁政殿。殿后的东南部分以乐善斋等建筑为主，是王妃居住的地方。仁政殿后的秘苑建于17世纪，是一座依山而建的御花园。昌德宫的殿阁完全按照自然地形设计而成，是朝鲜王宫中最具自然风貌的宫殿。1997年被联合国教科文组织登入为世界文化遗产。

宗庙，位于首尔钟路区勋井洞。宗庙为供奉朝鲜时期历代王和王妃以及被推崇的王和王妃神位的祠堂。宗庙为朝鲜时期的寺庙建筑，由正殿和永宁殿组成。宗庙以韩国儒家传统的表现、流传至今的礼仪遗产以及建筑的价值等，1995年12月被评定为世界文化遗产。

崇礼门，亦称南大门，建于1395年，是首尔历史最悠久的木制建筑，也是这座城市的标志性古建筑。城门下端为石质门洞，上端为双层木制城楼。韩国政府于1962年将崇礼门定为一号国宝。2008年2月11日，崇礼门的整座木制城楼被大火烧毁。

青瓦台，韩国总统官邸，位于首尔市钟路区世宗路一号。青瓦台原是高丽王朝的离宫，朝鲜王朝建都汉城（首尔）后，把它作为景福宫后园，修建了隆武堂、庆农斋和练武场等一些建筑物，并开了一块国王的亲耕地。1927年日本入侵后毁掉五云阁以外的所有建筑，建立了朝鲜总督官邸。1945年日本投降后变为军政长官官邸。1948年8月大韩民国成立的同时，它成为总统官邸并改名为景武台。1960年4月尹谱善当选总统并入主景武台，忌“武”字并为了同美国白宫相对应，给白墙蓝瓦的这群建筑起名为青瓦台，也称为“蓝宫”。

乐天世界，世界最大室内主题公园，同美国迪士尼乐园一样被称为世界级的主题公园。乐天世界位于首尔市中心，其主题公园有惊险的娱乐设施、凉爽的溜冰场、巨大的散心湖、各种表演场、民俗博物馆等集娱乐参观为一体的娱乐场所，除了主题公园外，乐天世界还有百货商店、饭店、免税店、大型折价商场、体育中心等，它是一座名副其实的城中之城。每年来这里参观的游客多达600多万人次，其中外国游客占10%。独具匠心的自然采光设计，使得这里一年365天都可以接待游客。

韩国民俗村，位于京畿道首府水原市附近，占地163英亩，它将韩国各地的农家民宅、寺院、贵族宅邸及官府等各式建筑聚集于此，再现朝鲜半岛500多年前李朝时期的人文景观和地域风情。村内有240座传统的建筑物，有李朝时的“衙门”、监狱、达官贵族的宅邸、百姓的简陋房屋、店铺作坊、儿童乐园等。民俗村内的店铺和露天集市上的商品大都是当地传统手工制品及别具风味的食品，有木质雕刻、彩绘纸扇、民族服装、彩色瓷器等。露天场上每日定时都有精彩节目表演，如民俗舞蹈、杂技和乡主鼓乐，热闹非凡。

2）庆州

庆州，著名的历史古城，世界十大古都之一，位于韩国东南部庆州盆地中部。曾是新罗50代君王长达900多年历史的都城，为朝鲜半岛历史文化及艺术文物最丰富的地方，也是韩国古代文明的摇篮，有“无围墙的文化博物馆”之称。新罗时期的佛教寺庙、王室陵墓、王宫、古堡遗址、天文台、纪念物等遗迹遍布全市。全市为国立公园，被联合国教科文组织选定为世界文化都市。这里离日本海仅30km，四周山河襟带，风景壮美。主要的旅游景点有石窟庵、佛国寺、瞻星台、古坟公园等。

3）釜山

釜山是韩国第二大城市、第一大港口，人口近400万。位于朝鲜半岛东南端，是韩国南端的门户，与日本的对马岛隔海相望。港口市场海鲜琳琅满目，郊区古刹众多，还有不少引人入胜的海滨度假胜地。主要的旅游景点有韩国最大的海滨浴场海云台、太宗台、龙头山公园、韩国唯一的禅宗寺庙的梵鱼寺、安置释迦牟尼舍利子的通度寺等。

4）光州

光州，位于全罗南道中北部，是韩国第六大城市，是有着传统文化历史的城市。光州的现代工业发达，以汽车生产为主，是集艺术、丰富文化遗产为一体的城市。光州有丰富的旅游资源，其中首屈一指的是无等山。在山谷有元晓寺、证心寺、药沙庵等古刹，终年登山游客和络绎不绝。文化活动有光州泡菜节、光州国际美术博览会等，还有被指定为无形文物的光州压绳袭游戏流传至今。

5）济州岛

济州岛（图2.10），韩国第一大岛，又名耽罗岛、蜜月之岛、浪漫之岛，位于朝鲜半岛的南端，隔济州海峡与半岛相望，北距韩国南部海岸90多千米，地扼朝鲜海峡门户，地理位置十分重要。所有国家和地区的人去那里都不需要申请签证。在这里可以观赏名胜古迹、欣赏自然景观，岛上屹立着韩国最高山峰——海拔1 950m的汉拿山。还可以登山、骑马、兜风、狩猎、冲浪和打高尔夫球等。温和湿润的气候和由火山活动塑造出的绮丽多彩的自然风景，使它赢得了“东方夏威夷”的美誉，吸引着成千上万的海内外游客前往观光。主要旅游景点有龙头岩、万丈窟、正房瀑布、城山日出峰、汉拿山、济州小人国主题乐园等。

图2.10　韩国济州岛

2.3　草原之国——蒙古

2.3.1　概况

蒙古全称为“蒙古国（Mongolia），”释义为永不熄灭的火，国名以本民族的名称而得名。

1. 地理位置

蒙古国属于东亚，是一个内陆国家，地处亚洲中部的蒙古高原，东、南、西与中国接壤，北与俄罗斯的西伯利亚为邻，面积约156.65万平方千米，蒙古国属世界第二大内陆国（第一大为哈萨克斯坦）。

2. 自然环境

蒙古地势高平，以高原为主，平均海拔1 600m，4/5以上的国土在海拔1 000m以上，地势由西北向东南倾斜。西部、北部和中部多为山地，东部为丘陵平原，南部是戈壁沙漠。位于中蒙边界上的友谊峰海拔4 374m，为全国最高峰。山地间多河流、湖泊，主要河流为色楞格河及其支流鄂尔浑河。蒙古国以“蓝天之国”而闻名于世，一年有270天阳光明媚，气候为典型的温带大陆性气候，终年干燥少雨，冬季漫长酷寒，夏季短暂炎热，早晚温差较大，无霜期短，年平均降雨量250mm，70%集中在7、8月。西北部地区属温带针叶林气候，许多高峰终年积雪。

3. 人口、语言及宗教

蒙古国人口290万（2013年7月），是地广人稀的国家，人口主要集中在中部地区，仅首都乌兰巴托就集中了全国2/5的人口。喀尔喀蒙古族约占全国人口的80%，此外还有少量的哈萨克人、俄罗斯人。绝大部分蒙古人属喀尔喀人（也称哈拉哈族），他们在很大程度上保留了蒙古的语言和蒙古族的风俗习惯。

主要语言为喀尔喀蒙古语。通行文字是以西里尔字母拼音写成的斯拉夫蒙文，又称西里尔蒙古文。西里尔蒙文是在传统蒙古文的基础上改制而成，基本与传统蒙古文相通。

居民主要信奉喇嘛教，根据《国家与寺庙关系法》，喇嘛教为国教。除喇嘛教以外，蒙古有极少数人信仰伊斯兰教和基督教。

4. 国旗、国徽、国歌

国旗：呈横长方形，长与宽之比为2∶1。旗面由3个垂直相等的竖长方形组成，两边为红色，中间为蓝色。左边的红色长方形中有黄色的火、太阳、月亮、长方形、三角形和阴阳图案。旗面上的红色和蓝色是蒙古人民喜爱的传统颜色，红色象征快乐和胜利，蓝色象征忠于祖国，黄色是民族自由和独立的象征。火、太阳、月亮表示祝人民世代兴隆永生；三角形、长方形代表人民的智慧、正直和忠于职责；阴阳图案象征和谐与协作；两个垂直的长方形象征国家坚固的屏障（图2.11）。

图2.11　蒙古国国旗

国徽：呈圆形。圆面为蓝色，中间是一匹飞奔的骏马，马中间的图案与国旗上的相同，马之下是一个法轮。圆周由褐色和金黄色的花纹装饰，下方饰以白色的荷花花瓣，顶端是3颗宝石。

国歌：《蒙古国国歌》。

国鸟：猎隼。

5. 行政区划

全国划有21个省：后杭爱省、巴彦乌列盖省、巴彦洪格尔省、布尔干省、戈壁阿尔泰省、东戈壁省、东方省、中戈壁省、扎布汗省、前杭爱省、南戈壁省、苏赫巴托尔省、色楞格省、中央省、乌布苏省、科布多省、库苏古尔省、肯特省、鄂尔浑省、达尔汗乌拉省和戈壁苏木贝尔省。首都为乌兰巴托。

知识链接 2－7

蒙古国国鸟猎隼

蒙古国政府在2012年决定，将猎隼确定为蒙古国“国鸟”。猎隼为中型猛禽，以鸟类和小型动物为食，可驯养用于狩猎，主要分布于蒙古国、中国、印度北部、中欧和北非。猎隼大都单独活动，俯冲捕食时的飞行时速可达280km，在蒙古国草原上常可看到它一掠而过、搏击长空的英姿。猎隼名列世界自然保护联盟濒危物种红色名录。蒙古国官方数据显示，蒙古国境内现存猎隼约6 800只。

据蒙古国官方统计，从2000年至2012年左右，蒙古国共出口猎隼约3 000只，每只售价约1.2万美元，主要出口到科威特、卡塔尔、沙特阿拉伯、阿联酋等国。在阿拉伯国家，驯养隼类是一种时尚、财富和身份的象征。蒙古国政府于2012年1月12日宣布未来5年内禁止出口“国鸟”猎隼。此举被认为对保护猎隼种群生存繁衍具有积极意义。

2.3.2 发展简史、政治、经济、文化

1. 发展简史

蒙古国原称外蒙古或喀尔喀蒙古，历史上曾是中国的一部分。蒙古民族有数千年的历史。公元1206年，成吉思汗统一大漠南北各部落，建立了统一的蒙古汗国。1271年，忽必烈建立元朝，1368年明军攻克元大都，元朝灭亡。元朝灭亡后蒙古分为许多部，至1771年，布里雅特、卡尔梅克等由沙俄统治外，其余各部均纳入清朝版图。1911年12月蒙古王公在沙俄支持下宣布“自治”。1919年放弃“自治”。1921年又成立所谓的“自治政府”，同年7月11日成立了君主立宪政府。1924年11月26日废除君主立宪，成立蒙古人民共和国。1945年2月，英、美、苏3国首脑雅尔塔会议规定，“外蒙古（蒙古人民共和国）的现状须予维持”，并以此作为苏参加对日作战的条件之一。1946年1月5日，当时的中国政府承认外蒙古独立。1992年2月改名为“蒙古国”。

2. 政治

1992年第4部宪法规定，蒙古国实行总统议会制。总统是国家元首兼武装力量总司令，任期4年，最多可连任一届。国家大呼拉尔（议会）是国家最高权力机构，拥有立法权，有权确认当选总统资格，批准和否决总统人选，罢免总统职务。国家大呼拉尔为一院制议会，由76名议员组成，每届任期4年，凡25岁以上拥有选举权的公民均有资格参选。国家大呼拉尔每半年召开一次例会，每次例会不少于75个工作日。政府为国家权力最高执行机关，政府成员由国家大呼拉尔任命。政府总理由总统提名，大呼拉尔批准。

3. 经济

蒙古国经济以畜牧业和采矿业为主，畜牧业是蒙古国传统的经济部门，也是蒙古国国民经济的基础，也是蒙古国加工业和生活必需品的主要原料来源。素有“畜牧业王国”之称，主要饲养羊、牛、马、骆驼。矿产业是蒙古国经济的另一个支柱产业，目前蒙古国矿业产值约占国民生产总值的30%，占出口收入的86%，占财政收入的37%。外国对蒙古国投资的85%都投入蒙矿业领域。蒙古国工业起步较晚，以采矿业、燃料动力工业、畜产品为主要原料的轻工业和食品加工业为主。蒙古对外贸易中进口大于出口，出口商品主要是矿产品、羊毛、羊绒制品和其他畜产品；进口商品有成品油燃料、机械设备和日用品等。主要贸易伙伴有：中国、俄罗斯、美国、日本、韩国等。

4. 文化

蒙古国的民族文化具有鲜明的草原特色。蒙古族属于草原马背民族，蒙古国拥有220多万匹马。蒙古国人养马，也爱马，以马为主题的诗歌、故事、警句格言、音乐、美术、雕塑等文化深深地融入人的精神世界之中。在蒙古国，大到国家庆典，小到民间节庆，赛马几乎都是保留节目。每年在蒙古国国庆节那达慕大会上除赛马之外，还有马上骑射、马上杂技等马术表演项目，充分体现了马在蒙古国人民生活中的重要性。

蒙古国实行国家普及免费普通教育制。蒙古国已经基本消除文盲，每3个人中就有一个在大中专院校学习。全国有全日制普通教育学校748所，全国共有高校172所，其中国立高校38所。根据政府间文化科学合作协定，蒙古与50个国家交换留学生。蒙古国人对学习中文很感兴趣。在内蒙古大学学习中文的留学生主要来自于蒙古国，这与中国经济的快速发展和实力的显著增强有着直接的关系。

2.3.3 民俗

1. 姓名称谓

蒙古国民向来只有名没有姓，姓名是由氏族部落的名称加上本人名字组成。蒙古从传统上来说根本就没有姓氏，这是游牧民族文化特点所决定的。部落内部是没有姓只有名，虽然方便称呼，但蒙古政府认为这有碍于蒙古引进信用卡和电话簿之类的现代化事物，因此在1997年立法规定国民取姓。

知识链接2-8

蒙古国政府采取措施加强落实“取姓法”

蒙古国民向来只有名没有姓，虽然方便称呼，但蒙古政府认为这有碍蒙古引进信用卡和电话簿之类的现代化事物，因此在1997年立法规定国民取姓。法律规定：蒙古国民要选择历史人物或祖先的名号作为自家姓氏。该法因多方面原因未得到有效实施。但这一政策一直难有实效，直至蒙古国2004年引进新一代身份证制度，落实取姓问题又再度引起重视。

但在落实过程中又出现新的难题，超过半数的蒙古人不约而同地选择了蒙古族声名显赫的历史人物——成吉思汗的氏族名号“孛儿只斤”。为更好地落实“取姓法”，蒙古国立中央图书馆主管塞尔吉编写了一本取姓指南。他建议蒙古人追根溯源，从地方史志中查找自己所属氏族名并以此取姓。

2. 生活习俗

1）服饰

在日常生活里，蒙古人主要穿着其民族服装蒙古袍（“台里”），实际上是一件长袍。其袖子宽松长大，领子较高，纽扣在右侧。它的领子、袖口和边沿，往往由漂亮的花边予以点缀。男袍一般都比较肥大，女袍则比较紧身，以显示出女子身材的苗条和健美。男女长袍下摆均不开衩。腰带是蒙古族服饰重要的组成部分，用长三四米的绸缎或棉布制成。男子腰带多挂刀子、火镰、鼻烟盒等饰物。通常蒙古人十分爱戴一种尖顶或圆顶的护耳皮帽，在帽子后面，常饰有两条宽大的红色丝带。蒙古人经常所穿的鞋子，是一种名叫“古都尔”的牛皮靴。它底子很厚，既防寒，又防水。它的靴头大都向上弯起，在靴筒上面绘有民族色彩极浓的图案。在对外交往之中，蒙古人有时会穿蒙古袍，有时则会穿样式极为保守的西装或套裙。

2）饮食

蒙古人以牛羊肉及奶食品为主，口味一般都偏咸。蒙古人最爱吃的是羊肉，同时也吃牛肉，不大吃猪肉和马肉。吃肉时，蒙古人一般用手撕而食之，或以刀子割食。手扒肉、烤全羊、石烤肉、羊背子是蒙古人的传统佳肴。蒙古人忌讳吃鱼，因为它被视为神的化身。他们禁吃的还有：虾、蟹、海味及“三鸟”（鸡、鸭、鹅）的内脏。

蒙古人饮食讲究实惠，口味较重，不怕油腻，爱吃烧、烤、焖的菜肴。不爱吃糖醋类的和油炸的菜肴。蒙古人没有喝汤的习惯，爱喝烈性酒、尤对马奶酒偏爱，且酒量很大。喜欢喝奶茶和红茶，而且奶茶已经成为每天必须吃的一种食品。

3）民居

蒙古包是蒙古人居住的一种房子，建造和搬迁都很方便，适于牧业生产和游牧生活。蒙古包古代称作“穹庐”、“毡包”或“毡帐”。首都乌兰巴托曾被称为“毡包之城”，就是在今天的这座现代城市，也能在林立的高楼之间见到蒙古包。

3. 主要节庆

蒙古国的主要节日：春节、宪法纪念日（1月13日）、独立日（3月13日）、国庆节——那达慕（7月11日）、燃灯节等。

春节。蒙语称“白月”，日期与我国藏历新年相同，是蒙古民间最隆重的节日，以前称为“牧民节”，只在牧区庆祝。1988年12月，蒙古大人民呼拉尔主席团决定春节为全民的节日。

国庆节——那达慕。1922年起定期在每年的7月11日举行，1997年决定将国庆节易名为“国庆节—那达慕”（图 2. 12），成为蒙古国庆活动的一个主要组成部分。那达慕，蒙语意为“游戏”或者“娱乐”，原指蒙古民族历史悠久的“男子三竞技”（摔跤、赛马和射箭），现指一种按古老的传统方式举行的集体娱乐活动，富有浓郁的民族特色。

图 2. 12　蒙古国国庆那达慕

4. 礼仪禁忌

蒙古人在正式场合，有时与别人握手为礼，不过更爱采用具有自己民族特色的见面礼节。见面礼节主要有下列 3 种：一是请安礼。男子单曲右膝，右臂自然下垂；女子则须双膝弯曲。二是躬身礼。先将双手高举过头，随后将右手捂在胸前，同时躬身，以示敬意。三是拥吻礼。即与行礼对象拥抱并亲吻。前两种见面礼节，适用迎接贵客。后一种见面礼节，则多用于亲友之间。行见面礼时，蒙古的习惯做法是不脱帽子的。但是，骑马的人必须下马，乘车的人则须下车。

蒙古人热情好客，有一套独特的待客礼仪，具体表现在迎客、问候、待客、送客等方面。客人来访，男女主人总会恭敬地站在门口热情迎候，向客人问候“您好”“向您请安”等。蒙古人在欢迎嘉宾时，常举行迎宾仪式：献哈达、敬奶茶、吸鼻烟。客人告辞时，主人往往举家相送，并一再说“再见”、“欢迎再见”、“祝您一路平安”之类的送行话。

在蒙古民间，与他人相见时所用的问候语，往往先询问对方“牲畜是否平安”，其次再互问家人平安，最后才相互寒暄。

蒙古人最喜欢的颜色是红色，其次是蓝色、黄色和白色，最厌恶的是黑色，把黑色视为不祥的色彩。送其黑色礼品，或穿黑色服装，都会令其不快。

送礼物时忌送帽子，因为帽子的口朝下，送人会损坏别人的运气；穿蒙古袍时，忌撸袖子，因为这样会使人理解为要打架；在接递物品时，以双手接递为敬，也可用右手，但不能只用左手接递。

在拜访蒙古人居住的蒙古包时，必须切记下列 6 点：第一，不要倚坐在蒙古包上。第二，进蒙古包前，须将马鞭或棍杖放在门外。第三，进入蒙古包后可不脱帽。若脱下帽子，则切勿将其朝着门口放下。第四，在就座时，最好是盘腿而坐。如不习惯，可将双腿伸向门口，但绝不要双腿朝内。第五，与蒙古人交谈时，慎勿以鼻烟壶或手指对其指指点点。第六，不要劝说蒙古人将自家牲畜的乳汁卖掉。否则，会被蒙古人视为人身侮辱。

知识链接 2-9

蒙古国的鼻烟文化

鼻烟是一种烟草制品，用富有高级油分和香味的干烟叶加入名贵药材，磨成粉末装入密封容器陈化而成，以手指送少量到鼻孔。吸闻鼻烟一直是当地人不可或缺的习惯，并形成特有的鼻烟文化。在蒙古国参加各种会议，总可以见到一些人拿出鼻烟壶放在桌上，不时取出少量鼻烟吸闻，甚是享受。

蒙古国人的鼻烟壶种类繁多，并成为一种装饰品。他们尊崇凤凰石、玛瑙、珊瑚、玉石、水晶、琥珀等材料制成的鼻烟壶，其中凤凰石、珊瑚、玉石制成的鼻烟壶都极为贵重。蒙古国喀尔喀地区的鼻烟壶荷包一般用绸缎做成，上面绣上福寿、花等吉祥图案。荷包有很多种颜色，青色代表长生天，黄色代表爱情和感激，红色代表喜庆，白色代表纯洁。

敬献鼻烟是蒙古游牧民的一种日常见面礼。敬鼻烟壶一般是相互交换。当路遇行人或到牧民家做客时，行人或主人会掏出鼻烟壶敬递给对方，或者互相交换鼻烟壶表示尊重。如有客来，从长者开始，年少者依次与客人递换鼻烟壶。年少者需欠身双手递上鼻烟壶，同时接过长者的鼻烟壶，取出少量吸闻后，再双手返还并拿回自己的鼻烟壶。在吸闻鼻烟时，大家互致问候和敬意。

蒙古国人忌讳把鼻烟壶放到地上或者踩踏。当客人与主人谈论悲伤的事情时，互换鼻烟壶时则不打开鼻烟壶盖，用大拇指扶着鼻烟壶盖递出。而在谈到亲人病丧时，蒙古国人讲究把荷包与鼻烟壶一起递出。

蒙古国妇女有的也礼节性地使用鼻烟壶，传统上最适合妇女的是白玉鼻烟壶。同辈女性之间互换鼻烟壶，接住对方的鼻烟壶后躬身施礼，轻轻地用壶体碰一下自己的前额，然后返还。

2.3.4 旅游业概况

1. 旅游资源概况

蒙古国是一个以山地戈壁、荒漠草原和森林沼泽为主的内陆国家，由于地广人稀，自然生态保存完好，约有 300 种野生动物和超过 400 种野生植物，其中有数十种野生动植物是蒙古国所独有的，因此被誉为“世界上最后的原始生态国家”，也是一个具有巨大开发潜力的旅游目的地国家。

蒙古国历史悠久，被史学界称为神秘的“漠北蒙古”较为完整地保留了匈奴、鲜卑、突厥、回鹘、契丹、女真、蒙古等民族不同历史时期的大型文化遗存 800 余处，其中最著名的是位于中部的 13 世纪蒙古帝国首都哈拉和林遗址。蒙古国境内拥有被誉为蒙古佛教中心所在地的甘登寺，有蒙古宗教领袖哲布尊丹巴的夏宫博格多汗宫，有古色古香的庆宁寺和额尔登召庙等 600 多个历代寺庙遗址。蒙古国还保留了逐水草而栖的原始游牧生活方式，特别是体现古代传统体育竞技的那达幕大会的角力、赛马、射箭3项比赛更是特色鲜明。蒙古国主要旅游点有哈拉和林古都、库苏古尔湖、特列尔吉旅游度假胜地、南戈壁、东戈壁和阿尔泰狩猎区等。

2. 旅游热点

1）乌兰巴托

蒙古国首都，蒙古第一大城市，全国政治、经济、交通、科教、文化中心，位于蒙古高原中部肯特山主脉南端的图拉河上游河谷地带。乌兰巴托始建于1639年，当时称“乌尔格”，蒙语为“宫殿”之意，为喀尔喀蒙古第一个“活佛”哲布尊丹巴一世的驻地，并取名“库伦”和“大库伦”，蒙古语为“大寺院”之意。1924年蒙古人民共和国成立后，改库伦为乌兰巴托，并定为首都，意思是“红色英雄城”。它已有300多年的历史，面积4 704km²，目前常住人口已突破100万，其中70%的人口是年轻人，是世界上人口最年轻的城市之一。

市内的主要名胜有苏赫巴托尔广场、自然博物馆、造型艺术博物馆、博格多汗宫、乔依金寺博物馆和甘登寺等。市郊有特日勒吉旅游点、成吉思汗大营、工人度假村等。苏赫巴托尔广场位于乌兰巴托市中心，以蒙古开国元勋苏赫巴托尔名字命名。其北面（正面）有国家宫，东面为国家古典艺术剧院、中央文化宫，西面有乌兰巴托市政府、中央邮局等建筑。广场中央有苏赫巴托尔纪念碑（骑马塑像）。蒙方为来访的外国国家元首和政府首脑举行欢迎仪式也在此。

2）哈拉和林古都

哈拉和林位于今蒙古国境内前杭爱省西北角，草原深处的蒙古帝国的首都，13世纪中叶世界的中心。蒙古窝阔台汗七年（1235年）建都于此，当时它是世界陆地上贸易最发达的国际大都市。忽必烈迁都大都后，仍为蒙古本部重要都市。元朝灭亡后，北元政权以之为首都。15世纪初期蒙古诸部分崩离析，哈拉和林也逐渐没落，在不断的内战中成为废墟。蒙古最早建立的喇嘛教寺庙——额尔德尼召位于哈拉和林遗址旁。1948—1949年在哈拉和林废墟上进行大规模发掘，发现土墙、宫殿、市街、房屋等遗迹甚多。哈拉和林城的整体设计规划，既体现了汉族传统的城市布局观念，又体现了具有北方民族游牧生活的草原特点。哈拉和林与其周围景观已经在2004年成为蒙古国唯一的世界文化遗产。其世界文化遗产名录上的名称为——“鄂尔浑峡谷文化景观”。

图2.13　库苏古尔湖

3）库苏古尔湖

库苏古尔湖（图2.13）位于蒙古国的最北部，靠近蒙古国和俄罗斯边界，水域总面积为2 760km²，一共有大小96条河流汇入湖中，湖水储量为3 800亿立方米，最深处达264.2m，是蒙古重要的淡水储备。库苏古尔湖位于乌兰巴托西北600km处，是蒙古第二大湖及第一大淡水湖。该湖水经蒙古最大的河流色楞格河，汇入俄罗斯的贝加尔湖。库苏古尔湖湖水碧蓝，清澈见底，素有“东方的蓝色珍珠”之美誉。周围密布茂密的原始森林，有马鹿、梅花鹿、黑熊等野生动物、漫山遍野的野花香草等丰富的植被，这里还居住着世界上人口很少的以养驯鹿为生的少数民族——查堂。库苏古尔湖风景区的空气新鲜，景色优美，蒙古著名旅游度假胜地，被喻为“东方的瑞士”。库苏古尔景区 1992 年被蒙古国定为四大国家公园之一（同时也是自然生态保护区）。

2.4 花园之国——新加坡

2.4.1 概况

新加坡全称为“新加坡共和国（The Republic of Singapore）”。新加坡是梵语“狮城”之谐音，是一个城市国家，过去华侨多称其为“息辣”，即马来语“海峡”的意思，也有因其小而将之称为星洲、星岛的。外界也普遍以“花园城市”、“狮城”或“星国”来描述新加坡。

1. 地理位置

新加坡位于马来半岛最南端。面积为 714.3km^2，北隔柔佛海峡与马来西亚为邻，有长堤与马来西亚的新山相通，南隔新加坡海峡与印度尼西亚相望。地处太平洋与印度洋航运要道——马六甲海峡的出入口。领土由一个新加坡本岛和 63 个小岛组成，其中新加坡岛占全国面积近 90%。新加坡所处的地理位置是世界的十字路口之一。得天独厚的地理条件使之发展成为一个重要的商业、通讯和旅游中心。

2. 自然环境

新加坡属热带海洋性气候，全年气温变化不大，年平均气温 24~27℃，降雨量充足，动植物物种丰富，地处于赤道附近的新加坡，紫外线指数也颇高，充分体现了热带岛屿的特征。

3. 人口、语言及宗教

新加坡约有人口 526 万（2011 年）。其中华人占 76.7%；马来人占 13.9%；印度人占 7.9%，其他种族占 1.5%。

新加坡是一个多语言的国家，拥有华语、英语、马来语和泰米尔语 4 种官方语言。基于和马来西亚的历史渊源，《新加坡宪法》规定马来语为新加坡的国语。独立以后，新加坡按照前英国政府惯例，采用英语作为政府机构以及种族社群之间的主要通行语和教学语。

新加坡属多宗教国家，有宗教信仰的居民占 85.5%。马来人和巴基斯坦人多信奉伊斯兰教，印度人信奉印度教，华人和斯里兰卡人多信奉佛教，也有人信奉基督教和天主教。

主要宗教为佛教、道教、伊斯兰教、基督教和印度教。

4. 国旗、国歌、国花

国旗：由上红下白两个相等的横长方形组成，长与宽之比为3∶2。左上角有一弯白色新月和5颗白色五角星。红色代表人类的平等；白色象征纯洁和美德；新月象征国家；5颗星代表国家建立民主、和平、进步、正义和平等的思想。新月和五颗星的组合紧密而有序，象征着新加坡人民的团结和互助的精神。国徽由盾徽、狮子、老虎等图案组成。红色的盾面上镶有白色的新月和五角星，其寓意与国旗相同。红盾左侧是一头狮子，这是新加坡的象征，新加坡在梵语中是“狮子城”的意思；右侧是一只老虎，象征新加坡与马来西亚之间历史上的联系。红盾下方为金色的棕榈枝叶，底部的蓝色饰带上用马来文写着“前进吧，新加坡!”

国歌：《前进吧，新加坡》

国花：以一种名为卓锦·万代兰的胡姬花为国花。东南亚通称兰花为胡姬花。卓锦·万代兰是由卓锦女士培植而成，花朵清丽端庄，生命力旺盛，它象征新加坡人的气质和刻苦耐劳、果敢奋斗的精神。

5. 行政区划

新加坡是一个城市国家，无省市之分，而是以符合都市规划的方式将全国划分为5个社区，由相应的社区发展理事会简称（社理会）管理。5个社理会是按照地区划分，定名为东北、东南、西北、西南和中区社理会。

2.4.2 发展简史、政治、经济、文化

1. 发展简史

新加坡古称淡马锡，在公元8世纪之前，它还只是个无名的海岛小渔村。8世纪建国，属印尼室利佛逝王朝。18世纪至19世纪初为马来亚柔佛王国的一部分。1819年，英国人史丹福·莱佛士抵新，与柔佛苏丹订约设立贸易站。1824年沦为英国殖民地，成为英在远东的转口贸易商埠和在东南亚的主要军事基地。1942年被日军占领，1945年日本投降后，英国恢复其殖民统治，次年划为直属殖民地。1959年6月新加坡实行内部自治，成为自治邦，英国保留国防、外交、修改宪法、颁布“紧急法令”等权力。1963年9月16日并入马来西亚联邦。1965年8月9日脱离马来西亚，成立新加坡共和国。1965年9月成为联合国成员国，10月加入英联邦。

2. 政治

根据新加坡的宪法，实行议会制共和制。国家机构三权分立，总统为国家元首，由直接民选产生，任期6年。总理为政府首脑，由议会中多数党提名，总统任命，任期4年。议会称国会，采一院制，国会有民选议员87人，最多3名非选区议员，以及9名官委议员，原则上国会每5年改选一次。总统和议会共同行使立法权。司法机构有上下两级法院，上级法院由高等法院、上诉法庭所构成；下级法院由民事法院、地方法院及简易法院所构成。

3. 经济

新加坡是一个新兴的工业化国家，东南亚国际金融中心。新加坡自然资源贫乏，经济属外贸驱动型，高度依赖美国、日本、欧洲和周边国家市场，外贸总额是国内生产总值的4倍。经济以五大部门为主：商业、制造业、建筑业、金融业、交通和通讯业。新加坡是世界第三大炼油中心。粮食全部靠进口，蔬菜自产仅占5%，绝大部分从马来西亚、中国、印度尼西亚和澳大利亚进口。服务业为经济增长的龙头产业，包括零售与批发贸易、饭店旅游、交通与电讯、金融服务、商业服务等。新加坡交通发达，设施便利，是世界最繁忙的港口和亚洲主要转口枢纽之一，也是世界最大燃油供应港口。新加坡还是联系亚、欧、非、大洋洲的航空中心。旅游业是主要外汇收入来源之一，也是支柱产业之一。

4. 文化

新加坡的教育制度强调识字、识数、双语、体育、道德教育、创新和独立思考能力并重。双语政策要求学生除了学习英文，还要兼通母语。政府在保留各民族传统文化的同时，鼓励向新加坡统一民族文化演变。新加坡是亚洲的教育中心，教育水平名列世界前茅，是成功融汇东西方教育的典范。著名大学有新加坡国立大学、南洋理工大学、新加坡管理大学等。

2.4.3 民俗

1. 生活习俗

1）服饰

新加坡人的国服，是一种以胡姬花作为图案的服装。在国家庆典和其他一些隆重的场合，经常穿着自己的国服。在社交正式场合，男子一般要穿白色长袖衬衫和深色西裤，并且打上领带；女子则须穿套装或深色长裙。在日常生活里，不同民族的新加坡人的穿着打扮往往各具其民族特色。华人的日常着装多为长衫、长裤、连衣裙或旗袍；马来人最爱穿“巴汝”、纱笼；锡克人则是男子缠头，女子身披纱丽。在许多公共场所，穿着过分随便者，比如穿牛仔装、运动装、沙滩装、低胸装、露背装、露脐装的人，往往被禁止入内。

知识链接 2－10

娘惹装和饰珠鞋

娘惹装是娘惹文化的代表之一。在马来传统服装的基础上，改成西洋风格的低胸衬肩，加上中国传统的花边修饰，就是娘惹服饰。多为轻纱制作，颜色不仅有中国传统的大红粉红，还有马来人的吉祥色土耳其绿；点缀的图案多是中国传统的花鸟鱼虫龙凤呈祥。

娘惹的饰珠鞋也是独特文化产物。娘惹女孩自小便学习刺绣、串珠等手工艺，平日利用余暇制作枕头套、床罩等物品，当结婚时就将成品当作新房装饰。饰珠鞋是用极小的彩色珠珠在鞋面绣成图案而成，手工复杂且耗时。娘惹准新娘通常会多准备几双饰珠鞋，在婚礼当天送给公婆及新郎当做礼物，婆家也可因此炫耀新娘的贤惠巧手，而婚礼过后，饰珠鞋便成为已婚娘惹的日常便鞋。

2）饮食

新加坡华人绝大多数祖籍为广东、福建、海南和上海等地。因为籍贯方面的缘故，口味上喜欢清淡，偏爱甜味，讲究营养，平日爱吃米饭和各种生猛海鲜，喜爱粤菜、闽菜和上海菜。新加坡华人大都喜欢饮茶。每逢春节来临之际，新加坡人经常还会在清茶中加入橄榄之后饮用，并且称之为“元宝茶”。嗜好中药泡制成的补酒，如鹿茸酒、人参酒等。

图 2.14　新加坡娘惹菜

新加坡在饮食方式和习惯方面融合了马来族和华人的烹调特色。“娘惹菜”是传统中国菜烹饪法与马来香料的完美结合，融会了甜酸、辛香、微辣等多种风味，口味浓重，是新加坡最特别、最精致的佳肴之一（图 2.14）。

马来人忌食猪肉、狗肉和动物的血，不吃自死之物，不吃贝壳类动物，不饮酒。印度人则绝对不吃牛肉。在用餐时，不论马来人还是印度人都惯用右手直接抓取食物，忌用左手取用食物。用餐时不要把筷子放在碗或装菜的盘子上，不用时，也不要交叉摆放，应放在托架、酱油碟或放骨片的盘子上。如有海员、渔夫或其他爱好划船者同席，不要把盘子里吃了一半的鱼翻转过来，因为那将预示翻船。

知识链接 2－11

新加坡的“长茶”

新加坡的饮茶文化有其独特的一面，由于新加坡是一个多元文化的社会，喝茶也反映出其多元文化的一面，除了中国茶和英国茶之外，新加坡特有的“长茶”已成为观光客十分欣赏的一种民族表演艺术。所谓“长茶”是把泡好的红茶加牛奶，然后由某师傅把奶茶倒进罐子里。操作者一只手拿着盛满奶茶的罐子，然后倒进另一只手拿的空杯子里，两只手的距离约在一米之间，如此来回须 7 次。在来回倒茶的过程中，奶茶是不允许外溢的。由于“长茶”的杯子相当大，喝起来相当过瘾，喝茶者边品茶，边欣赏精彩的倒茶，心情也会变得轻松。

2. 主要节庆

新加坡的重要的国家节日有：独立日（8月9日）、食品节（4月17日）。

食品节。食品节含有团聚意思，同家人一道过节，丰盛的食品晚餐是新加坡人食品节庆祝活动最主要的内容。新加坡人还把食品节看成是友谊、幸福的象征。节日期间，人们要根据自己的经济情况购买味道鲜美、制作精细、装潢美观的食品拜访同行、看望朋友、慰问亲人，从而增进了解、加强友谊。

新加坡日历都印有公历、中国农历、印历和马来历等4种历法，依据各种历法有许多传统节日。主要有：农历新年（华人最重要的传统节日，农历正月初一）、大宝森节（又称屠妖节，泰米尔历的1、2月间）、复活节（3月21日）、清明节（4月5日）、卫塞节（5月24日）、中秋节（农历八月十五）、开斋节（伊斯兰教历10月）、圣诞节（12月25日）等。

3. 礼仪禁忌

新加坡人见面多行握手礼。在一般情况下，他们对于西式的拥抱或亲吻是不太习惯的。由于新加坡政府注重保护各民族的传统，新加坡的礼仪与习俗呈现多元化的特点。华人基本上保留中国的传统，相见时往往习惯于拱手作揖，或者行鞠躬礼；马来人大多采用本民族传统的“摸手礼”；印度人妇女额头点檀香红点，男人扎白色腰带，见面时双手合十致意，平时进门脱鞋。跟新加坡人打交道时，最明智的做法不仅是要“入国而问禁”，而且还需要牢记“遇人而问俗”。

新加坡人尊重长辈，举世闻名。他们的敬老准则是：对父母和其他长辈，要用亲切的称呼；当父母或其他长辈讲话时，不要插嘴；父母或其他长辈呼唤时，要随叫随到。与新加坡人攀谈时，不能口吐脏字，且要多使用谦辞、敬语。谈话时，避免谈论政治得失、种族摩擦、宗教是非和配偶情况，可以谈谈旅行见闻，你所去过的国家以及新加坡的经济成就等。新加坡严忌说“恭喜发财”，他们将“财”理解为“不义之财”或“为富不仁”，说“恭喜发财”被认为是对别人的侮辱和嘲讽。

新加坡人在人际交往中崇尚清爽卫生，对于蓬头垢面、衣冠不整、胡子拉碴的人，新加坡人大都会侧目而视。在色彩方面，认为黑色、紫色代表着不吉利，不宜过多采用黑色、紫色。对“4”与“7”这两个数字的看法不太好，因为，在华语中，“4”的发音与“死”相仿，而“7”则被视为一个消极的数字。在商业上反对使用如来佛的形态和侧面像，禁止使用宗教词句和象征性标志。忌讳猪、乌龟的图案，喜欢红双喜、大象、蝙蝠图案。

2.4.4 旅游业概况

1. 旅游资源概况

旅游业是新加坡经济的重要组成部分，是仅次于工业和贸易的第三大经济行业和创汇行业。新加坡政府长期以来十分重视发展旅游业，把旅游业视为“无限资源”，不仅开展观光旅游，而且重视开展购物旅游，发挥其作为“购物天堂”的优势；航空交通发达，新加坡与世界 60 多个航空公司建立了联系；会议设施齐全完善，注意加强会议旅游；特别注意开展优质服务，一些饭店屡屡在国际上获得最佳饭店的称号，新加坡航空公司在国际上享有很高的声誉；旅游费用也相对较低；因此，新加坡旅游业相当发达，发展也相当迅速。

旅游业是新加坡经济的重要组成部分，整个产业链包括餐饮业、宾馆业、零售业、会展业、娱乐业及交通运输业等多个领域，从业人员占当地劳动力总量的 7%，对 GDP 的贡献率达到了 10%。新加坡主要客源市场为亚太地区，主要客源地为印度尼西亚、中国、印度、澳大利亚、日本、马来西亚等；多以休闲娱乐度假和商务活动为主。新加坡也是亚洲的主要客源国产出国之一。

2. 旅游热点

1）新加坡市

新加坡市，位于新加坡岛南部，面积约 98km²。人口 200 多万。该市是世界著名的天然良港，也是东南亚第一大港和世界第四国际金融中心。“新加坡”是马来语，意思是“狮城”。该城有“美丽的花园城”和“卫生模范城”的美誉。市内有鱼尾狮公园（图 2.15）、天福宫、星和园、裕华园、苏丹伊斯兰教堂、龙山寺、国家博物馆、范克利夫水族馆等旅游点。牛车水是新加坡唐人街，因当年华人用牛拉水而得名。如今的牛车水是现代购物中心，也是各色小贩和百年老店毗邻而居的地方。

图 2.15　鱼尾狮公园

2）龟屿

龟屿，位于新加坡市西南 7km 处，由于从侧面看像是一只大海龟，因而得名。在“巨龟”的头部，有一座大伯公庙。关于此庙，传说有巨龟救人的生动故事。此庙附近还有一座马来达图公庙，据传是死于一个多世纪前的赛义德·阿卜杜拉赫曼的坟墓。他被马来人崇敬为神明。

3）圣淘沙岛

新加坡南部岛屿。位于新加坡本岛以南 500m 处，东西长 4km，南北宽 1.6km，面积为 3.47km²。在圣淘沙岛殖民统治时期为英国海军基地，旧名绝后岛，1972 年改名。现已开发成设备齐全的海上乐园。圣淘沙被视为新加坡旅游与娱乐业的璀璨明珠，是集主题乐园、热带度假村、自然公园和文化中心于休闲度假胜地。岛上最引人注目的还是号称东南亚地区规模最大的海底世界，有名目繁多、数以千计的海洋动物。

4）裕廊鸟类公园

裕廊鸟类公园是世界最大的鸟类公园之一，位于裕廊山麓。该园始建于 1971 年。在一片苍翠的林木之中，来自热带和寒带、沼泽和沙漠、海洋和深山的 8 000 多只、360 多种的不同鸟类自由地生活在这里，有“鸟类天堂”之称。有招人喜欢的火烈鸟，雄健的鹰，有威武雄壮的秃鹫，五颜六色的金刚鹦鹉，有南极企鹅，新几内亚的极乐鸟和食蛇鸟，有鹈鹕、大雁、鸳鸯、天鹅、朱鹭、西班牙红鹤、欧洲黑鹤，还有大至非洲的鸵鸟和小到加勒比海的七彩蜂鸟，以及其他各种形体奇特的鸟禽。

2.5 橡胶王国——马来西亚

2.5.1 概况

马来西亚（Malaysia），简称大马。“马来”一词在马来语中意为黄金，马来半岛被称为“黄金之乡”。马来西亚自然资源丰富，有“锡和橡胶王国”之称，橡胶、棕油和胡椒的产量和出口量居世界前列。

1. 地理位置

马来西亚位于东南亚中心地带，地处太平洋和印度洋之间。全境被南海分成东马来西亚和西马来西亚两部分。西马来西亚为马来亚地区，位于马来半岛南部，北与泰国接壤，西濒马六甲海峡，东临南海，南濒柔佛海峡与新加坡毗邻。东马来西亚为沙捞越地区和沙巴地区的合称，位于加里曼丹岛北部。南部接印度尼西亚，而文莱国则位于沙巴州和沙捞越之间。面积约 33 万平方千米，海岸线总长约 4 192km。

2. 自然环境

马来西亚因位于赤道附近，大都属于热带雨林气候，无明显的四季之分，全年高温多雨，平均温度在 26~30℃之间，3 至 6 月及 10 至 2 月是雨季。年降水量一般为 2 000~2 500mm，有的地区可达 3 000~4 000mm。在马来西亚旅游，基本上全年都适宜，一般 5 月至 9 月最好。白天虽然炎热，但是午后有阵雨，晚上会有季风吹拂，十分凉爽。

3. 人口、语言及宗教

马来西亚人口约 2 949. 5 万（2012 年 10 月）。其中马来人 67. 4%，华人 24. 6%，印度人 7. 3%，其他种族 0. 7%。

马来语是国语和公用语言，英语是商业和旅游业上的通用语。华语和印度语在民间也普遍使用。

宗教：伊斯兰教为国教。全国总人口的一半以上都信奉伊斯兰教，并且属于逊尼派。在马来西亚，马来人基本上都是虔诚的穆斯林。大多数华信奉佛教，印度人信奉印度教，欧亚混血人信奉基督教。

4. 国旗、国歌、国花

国旗：被称为“辉煌条纹”，呈横长方形，长与宽之比为 2∶1。主体部分由 14 道红白相间、宽度相等的横条组成。左上方有一深蓝色的长方形，上有一弯黄色新月和一颗 14 个尖角的黄色星（图 2. 15）。14 道红

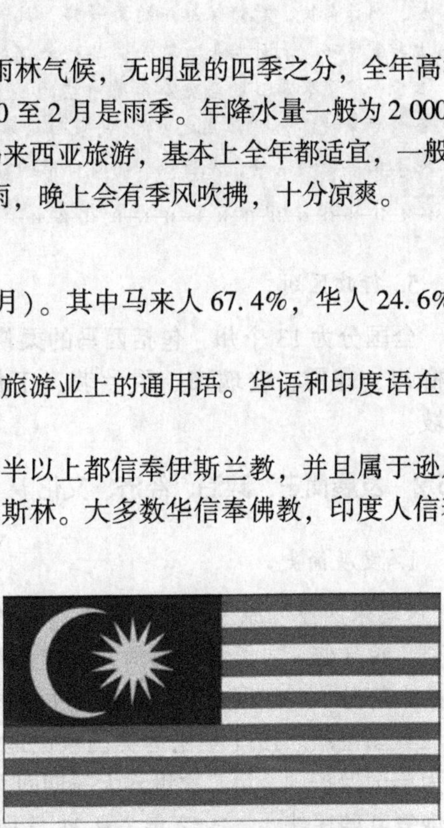

图 2. 15 马来西亚国旗

白横条和14角星原代表全国14个州，自新加坡在1965年独立后代表全国13个州和联邦直辖区。蓝色象征人民的团结，黄色象征皇室，红色象征勇敢，白色象征纯洁，新月象征马来西亚的国教伊斯兰教。国徽：中间为盾形徽。盾徽上面绘有一弯黄色新月和一颗14尖角的黄色星，新月代表国教，14角星代表各州和政府。盾面下部中间的图案为马来西亚的国花——朱槿。盾徽两侧各站着一头红舌马来虎，两虎后肢踩着金色饰带，饰带上书写着格言“团结就是力量”。

国歌：《我的祖国》。

国花：朱槿，又称大红花、扶桑，当地人称“班加拉亚”。在种类繁多的朱槿家族中，只有单层、五个花瓣、单支花蕊的深红色朱槿花才是真正的马来西亚国花。国鸟是犀鸟。

知识链接2-12

马来西亚国鸟

犀鸟是一种奇特而珍贵的大型鸟类，佛法僧目犀鸟科。犀鸟一般头大，颈细，翅宽，尾长。体长在70~120cm左右，嘴就长达35cm，占了身长的1/3到一半，一双大眼睛上长有粗长的眼睫毛，这是其他鸟类中所少有的。最古怪的是在它的头上长有一个铜盔状的突起，叫作盔突，就好像犀牛的角一样，故而得名犀鸟。虽然它的嘴巴看起来很笨拙，实际上非常灵巧。剥开坚果，轻而易举；采摘浆果，轻巧自如；捕捉老鼠和昆虫又是那样的得心应手。多数犀鸟的盔突是角质中空的，少数是实心的。在马来西亚沙捞越州，马来西亚百余年来被誉为“犀鸟之乡”。马来西亚犀鸟是一种形态优美、色彩艳丽的鸟儿，深受沙捞越人的喜爱和崇拜，是当地人的心目中的神鸟，地位非常尊贵。

5. 行政区划

全国分为13个州，包括西马的柔佛、吉打、吉兰丹、马六甲、森美兰、彭亨、槟榔屿、霹雳、玻璃市、雪兰莪、丁加奴以及东马的沙巴、沙捞越。首都为吉隆坡。

2.5.2 发展简史、政治、经济、文化

1. 发展简史

“马来西亚”原是一地理名词，是“马来半岛”的代称。公元初马来半岛建立了羯荼、狼牙修、古柔佛等古国。15世纪初以马六甲为中心的满剌加王国统一了马来半岛的大部分，并发展成当时东南亚主要国际贸易中心。16世纪起先后遭到葡萄牙、荷兰和英国侵略。1911年沦为英国殖民地。沙捞越、沙巴历史上属文莱，1888年两地沦为英国保护国。第二次世界大战期间，马来亚、沙捞越、沙巴被日本占领。战后英国恢复其殖民统治。1957年8月31日马来亚联合邦在英联邦内独立。1963年9月16

日，马来亚联合邦和新加坡、沙捞越、沙巴合并组成马来西亚（1965 年 8 月 9 日新加坡宣布退出）。

2. 政治

马来西亚是一个实行君主立宪制的联邦制国家。因历史原因，沙捞越州和沙巴州拥有较大自治权。马来西亚国王（称最高元首）为国家首脑、伊斯兰教领袖兼武装部队统帅，由统治者会议从马来西亚柔佛等 9 个州的世袭苏丹中轮流选举产生，拥有立法，司法和行政的最高权力，以及任命总理、拒绝同意解散国会等权力，任期 5 年。统治者会议由柔佛等 9 个州的世袭苏丹和马六甲等 4 个州的州元首组成，是最高权力机关，对国家宪法和全国性的伊斯兰教问题有最后的决定权。凡有关统治者特权地位的法律，未经该会议同意，不得通过。内阁即联邦政府，由国会下议院中占多数的政党组成，是制定和执行国家政策的最高行政机构。国会是最高立法机构，由上议院和下议院组成，上议院议员由国王和州政府委任，下议院议员由选民选举产生。但实权在内阁手里。最高法院于 1985 年 1 月 1 日正式成立，1994 年 6 月改名为联邦法院，联邦法院为目前马来西亚司法制度最高裁决法。设有马来亚高级法院（负责西马）和婆罗洲（加里曼丹岛）高级法院（负责东马），各州设有地方法院，各区又设有推事庭。另外还有特别军事法庭，伊斯兰教法庭，小额诉讼仲裁庭。

3. 经济

马来西亚经济原以农业为主，依赖初级产品出口。农业以经济作物为主，主要有油棕、橡胶、热带水果等。20 世纪 70 年代以来不断调整产业结构，大力推行出口导向型经济，电子业、制造业、建筑业和服务业发展迅速。同时实施马来民族和原住民优先的“新经济政策”，1987 年以来经济持续高速发展，成为亚洲地区引人注目的新兴工业国之一，旅游业为国家第三大经济支柱，第二大外汇收入来源。

马来西亚三大民族中，印度人主要以务农为生，马来人主要以捕鱼为业，华人大多经商。马来西亚的首富当属拥有香格里拉集团的郭鹤年和云顶集团的主人林梧桐。

4. 文化

马来人、华人、印度人都有自己独特的文化。政府努力塑造以马来文化为基础的国家文化，推行“国民教育政策”，重视马来语的普及教育。华文教育比较普遍，有较完整的华文教育体系。马来西亚是个以农立国的民族，因此维持着许多原始信仰，特别是各民族浓厚的宗教色彩。其宗教融合了伊斯兰教、印度教、佛教，其中以印度教影响尤为深远。由于多民族的长期共同生活，形成一种多元的文化特色。

2.5.3 民俗

1. 姓名称谓

马来人的姓名颇具特点，他们通常只有自己的名字，而没有固定的姓氏。在一般情况下，马来人总是儿子以父名为姓，父亲则又姓祖父的名字，因此一家几代人的姓氏会各不相同。他们的姓名中，名排在前，姓排在后，男子的姓与名之间用一个

"宾"字隔开，女的则用"宾蒂"隔开，表示"某某的儿子（女儿）"。如前总理达图·侯赛因·宾·奥恩，"侯赛因"是他的名字，"奥恩"是他父亲的名字（即他本人的姓），"宾"则表示男性。"达图"，马来西亚和新加坡译作"拿督（Datuk）"，是一些有功的人士受封而得到的头衔，由苏丹或各州的统治者封赐的。

知识链接 2－13

马来人取名的习惯

马来人取名字随着社会发展和宗教信仰的变化而不同。在古代，因为未受到外来文化的影响，所以马来人的名字是根据大自然的现象而取的，如"山"、"水"、"红色"、"暴风雨"等。在印度文化传入后，则以梵文取名，如：汉都亚、敦·特查。伊斯兰教传入后，穆斯林采用伊斯兰教名或阿拉伯名字，如男子叫穆罕默德、马哈茂德、艾哈迈德等；女子叫法蒂玛、卡蒂加等。但是，现代马来人取名又有了新的变化，如有的人把夫妻的名字合起来给子女取名等。

在马来西亚，每个马来人都有头衔。在这个国度，出身高贵的有许多世袭的封号，如在名字前冠"东古"，表示出身于王族，如前总理东古·拉赫曼。国家最高元首（国王），各州的苏丹、州长给国家和社会有贡献的各族人颁发各种勋衔，受封号为"敦（Tun）"、"丹斯里（Tan Sri）"、"达图（Datuk）"等。前任的马来西亚首相原名为马哈迪（Mahathir），他的头衔是敦，所以就要称他为Tun Mahathir（敦·马哈迪）。

2. 生活习俗

1）服饰

在一般情况下，马来西亚人讲究身穿以天然织物做成的服装。最具代表性的马来西亚人的服装，是被称为"国服"的一种叫作"峇迪衫"的长袖上衣，图案讲究对称。"峇迪衫"有的是由蜡染布制成，有的则由丝绸做原料，质地不同，但大多宽而大，薄而凉爽。在很正式的交际场合，穿这种衣服也不为失礼。

马来人习惯穿着本民族的传统服装。马来族男子上穿"巴汝"，是一种无领、袖子宽大的外衣；下身则围以一大块布，叫作"纱笼"；头上，还要戴上一顶无檐小帽。马来族女子穿无领、长袖的连衣长裙，头上必须围以头巾。马来人喜欢佩戴短剑，他们认为短剑象征着力量、勇敢和智慧。

知识链接 2－14

马来西亚土著人的服饰文化

土著族群的服饰十分绚丽，身上饰物多，显示他们传统的文化和艺术价值。每逢节日和重大社交场合，他们都穿着民族服饰。伊班族男子披着艳丽的围巾，穿着威武的兽袍，戴上高贵的羽冠，佩戴着祖传的宝刀，显得威武剽悍。他们豪迈的舞步，跳越旋转，刚健雄伟。平时男子下身裹上一条质地好、花纹美的遮布，上身赤裸。伊班族女子打扮得花枝招展，穿着传统的短裙，束上银质的腰带，缀上银币做成的装饰，走动时银币互相撞击，发出清脆的叮当声。比达友族人喜欢穿着红边的黑色上衣和长裤。男子上身套着用树皮制成的外套，颈上挂着一大串山猪牙、狗熊爪等。加央和肯雅族为内陆民族，他们常常穿着盛装，头戴着特制的帽子，双手背上扎着美丽的犀鸟羽毛。他们艳丽的服饰和自然舒展的优美舞姿，可以与霓裳羽衣舞媲美。肯雅族少女喜爱佩戴锤状铜耳环，耳环有环状和锤状两种，她们自幼戴着沉重的耳环，耳朵被拉得长长的，并以此为美，显得自然优雅。加拉毕少女全身穿戴着用珠子串成的五颜六色的饰物，光彩夺目。肯雅族男子喜欢文身，也戴耳环，有的则在耳朵上端穿孔，佩戴兽牙，借此显示他们的英雄业绩。

2）饮食

马来西亚人以米饭为主食，喜欢带有辣味的菜肴，尤其是咖喱牛肉。马来西亚人常饮咖啡和茶，喜欢饮椰子酒，喜好嚼槟榔和烟草。马来人进餐用手抓取，一般用右手，忌讳用左手，用餐时会看到餐桌上有一个大大的水壶，不是饮用水，是用来洗手的。信仰伊斯兰教的马来人禁酒，忌食猪肉、自死之物和血液。印度教徒不吃牛肉。马来西亚代表美食：马来椰浆饭、马来煎饼、沙爹、马来辣沙拉。

3）民居

在城郊和乡村，马来人的传统房子是一种单层建筑，叫“浮脚楼”。浮脚楼的房顶用树叶（现在也有用木板）铺盖，墙和地板用木质材料建成。为防止潮湿，地板离地数尺。门口放一张固定的梯子，来客必须先脱鞋，然后拾级而上。

3. 主要节庆

马来西亚节日很多，全国大大小小的节日约有上百个。但政府规定的全国性节日只有10个，其中除少数有固定日期外，其余的具体日期由政府在前一年统一公布。主要节日有：开斋节（伊斯兰教斋月后第一天）、春节（华人农历新年）、花卉节（7月）、国庆节（8月31日）、哈吉节（伊斯兰教古尔邦节）、屠妖节（印度人的新年）、圣诞节（12月25日）、圣纪年（伊斯兰教历三月十二日）、“五·一”节（5月1日）、卫塞节（佛祖释迦牟尼诞辰日）、最高元首（在任）诞辰。此外，还有联邦日、风筝节、丰收节、槟城国际龙舟节、马来西亚节、中秋节、马六甲嘉年华会、回历新年、巴兰水节等。

开斋节是马来人的新年，全国最重要的节日。每逢伊斯兰教历9月，全国穆斯林都要实行白天斋戒禁食，斋月后第一天就是开斋节。节日前夕穆斯林要进行慈善捐赠活动。节日清晨，穆斯林们在教堂举行隆重的祷告仪式，之后互相祝贺。节日里，人们从四面八方赶回家里，同亲人团聚，亲朋好友互相拜访祝贺佳节。

春节是华人的新年，节日的风俗和中国的春节大致相同。到处张灯结彩、敲锣打鼓，华人们相互登门，互道“恭喜发财”，其他民族人士也登门祝贺。这一天华人还举行团拜，玩龙舞狮，以驱邪逐妖，迎接新的吉祥年。国家总理和夫人及政府官员亲自前来祝贺，还给舞狮者和儿童发“红包”。人们还烧香拜佛，祈求幸福平安。

屠妖节是印度人的新年。10、11 月间，在月圆后的第 15 天看不见月亮的日子举行。清晨，印度教徒在沐浴后，全身涂上姜油，穿上新衣，阖家老小用鲜花祭神。印度庙里挤满了善男信女，妇女们供上槟榔叶、槟榔、香蕉和鲜花，向神顶礼膜拜，祈求幸福。节日里，家家户户香烟缭绕，灯火通明，所以又叫“光明节”。

4. 礼仪禁忌

在马来西亚，不同民族的人采用不同的见面礼节。马来人的常规做法是：向对方轻轻点头，以示尊重。除男人之间的交往以外，马来人很少相互握手，男女之间尤其不会这么做。马来人传统的见面礼节是所谓“摸手礼”。它的具体做法为：与他人相见时，一方将双手首先伸向对方，另一方则伸出自己的双手，轻轻摸一下对方伸过来的双手，随后将自己的双手收回胸前，稍举一下，同时身体前弯呈鞠躬状。与此同时，他们往往还会郑重其事地祝愿对方：“真主保佑!”或“一路平安”。被问候者须回以：“愿你也一样好。”马来西亚的华人与印度人同外人见面时，则大多以握手作为见面礼节。

在马来西亚，公开表示亲热是不受欢迎的，要避免接触异性。进入马来西亚人的家或礼堂时，必先脱鞋，穿鞋进屋被看作是对真主亵渎的行为。不要触摸被其视为神圣不可侵犯的头部和背部，认为摸头是对人的一种侵犯，如果背部被人触摸过，那将意味着厄运来临。

忌用左手赠物、进餐，忌用食指指人；不要在其面前跷腿、露出脚底，或用脚去挪动物品，因为他们认为在人体上脚的地位最为低下；不要用一手握拳，去打另一只半握的手；与其交谈时，不要将双手贴在臀部上，不然有勃然大怒之疑；不要当众打哈欠，万不得已要打哈欠时，务必要以手遮挡住口部，否则便是失敬于人的。

2.5.4　旅游业概况

1. 旅游资源概况

马来西亚的旅游资源十分丰富，阳光充足，气候宜人，拥有很多高质量的海滩、奇特的海岛、原始热带丛林、珍贵的动植物、千姿百态的洞穴、古老的民俗民风、悠久的历史文化遗迹以及现代化的都市。这里美丽多彩的热带风光，千姿百态的山、河、海、岛、礁、滩、洞，奇异美妙的各种动植物，以及遍布全国各地的名胜古迹，吸引着世界各地的旅游者。目前旅游业已成了该国的第三大经济支柱和第二大外汇收入来源，并提出了一个响亮的口号——“马来西亚，亚洲魅力所在”。马来西亚已成为举世瞩目的旅游胜地，享有“热带旅游乐园”的美称。马来西亚将全国划分为 4 个旅游度假区，即吉隆坡——马六甲旅游区；东部海岸旅游区；槟榔屿——兰卡威旅游区；沙巴——沙捞越旅游区。

2. 旅游热点

1）吉隆坡

吉隆坡（Kuala Lumpur）有“世界锡都、胶都”之美誉，位于马来半岛的中西部，面积244km^2，人口约167万，吉隆坡在马来语中的意思是“泥泞的河口”。吉隆坡是马来西亚的首都和最大的城市，是全国的政治、经济、文化和交通的中心。这里拥有多民族多元文化特色，伊斯兰色彩的清真寺、印度佛教古庙（黑风洞）、东西文化交融的国家纪念碑和东南亚最高建筑——国家石油公司双塔大楼著称于世。市区建设具有浓郁的地方特色，古老和现代的建筑兼收并蓄，现代化的东西方建筑物和谐并存，堪称一个硕大无比的“世界建筑博览馆”。主要旅游景点有国家王宫、国家石油公司双塔大楼、国家清真寺、黑风洞等。

国家王宫，马来西亚国王（称最高元首）的居所。其内青草遍地，鲜花满园盛开，许多宫室应酬、宴会和庆典活动也在此进行。每天游客都可到此观看王宫守卫的换班仪式。每隔5年，国家王宫就会更换一次主人，所以每5年的元首诞辰日也会有所变更，届时国家王宫将会热闹纷呈，还会有各式的庆祝活动。

国家石油公司双塔大楼（图2.16）。曾经是世界最高的摩天大楼，直到2003年10月17日被台北101大楼超越，但仍是目前世界最高的双塔楼，也是世界第四高的大楼，也是吉隆坡的标志性城市景观之一，是马来西亚经济蓬勃发展的象征。双塔高88层、452m，一对一模一样大厦并肩耸立，中间有栈桥相连。吉隆坡双子塔是马来西亚石油公司的综合办公大楼，也是游客从云端俯视吉隆坡的好地方。双子塔的设计风格体现了吉隆坡这座城市年轻、中庸、现代化的城市个性，突出了标志性景观设计的独特性理念。

国家清真寺，位于吉隆坡市的中心地区，是世界著名的清真大寺、东南亚地区最大的清真寺，是伊斯兰建筑艺术的杰出代表。该寺由马来西亚首任总理拉赫曼1957年倡议修建，并于1965年全部竣工的。该寺占地面积5.5公顷，主要建筑有：祈祷大厅、大尖塔、陵墓和教堂办公大楼等。国家清真寺的建筑造型非常优美，气势恢宏。它既是马来西亚举行国家宗教仪式的重要场所，也是著名的风景胜地，来此朝圣的国内外游客众多。

黑风洞。黑风洞（图2.17）是马来西亚印度教的朝拜圣地，位于吉隆坡北郊11km处，是一个石灰岩溶洞群，处在丛林掩映的半山腰，从山下循272级陡峭台阶而上即可到达，也有缆车直抵洞口。该处石灰岩面积255公顷，洞穴不下20处，以黑洞和光洞最为有名。黑洞阴森透凉，小径陡峭，曲折蜿蜒，长达2km多，栖息着成千上万的蝙蝠、白蛇和蟒蛇等150多种动物。光洞紧邻黑洞，高50~60m，宽70~80m，阳光从洞顶孔穴射入，扑朔迷离。光洞既是印度教徒设坛供奉神祇的圣地，也是开放给游客观光的胜地。每年阴历1~2月间的大宝森节期间，虔诚的印度教徒用钢针穿过皮肤，面颊和舌头上用小刀、小叉刺穿，背负神像，唱着宗教圣歌游行步入石洞参拜，为期3天，朝圣者可达30万人。平时到黑风洞的游人也络绎不绝。

图 2.16　国家石油公司双塔大楼

图 2.17　黑风洞

2）马六甲市

建于 1403 年，曾是满剌加王国的都城，是马来西亚历史最悠久的城市，亦是马六甲州的首府，位于吉隆坡东南 130km。1405 年至 1433 年间，郑和 7 次下西洋有 6 次都在马六甲停泊。数百年来，华人、印度人、阿拉伯人以及爪哇人相继来到马六甲，长期的交流共融，使得马六甲在语言、宗教、风俗习惯等方面具有独特的多民族人文风貌。这里有中国式的住宅，荷兰式的红色楼房和葡萄牙式的村落。马六甲市主要旅游景点马六甲博物馆、圣保罗教堂、圣彼得教堂、葡萄牙古城堡、荷兰街、马来西亚缩影村以及纪念郑和到访的保山亭、青云亭、三保庙、三保井、三保山等。

青云亭，马来西亚最古老的中国庙宇，始建于 1645 年，后经重新装修，成为一座用马来西亚楠木建造的木结构庙宇。门口的匾额上写着“南海飞来”4 个大字。庙内主要供奉的是观音菩萨，因此也称“观音亭”。

中国山，又名三保山，其命名源自“三保太监”的名号。传说当年郑和下西洋途经马六甲时，曾驻扎在这里，并在山的附近修建船坞和仓库，因此得名。三保山还拥有中国以外最大的中国人墓地，墓地达 25 公顷，有 12 000 个坟墓，其中大多数埋葬于明朝。

葡萄牙城山，马六甲 400 年殖民地历史的见证，号称东南亚最大和最坚固的城堡。据说建城堡的石块采自爪哇海底的陨石，石块之间用熟糯米和石灰调成的浆粘接。该城堡是葡萄牙人于 1511 年占领马六甲后所建，1607 年城堡被荷兰人加设重炮，19 世纪初英国人占领并摧毁了这座堡垒。现仅有城门幸存。城堡被当地人视为马六甲的精神象征。

荷兰红屋，此建筑是橙红色荷兰式建筑。它被认为是荷兰人在东方所保留最古老的建筑物，现已改为马六甲博物馆。建于 1641 至 1660 年间，是东南亚最古老的荷兰建筑物。原为教堂，后改为市政府，现在是马六甲博物馆，藏有马来、葡萄牙、荷兰和英国的历史文物，以及展览华人及马来人的传统结婚礼服。

3）槟榔屿

槟榔屿是马来西亚西北部一个风光明媚的小岛，因盛产槟榔而得名。它扼守马六甲海峡北口，与马来半岛隔一条 3km 宽的海峡相望，地理位置十分重要。槟榔屿有“印度洋绿宝石”之称，既有美丽的海滩与原野风光，又有众多的名胜古迹。以宗教建设为主要特色，有蛇庙、泰禅寺、卧佛寺、极乐寺、甲必丹吉宁清真寺、康沃斯城堡、圣乔治教堂、观音庙等。槟榔屿州的首府槟城，位于槟榔屿岛东北部，马六甲海峡北口，槟榔屿海峡西岸。槟城是自由港，和新加坡、中国香港一样商品多为免税品，价格比较低廉，也是购物者的天堂，市内居民也以马来人和华人为多。

4）云顶高原

云顶高原是马来西亚新开发的旅游和避暑胜地，位于彭亨州西南吉保山脉中段东坡，吉隆坡东北约50km处，海拔1 700m。面积约4 900公顷，是东南亚最大的高原避暑胜地，始建于1965年，属于华人巨商林梧桐。云顶高原有东南最大的豪华酒店、室内体育馆、高尔夫球场、游泳馆、保龄球场、餐厅、超市、游乐场、人工湖等。山腰上有东南亚最长的缆车直通山顶，来此游览的游客络绎不绝。云顶高原的赌场为东南亚最大的赌场，也是马来西亚唯一合法的赌场，有“南海群岛的蒙特卡洛”之称。

2.6 黄袍佛国——泰国

2.6.1 概况

泰国全称为“泰王国（The Kingdom of Thailand）”，别称“黄袍佛国”、“大象之邦”。历史上，泰国曾被称为“暹罗”。

1. 地理位置

泰国位于亚洲中南半岛中南部。国土的形状如大象头颅。东南临泰国湾（太平洋），西南濒安达曼海（印度洋），西和西北与缅甸接壤，东北与老挝交界，东南与柬埔寨为邻，疆域沿克拉地峡向南延伸至马来半岛，与马来西亚相接，其狭窄部分居印度洋与太平洋之间。主要岛屿有普吉岛、苏梅岛、阁昌岛。国土面积约51.3万平方千米，海岸线长2 600km。

2. 自然环境

全国地势北面高南面低，由西北向东南倾斜，国境大部分为低缓的山地和高原。地形多变，可划分为4个自然区域：北部山区丛林、中部昭披耶河（即湄南河）平原的广阔稻田、东北部呵叻高原的半干旱农田，以及南部半岛的热带岛屿和较长的海岸线。东部沿海平地，有无数风景优美的海滩，是发展旅游的理想地区。泰国境内有众多河流，尤以湄南河最为著名。湄南河在泰语中意“河流之母”，为全国第一大河，全长1 200m，湄南河沿岸土地丰饶，是泰国主要农产地。泰国绝大部分地区属于热带季风气候。常年温度不低于18℃，平均年降水量超过1 000mm。全年分3季：2~5月为热季，4月是最热的月份，最高气温一般在33~38℃之间，学校因此在4月份放暑假；6~10月是雨季；11月至次年1月为凉季。最佳旅游季节是凉季，天气凉爽干燥。

3. 人口、语言及宗教

泰国人口6 672万（2011年）。泰国是一个由30多个民族组成的多民族国家，泰族为主要民族，占人口总数的40%、老族占35%，马来族占3.5%，高棉族占2%等。

此外还有苗、瑶、桂、汶、克伦、掸等山地民族。大约有14%的泰国人口是华裔，其中相当一部分来自中国广东省潮汕地区。

泰国官方语言是泰语。英语使用也很普遍。

泰国以佛教为国教，全国总人口的94%都信奉佛教，属于小乘佛教。马来族信奉伊斯兰教，还有少数信奉基督教新教、天主教、印度教和锡克教。

图2.18　泰国国旗

4. 国旗、国歌、国花

国旗：呈长方形、长与宽之比为3：2。由红、白、蓝3色的5个横长方形平行排列构成。上下方为红色，蓝色居中，蓝色上下方为白色（图2.18）。蓝色宽度相等于两个红色或两个白色长方形的宽度。红色代表民族和象征各族人民的力量与献身精神。泰国以佛教为国教，白色代表宗教，象征宗教的纯洁。泰国是君主立宪政体国家，国王是至高无上的，蓝色代表王室。蓝色居中象征王室在各族人民和纯洁的宗教之中。国徽由驮着那莱王的一只大鹏图案组成。那莱王是传说中的守护神，而大鹏则是传说中降魔除怪的鸟中之王。

国歌：《泰王国国歌》。

国花：金莲花。金莲花即阿勃勒，属苏木亚科。国鸟是火背鹇。国树是桂树。国兽是亚洲象。

5. 行政区划

泰国全国共有76个一级行政区，其中包括75个“府”与直辖市的首都——曼谷。这76个行政区一般被划分为5个主要地区，包括北部、东北部、东部、中部与南部地区，每个府都是以其首府作为该府的命名。在府底下，又有更小的次级行政区划，称为“区”与“次区”，泰国全国共有795个区与81个次区。

2.6.2　发展简史、政治、经济、文化

1. 发展简史

泰国已有700多年的历史和文化，原名暹罗。公元1238年建立了素可泰王朝，先后经历了素可泰王朝、大城王朝、吞武里王朝和曼谷王朝。从16世纪起，先后遭到葡萄牙、荷兰、英国和法国等殖民主义者的入侵。19世纪末，曼谷王朝五世王大量吸收西方经验进行社会改革。1896年，英、法签订条约，规定暹罗为英属缅甸和法属印度支那之间的缓冲国，从而使暹罗成为东南亚唯一没有沦为殖民地的国家。1932年6月，人民党发动政变，推翻君主制，国王作为君主立宪的象征被保留下来。1938年，銮披汶执政，于1939年6月更名为泰国，意为“自由之地”。1941年被日本占领，泰国宣布加入轴心国。1942年1月25日泰国宣布向英美宣战。1945年8月15日日本投降，泰国随即在翌日宣布“泰国1942年1月25日对英美宣战宣言无效”，泰国的

“宣战无效”宣言被同盟国承认。日本战败，泰国恢复暹罗国名。1949 年，再次改称泰国（泰语为“自由之国”的意思）。

2. 政治

《泰王国宪法规定》：泰王国是以国王为国家元首的民主体制国家。国王是国家的元首，武装部队名义上的最高统帅，佛教的最高维护者，享有神圣不可冒犯的权力。国王通过国会、内阁和法院分别行使立法、行政和司法权。国会为两院制，分上院、下院，均由直选产生，立法、审议政府施政方针、国家预算和对政府工作进行监督为其主要职能。政府总理来自下议院，由不少于 2/5 的议员提名，经下议院表决并获半数以上票数通过，由国会主席呈国王任命。总理在解散议会前需得到内阁批准并报国王审批；在不信任案辩论期间不得解散议会。内阁成员共 36 人，下议员担任内阁职务须辞去议员资格，阁员上任、卸任须申报并公布个人财产。上议员不得隶属任何政党，不得担任阁员。

3. 经济

泰国实行自由经济政策，属外向型经济，较依赖美、日、欧等外部市场。20 世纪 80 年代，制造业尤其是电子工业发展迅速，经济持续高速增长。1996 年泰国被列为中等收入国家。农业是泰国传统经济产业，世界著名的大米生产国和出口国。其他重要农产品还有木薯、橡胶、甘蔗。近年来，橡胶产量、出口量居世界首位。泰国水果出口是泰国的一大经济支柱，主要盛产榴莲、山竹、桂圆、椰子等。近海渔业发达，是亚洲第三大海产国。泰国经济结构随着经济的高速发展出现了明显的变化，制造业在其国民经济中的比重已日益扩大，且成为主要出口产业之一。旅游业保持稳定发展势头，是外汇收入重要来源之一。

4. 文化

泰国重视教育，教育经费始终占国家预算的第一位。实行 12 年制义务教育。

泰国的舞蹈被誉为世界上最具艺术性的舞蹈之一。泰国以优美典雅的古典舞蹈和丰富多彩的民间舞蹈著称于世。泰国舞的题材大多取自梵文神话，可分为孔（面部舞）、沙邦（音乐舞）和拉孔（舞蹈剧）3 种。

佛教是泰国的国教，94% 的人信奉佛教。几百年来，无论是风俗习惯、文学、艺术和建筑等各方面，几乎都和佛教有着密切关系。在泰国，凡是信佛教的男孩子，到了一定年龄，都要一度削发为僧，连王室和贵族也不例外。如果一个男子没有当过和尚，则不能视为成人，不但亲朋看不起，就连找女朋友也很困难，可见佛教在泰国有多大的影响力。每天清晨出外托钵、过午不食。大部分青年僧侣是学生（图 2.19）。到泰国旅游，处处可见身披黄色袈裟的僧侣，以及富

图 2.19　黄袍佛国

丽堂皇的寺院。因此，泰国又有“黄袍佛国”的美名。佛教为泰国人塑造了道德标准，使之形成了崇尚忍让、安宁和爱好和平的精神风范。

泰国是大象的王国，大象在泰国文化中享有很高的地位，是力量与优雅的象征。在泰国，白象被视为象征国运昌盛的国宝，依照泰国传统，白象被视作圣物，只有在圣君年代或是国家大喜之时才会出现。白象生活在皇宫中，被当做神兽，受到极佳的待遇。公元15世纪时，暹缅两国曾为两头白象而发生战争，白象的重要性可见一斑。泰国民间有一种传说，认为人从象腹下穿过可走好运，孕妇走过象腹，会生产顺利。因而，有人专门将饲养的象带到街上，供人们穿过象腹，以获取收入。每年11月的第3个周末，都要在产象最多的素辇市举行盛大的象节。一年一度的象节，是泰国素辇府富有特色的传统宗教节日，通常包括展示、游行和大象舞蹈比赛等活动环节，总能吸引数千名泰国人和各国游客，为当地经济的一大支柱。

知识链接 2-15

泰国大象学校

在泰国北部南邦以北大约54km的邦拉村，有一座世界上独一无二的驯象学校。“学生”是从幼龄开始，4~5岁的小象入学接受训练，大约10岁左右“毕业”，开始终生的艰苦劳作。象校“学生”从开始就有两个终生陪伴的驯象师：脖上驯象师和脚旁驯象师。最主要的课程是劳动技能训练，包括拖拉和搬运木材，还训练它们脚下躲避的工夫，以防万一树段从堆上滚下时被打伤。还让它们熟悉汽车以及森林交通工具的声音，目的是使在寂静山林中生活惯了的象，听到各种声音时不致受惊吓。

泰拳，即泰国拳术，杀伤力大。泰拳已经有500年的历史，作为泰国的传统搏击技术，其特点是可以在极短的距离下，利用手肘、膝盖等部位进行攻击，是一种非常狠辣的武术，杀伤力大。他不仅可用拳也可用脚、肘和膝盖攻击对方，还可以高高跃起做空翻加转体动作，利用冲力，以脚或膝盖将对方打翻在地。因此，泰国的拳击比一般国际拳击更加紧张和激烈。

2.6.3 民俗

1. 姓名称谓

泰国人的姓名也同中国人一样，分为姓和名两部分，不过在习惯上和中国人的姓名排列顺序不同，是名在前，姓在后。未婚妇女用父姓，已婚妇女用丈夫姓。口头尊称无论男子或妇女，一般只叫名字不叫姓，并在名字前加一冠称“坤”（意为您）。在泰国公司内，职员们经常以“Pee”（兄姐）和“Nong”（弟妹）相称，给人一种亲切的感受。泰国人姓名按照习惯都有冠称。平民的冠称有：成年男子为“乃”（NAI，先生）；已婚妇女为“娘”（NANG，女士）；未婚妇女为“娘少”

(NANGSAO，小姐)；男孩为“德猜” (DEKCHAI，男童)；女孩为“德英”(DEKYING，女童) 等。

知识链接 2-16

泰国人取名有奥秘

在泰国经济陷入困境之际，许多泰国人纷纷申请改名换姓，希望一个新的姓氏能为他们带来好运。2011 年 8 月初，政府推出 3 998 个姓氏——当然是被认为会带来好运的吉利姓氏——以先到先得的方式给国人“认领”，引来众多曼谷市民顶着烈日排队。

事实上，泰国人直至 20 世纪初都是只有名没有姓的。过去泰国人选择姓氏就像选择名字一样随意，有时改姓是因为觉得某个姓氏好听，有时是改用某个名人或富人的姓氏。自 1962 年以来，泰国内政部每年都“推出”数千个由语言学家“创造”的新姓氏供国人选用。由于新的姓氏必须独一无二，所以通常会以两三个字来合成，于是念起来便十分拗口。例如前工业部长素利雅的姓氏就是“赞隆朗基”，意即“赞家事兴旺”。

泰国是在 1913 年才立法引入姓氏制度的，当时的泰王拉马六世觉得泰国人若继续没有姓氏，将会出现许多法律和行政问题，于是挑选了 6 000 个词作为姓氏。到了今天，除了一些偏远山区部族仍没有姓氏之外，几乎每一个泰国人都拥有姓氏了。据政府统计，如今 6 700 万泰国人共拥有 68.994 3 万个姓氏，且每年都在增加。

2. 生活习俗

1）服饰

泰国人的传统着装简单朴实，衣料多用棉织品或丝织品，男子一般穿长裤和短袖衬衣，女子则大多穿筒裙。最喜爱的服饰品是金首饰，金项链下面往往挂一块金牌，男人则挂一个小佛像。妇女还戴手镯、耳环，使用银、金或合金腰带。男女均着拖鞋或赤脚。去泰国旅行时，最好自带拖鞋。按惯例，那里的饭店不向住客提供拖鞋。

泰国人衣着比较鲜艳，尤黄色最多。人们习惯用颜色表示不同日期：星期日为红色，星期一为黄色，星期二为粉红色，星期三为绿色，星期四为橙色，星期五为淡蓝色，星期六为紫红色。人们常按不同的日期，穿不同色彩的服装。

2）饮食

泰国以大米为主食，鱼和蔬菜是主要副食。用餐时，他们爱往菜肴之中加入辣酱、鱼露或味精。他们最爱吃的食物，当属具有其民族特色的“咖喱饭”。喜欢中国广东菜和四川菜，不喜欢酱油，不爱吃红烧、甜味的菜肴。饭后有吃苹果、鸭梨的习惯，但不吃香蕉。槟榔和榴莲是泰国人最喜欢吃的水果。泰国人喜欢喝茶，喝茶时加冰块，令其成为冰茶；不喝开水，惯于直接饮用冷水。在喝果汁的时候，还有在其中加入少许盐末的偏好。在泰国民间，人们用餐时多惯于围绕着低矮的圆桌跪膝而坐，以右手抓去食物享用。而今，有些泰国人用餐时爱叉、勺并用，即左手持叉，右手执勺，两者并用。

3）民居

泰国的农村房屋多为杆栏式，砖木为主体材料，房顶多为白铁皮波形瓦。屋地多为铺垫或地板，无论主人还是客人均席地而坐。房屋多建在河边水源地带，以方便人们沐浴纳凉。城市房屋多为钢筋水泥，已逐渐现代化。

3. 主要节庆

泰国是个节庆与活动比较多的国家，有的节庆欢快而热烈，有的活动庄严而神圣，有的是有固定的日期，有的是随节气而定，但大多数与佛教、农耕和国王有关。这些节庆活动是泰国文化的突出体现。主要的节日有万佛节（泰历3月15日）、宋干节（4月13日至15日）、农耕节（5月举行，具体日期由国王选定）、佛诞节（泰历6月15日）、母亲节（8月12日，现任王后生日）、国庆节（12月5日，现任国王的生日）、水灯节（泰历12月15日）等。

万佛节（泰历3月15日），泰国的传统佛教节日。万佛节的早晨，泰国男女老少带着鲜花、香烛和施舍物品前往附近寺院，进行施斋、焚香、拜佛活动。在万佛节，有些善男信女还持受五戒或八戒以表示对佛教的虔诚。

图2.20　泰国宋干节

宋干节（4月13日~15日），亦称“泼水节”，最盛大的节日，是泰历新年，15日开始大规模的泼水活动（图2.20）。节日的主要活动有斋僧行善，沐浴净身，人们互相泼水祝福，敬拜长辈，放生及歌舞游戏。泰国清迈府的宋干节因隆重热闹而享有盛名，每年都能招徕大批国内外观光游客。

水灯节（泰历12月15日），又称“佛光节”。在雨季过后的这一时期，泰国正是河水高涨，月儿清辉的美好季节。按照泰国传统习俗，泰国人将在水灯节当天将亲手制作的水灯放入河流中，以寄托心中美好的愿望和祝福。

4. 礼仪禁忌

泰国人以礼仪、互助、宽容和谦让为荣，对人总是面带微笑，交谈时低声细语，人称“微笑的国度”。泰国人习惯“合十礼”（即合掌躬首互向对方致礼），合十时常互致问候“沙瓦迪卡”（泰语“你好”的意思）。行合十礼的最大讲究，是合十于身前的双手所举的高度不同，给予交往对象的礼遇便有所不同。通常，合十的双手举得越高，越表示对对方的尊重。

目前泰国所行的合十礼大致可以分为如下4种规格。其一，双手举于胸前，它多用于长辈向晚辈还礼。其二，双手举到鼻下，它一般在平辈相见时使用。其三，双手举到前额之下，它仅用于晚辈向长辈行礼。其四，双手举过头顶，它只用于平民拜见泰王之时。

在一般情况下，行合十礼之后，即不必握手。行合十礼时，晚辈要先向长辈行礼；身份、地位低的人要先向身份、地位高的人行礼。对方随后亦应还之以合十礼，否则即为失礼，只有佛门弟子可以不受此例限制。合十后可不再握手，随着社会的发展，在外交和一些正式场合，泰国人也按国际习惯握手致意。

泰国人非常尊重国王和王室成员，平时不随便谈论或议论王室，遇有王室成员出席的场合，态度恭敬。在泰国，游客须注意佛像无论大小都要尊重，切勿攀爬；对僧侣应礼让，但不要直接给钱；常人不能与僧侣握手；女性更不能碰触僧侣，如需奉送物品，应请男士代劳，或直接放在桌上；到寺庙参观着装应整齐，不要穿短裤、短裙和无袖上装，进入主殿要脱鞋。在佛寺之内，切勿高声喧哗，随意摄影、摄像。佛教徒购买佛饰时忌说“购买”，只能用“求助”或“尊请”之类的词，否则被视为对佛祖的不敬，会招来灾祸。

泰国人十分注意手、头、脚等方面礼仪，因而有关的禁忌很多。如向泰国人递送东西时，比较正式的场合要双手奉上，一般情况下用右手递给对方。但忌讳用左手接递，更不能抛东西给他人，否则会被认为鄙视他人和缺乏教养。泰国人非常重视头部，绝对不能用手摸泰国人的头，否则被视为泰国人的极大侮辱。在泰国，只有国王、高僧和父母才能抚摸小孩的头。泰国人坐的时候，对双脚放置的姿势很有讲究，尤其是在公共场合陪伴客人时，不能以脚底对着他人。在睡觉时，他们忌讳“头朝西，脚向东”，因为日落西方象征死亡。

2.6.4 旅游业概况

1. 旅游资源概况

泰国旅游业保持稳定发展的势头，现已成为泰国经济的重要支柱和外汇收入的重要来源。泰国是一个历史悠久的佛教之国。在这个被称为“白象王国”的美丽之邦，到处是金碧辉煌，尖角高耸的庙宇、佛塔；无处不有精致美观的佛尊、石雕和绘画。这些在常年青绿的柳林掩映下的古迹，为泰国这妩媚动人的热带风光增添了绚丽的色彩。那些既具有鲜明民族特色，又呈维多利亚式建筑风格的王宫故院更是奇伟瑰丽、格外壮观。这些文化历史古迹和佛教艺术宝藏及热带特有的秀丽风光，已经令人神往，加之泰国独特的文化传统和民族风俗，如丰富多彩的众多节日，水上人家的清新生活，闻名于世的古典舞和民族舞，饶有兴趣的哑剧和洛坤剧，别具一格的泰拳、赛象、斗鸡、玩鱼等，更使游人流连忘返。素有“中南半岛上的明珠”之称，被誉为“亚洲最具异国风情的国家”。历来以“微笑国度”闻名于世的泰国，有500多个景点，主要旅游点除曼谷、普吉、清迈外，清莱、华欣、苏梅岛等一批新的旅游点发展较快。

2. 旅游热点

1）曼谷

泰国首都，在泰语里是“天使之都”的意思，泰国最大城市，东南亚第二大城市，全国的政治、经济、文化和交通中心和世界著名旅游城市。曼谷位于湄南河三角洲，距泰国湾40km。美丽的湄南河纵贯南北，逶迤而下，把曼谷一分为二，最后汇入泰国湾。市内河道纵横，货运频繁，水上集市贸易十分繁忙，有“东方威尼斯”的美称。曼谷佛教历史悠久，到处是橘红色的庙宇屋顶和金碧辉煌的尖塔，佛庙林立，有大小佛寺400多座，云集了泰国的佛教精华，被誉为“佛庙之都”，其中玉佛寺、金佛寺、卧佛寺被视为泰国的三大国宝。

大王宫（图2.21），又称故宫，是泰国曼谷王朝一世王至八世王的王宫。大王宫的总面积为21.84万平方米，位于首都曼谷市中心，依偎在湄南河畔，是曼谷市内最为壮观的古建筑群。大王宫四周筑有白色宫墙，高约5m，总长1 900m。建筑以白为主色，风格主要为暹罗式，主要由几个宫殿和一座寺院组成。大王宫内的寺院，即著名的玉佛寺建筑群。大王宫外的王家田广场，曾被作为御用广场，现今每逢春耕节和泰国新年，国王都在这里主持庆祝仪式。

图2.21　泰国大王宫

玉佛寺，位于曼谷大王宫的东北角，泰国最著名的佛寺，泰国三大国宝之一，建于1784年。玉佛寺是泰国王族供奉玉佛像和举行宗教仪式的场所，因寺内供奉着玉佛而得名。玉佛高66cm，宽48cm，是由一整块碧玉雕刻而成。每当换季时节，泰国国王都亲自为玉佛更衣，以保国泰民安。每当泰国内阁更迭之际，新政府的全体阁员都要在玉佛寺向国王宣誓就职。每年5月农耕节时，国王还要在这里举行宗教仪式，祈祷丰收。

卧佛寺，位于大王宫的南面，建于1793年，是曼谷最老和最大的寺院。因其拥有大量佛像和佛塔而闻名全国，故又有“万佛寺”的称号。寺内有一尊大佛卧于神坛之上，为世界最大卧佛之一，全长46m，身高15m，为铁铸，包金，镶有宝石。该卧佛是用砖石砌成，再漆贴金箔，卧佛的足掌长度为5m，以贝壳镶嵌成108个吉祥图，非常精致，同时蕴涵高深的佛理。此尊释迦牟尼卧佛悠然躺卧在佛坛上，几乎占满了整个殿堂的空间。殿内四壁有巨幅壁画，内容以释迦牟尼的一生为主题，介绍了佛祖的生平。

金佛寺，与玉佛、卧佛同为泰国三大国宝，泰国华人也称之为黄金佛寺。据说这座寺院由3位华人集资建成，故又称三华寺或三友寺。寺内供奉着一尊世界上最大的金佛，重5.5T，高近4m，盘坐的双膝相距3m有余，金光灿烂，庄严肃穆。金佛是泰国素可泰时代的艺术品，也是泰国和佛教的无价之宝。

四面佛，位于伊拉旺神祠中，供奉的神像高约4m，前后左右有四副面孔，分别代表慈、悲、喜、舍4种梵心，凡是祈求升天者必须勤修这4种功德。神像摆放在工艺精细的花岗岩神龛内，正襟危坐，全身金碧辉煌，四面都是同一面孔、同一姿态。四面佛在泰国被称为有求必应佛，不但受到泰国民众的信仰尊崇，它神奇的灵验也吸引着东南亚佛教国的信徒，每年专程前来膜拜。

郑王庙，又称黎明寺，位于湄南河之西岸，与卧佛寺隔岸相望，它曾被定为郑照王（其父是华人）的御用寺院。位于正中的“拍攀”大塔，高79m，是最富吸引力的建筑物。在晨曦之际，阳光照射，宝塔的顶端发出万丈光芒，故又被称为黎明寺。每年12月举行的皇家祭典，是郑王庙的最大庆典，也是泰国的重要祭典之一。

丹嫩沙多水上集市，位于曼谷西南，俗称的曼谷“水上集市”，是个和当地居民生活有着密切联系的场所。集市中，一条条卖货的小船在运河上交错往来，河岸边一家家水乡居民的住宅，构成了一幅令人深感亲切而又典型的曼谷印象图卷。集市一般从清晨一直持续到下午2点左右，早上7点到8点这一段时间是高峰期。

北榄府鳄鱼湖动物园，位于曼谷以东30km的北榄。鳄鱼湖饲养的鳄鱼达4万多条，是全世界最大的鳄鱼饲养场。鳄鱼湖创始于1950年，主人是被誉为“世界鳄鱼大王”的华人杨海泉。在这里可观看戏鳄、斗鳄等多种表演，出售真正的鳄鱼皮革制品及其他鳄鱼制品。

2）帕塔亚

帕塔亚以阳光、沙滩、海鲜名扬天下，被誉为“东方夏威夷”，是世界著名的新兴海滨旅游度假胜地。位于首都曼谷东南120km，曼谷湾东岸市区面积20多平方千米，风光旖旎，气候宜人，年均温度20℃左右。长40km的帕塔亚海滩阳光明媚，蓝天碧水，沙白如银，椰林茅亭，小楼别墅岩石在绿叶红瓦之间，令人心旷神怡。主要游览景点有珊瑚岛、东巴文化村、小人国等。

知识链接2-17

泰国人妖

人妖是指专事表演的，从小服用雌性激素而发育的男性。其中部分是变性人，而大部分仍然是“男人”，只是胸部隆起，腰肢纤细，完全丧失了生育能力，大多人妖都很漂亮，唯一外表上和女性区别是通常手脚较大，并可通过声音鉴别。这一类人多集中在泰国，我们称之为“人妖”。在泰国，有“不看人妖就等于没有到泰国”的说法。泰国人妖主要集中在帕塔亚和普吉岛附近一带，而尤以帕塔亚为多。人妖秀的表演内容，包括各国民族舞蹈和代表歌曲，不仅吸引观光客，就连当地人也常光临。除了欣赏豪华的歌舞表演之外，也可看到姿色较平凡的舞者表演笑剧。

3）清迈

泰国北部政治、经济、文化中心，也是泰国第二大城市，历史上曾是泰国的古都。距曼谷700km，位于海拔300m的高原盆地，四周群山环抱，气候凉爽，景色旖旎，古迹众多，商业繁荣，是东南亚著名的避暑旅游胜地，被称为“泰北玫瑰”。该市的玫瑰花、民间传统舞蹈和一年一度的宋干节也颇有名声。清迈的宋干节，尤其气氛热烈，场面隆重，堪称全国之最。

图 2.22 泰国普吉岛

4）普吉岛

普吉岛位于泰国南部马来半岛西海岸外的安达曼海，是泰国唯一自成一府的岛屿，也是泰国的第一大岛和全国面积第二小的府，以其迷人的风光和丰富的旅游资源被称为“安达曼海上的一颗明珠”（图 2.22）。20 世纪 70 年代以前的普吉岛以产锡和橡胶而闻名于世。20 世纪 70 年代后期逐步为背包客所钟爱，而后旅游业迅速崛起，同时也使普吉成为泰国仅次于曼谷的第二富裕的府。普吉岛海岸蜿蜒曲折，海滩水清沙细，风光旖旎，素有“海山仙阁”、“泰南珍珠”之称。长久以来便以“5S”自豪：阳光（Sun）、海洋（Sea）、沙滩（Sand）、服务（Service）、治安（Security）。

5）苏梅岛

位于泰国湾，全国第三大岛，面积 247km^2，周围有 80 个大小岛屿，但多无人居住。苏梅岛上海滩众多，处处水清沙白，景致迷人。椰树业依然是岛上重要的经济来源之一，有“椰林海岛”的美名。与旅游业发展已较成熟的普吉相比，苏梅岛保留了更多自然淳朴的气息。苏梅岛被奉为泰国的潜水圣地，也被许多人列为世界十大潜水地之一，周遭海域中清澈的海水与丰富的海洋生物，总是吸引着潜水爱好者的身心。

6）皮皮岛

位于普吉岛东南约 20km 处，是由两个主要岛屿组成的姐妹岛，1983 年被定为泰国国家公园。这是一个深受阳光眷宠的地方，柔软洁白的沙滩，宁静碧蓝的海水，鬼斧神工的天然洞穴，未受污染的自然风貌，使得它从普吉岛周围的 30 余个离岛中脱颖而出，成为近年来炙手可热的度假胜地之一。

2.7 椰子之国——菲律宾

2.7.1 概况

全称菲律宾共和国（The Republic of The Philippines），誉称“椰子之国”、“花园岛国”。菲律宾是以西班牙国王菲利普二世的名字命名的。

1. 地理位置

菲律宾位于亚洲东南部，北隔巴士海峡于中国台湾省遥遥相望，南和西南隔苏拉威西海、苏禄海以及巴拉巴克海峡与印度尼西亚、马来西亚相望，西濒中国南海，东临太平洋。菲律宾是一个群岛国家，共有大小岛屿 7 107 个。这些岛屿像一颗颗闪烁的明珠，星罗棋布地镶嵌在西太平洋的万顷碧波之中，菲律宾也因此拥有“西太平洋明珠”的美誉。菲律宾陆地面积 29.97 万 km^2，其中吕宋岛、棉兰老岛、萨马岛、巴拉望岛、宿务岛等13个主要岛屿占全国总面积的96%左右。菲律宾海岸线长达18 533km，多天然良港。

2. 自然环境

菲律宾全境分为北部的吕宋岛、中部的米沙鄢群岛、南部的棉兰老岛和西南部的巴拉望岛与苏禄群岛四个部分。各岛地势起伏，3/4以上是由山地、高原和丘陵构成，沿海一带为窄小平原。多活火山，地震频繁。棉兰老岛的阿波火山是菲律宾最高的山峰，海拔2 954m。吕宋岛的马荣火山海拔2 421m，是菲律宾最大的活火山。河流短小，多急流，富水力。菲律宾群岛地处热带，为海洋所分割，属热带海洋性季风气候。菲律宾气候特点是高温多雨，空气湿度大，夏秋多台风，虽分为凉季、干季及雨季，但季节间差异不大。年平均气温27℃，年平均降水量2 000~3 000mm。

3. 人口、语言及宗教

菲律宾人口约9 770万（2013年），居世界各国第12位。菲律宾是一个多民族国家，马来族占全国人口的85%以上，包括他加禄人、伊洛戈人、邦班牙人维萨亚人和比科尔人等；少数民族及外来后裔有华人、印尼人、阿拉伯人、印度人、西班牙人和美国人；还有为数不多的原住民。

菲律宾有70多种语言，国语是以他加禄语为基础的菲律宾语，英语为官方语言。

菲律宾的宗教主要有基督教、伊斯兰教、佛教和当地原始宗教。全国约90%的居民信仰基督教，在基督教中以天主教派人数最多，约占全国人口的85%，故称菲律宾为“亚洲唯一天主教国家”。约5%的居民信仰伊斯兰教；华人多信奉佛教；土著民族信奉当地原始宗教。

4. 国旗、国歌、国花

国旗：呈横长方形，长与宽之比为2∶1（图2.23）。靠旗杆一侧为白色等边三角形，中间是放射着8束光芒的黄色太阳，3颗黄色的五角星分别在三角形的3个角上。旗面右边是红蓝两色的直角梯形，两色的上下位置可以调换。平时蓝色在上，战时红色在上。太阳和光芒图案象征自由；8道较长的光束代表最初起义争取民族解放和独立的8个省，其余光芒表示其他省。3颗五角星代表菲律宾的三大地区：吕宋、米沙鄢和棉兰老。蓝色象征忠诚、正直、红色象征勇气，白色象征和平和纯洁。国徽为盾形。中央是太阳放射光芒图案，3颗五角星在盾面上部，其寓意同国旗。左下方为蓝底黄色的鹰，右下方为红底黄色狮子。狮子和鹰图案分别为在西班牙和美国殖民统治时期菲律宾的标志，象征菲律宾摆脱殖民统治、获得独立的历史进程。盾徽下面的白色飘带上用英文写着“菲律宾共和国”。

图2.23 菲律宾国旗

国歌：《菲律宾民族进行曲》。歌词作者为何塞·帕尔马，充满了反抗侵略，向往自由和热爱祖国的激情。

国花为茉莉花；国鸟为菲律宾鹰；国树为纳拉树。

知识链接 2－18

菲律宾国花

菲律宾国花是被称为“桑巴吉塔”的茉莉花。这是一种灌木类植物，一般高 1 米多，花色洁白、香味浓郁，有单瓣和双瓣两种。据说，古代菲律宾男子向心爱的姑娘求婚时，一般都赠送茉莉花花环。如果姑娘将花环挂在脖子上，就意味着接受了他的爱。然后，他们在月光下用他加禄语誓约：“桑巴吉塔”（我答应永远爱你）。因此，茉莉花在菲律宾又称之为“誓爱花”。

“桑巴吉塔”是忠于祖国、忠于爱情的象征。菲律宾青年常常将它作为献给爱人的礼物，向对方表达“坚贞于爱情的心声”。每到鲜花盛开的 5 月，姑娘们都佩带上茉莉花环，唱起赞歌，互相祝愿。国际交往中，菲律宾人也常把茉莉花环献给外国贵宾，以表示纯真的友谊。

5. 行政区划

全国划分为吕宋、米沙鄢（维萨亚）和棉兰老三大部分。截至 2011 年 9 月，全国设有 15 个大区及科迪勒拉行政区和棉兰老穆斯林自治区，下设 79 个省和 117 个市。首都为马尼拉。

2.7.2 发展简史、政治、经济、文化

1. 发展简史

菲律宾人的祖先是亚洲大陆的移民。菲律宾在 14 世纪前后出现了由土著部落和马来族移民构成的一些割据王国，其中最著名的是 14 世纪 70 年代兴起的海上强国苏禄王国。1521 年 3 月，麦哲伦率远征队到达菲律宾群岛。1543 年，西班牙用西班牙王储菲利普的名字命名群岛为“菲律宾”。1565 年，西班牙侵占菲律宾，自此统治菲 300 多年。1896 年掀起反西班牙殖民统治战争，1898 年 6 月 12 日宣告独立，成立菲律宾共和国。同年爆发的美西战争后，菲律宾又重新沦为美国的殖民地。1935 年 11 月菲自治政府成立。1941 年 12 月 8 日，日军入侵菲律宾。第二次世界大战结束后，美国重新恢复对菲律宾的殖民统治，1946 年 7 月 4 日，美国被迫同意菲律宾独立。1996 年 9 月 2 日，菲政府与最大的反政府组织摩洛民族解放阵线签署和平协议，结束了南部长达 24 年的战乱局面。

2. 政治

1987 年菲律宾宪法规定菲律宾实行总统共和制，实行行政、立法、司法三权分

立。总统是国家元首、政府首脑兼武装部队总司令。拥有行政权，由选民直接选举产生，任期6年，不得连任，总统无权实施戒严法，无权解散国会，不得任意拘捕反对派；禁止军人干预政治；保障人权，取缔个人独裁统治；进行土地改革。议会称国会，是最高的立法机构，由参、众两院组成。司法权属最高法院和各级法院。最高法院由1名首席法官和14名陪审法官组成，均由总统任命，拥有最高司法权；下设上诉法院、地方法院和市镇法院。有大小政党100余个，大多数为地方性小党。

3. 经济

菲律宾实行出口导向型经济模式，第三产业在国民经济中地位突出，农业和制造业也占相当比重。菲律宾是个农业国，主要粮食作物是稻谷和玉米，椰子、甘蔗、蕉麻（马尼拉麻）和烟草是菲律宾的四大经济作物。椰子原产地在菲律宾，菲律宾是世界上最大的蕉麻生产国和椰子出口国，故誉称“椰子之国”。菲律宾的工业以农、林产品的加工为主，另有一些纺织、水泥、汽车装配等工业。旅游业是菲外汇收入重要来源之一。

4. 文化

菲律宾古代有丰富的口头文学和成文的文学作品，包括戏剧、史诗、抒情诗、神话以及反映古代马来人朴素的哲学观点的谜语、谚语等。菲律宾民族英雄、杰出的民族诗人和作家何塞·黎刹于1887年在柏林发表的反殖民主义的长篇小说《不许犯我》（或译《社会毒瘤》）及其续集《起义者》（或译《贪婪的统治》），促进了独立运动的发展。这一时期较有名的诗人还有何塞·帕尔马，他的代表作有《菲律宾诺斯》，被选为今日菲律宾国歌歌词。

菲律宾民族素以能歌善舞而著称。全国几十个民族都有自己独特风格的民族音乐和舞蹈。西班牙殖民主义者入侵以后受到西班牙音乐舞蹈的很大影响。20世纪以后，由于美国的入侵，这些地区的音乐和舞蹈又受到美国的影响，西方的轻音乐和交际舞广为流行。

2.7.3 民俗

1. 姓名称谓

菲律宾人的姓名由姓和名组成。由于西班牙统治菲律宾300多年，所以菲律宾人的姓多半是西班牙姓。子承父姓，妻从夫姓，排列的顺序是名在前，姓在后。不论是平民还是总统，不管是男人还是女人，也不论长幼，所有的菲律宾人除了自己的西班牙姓氏和父母在出生时起的名字以外，都有一个朗朗上口的昵称。很多菲律宾人的昵称是自己西班牙本名的简化或英化，比如Perfecto就简化为英文里常见的Perry，Rosabella可以简化为Rose。例如前总统费迪南德·马科斯，费迪南德是名，马科斯是姓。在社交场合，可以称他为马科斯先生（或总统等）。但对亲友、熟人，要叫其名或昵称，而不必叫他的姓。

知识链接 2-19

菲律宾人的姓氏

人们都说菲律宾人是东方最西化的民族，到了菲律宾马上你马上就会有切身的体会。菲律宾人明明生就一副亚洲人面孔，却个个都有一个西班牙式姓名，不是“奥古斯汀”（Augustin）、“罗德里格斯”（Rodriguez）、“冈萨雷斯”（Gongzales）、“洛佩兹”（Lopez）、“克鲁兹”（Cruz）就是“桑托斯”（Santos）。这种现象当然是西班牙殖民统治的结果。1849年11月11日西班牙驻菲总督克拉维里亚（Narciso Clavería）颁布一道命令，要求所有的菲律宾人采用西班牙姓氏。这项法令附有一个可供选择的姓氏的名册，大部分是从马德里姓名地址抄录的西班牙姓（西班牙贵族的姓氏和克拉维里亚总督自己姓氏不包括在内），供菲律宾人人按地区挨村挨户地选用。由于是按表格选姓氏，所以出现了一个镇或一个村的人大都使用同一个字母起首的西班牙姓的有趣现象。

2. 生活习俗

1）服饰

图 2.24　菲律宾男子国服

菲律宾的多数男士平时喜欢穿T恤衫、衬衣或当地的巴隆衬衣。巴隆衬衣是菲律宾男子的国服（图 2.24）。“巴隆”在各种正式场合都可使用，下身穿西装裤。女士常年喜欢穿无领连衣裙，或穿短袖的短上衣，下身围“纱笼”。菲律宾女子的国服叫“特尔诺”，是一种圆领短袖连衣裙。菲律宾人在喜庆的日子里常爱穿“菠萝服”，用菠萝叶制成的衣服，这种布料透气性好，不缩水又便于洗涤，非常适合加工成男衬衫、短衫和台布、门窗帘、餐巾等。穆斯林男士穿紧身的短外衣和宽大的长裤，围一条“纱笼”作为腰带。女士穿紧身的短袖背心，钉上两排金属纽扣，穿紧脚口的宽大裤子，或穿裙子。

菲律宾的民族很多，有不同的民族服装。“伊富高人”男子往往上身袒露，下身围一条T形花布；“丁冈人”女子穿短上衣，用布缠绕腰部；“加林鄢人”和“伊罗戈人”男女上身皆裸露；“黑矮人”的服装最为原始，男女均用布或树叶围于腰腹间。

2）饮食

菲律宾全国有70%的人以大米为主食，其余的人以玉米为主食。菲律宾人最喜欢吃的是椰子汁煮木薯、椰子汁煮饭，然后用香蕉叶包饭。玉米作为食物，先是晒干，磨成粉，然后做成各种食品。城市中上层人士大多吃西餐。著名的菜肴有咖喱鸡肉、肉类炖蒜、虾子煮汤和烤乳猪，口味受西班牙的影响较大，爱用香辣调味品。菲律宾穆斯林人的主食是大米，有时也吃玉米和薯粉，佐以蔬菜和水果等。按照伊斯兰教教规，他们不吃猪肉，不喝牛奶和烈性酒。菲律宾人不分男女老幼，都十分爱喝啤酒，爱嚼甘蔗、槟榔，伊戈罗人平时还喜欢咀嚼烟叶。上层人士用餐惯使刀叉，农村人及穆斯林信徒惯用右手抓食。

知识链接 2－20

菲律宾的国服

菲律宾男子的国服叫“巴隆他加禄”衬衣。这是一种丝质紧身衬衣，长可及臀，领口如同一般可以扎领带的衬衫，长袖，袖口如同西服上装。前领口直到下襟两侧，都有抽丝镂空图案，花纹各异，颇为大方。据说，在西班牙人统治时期，为了便于从远处区别西班牙人和菲律宾人，殖民者下令所有菲律宾人必须把衬衣穿在外面，不许把衬衣下摆扎在裤内。后来，菲律宾人开始在衬衣上刺绣各种图案，以此表示菲律宾人的自豪。20世纪50年代初，这种服装被正式推为菲律宾男子的国服，成为外交场合，庆祝活动和宴会的正式礼服。

菲律宾女子的国服叫“特尔诺”。这是一种圆领短袖连衣裙。由于它两袖挺直，女子的国服两边高出肩稍许，宛如蝴蝶展翅，所以也叫“蝴蝶服”。这种服装结合了许多西欧国家，特别是西班牙妇女服装的特点，并经过三四百年的沿革，而成为菲律宾妇女的国服。

3）民居

菲律宾人的传统住宅是建在陆地、傍水或水上的高脚屋。这种房屋用藤条片编结起来作墙，用一种叫聂柏棕的叶子作屋顶，竹片作地板，墙上留一个长方形的口作窗户。高脚屋离地1~3m不等，四周用竹篱笆围住。室内干爽通风，但没有床，人就睡在铺有竹片的地板上。目前农村大都保留这种传统住房。

知识链接 2－21

菲律宾的传统婚礼

在菲律宾人举行的传统婚礼上还会表现出许多古老的传统。通常在婚礼上，新娘要身穿传统的白色婚纱，而新郎则身着菲律宾传统男式礼服“巴隆他加禄”。这种礼服是一种透明的系扣男式衬衣，通常用来参加一些特殊聚会或重大场合。在婚礼中，有两种人扮演最重要的角色，一种是“拴盖头的人”，通常由一男一女组成，到婚礼进行到一定时候，他们就将一个巨大的面纱小心的拴在新娘的头顶和新郎的肩上。这个盖头象征着新婚夫妻将像这块面纱一样合二为一。另一种扮演重要角色的人就是“牵绳人”。当新娘和新郎被拴好盖头以后，牵绳人就用一根白线以“8”字形松松的绕过新娘和新郎的脖子。这根白线意味着新娘和新郎将一生不分离。婚礼中还要点燃结婚蜡烛。新娘和新郎各方家长已提前点燃一根蜡烛，放在结婚蜡烛两侧。新郎和新娘各拿自己父母点燃的蜡烛去点燃结婚蜡烛。这个仪式象征着两个家庭从此因儿女的爱和终生结合而联合起来。另外，婚礼中还有一个重要的传统风俗就是牧师向新娘和新郎手上抛洒硬币，这些硬币被称为“定金”，象征忠诚和财富。

3. 主要节庆

菲律宾节庆活动众多，热闹非凡，主要与天主教、民族独立运动有关。主要的节日：元旦（1月1日）、自由日（2月25日）、圣周节（3月15日后的第一个星期日）、复活节（每年春分月圆后的第一个周日）、巴丹节（4月9日，纪念第二次世界大战阵亡将士）、五月花节（5月的最后一个星期日）、国庆节（6月12日，菲律宾独立纪念日）、巴林塔瓦克起义日（8月26日）、万圣节（11月1日）、民族英雄日（11月30日）、圣诞节（12月25日）、黎刹殉国纪念日（12月30日）等。

4. 礼仪禁忌

菲律宾人在社交场合与客人相见时，一般都行握手礼，与好友相见时通常很随便。有些相熟的男子相见，会相互拍一下对方的肩膀，以示亲切和打招呼。对长辈是极其尊重，晚辈对长辈要恭恭敬敬地欠身鞠躬，有的则会上前轻吻对方的手背，以示敬重之意。年轻姑娘见到长辈时，往往会上前轻吻对方的两颊为礼。菲律宾人打招呼时用抬眉头以示问候。当遇到不幸或不顺心的事情时，要是看到他们大笑，不必生气，因为他们没有不好的意思。菲律宾伊斯兰教徒见面时，要双手紧握，表示亲如兄弟。

受西方文化的影响，在菲律宾的上流社会中，“女士优先”十分流行。菲律宾人非常好客。欢迎嘉宾通常会敬献茉莉花编成的花环。礼尚往来是菲律宾人的一大特点。菲律宾人喜欢送礼，也喜欢收取礼物。邀请菲律宾人赴宴，一定要多次邀请，否则他们会认为这是客套，前两次都谢绝。如果被当地人邀请到家里访问，或邀请去郊游都不可拒绝，因为那样，对方会认为是在轻视自己。

在与菲律宾人交往时，要尽量回避“13”这个数字，菲律宾对星期五也存在忌讳，如果某月13日又逢星期五，则被认为太不吉利。在招呼别人时，要伸直手臂，手掌向下，摆动指头，而手掌向上，被认为是一种侮辱；也不要把手掌放在臀部或长时间用眼光直视别人，这往往是挑衅的象征。日常话题应以婚姻、家庭、职业、烹饪等为主，避免谈论菲律宾内政、天主教会及政治人物。

2.7.4 旅游业概况

1. 旅游资源概况

菲律宾的旅游业发展于20世纪70年代。菲律宾是个迷人的群岛国家，不仅历史悠久，名胜丰富，而且自然风光和特产具有特色。其中首都马尼拉，“世外桃源”长滩岛，避暑胜地“大雅台”，海上乌邦托“巴拉望岛”、“历史古城”宿务、保和等都是中国游客喜爱的地方。被联合国教科文组织列为自然遗产与文化遗产的有：图巴塔哈群礁海洋公园、菲律宾的巴洛克教堂、菲律宾科迪勒拉山的水稻梯田、维甘古城、普林塞萨港地下河国家公园。菲律宾入境游客主要来自美国、日本、韩国、澳大利亚和中国。菲律宾出境旅游目的地为中国香港及亚洲邻近国家和地区，其次是澳大利亚和欧美国家，出境旅游的主要目的是劳务输出。

2. 旅游热点

1）马尼拉

马尼拉，菲律宾首都和最大的港口，全国政治、经济、文化的中心，位于菲律宾最大岛屿吕宋岛西岸，濒临马尼拉湾。大马尼拉面积 920km^2，人口 1 100 多万。全国 1/3 以上的工业集中于此。马尼拉是一个传统与现代集合的都会，是亚洲最欧化的城市，是东南亚最大的繁华城市之一，被称之为“亚洲的纽约”。这里有现代化的城区，也有古老的街道教堂；这里体现着悠久的东方传统，又汇合了西班牙、美国的西方文明。马尼拉市容整洁，是一座风光绮丽的热带花园城市，到处可见洁白如玉的菲律宾国花——桑巴吉塔茉莉花，散发着馨人的香味。主要旅游景点有椰子宫、西班牙王城、马拉坎南宫、黎刹公园、塔阿尔湖、百胜滩。

椰子宫。这座宫殿极好地显示了菲律宾人在建筑方面的才能和独创性。这是一座两层楼高，六角形屋顶的菲律宾式的典型建筑。70%以上的建筑材料取自椰子树。椰子宫是马科斯执政时代于 1978 年投资 3 700 万比索建立的，是马科斯的总统府宾馆。这座宏伟的建筑物位于文化中心区域，面对马尼拉湾，由 7 个富丽堂皇的套房构成。

西班牙王城。是西班牙殖民者 1595 年建立的城堡（图 2.25），面积仅 1 平方千米，位于黎刹公园和帕西格河中间，当时只允许西班牙人和西班牙血统的人居住。400 多年的历史经历了西班牙人统治，海盗占领，荷兰舰队袭击，英国人侵占都安然无恙，但是却毁于第二次世界大战日本和美国的双重炮火，目前只剩下圣·奥古斯丁教堂、马尼拉大教堂、圣地亚哥古堡及一些断瓦残墙。

马拉坎南宫。位于帕西河岸边，是一座纯西班牙式宫殿，以巨大的花岗岩为建筑材料，坚实宏伟，四周是茂盛的热带植物。这座宫殿原来是西班牙大地主的住宅，1863 年成为西班牙籍总督的官邸，后又成为美国籍总督的官邸，1946 年，菲律宾独立后，继续用作总统官邸。宫殿中的画廊展出了宫殿的历史，历届总统的画像和宫殿的艺术品等。

图 2.25 马尼拉西班牙王城

黎刹公园。位于马尼拉市中心，占地 58 公顷，原名鲁纳达公园，后来为纪念菲律宾的民族英雄何塞·黎刹而改名为黎刹尔公园。黎刹公园中央竖立着领导菲律宾独立运动的英雄何塞·黎刹的铜像。公园内繁花似锦，绿草如茵，环境清幽，海风袭人，是人们休憩的好地方。公园东边的人工池内放置着菲律宾最早试做成的菲律宾群岛模型，游客在此可对菲律宾 7 107 个岛屿的位置一目了然。

塔阿尔湖。菲律宾律宾避暑和游览胜地，位于马尼拉市区以南约 56km 的塔盖泰镇，由一个巨大的火山口形成。湖中有一个小岛，岛上的塔阿尔火山是世界上最小的火山，只有 300m 高。火山中间又有一火山湖，又称“火山口”，面积只有大约 1km^2，造成湖中有山、山中有湖的美丽景观。四五百年来，塔阿尔火山已爆发 40 余次。

百胜滩。位于马尼拉东南约105km，其著名的百胜滩瀑布落差约有100m，以刺激的泛舟活动而闻名。漂流河上，沿途可欣赏由岩壁和热带树木所形成的溪谷美景。

2）碧瑶

碧瑶位于北吕宋的本格特省境内，距马尼拉市约250km，是海拔1 500m的山城。人口约11万。海拔高1 524m，气候凉爽，是该国的夏都和避暑胜地。四季如春，气温常在20℃左右，有“菲律宾夏都”之称，是热带地区难得的胜地。一年四季鲜花盛开，享有“花都”之称。该市不以高楼大厦见长，而以幽雅小楼取胜。除美丽的海滨浴场和百岛群岛幽静的渔村外，还有伊梅尔达公园、莱德公园、伯罕公园等众多的公园和多种宗教共用的贝尔大教堂、造型特殊的碧瑶大教堂、展示土著民族历史的博物馆等。

3）宿务

宿务市位于米沙鄢群岛宿务岛的东部沿海。它不仅是菲律宾宿务省的政治、经济和文化中心，也是仅次于首都马尼拉的第二大城市和重要海港。宿务市因具有发达的工商业与丰富海滨风光、完备的旅游设施，而被人们称为“南菲律宾首都”与“南菲律宾皇后”。城市历史悠久，拥有菲律宾三最：西班牙人最早登陆的岛、最古老的城堡及最古老的街道。市内有西班牙人建造的圣佩德罗古堡、藏有1521年葡萄牙航海家麦哲伦奉献的十字架的圣奥古斯丁教堂。市郊有一座规模巨大的中国式道观。该市东面的麦克坦岛有民族英雄拉普酋长的铜像和麦哲伦纪念碑，麦哲伦当年死于该岛。

4）巴拉望

巴拉望（Palawan）是菲律宾西南部一个狭长形的海岛，以它的自然和探险吸引着越来越多的游客，这块亚马孙式的丛林内陆地区是菲律宾的最后一块生态处女地，加上周围还有一千多个大小岛屿，被称为海边乌托邦。巴拉望是自然热爱者、潜水者以及热衷于探险运动的人的天堂，被称为“自然的最后一道防线”。

5）长滩岛

人间仙境长滩岛位于菲律宾第六大岛的班乃岛西北部海域，是世界上最美丽的十大海滩之一，对于喜爱阳光的旅游者来说简直就是一个天堂。岛上最好的部分就是绵延4km的白色沙滩，它被称赞为“世界上最优秀的海滩”（图2.26）。

图2.26　菲律宾长滩岛

6）马荣火山

马荣火山（Mayon Volcano）是位于菲律宾吕宋岛东南部的活火山，海拔 2 421m，是该国北部最高的活火山。山体呈完美的圆锥形，顶部覆盖着灰白色的岩溶。火山不断喷出烟雾，夜间呈深红色，景色奇丽。它那近乎完美的圆锥形山体，号称“最完美的圆锥体”（是世界上轮廓最完整的火山），日本富士山仅次于它，经常被人拿来和日本的富士山相媲美，是菲律宾著名的旅游景点。

7）巴纳韦高山梯田

巴纳韦水稻梯田是该国古代雄伟的农田水土保持工程，位于吕宋岛北部的伊富高省。这些梯田 3 000 多年前由伊富高民族建成，面积超过 400 平方千米。梯田大小不一，外缘有高约 2m 的石坎。石坎总长度超 2 万千米，所用石料超过埃及金字塔。故菲律宾人称其为“世界第八大奇迹”。1992 年，世界遗产委员会将巴纳韦高山梯田列入世界文化遗产名录。

2.8 千岛之国——印度尼西亚

2.8.1 概况

印度尼西亚全称为印度尼西亚共和国（The Republic of Indonesia），别称为“赤道上的翡翠”和“千岛之国”。印度尼西亚一词源自希腊语的印度（Indus）及岛屿（nèsos），指印度各岛。

1. 地理位置

印度尼西亚位于亚洲东南部，地跨赤道，与巴布亚新几内亚、东帝汶、马来西亚接壤，与泰国、新加坡、菲律宾、澳大利亚等国隔海相望。印尼是世界上最大的群岛国家，由太平洋和印度洋之间 17 480 个大小岛屿组成，其中约 6 000 个有人居住，陆地面积约 190.44 万平方千米。群岛可分为 4 组，即大巽他群岛、努沙登加拉（小巽他群岛）、马鲁古群岛和伊里安岛的西部。主要的大岛有加里曼丹岛（南部）、苏门答腊岛、苏拉威西岛、爪哇岛和伊里安岛（西部）。海岸线曲折，总长 54 716km。

知识链接 2-22

印度尼西亚：消失的岛屿

2007 年 11 月 29 日，印度尼西亚一名官员说，由于自然灾害和人为对环境的破坏，印尼已“丧失”了 24 座岛屿。在 2004 年 12 月印度洋海啸中，亚齐特区 4 座岛屿消失。由于过度开发和其他破坏生态环境行为，另外 20 座分布于廖内省和雅加达湾塞里布群岛的岛屿也消失了，印尼岛屿总数由 17 504 座减少至 17 480 座。有科学家们甚至预测，如果政府没有预见到问题严重性，采取预防措施，印尼在 2030 年前将失去至少 2 000 座岛屿。

2. 自然环境

印度尼西亚地形以多山地和丘陵为特征，其间为高原、盆地和平原。西伊里安岛的查亚峰海拔 5 029m，是全国最高峰。这座山距赤道不远，终年白雪皑皑，因而成为自然界一大奇观。除加里曼丹岛外，其他各岛都有频繁的火山、地震活动，是世界上地震和火山活动最激烈的地区之一。全国有火山 400 座左右，其中有 100 多座为活火山。爪哇岛是本区火山最多、地震最为频繁的岛屿，共有百余座火山，其中活火山约 30 座。河流众多，水量丰沛，但都比较短小，重要的有梭罗河、巴里托河、卡普阿斯河等。印度尼西亚属于典型的热带雨林气候，年平均温度 25~27℃，无四季分别。由于季风影响，有多雨季节和少雨季之分。北部受北半球季风影响，七、八、九这 3 个月降水量丰富，南部受南半球季风影响，十二月、一月、二月降水量丰富，年平均降水量在 2 000mm 以上。火山喷出的火山灰以及海洋性气候带来的充沛雨量，使印尼成为世界上土地最肥沃的地区之一。

3. 人口、语言及宗教

印度尼西亚人口为 2.37 亿（2011 年），继中国、印度和美国之后位居世界第四位。印尼是一个多民族的国家，拥有 100 多个民族，其中爪哇族占人口的 45%，巽他族占 14%，马都拉族 7.5%，马来族 7.5%，其他 26%。印度尼西亚华人仅占约 3%~4%的人口，但却是具有影响力的少数族群，

印度尼西亚共有 470 多种民族语言，国语和官方语言为印尼语，英语为第二语言，政府部门、商业活动广泛使用英语，华人间大部分使粤方言和闽南方言等。

印度尼西亚约 87%的人口信奉伊斯兰教，是世界上穆斯林人口最多的国家。6.1%的人口信奉基督教新教，3.6%信奉天主教，其余信奉印度教、佛教和原始拜物教等。

4. 国旗、国歌、国花

国旗：别称“荣耀红白”（图 2.27）。旗面由上红下白两个相等的横长方形构成，长与宽之比为 3 : 2。红色象征勇敢和正义，还象征印度尼西亚独立以后的繁荣昌盛；白色象征自由、公正、纯洁，还表达了印尼人民反对侵略、爱好和平的美好愿望。国徽由一只金色的鹰、一面盾和鹰爪抓着的一条绶带组成。鹰象征创造力。鹰两翼各有 17 根羽毛，尾羽 8 根，这是为了纪念印度尼西亚的独立日——8 月 17 日。鹰胸前的盾面由 5 部分组成：黑色小盾和金黄色的五角星代表宗教信仰，也象征“潘查希拉”——印尼建国的五项基本原则；水牛头象征主权属于人民；榕树象征民族意识；棉桃和稻穗象征富足和公正；金色饰环象征人道主义和世代相传。盾面上的粗黑线代表赤道。鹰爪抓着的绶带上用印尼文写着“Bhinneka Tunggal Ika（求同存异）”。

图 2.27 印度尼西亚国旗

国歌：《伟大的印尼》，威吉·鲁多尔夫·苏普拉特曼词曲。

国花：茉莉花。国鸟为雄鹰。

5. 行政区划

印度尼西共有一级行政区34个，包括雅加达首都特区，日惹和亚齐2个地方特区，31个省。首都为雅加达。

2.8.2 发展简史、政治、经济、文化

1. 发展简史

7世纪时以今苏门答腊巨港为发祥地，形成室利佛逝王国。9世纪至10世纪室利佛逝的版图扩及印度尼西亚西部各岛及马来半岛等地。13世纪末到14世纪，在爪哇兴起了印度尼西亚历史上最强大的（麻喏巴歇）封建帝国，大体上奠定了现今印度尼西亚的版图。1596年荷兰入侵，1602年在印尼成立具有政府职能的“东印度公司”，开始长达350多年的殖民统治。1942年日本入侵，占领印度尼西亚。1945年日本投降后，爆发争取民族独立的“八月革命”，于8月17日宣告独立，成立印度尼西亚共和国。1947年后，荷兰与印尼经过多次战争和协商，于1949年11月签订印荷《圆桌会议协定》。根据此协定，印尼于同年12月27日成立联邦共和国，参加荷印联邦。1950年8月印尼联邦议院通过临时宪法，正式宣布成立印度尼西亚共和国。

2. 政治

印度尼西亚现行宪法1945年8月18日颁布实施，实行总统内阁制。人民协商会议是国家最高权力机构，负责制定、修改与颁布宪法和国家总方针政策，选举总统，副总统，监督和评价总统执行国家大政方针情况和在总统违背宪法时对其进行弹劾或罢免。国会（全称人民代表会议）是国家立法机构，行使修宪和制定国家大政方针之外的一般立法权。国会无权解除总统职务，总统也不能宣布解散国会；但如总统违反宪法或人协决议，国会有权建议人民协商会议追究总统责任。总统是国家元首、政府行政首脑和武装部队最高统帅，直接领导内阁，有权单独颁布政令和宣布国家紧急状态法令；对外宣战或媾和等。自2004年起，总统和副总统不再由人民协商会议选举产生，改由全民直选；只能连选连任1次，每任5年。总统任命内阁，但需征得国会同意。最高法院和最高检察院独立于立法和行政机构。最高法院正副院长由国会提名，总统任命。最高检察长由总统任免。

3. 经济

印度尼西亚是东盟最大的经济体，农业、工业和服务业均在国民经济中发挥重要作用。其中农业和油气产业系传统支柱产业。印度尼西亚是典型的农业型国家，农业人口占总人口的70%以上，主要的农产品是稻米、玉米、木薯、花生，种植园主要种植提供出口的经济作物，椰子、棕榈油、天然橡胶和胡椒产量居世界第二，咖啡产量居世界第四。工业发展方向是强化外向型制造业。近年来，印尼制造业增长速度均超

过经济增长速度。主要部门有采矿、纺织、轻工等。矿业在印尼经济中占有重要地位，产值占国民生产总值的10%左右。石油、天然气开采居主导地位，是石油输出国组织（欧佩克）成员国。政府重视旅游业，注意开发旅游景点，旅游业是印尼非油气行业中的第二大创汇行业。

4. 文化

印尼的传统艺术主要体现为皮影戏和传统舞蹈。皮影戏在印尼曾是上至王室贵族、下至平民百姓的文化生活支柱，被视为印尼的国粹，还于2003年被联合国教科文组织评为“人类口头和非物质遗产”。甘美兰音乐是印尼独特的音乐，常被用来伴奏舞蹈和皮影戏（Wayang）。苏门答腊地区的民间舞蹈以其丰富多彩、优美抒情而闻名，其中有代表性的有十二彩舞、伞舞、蜡烛舞和长甲舞等。巴厘古典舞蹈深受印度文化的影响，形成了独特的表演风格和特点。

知识链接2-23

印尼国粹皮影戏

皮影戏在印尼被称作“wayang kulit”。wayang的意思是“影子、灵魂”，kulit的意思是“皮”，在幕布上活灵活现的皮影曾长期被视为神灵和祖先的灵魂。时至今日，皮影戏仍然是许多宗教仪式和节日庆祝中的一个重要节目。传统的剧目多半是传说的鬼怪故事，或蕴含着某种象征意义的神话，剧情多来源于印度史诗《摩诃婆罗多》和《罗摩衍那》，表演时间长达数个小时。

皮影戏古来有之，关于其起源据说有3种：一是来自印度，因为流传的剧目中大多是印度神话和史诗的情景，比如《摩诃婆罗多》和《罗摩衍那》就是一个重要的证据；二是源于中国的说法，北宋以后经马来半岛传入爪哇岛，岛上的居民以此来驱魔散鬼，降妖护法；三是源于印尼本土，11世纪时从爪哇王室逐渐传到印尼各地。

“德郎”是表演中的灵魂人物，也是全剧的导演。由始至终，他除了手中不停更换的影人角色、不停拉动的人物动作、适度地控制好与屏幕之间的距离表现出虚实结合的效果，脚趾还夹着鼓槌不时敲打着旁边的金属片，口里更得在不停地唱念着和解说对白。在印尼，“德郎”不仅被看做杰出的艺术大师，更被认为是可以和神灵以及祖先的灵魂沟通的精通法术的人，与僧侣一样受人尊敬。连清洗皮影的水也被视为圣水，据说可以祛病消灾。

2.8.3 民俗

1. 姓名称谓

印度尼西亚民族众多，宗教信仰各异，因而其姓名的构成也比较复杂。伊斯兰教徒或受伊斯兰教影响较深的地区（亚齐、加里曼丹、爪哇等），人们常用伊斯兰教名作为自己的名，如阿里、穆罕默德等。平民姓名各节间往往用“宾”（意为“某某之子”）或“宾蒂”（意为“某某之女”）连接。在这些地区，只有贵族的姓才代代相传。贵族不但有名有姓，而且名字前面还有贵族等级尊称。平民的姓，每代各异。如阿里·沙斯特罗阿米佐约，可以简称“阿里”，也可以称“沙斯特罗阿米佐约”，因叫“阿里”的人太多，所以通常都简称“阿里·沙斯特罗阿米佐约”为“沙斯特罗阿米佐约”。巴厘岛上的巴厘族信奉印度教，贵族与平民的姓名与上述的爪哇族人类同。基督教徒或受基督教影响较深的苏拉威西岛居民，不分贵族和平民，一般都用基督教名，也有固定的姓。如亨利·亚历克西斯·鲁道夫·蒂拉尔中“蒂拉尔”是姓，其余三部分都是名。

商务交往中通常不要询问印尼人的姓名，因为他们的姓名往往与他们的富裕程度成正比，即穷人只有一个名字，中层人士多有两个名字，而富人则有一长串名字。男子有互称兄弟的习惯。跟有身份的打交道时，最好以其正式头衔相称。一般采用“先生”、“小姐”、“夫人”一类西式称呼。

2. 生活习俗

1）服饰

印度尼西亚人在衣着上属保守型，日常服装十分简朴轻便，无四季之分。男子在办公时，通常穿长裤、白衬衫并打领带。用巴迪克布做的印着对称图案的长袖对襟衫（巴迪克衫）是印尼的国服，可作为正式服装参加各种活动。巴迪克衫的布料是用棉布或者丝绸蜡染而成的花布——巴迪克，色彩鲜艳，图案优美，具民族特色。妇女在办公室穿裙子和有袖的短外套，并避免色彩过于鲜艳。

纱笼、披肩与头巾是印尼人的民族服装，一般是着上衣，下身围纱笼（一种长围裙，用印尼特产的巴迪克布制作）。女的上衣是对襟长袖，没有衣领，下身是围色彩艳丽的纱笼。男的上衣是有领对襟长袖，下身是围带格图案的纱笼。女的一般要披丝绸的披肩，男的头上包扎各式头巾，或戴黑色无边小礼帽（男子成年的标志）。平时男女都喜欢穿拖鞋或木屐。由于天热，印尼人一般不穿袜子。纱笼一般长约 2m、宽约 1m，缝成圆筒式围在下身。晚上睡觉时纱笼还可以盖在身上防凉、防蚊子。

印度尼西亚人喜欢新颖独特、富有趣味和想象力的装饰品，如项链、耳环、手镯、别针等，佩戴在简单朴素的服装上，就显得十分耀眼美丽。爪哇男人们在外出或参加庆典时，腰间总要挂着一把精致而漂亮的称为“格里斯”的短剑。

印度尼西亚人参观庙宇或清真寺，不能穿短裤、无袖服、背心或裸露的衣服。进入任何神圣的地方，一定要脱鞋。进入寺庙时，下半身衣物要盖过膝盖（上半身无限制）并需系黄、绿或红色腰带。

知识链接 2-24

印尼国服巴迪克衫

巴迪克衫是印尼主要的传统服饰，已有 1 200 多年历史。2009 年 9 月，联合国已将“巴迪克”列为世界非物质文化遗产。巴迪克衫在印尼有着相当广泛的群众基础。上至国家总统，下至平民百姓，谁的衣橱里都有那么几件。印尼各省市的巴迪克布花色图案大不相同。

有几何图形的，也有各种花鸟龙虎的；有讲究对称的，也有偏爱错落的；有抽象的，有写意的。总之，各地的人们在巴迪克布的设计中，融入了自己的生活习俗、审美情趣、文化特色和宗教传统，可谓异彩纷呈。近年来，印尼的设计师们开始打破传统，大量地吸收借鉴，对巴迪克衫的图案设计、色彩搭配、服装款式等各方面进行大胆改革，推陈出新，创造出各种体现时尚元素的现代巴迪克衫。巴迪克衫价格不等，既有价格昂贵、镶金裹银的丝质巴迪克衫，也有做工精细、手工绘制的印染巴迪克衫，更有经济实惠、批量生产的机制巴迪克衫。

2）饮食

印度尼西亚人的主食是大米、玉米或薯类，尤其是大米更为普遍。印尼人喜欢用香蕉叶或棕榈叶把大米或糯米包成菱形蒸熟而吃，称为“克杜巴”。印尼菜肴的特点是辛辣味香，常加入椰浆及胡椒、丁香、豆蔻、咖喱等各种香料调味，以及辣椒、葱、姜、蒜等。由于印尼人绝大部分信仰伊斯兰教，所以绝大部分居民不吃猪肉，而是吃牛羊肉和鱼虾之类，喜欢吃“沙爹”、“登登”、“咖喱”等。印尼风味小吃种类很多，主要有煎香蕉、糯米团、鱼肉丸、炒米饭及各种烤制糕点，还喜欢吃凉拌什锦菜和什锦黄饭。印尼人吃饭不用筷子，而是用勺和叉子，有时也喜欢用手抓饭，喜欢喝咖啡及各种冷饮，按教规不饮烈酒，多喝啤酒。

3）民居

由于印尼地处热带，多雨，且多雷暴雨，为便于排水，传统房屋全都有屋脊，有的相当陡峭。印尼林木茂盛，竹子、椰树、棕榈树等比比皆是，为建房提供了丰富的原材料，因此各地民宅大都为竹木结构。为了防水、防潮、防猛兽，除爪哇岛、巴厘岛一些地区外，印尼绝大多数地区居民都住高脚屋。印尼的城市居民都不喜欢住高楼，而喜欢住独门独户的平房或两层小楼，最高也不超过3层。所以印尼的大城市中，除中心商业街区有高楼大厦外，在居民区是极少能见到高楼的。

3. 主要节庆

印尼有众多的节假日和纪念日，其中有纪念政治、历史事件、英雄人物的节日，如民族复兴节（5月20日，民族觉醒日）、建国五基诞生日（6月1日）、国庆节（8月17日，独立纪念日）、建军节（10月5日）、青年誓言节（10月28日）、英雄节（11月10日）等。印尼各种宗教节日也不少，如伊斯兰教新年（伊斯兰教历1月1日）、圣纪（伊斯兰教历3月12日）、登霄节（伊斯兰教历7月27日）、开斋节（伊斯兰教历10月1日）、宰牲节（伊斯兰教历12月10日）、巴厘印度教的静居日（巴厘历10月1）、佛教的卫塞节（5月的月圆之日），基督教的圣诞节（12月25日）、基督受难日（4月6日）、基督升开日（5月20日）等。此外，印尼还有许多特定的节日，如母亲节、儿童节、渔民节、教育节、银行节、食品节、交通节、火车节、邮政节等。

国庆节（8月17日），又名“独立纪念日”。1945年8月17日是印尼宣告独立的日子，每年这一天都要在总统府前广场上举行隆重的庆祝仪式，各地也要举行以升国旗为内容的庆祝活动。

民族复兴节（5月20日），又名民族觉醒日。1908年5月20日，在雅加达建立了印尼第一个民族组织“崇知社”（也译为“至善社”），旨在宣传教育、以科学救国和进行文化启蒙运动“崇知社”的成立，标志着印尼民族的觉醒后来印尼政府把“崇知社”成立的日子定为民族节。

开斋节（伊斯兰教历10月1日），伊斯兰教历每年9月，全国伊斯兰教徒白天都要斋戒禁食，斋月过后的第一天教徒们开禁，白天可以进食，这一天便成为开斋节。对印尼人来说，这是一年中最重要的节日。节日法定只放假一天，但实际上一般都要放假3天以上，有的单位甚至放假一周以上。开斋节前夕的晚上是个不眠之夜，上至总统、政府要员，下至普通百姓都要去清真寺举行会礼。

宰牲节（伊斯兰教历12月10日），又称“古尔邦节”，伊斯兰教历12月10日为穆斯林的宰牲节。每年的这一天穆斯林教徒便宰羊向真主献祭，并将它定为宰牲节。在印尼，宰牲节是除开斋节之外的伊斯兰教第二大节日。

巴厘印度教的静居日（巴厘历10月1），又称“静心节”，是巴厘印度教的新年，对巴厘人来说，节日前一天，即印度巴厘历9月30日是个狂欢的日子。一大早，各家各户都在家庙前举行祭礼（没换牙的儿童不许参加这种祭礼）。节日那天，从早上6点至次日6点，巴厘岛一改前一夜的欢乐气氛。入夜后，家家都不点灯，整个巴厘岛一片漆黑，所有娱乐场所都停止活动。人们24小时实行多种禁忌，即闭门不外出，不干活，不生火（包括不点灯、不抽烟），不做饭，禁情欲，不欢乐也不悲伤。人人只是静静地思过，回首检点自己品德是否端正，以求净化自己的灵魂，获得内心的安宁，并进而将它融于自然界的宁静之中，次日6时许开始开斋，一切日常活动恢复正常。

4. 礼仪禁忌

印度尼西亚人在社交场合与客人见面时，一般惯以握手为礼，也可以点点头。男士对女伊斯兰教徒不要主动伸手要求握手。与熟人、朋友相遇时，传统礼节是用右手按住胸口互相问好。

印度尼西亚人同座时有打招呼的习惯。印尼人最喜欢笑，心情舒坦就笑，顺利完成某件事就笑，笑是他们的另一种语言。他们也喜欢开玩笑，他们甚至认为“笑口常开”是社交上的一种礼貌。印度尼西亚的商人特别注重互送名片，在彼此初次相识时，应马上把自己的名片送给对方，否则会遭到对方冷眼相待。

印尼人一个显著的特点就是重深交，讲旧情，老朋友在一起可以推心置腹。印尼人喜欢客人到他们的家中做客访问，而且在一天中任何一个时间去拜访他们，都是受欢迎的。应邀做客，最好给主人送一束鲜花。如果你去的印尼人家里铺着地毯，那你在进屋前要把鞋脱掉。

印尼人惯于遵守时间，有准时赴约的良好习惯。他们有崇拜蛇和敬蛇的习俗，蛇是善良、智慧、本领、德行的象征。在爪哇岛上流行斗牛，巴厘岛上流行斗鸡。

印度尼西亚人忌讳夜间吹口哨，认为它会招来游荡的幽灵和挨打。忌讳用左手传递东西或食物。忌讳有人摸他们孩子的头部，认为这是缺乏教养的行为。忌讳老鼠和乌龟。与印尼人交谈应避开政治、宗教等话题。在印度尼西亚，进行裸体太阳浴是非法的。

参观庙宇或清真寺，不能穿短裤、无袖服、背心或裸露的衣服。进入圣地特别是进入清真寺，一定要脱鞋。在巴厘岛，进入寺庙必须在腰间束腰带。

2.8.4 旅游业概况

1. 旅游资源概况

印度尼西亚的旅游业比较发达，也是印尼非油气行业中的第二大创汇行业。这里曾经生活着古老的人类——爪哇人，这里也曾经诞生了东南亚历史上最伟大的帝国。作为世界上最大的伊斯兰教国家，印尼有自己灿烂的文化与独特的民俗。印尼向以“千岛之国”著称于世，众多的岛屿星罗棋布散落在赤道碧波荡漾的太平洋上（少数岛屿在印度洋上），“像一条飘荡的翡翠带”，又如一串晶莹的珍珠镶嵌在赤道带上。被联合国教科文组织列为自然遗产与文化遗产的有：桑吉兰早期人类化石遗址、苏门答腊热带雨林、乌戎库隆国家公园、婆罗浮屠寺庙群、普兰巴南寺庙群、科莫多国家公园、洛伦茨国家公园。印尼游客前往旅游最多的国家分别为马来西亚、新加坡、中国香港和泰国，出境旅游的原因是购物及携带全家出游。

2. 旅游热点

1）雅加达

雅加达位于爪哇岛的西北海岸，是印度尼西亚和首都最大的城市，全国政治、经济和文化中心，世界著名的海港。包括郊区在内，面积为906km^2，人口约1000万，是东南亚最大的城市。雅加达又称“椰城”，市内绿树成荫，街道两旁遍植常绿树种，世界著名的波格尔植物园及茶园坐落在此。市区分老城区和新城区两部分，北部的老区临近海湾，风光独特，古迹众多，南部的新区则充满现代感，是雅加达的政治金融中心。雅加达是印尼全国三大旅游中心之一（另两个分别为巴厘岛和日惹），拥有众多的名胜景点，其中主要有独立广场公园、民族纪念碑、美丽的印度尼西亚缩影公园、安佐尔梦幻公园、千岛群岛、雅加达独立清真寺、中央博物馆、雅加达历史博物馆、伊斯梅尔·马尔祖基公园等。

中央博物馆，是一座欧式的白色建筑，位于市中心独立广场西边的独立西街，建成于1868年，是印尼规模最大、收藏最丰富的博物馆，亦为东南亚最大的博物馆之一。博物馆中设有金银装饰室、青铜室、货币室、古物展览室、史前展览室、木器展览室、民俗展览室、荷兰东印度公司陈列室等。它集中了印度尼西亚的历史文物，并收藏有30万年前爪哇猿人头骨化石，中国的商周青铜器、汉代至明代的陶瓷和古币，爪哇的象首人身佛像，苏门答腊的房屋模型以及皮影戏、木偶戏道具等。

民族纪念碑，位于市中心的独立广场公园中央，是雅加达市的象征。石碑高137m，顶端有一个用35kg黄金制成的火炬雕塑，象征着印尼人民取得独立的决心。碑身上的浮雕，反映出印尼人民反抗荷兰殖民统治的英勇事迹。

印度尼西亚缩影公园，坐落在雅加达以南10km处，占地120公顷，印尼人亲切地称它为“美丽的印度尼西亚缩影”（又称迷你公园）。缩影公园把印尼全国岛屿山川、都市港口、名胜古迹、风土人情按照印尼全国的地理位置，以缩影的形势艺术地展现在游人面前。公园中央设有巨型印尼群岛模型图，四周园地划分为27个区，代表印尼的27个省区，每个区内有当地传统特色的建筑物，并种植当地特有的植物。公园内还有文化表演，庆典，各地美食。

雅加达独立清真寺又称伊斯蒂克拉尔清真寺，是印度尼西亚国家清真寺，是东南亚最宏大的清真寺之一。清真寺占地面积93.5公顷，建筑面积93 400km^2。屋顶上有一个漆成白色的巨大半圆形顶盖，十分醒目。印尼重大的伊斯兰教活动和仪式都在这里举行，印尼总统及政府要人经常到这里做礼拜。

2）日惹

日惹位于爪哇岛中南部，南向印度洋，是印尼一个城市和省份（称为日惹特区），是爪哇文化的摇篮和最大的城市。日惹是印尼重要的文化、教育中心，展示爪哇传统文化的窗口，也是著名的旅游胜地，是印度尼西亚唯一仍然有苏丹统治的省份。名胜古迹云集，有世界最大的佛教寺庙群婆罗浮屠、印度教寺庙群普兰班南和被称为“大城”的古城遗址等。日惹风光美丽，城市风格具有浓郁的民族情调。

日惹王宫，位于日惹市中心，为日惹苏丹的王宫，是一座已有近250年历史的宫殿，建成于1756年。该故宫的独特之处是，印尼独立后政府允许原王族一家继续住在宫内，宫中所用仆人仍着古时服装，现住宫内的是哈孟古·布沃诺十世苏丹。王宫收藏着20多套甘美兰乐器，宫内到处都摆放着我国明清两代时的瓷器，还有专门收藏皮影戏傀儡的房间。

婆罗浮屠（图2.28），位于印度尼西亚爪哇岛中部马格朗婆罗浮屠村，在莫拉比火山山麓一个长123m、宽113m、呈矩形的小山丘上，于日惹市西北39km处。梵文意为“山丘上的佛塔”，据称约建于公元8世纪后半期至9世纪初，印尼夏连特拉国王为了收藏释迦牟尼的一小部分骨灰，动用了几十万农民和奴隶，用了十多年的时间建成。15世纪伊斯兰教传入印尼以后，佛教衰微，婆罗浮屠被火山灰及丛莽堙没，直至19世纪才被重新发掘。婆罗浮屠是世界上面积最大的佛教建筑遗迹，与中国的长城、印度的泰姬陵、柬埔寨的吴哥古迹和埃及的金字塔齐名，被世人誉为“古代东方的五大奇迹”。

图2.28 婆罗浮屠

普兰班南，位于日惹以东15km，普兰班南是印度尼西亚最宏伟的印度教寺庙，曾遭受多次火山和地震的损伤，现存神庙遗址50余座。普兰班南建于公元8~10世纪，有3层院落，外面两层的建筑多已是一片废墟，只有最内层保存着几座神庙，3座宏伟的主庙分别供奉湿婆、梵天和毗湿奴，另外3座小庙分别供奉他们的坐骑神牛、神鹅和神鹰。普兰班南神庙中有一座露天剧场，每逢月圆前后的几天，都要上演舞剧《罗摩衍那》。

3）万隆

西爪哇首府（古称“勃良安”，意为“仙之国”）意为“山连山”。位于首都东南约180km火山群峰包围的高原盆地中，著名的避暑旅游城市。具有历史意义的万隆会议于1955年在万隆市独立大厦举行。万隆是印度尼西亚第三大城市，人口230万。虽地近赤道，但因地势较高，气候凉爽，空气清新。年平均气温22.5℃，年降水量1 988mm。万隆景色秀丽，清静幽雅，四季如春，被誉为印尼最美丽的城市，素有“爪哇的巴黎”之称。主要的旅游景点有皇家玫瑰公园、覆舟火山、万隆温泉、马里巴雅温泉、达哥瀑布和连旺天文台等。

4）茂物

印度尼西亚历史名城，避暑旅游城市，又名博果，位于爪哇岛西部一熔岩高原北麓的山间盆地中。由于海拔高又多雷雨，故为优良避暑胜地，有许多印尼式别墅。由于一年间雷雨日多达322天，因而被人们称为“雷都”。市内有世界最大的热带植物园。该园建于1817年，占地82公顷，园内有1.3万种植物。热带植物园内还有世界最大的标本馆，藏有植物标本50多万件。

5）巴厘岛

印度尼西亚著名的旅游区，位于小巽他群岛西端，爪哇岛东部，面积约5 620km²，人口约340万。居民主要是巴厘人，信奉印度教，以庙宇建筑、雕刻、绘画、音乐、纺织、歌舞和风景闻名于世，为世界旅游胜地之一。该岛主要特点：一是火山众多，由于地处火山地带，岛上有完整的火山多座，如时而喷发的巴都尔火山；二是风景优美，万木争荣，如诗如画，故称为“诗岛”；三是居民信奉巴厘印度教，庙宇成千上万，因此又被称为“千庙岛”，神庙中最著名的是百沙基陵庙，其石雕建筑与柬埔寨的吴哥窟类似；四是岛上不仅有传统的舞蹈，而且还有各种雕塑和手工艺品，故人称“艺术岛”；五是节日多，居民每年举行的宗教节日多达200余个，所以又可称为“节日岛”，每当节日都要跳舞歌唱。巴厘的舞蹈风格奇特，多与神话和宗教有关。

知识链接2-25

巴厘岛居民的宗教信仰

巴厘岛因历史上受印度文化宗教的影响，居民大都信奉印度教，是印尼唯一信仰印度教的地方。但这里的印度教同印度本土上的印度教不大相同，是印度教的教义和巴厘岛风俗习惯的结合，称为巴厘印度教。居民主要供奉三大天神（梵天、毗湿奴、湿婆神）和佛教的释迦牟尼，还祭拜太阳神、水神、火神、风神等。教徒家里都设有家庙，家族组成的社区有神庙，村有村庙，全岛有庙宇12 500多座，因此，该岛又有“万寺之岛”之美称。神庙中最为著名的当属拥有千年历史的百沙基陵庙，陵庙建在称为“世界的肚脐”的阿贡火山山坡上，以专门祭祀这座间歇喷发的火山之神。

2.9 月亮之国——印度

2.9.1 概况

印度全称为“印度共和国（The Republic of India）”，别称“婆罗多”。国名源于印度河，河名出自梵文“信度”，意为月亮。

1. 地理位置

印度位于亚洲南部，是南亚次大陆最大的国家，面积约298万平方千米（不包括中印边境印占区和克什米尔印度实际控制区等），居世界第七位。东北部同中国、尼泊尔、不丹接壤，孟加拉国夹在东北部国土之间，东部与缅甸为邻，东南部与斯里兰卡隔海相望，西北部与巴基斯坦交界。东临孟加拉湾，西濒阿拉伯海，海岸线长5 560km。

2. 自然环境

印度全境分为德干高原、中央平原及喜马拉雅山区等3个自然地理区。北部是山岳地区，属于喜马拉雅山的南坡，平均海拔为5 500~6 000m，雪峰皑皑，峡谷幽深，河川湍急，森林稠密。中部是印度河——恒河平原区，平均海拔150m。恒河是印度境内最主要的河流，全长2 700km。南部是半岛高原和东西两侧海岸平原。印度的西北部是塔尔沙漠，主要河流有恒河、戈达瓦里河和克里希纳河等。

印度全境炎热，大部分属于热带季风气候，而印度西北部的塔尔沙漠则是热带沙漠气候。印度气候分为雨季（7~9月）与旱季（4~6月）以及凉季（10~2月），冬天时受喜马拉雅山脉屏障影响，基本上无寒流或冷高压南下影响印度。年平均气温在20℃以上，但因海拔高度而异，东部地区平均气温为26~29℃，山区为12~14℃。年平均降雨量地区差异明显，如梅加拉亚邦的乞拉朋齐高达1万多毫米，号称“世界湿角”，而西北部塔尔沙漠不足100mm。严重的雷暴雨、地震等是印度的主要自然灾害。

3. 人口、语言及宗教

印度的人口为12.1亿（2011年3月），是世界上仅次于中国的第二人口大国。目前印度国内人口平均每年增加1 550万，按照这个速度，到2045年时印度人口将超过中国而居世界首位。

印度的语言异常繁杂，宪法承认的语言有10多种，登记注册的达1 600多种。英语和印地语同为印度的官方语言。约82%的居民信奉印度教，其次为伊斯兰教（12%）、基督教（2.3%）、锡克教（1.9%）、佛教（0.8%）和耆那教（0.4%）等。

印度是个多民族、宗教众多、文化各异的国家，是世界上“保存最完好”的“人种、宗教、语言博物馆”。印度有10个大民族和几十个小民族，其中印度斯坦族46.3%，泰卢固族8.6%，孟加拉族7.7%，马拉地族7.6%，泰米尔族7.4%，古吉拉特族4.6%，坎拿达族3.9%，马拉雅拉姆族3.9%，奥里雅族3.8%，旁遮普族2.3%。

4. 国旗、国歌、国花

国旗：呈长方形，长与宽之比为3∶2。自上而下由橙、白、绿3个相等的横长方形组成，白色长方形中心绘有24根轴条的蓝色法轮（图2.29）。橙色象征勇敢和自我牺牲精神，也是教士法衣的颜色，舍身为国的英雄们的颜色；白色象征纯洁的真理；绿色表示信心，代表人类生命所依存的生产力。法轮是印度孔雀王朝阿育王时代佛教圣地石柱柱头的狮首图案之一，对于印度人而言，它是神圣之轮、真理之轮、向着进步转动之轮，永远轮回苍穹之轮。国徽图案来源于孔雀王朝阿育王石柱顶端的石刻。圆形台基上站立着3只金色的狮子，象征信心、勇气和力量。台基四周有4个守卫四方的守兽：东方是象、南方是马、西方是牛，北方是狮。守兽之间雕有法轮。图案下面有句用梵文书写的、出自古代印度圣书的格言“唯有真理得胜”。

图2.29 印度国旗

国歌：《人民的意志》。

国花：荷花。国鸟为蓝孔雀。国树为菩提树。

知识链接2－26

菩提树

“菩提”在梵语中为“大彻大悟”之意。菩提树又叫毕钵罗树，按佛经记载，佛祖释迦牟尼曾在位于菩提迦耶的一棵毕钵罗树下潜心打坐，终于在七七四十九日之后顿悟成佛，从此，毕钵罗树也改名叫菩提树。在印度，每个佛教寺庙都要求至少种植一棵菩提树。一些百姓也会选择菩提树叶作为送给子女的礼物，以表达对他们勤学好进并能“先知先觉”的期望。

印度非常讲究菩提树的“血脉”，并以当年佛祖顿悟时的圣菩提树直系后代为尊。有种说法称，公元前3世纪，阿育王的妹妹砍下了圣菩提树的一棵树枝，将其带到了斯里兰卡并种植成活。后来位于菩提迦耶的圣菩提树在阿拉伯人入侵印度时被毁，斯里兰卡的菩提树便成了维系佛祖渊源的"唯一血脉"。时至今日，在印度佛教圣地所植的菩提树，包括佛祖打坐原址菩提迦耶的圣菩提树，全部由斯里兰卡的菩提树嫁接而来。考虑到圣菩提树在佛教徒中的神圣地位，印度政府对其进行了最严密的安全保护措施，包括设置围栏隔离、任何人不得采摘树叶，严格禁止砍折树枝到别处种植。

5. 行政区划

印度除新德里国家首都辖区外，全国分为 26 个邦和 6 个中央直辖区。首都为新德里。

2.9.2 发展简史、政治、经济、文化

1. 发展简史

印度是世界四大文明古国之一。公元前 2500 年至前 1500 年之间创造了灿烂的印度河文明。约在公元前 14 世纪，原居住在中亚的雅利安人中的一支进入南亚次大陆，并征服了当地土著，建立了一些奴隶制小国，确立了以人种和社会分工不同为基础的种姓制度，婆罗门教兴起。在反对婆罗门教及维护的种姓制度的社会背景下，公元前 6 世纪，佛教产生。公元前 4 世纪崛起的孔雀王朝统一印度，公元前 3 世纪阿育王统治时期疆域广阔，政权强大，佛教兴盛并开始向外传播。公元前 2 世纪孔雀王朝灭亡，小国分立。公元 4 世纪笈多王朝建立，统治 200 多年。中世纪小国林立，印度教兴起。

自 11 世纪起，来自西北方向的穆斯林民族不断入侵并长期统治印度。1398 年突厥化的蒙古族人由中亚侵入印度。1526 年建立莫卧儿帝国，成为当时世界强国之一。1600 年英国侵入，建立东印度公司。1757 年，印度和英国之间爆发了普拉西大战，印度因战败而逐步沦为英国的殖民地。1849 年，英国侵占印度全境。1857 年爆发反英大起义，次年英国政府直接统治印度。1947 年 6 月，英国通过"蒙巴顿方案"，将印度分为印度和巴基斯坦两个自治领。同年 8 月 15 日，印巴分治，印度独立。1950 年 1 月 26 日，印度宣布成立印度共和国，但仍为英联邦成员国。

2. 政治

1950 年 1 月 26 日生效的宪法规定印度为联邦制国家，采取英国式的议会民主制。总统为国家元首和武装部队的统帅，但其职责是象征性的，实权由总理掌握。印度议会由联邦院（上院）和人民院（下院）组成。联邦院共 250 席，由总统指定 12 名具有专门学识或实际经验的议员和不超过 238 名各邦及中央直辖区的代表组成，任期 6 年，每两年改选 1/3。人民院为国家主要立法机构，其主要职能为：制定法律和修改宪法；控制和调整联邦政府的收入和支出；对联邦政府提出不信任案，并有权弹劾总统。人民院共 552 席，由选民直接选举产生，每 5 年举行一次大选。

行政权力由以总理为首的部长会议（即印度的内阁）行使，总理由人民院多数党领袖担任。最高法院是最高司法权力机关。有权解释宪法、审理中央政府与各邦之间的争议问题等。各邦设有高等法院，县设有县法院。

3. 经济

印度是一个农业大国，是世界上第三大粮食生产国，还是世界第一大产奶国，也是世界重要的产棉国和产茶国。农业由严重缺粮到基本自给，已成为农产品净出口国。

印度工业已形成较为完整的体系，自给能力较强。主要工业包括纺织、食品加工、化工、制药、钢铁、水泥、石油和机械等。汽车、电子产品制造、航空和空间等新兴工业发展迅速。近年来，印度政府实行全面经济改革，经济发展速度引人注目。目前，印度在天体物理、空间技术、分子生物、电子技术等高科技领域都已达到较高水平。同时，印度已成为全球软件、金融等服务业重要出口国。旅游业是印度政府重点发展产业，也是重要就业部门。

4. 文化

印度实行12年一贯制中小学教育，所有6岁至14岁的儿童将接受免费义务教育。高等教育共8年（3年学士课程、2年硕士课程和3年博士）。成人文盲仍高达3亿，居世界之首。

印度文学以丰富多彩著称于世。印度古代文学影响最大的有梵文诗歌总集、史诗、寓言故事、戏剧和文论等，代表性作品有《梨俱吠陀》与《阿达婆吠陀》两部诗歌总集、《罗摩衍那》与《摩诃婆罗多》两大史诗。印地语文学兴起于10世纪，近代印度文学（19世纪中叶至第一次世界大战）是用许多种地方语言写成的。泰戈尔是同时用孟加拉语和英语写作的作家，他是印度近代文学最杰出的代表。

宗教是印度日常生活的主要规范。象、牛、猴在印度教中都占有较高的地位，因为在印度教的神话中，象不仅充作一些神祇的坐骑，甚至还是一些神祇的化身；牛是大神湿婆的象征；猴子被视为圣兽。印度教禁食牛肉，甚至不用牛皮箱，不穿牛皮鞋。

知识链接2-27

“圣兽”——牛

印度是世界上拥有牛最多的国家，有3亿多头，约占世界的1/5。牛被印度教教徒视为“圣兽”。印度教徒认为，牛既是繁殖后代的象征，又是人类维持生存的基本保证。就是在科学技术十分发达的今天，印度人对牛仍然是敬之如神。印度教不准吃牛肉，印度虽有养牛业，但只能提供牛奶、黄油及牛粪作燃料，喝牛奶允许的。特别是水牛奶，印度人格外喜欢。牛虽然不能宰杀吃肉，少数地方有用作役牛（民间运输、耕地）。因此，在印度的一些城市、乡村里，老牛、病牛、残牛比比皆是，牛可以到处自由游荡，神圣不可侵犯。印度僧侣每年还要举行一次仪式，叫“波高”，表示对牛的尊敬。他们还和商人举办了许多“圣牛养老院”，将那些年迈体弱，不能自己觅食的老牛收养起来，一直到老死。

印度人视恒河为圣河，将恒河看作是女神的化身，虔诚地敬仰恒河。敬奉湿婆神和洗圣水澡成为印度教徒的两大宗教活动。虔诚的印度教徒一生有三大夙愿：到圣城朝拜湿婆神，到恒河洗圣浴、饮圣水，死后骨灰撒入恒河。在恒河沐浴后，孩子可以长命百岁，新婚夫妇可以永结同心，老人则可以安然进入天国。印度人的宗教生活也从他们的婚仪可见一斑。

知识链接 2-28

印度教徒的婚礼仪式

各地的结婚仪式繁简不同，但握手仪式、戴圣线仪式和绕走圣火仪式必不可少。握手仪式是新娘父亲把女儿的手交给新郎，并洒一点水；表示将女儿交给新郎，祭司口念经文。有的地方把新娘的纱丽边系在新郎的披巾上，表示二者结为伉俪。戴圣线仪式标志新娘已经出嫁，她须终身佩戴。系上圣线后新娘坐在新郎的左边。黄色圣线上有某个神祇的符号，打 3 个结，提醒新娘的终身义务是侍候父母、丈夫和儿子。绕走圣火仪式是新郎新娘围着圣火转圈。圣火是用 7 种不同木柴燃烧的火堆，表示崇高的宗教意义。举行这项仪式时，新郎新娘的双手用一条丝带连在一起，新郎在前，新娘在后，两人绕“圣火”3 圈或 7 圈，以示火神阿耆尼做证人。“圣火”能烧掉一切邪恶的东西，保护新人生活幸福美满。绕“圣火”后，新郎新娘向双方父母和在场长辈行触脚礼，婚礼便告结束。

音乐与舞蹈随着各种宗教节庆、民间习俗所产生。印度音乐传统来自古老的“婆摩吠陀”经书，分别是印度斯坦系统与卡纳塔克系统。前者流行于印度北部，风格受到中亚和波斯地区影响，属宫廷音乐一类；后者流传在南印度地区，具有浓厚的印度教色彩。印度舞蹈历史悠久，源自对神无比虔诚洁净无私的爱，舞者借由本身的手指、手臂、眼睛、五官、身体表达和诠释宇宙间的万事万物，印度舞也因此多了一层神秘色彩。印度的舞蹈文化基本上由 3 个部分构成：古典舞、民间舞、流行舞。

瑜伽起源于古印度的一种强身术，距今有五千多年，被人们称为“世界的瑰宝”。印度瑜伽通过肉体和精神的修持达到身心和谐统一、有强身健体和开发人体潜能的作用。大约在公元前 300 年，印度的大圣哲瑜伽之祖帕坦伽利创作了《瑜伽经》，印度瑜伽在其基础上才真正成形，瑜伽行法被正式订为完整的八支体系，即静制、尊行、体位、调息、制感、执持、禅定、三摩地。

知识链接 2-29

世界瑜伽之都——瑞诗凯诗

位于印度北部的北安查尔邦的瑞诗凯诗堪称世界瑜伽之都，全球有资质的瑜伽教练 60%以上都到瑞诗凯诗修行过。在这个人口不到 7 万的小城里，有 100 多家瑜伽学校，成千上万名不同肤色的瑜伽爱好者每年不辞辛苦地赶到这里，为的就是得到当地瑜伽大师的指点，寻找心灵中的至纯之地。瑞诗凯诗，是一个位于喜马拉雅山脚下的宁静小城镇，被印度的圣河恒河分为两半，一条总长约1km的“瑜伽一条街”沿河而建。瑞诗凯诗之所以成为瑜伽之都和其独特的地理位置不无关系。在印度人的心目中，喜马拉雅山是大神湿婆居住和修炼的地方，几千年来，期望通过修炼而摆脱生死轮回的人们聚集在这里，冥想世间哲理并反思对生活的态度，瑜伽文化由此诞生。

2.9.3 民俗

1. 姓名称谓

印度人的姓名由尊称、名和姓3部分组成。中译的时候，有的全部照译，有的只译其姓，或是译出姓还译出名的第一个音。如潘迪特·贾瓦哈拉尔·尼赫鲁，其中“潘迪特”是印度教婆罗门种姓中有学问的人的习惯尊称，“贾瓦哈拉尔”是名，“尼赫鲁”是姓，翻译成汉语可称为“尼赫鲁”或“贾·尼赫鲁”。印度近代杰出著名诗人、亚洲获诺贝尔文学奖奖金的第一人泰戈尔，其全称为“洛宾德拉纳特·泰戈尔”，前者为名，后者为姓。

2. 生活习俗

1）服饰

印度人的着装讲究朴素、清洁。印度男子的着装往往是：上身穿一件“吉尔达”，即一种宽松的圆领长衫；下身则穿一条“托蒂”，即一种以一块白布缠绕在下身、垂至脚面的围裤。在极其正规的活动中，他们则习惯于在“吉尔达”之外，再加上一件外套。不过，在城市里，男子服装已经趋于西化，西装差不多是最为普遍的男子服装，即使不穿正规的西服，也是西式的衬衣和长裤。

图2.30 印度纱丽

印度妇女的最具民族特色的服装是纱丽（图2.30）。它实际是一大块丝制长巾，披在内衣之外，好似一件长袍。其具体穿法是：从腰部一直围到脚跟，使之形成筒裙状；然后将其末端下摆披搭在肩头，自成活褶。印度妇女所穿的纱丽色彩鲜艳，图案优美，非常之漂亮。

印度妇女喜欢佩带项链、胸饰、耳环、鼻圈、戒指、脚镯等饰物，大都习惯在自己的前额上以红色点上一个“吉祥痣”（称为特丽佳）。过去，它用于表示妇女已婚，而今则主要用于装扮，已成为印度民族风格的标志。

出门在外时，尤其是在正式场合，印度人大

都讲究不露出头顶。为此，妇女要头披纱巾，男子则根据宗教信仰的不同而各有特色：印度教徒要带白色船形帽，伊斯兰教徒要带伊斯兰小帽，锡克教徒则要在头上包裹上一块头巾。

2）饮食

印度人的主食是烙饼和咖喱米饭。印度人的日常饮食，南北方有很大差别。北方人以小麦、玉米、豆类等为主食，尤其喜欢吃一种叫作“恰巴提”的薄面饼。南方和东部沿海地区的人们以大米为主食，爱吃炒饭。而中部德干高原则以小米和杂粮为主。

由于宗教的原因，印度人的饮食习惯也不同。印度教教徒和锡克教教徒不吃牛肉，伊斯兰教徒不吃猪肉，耆那教教徒则忌杀生，又忌肉食，连鸡蛋也不吃，但可以喝牛奶，吃乳酪和黄油。绝大多数印度人不吸烟。

印度的食物在世界上独具特色，做菜喜欢用调料，如咖喱、辣椒、黑胡椒、豆蔻、丁香、生姜、大蒜、茴香、肉桂等，其中用得最普遍、最多的还是咖喱。

印度人用餐的时候，一般不用任何餐具，而习惯于用右手抓食。许多印度人认为白开水是世间最佳的饮料。红茶也是他们的主要饮料。印度人实行分餐制，进餐时一般一只盘子、一杯凉水，把米饭或饼放在盘内，菜和汤浇在上面。

由于长期是英国的殖民地，印度人也像英国人一样，有喝午茶的习惯。印度的茶是奶茶，做法是把牛奶掺水煮开，再把茶叶倒进去，煮沸后用小筛子把茶叶滤出，加糖后即可饮用。

3）民居

早在印度河文明时期，印度就有较为发达的城市文化和讲究的民居。伊斯兰教徒和后来的欧洲殖民主义者的入侵也先后影响了印度的民居。由于生活方式和气候、环境等方面的差异，印度民居也呈现多样化的形态。

在许多古老的或新兴的城市，一般没有过于高耸的建筑，没有高层塔楼。城市居民大多拥有自己的住房，一般为两层或三层平顶洋房，各种设备，一应俱全。客厅宽大，通风透光，装饰风格古朴典雅，既有文化内涵，又有宗教气息。印度教徒一般都在客厅旁边辟有专室，以供奉神明，焚香献花。许多房屋坐西朝东，以免炽热阳光的西晒。卫生间内土洋结合，既有马桶又设坑位，以适应不同的需要。在乡村地区，特别是在平原，平民一般住土坯房或砖房；无论贫富，住房都十分注意通风条件。房屋一般为平顶。房外山墙建有台阶，可供暑天夜间登上房顶睡眠。山区或林间居民的住房往往因地制宜，就地取材，竹木土石，皆为所用；住房布局既不密集，也不疏松，以便保持独立性，又能相互照应。

3. 主要节庆

印度的节日名目繁多，印度官方认可的节假日每年有120多个，其中多数节日不仅与宗教有关，有着神话般的由来，而且还有别具特色的传统庆祝方式。全国性的节日主要有：元旦（1月1日）、国庆节（1月26日）、甘地纪念日（1月30日）、独立纪念日（8月15日）等。宗教性节日主要有：印度教的洒红节、十胜节、排灯节；伊斯兰教的开斋节、古尔邦节；基督教的复活节、圣诞节；锡克教的那纳克诞辰节；

耆那教的摩诃毗罗节等。

元旦（1月1日）。印度有些地区，元旦早上，家家户户哭声不断，人人脸上涕泪横流，他们以岁月易逝、人生苦短，用哭来迎新年，是对人生的慨叹。有些地区的人们以禁食一天一夜来迎接新的一年，由元旦凌晨开始直到午夜为止。由于这种怪异的习俗，印度的元旦被称为“痛哭元旦”、“禁食元旦”。

洒红节（公历2、3月间），也叫“胡里节”、“色彩节”，是印度传统新年（新印度历新年于春分日），源于印度的著名史诗《摩诃婆罗多》。洒红节原是庆祝春天，与创造和复始的行动有关，代表春分和谷物丰收。人们互相往身上泼洒五颜六色的颜料来表达喜庆和祝福。在距离首都新德里约100km的北部地区巴萨纳，女性以“棒打男人”的方式来过节。这一奇特习俗每年都会吸引大批外地民众蜂拥前往。

排灯节，又称万灯节、印度灯节或者屠妖节，是印度教徒四大节日之一，也是印度最隆重的节日，持续5天，在公历10~11月举行。排灯节象征人性光明打败黑暗，印度人都会点上烛灯庆祝。“排灯节”的高潮是到圣河中沐浴，以求净化身心。印度教徒有在“排灯节”赠送礼物的习惯。排灯节也是锡克教和耆那教的传统节日。

4. 礼仪禁忌

印度人在见到熟人和客人时都双手合十，举于胸前，行“合十礼”，合掌之高低，对长辈宜高，两手至少要与前额相平；对晚辈宜低，可齐于胸口；对平辈宜平，双手位于胸口和下颌之间。印度人在见到自己最敬重的人时则要行触脚礼，首先弯腰用右手触摸长辈的脚尖，然后再用它去回摸一下自己的前额，以示用自己的头部接触对方的脚部，这是表示对尊敬者的最高礼节。

印度东南部的一些少数民族的人与客人相见时，总把自己的鼻子和嘴紧紧贴在对方的面颊上，并用力地吸气，嘴里还要叨念着：“嗅一嗅我！”，以示其对客人的崇敬。印度安达曼群岛上的森蒂耐尔人，在与久别挚友重逢时，双方要交替互坐膝头，并热烈地拥抱数分钟，以表示相逢后的喜悦心情。

目前，印度也流行握手礼，但在一般情况下，印度妇女仍不习惯于同异性握手。用左手与人相握，也不许可。在迎接嘉宾之时，印度人往往要向对方敬献用鲜花编织而成的花环。为了表示诚意，主人通常要亲自将其挂在客人的脖子上。

印度人在表示赞同或同意时，往往是摇头而不是点头。到印度家庭做客时，可以带水果和糖果作为礼物，或给主人的孩子们送点礼品。

忌讳数字“1”、“3”、“7”这3个数字，所以总要设法避免这些数字的出现。忌谈个人私事、印度的贫困状况、军事开支及外援等话题（印度人喜欢谈论他们的文化业绩、印度的传统、有关其他民族和外国的情况），忌讳左手传递东西或食物；忌讳白色，认为白色表示内心的悲哀，习惯用百合花当做悼念品。忌讳送人百合花，忌讳弯月图案，黑色亦被视为不祥的颜色。忌讳用澡盆给孩子洗澡，认为是“死水”，是不人道的行为。

严禁不脱鞋就进入庙宇或主人房间；在各种服务场所，忌用吹口哨的方式招呼侍者。印度教徒最忌讳众人在同一盘中取食，也不吃别人接触过的食物，甚至别人清洗过的茶杯，也要自己再洗涤一遍后才使用。印度教徒不吃牛肉，印度寺庙不许牛皮制品入内；伊斯兰教徒禁食猪肉，也忌讳使用猪制品；耆那教徒有忌杀生，忌食肉类，忌穿皮革和丝绸的民间习俗，他们甚至把飞虫等都列入不能误伤的忌项；印度的锡克教人禁止吸烟。

2.9.4 旅游业概况

1. 旅游资源概况

印度作为历史最悠久的文明古国之一，具有绚丽的多样性和丰富的文化遗产和旅游资源。由于辉煌灿烂的古文化和广袤的国土，印度名胜古迹和名山胜水甚多，玩赏不尽。印度的旅游以古堡陵园最为有名，著名的有红堡、胡马雍陵、泰姬陵，代表了印度建筑艺术的最高水准，而甘地陵则是印度国父“圣雄”甘地的陵墓。印度是佛教的发源地，拥有古老的佛教圣地圣迹，著名的有佛陀初传法轮之地鹿野苑、佛陀成道地菩提伽耶、佛陀涅槃地拘尸那迦，其他著名的还有王舍城、那烂陀寺等。另外，在印度的石窟神庙里有许多色彩斑斓、多姿多彩的佛教塑像、雕刻和绘画，它们是研究印度古代文化艺术的工具。几千年的文明积淀使印度成为一个充满神秘色彩、十分迷人的国度。被联合国教科文组织列为自然与文化遗产的有阿旃陀石窟群、埃洛拉（埃卢鲁）石窟群、阿格拉古堡、泰姬·玛哈尔陵、科纳拉克太阳神庙、桑吉佛教古迹、德里的胡马雍陵、德里的顾特卜塔及其古建筑、大吉岭喜马拉雅铁路、卡齐兰加国家公园、凯奥拉德奥国家公园等。

2. 旅游热点

1）新德里

印度首都，位于恒河支流亚穆纳河畔，全国政治、经济和文化中心。德里由旧德里、新德里两座风格迥然不同的城市组成，是个“过去与现在，传统与当代、新与旧融合”的城市。旧德里如同一面历史镜子，展现了印度的古代文明，新德里则是一座里程碑，让人们看到了印度迅速发展前进的步伐。德里门，印度首都最著名的建筑物，一个城市地标，新德里和旧德里的分界线，左面古城，右面新都。德里城内宗教气氛浓厚，古代建筑众多，用红砂石建造的莫卧儿王朝皇宫红堡、公元前200多年孔雀王朝阿育王建立的阿育王柱、印度最高古塔顾特卜塔以及印度最大的清真寺贾玛寺，都是驰名世界的名胜古迹。

德里红堡（图2.31），印度最大的古代王宫，属于典型的莫卧儿风格的伊斯兰建筑。坐落在德里旧城东北部，紧邻亚穆纳河，长约915m，宽518m，因为它的城墙和内部是用红砂石砌成，故称为“红堡”。建于1638—1647年，传闻它是莫卧儿王朝第5代国王沙贾汗因宠妃泰姬玛哈逝世，在故都（阿格拉）处处触景伤情而迁都德里后，仿照著名的阿格拉堡设计建造的。堡内最豪华的白大理石宫殿叫枢密宫，是国王与大臣商议国家大事之地，素有“人间天堂”之称，全部用白色大理石建造。

胡马雍陵。位于印度首都新德里的东南郊，为莫卧儿王朝第二代帝王胡马雍及其王妃的陵墓。于1572年建成，陵墓全部用红砂岩建造，外观宏丽壮观。胡马雍陵的陵墓是阿克巴时代莫卧儿建筑风格发展中一个突出的里程碑。它巧妙地融合了伊斯兰

图 2.31 德里红堡

建筑和印度教建筑的风格，开创了伊斯兰建筑史上的一代新风。

顾特卜塔，早期伊斯兰式古建筑，位于距新德里 15km 的梅特乌里村，建于 1193 年。这座红砂石尖塔高 72.5m。基座直径 14.32m，塔峰直径 2.75m，从下往上逐渐变细。建有交互角和围绕塔身的刻凹槽。顾特卜塔原来有 7 层，现仅剩 5 层，每层间由一个环形阳台相隔。几个世纪以来，顾特卜塔塔身有些倾斜，但其他方面被完好地保存下来。

贾玛清真寺，位于旧德里古城东北角，莫卧儿王朝的沙贾汗大帝下令于 1650 年开始建造，历时 6 年时间建成。它是印度最大的清真寺，与沙特阿拉伯的麦加大清真寺、埃及开罗的爱资哈尔大清真寺齐名的世界三大清真寺之一。在岩石小山的高台上，两支尖塔与白色的伊斯兰圆顶在阳光下闪耀着光芒，贾玛清真寺可谓是建筑学中的奇迹，整个建筑完全没有使用木料，地面、顶棚和墙壁都使用精磨细雕的白石，以铅水灌缝，坚固而不可摧。

2）加尔各答

加尔各答位于印度东部恒河三角洲地，印度最大的城市，也是东方最大的商业名城之一，印度的主要港口，现为西孟加拉邦首府，加尔各答距今只有 300 多年的历史。1775 年至 1931 年英国殖民当局把加尔各答定为首府。在这期间，加尔各答作为印度文化和政治中心，经历了大规模的英国式城市建设。现在，维多利亚风格就成了加尔各答的主色调。主要的旅游景点有圣保罗大教堂、维多利亚纪念馆、印度博物馆等。

3）孟买

孟买是印度马哈拉施特拉邦的首府，是印度最大的海港和重要交通枢纽，素有印度“西部门户”之称。孟买是印度全国工商、金融中心，素有印度“商业首都”、“金融首都”之称。孟买是印度的娱乐业之都，是印度印地语影视业（称为宝莱坞）的大本营。孟买不仅有印度教的庙宇，还有许多清真寺和基督教、天主教的教堂，其中有乔帕蒂海滩附近的巴布勒纳特古庙、布胡勒什瓦市场的穆姆巴德维庙和供奉富贵之神的马哈勒萨米寺等。

印度门（图 2.32），位于孟买的阿波罗码头，面对孟买湾，是一座融合印度和波斯文化建筑特色的拱门，高26m，建于1911年，为纪念来访的英王乔治五世和玛丽王后而兴建，让陛下从门下通过，以示孟买是印度的门户。此拱门现已成为孟买的象征，其形式与法国的凯旋门极为相似。

4）金奈

金奈原名为马德拉斯，是南印度东岸的一座城市，坐落于孟加拉湾的岸边，是泰米尔纳德邦的首府，印度第四大都市。1996年它的名称被官方改为金奈，但是旧称马德拉斯仍被广泛使用。该市寺庙特别多，仅市内就有120座，故人们称其为“千庙城”。其他古建筑也很多，如建于1639年的圣乔治城堡、圣玛丽教堂、古堡博物馆、伊斯兰风格的建筑物切帕库宫等。在城南海滨有著名的“七塔城”，城内有远近闻名的岩石神庙。风光美丽的玛丽海滩是世界著名海滩。

5）阿格拉

阿格拉位于新德里东南200km处，印度北方邦西南部，是北方邦重要城市。阿格拉是印度最著名的旅游城市之一，为外国游客到印度游览的首选之地。阿格拉城市虽然不大，但自公元16世纪起，它一直是印度的首都，现在遗留着许多历史性的建筑物，其优美为世间罕见，主要旅游景点有泰姬陵、阿格拉红堡。

泰姬陵（图2.33），全称为“泰姬·玛哈尔陵”，又译为泰姬玛哈，印度知名度最高的古迹之一。位于距新德里200多千米外的北方邦的阿格拉城内，亚穆纳河右侧。它是莫卧儿王朝第5代皇帝沙贾汗为了纪念他已故宠妃阿姬曼·芭奴，即泰姬·玛哈尔而建立的陵墓，被誉为“完美建筑”，又称为“印度的珍珠”。泰姬陵始建于1632年，历时22年，每天动用2万役工，共耗费4 000万卢比。这座陵墓由殿堂、钟楼、尖塔、水池等构成，全部用纯白色大理石建筑，用玻璃、玛瑙镶嵌，绚丽夺目，有极高的艺术价值，是伊斯兰教建筑中的代表作。泰戈尔曾赞美泰姬陵是“时间面颊上的一滴泪”。2007年7月7日，成为世界新七大奇迹之一。

图2.32 孟买印度门

图2.33 泰姬陵

阿格拉红堡，位于亚穆纳河畔的小山丘上，距泰姬陵约15km，全部采用红砂岩建造而成，故又称红堡，与德里的红堡齐名。这座方圆1.5km^{2}的宫堡，外形非常雄伟壮观，城内的宫殿，虽经历漫长的岁月，多已失修，但画梁和墙壁上精巧的雕刻与设计，仍隐约保存着昔日富丽堂皇的风貌。阿格拉古堡建筑是印度——伊斯兰艺术顶峰时期的代表作，古堡内的建筑物曾多达500多座，但保留至今者已经很少。

6）瓦拉纳西

瓦拉纳西位于印度北方邦东南部，坐落在恒河中游新月形曲流段左岸，该市有各式庙宇 1 500 多座。瓦拉纳西享有“印度之光”的称号，是恒河沿岸最大的历史名城，相传 6 000 年前由作为婆罗门教和印度教主神之一的湿婆神所建。瓦拉纳西是一座可以反映印度文明和文化的古城，也是印度教圣城。据说印度教徒人生有四大乐趣：住瓦拉纳西、结交圣人、饮恒河水、敬湿婆神。这其中前 3 个都要在地处恒河中游的瓦拉纳西来实现。对印度教徒们来说，瓦拉纳西是最接近天堂的地方。佛陀初转法轮之地鹿野苑就在瓦拉纳西附近，耆那教的两个教长也诞生在附近，故该市已成为印度教、佛教、耆那教的重要圣地。公元 7 世纪，中国唐代高僧玄奘曾来此地。主要名胜古迹有：恒河浴场、印度金庙、杜尔迦庙、印度之母庙、拉玛王庙、贝拿勒斯印度大学、新印度金庙、林讷格尔堡。

7）斋浦尔

斋浦尔位于新德里西南 250km 处，是拉贾斯坦邦首府，印度北方重镇，也是珠宝贸易中心。斋浦尔是印度教和耆那教的中心。斋浦尔和德里及阿格拉被称为印度旅游的“金三角”。全城建筑物普遍呈粉红色，故有“粉红城”之称。该城有许多古建筑，如斋浦尔王宫（现为王宫博物馆）、印度教风格的风宫、用洁白大理岩建造的湿婆神庙、壮观的阿姆巴古堡等。建于 18 世纪的景探·漫探天文台是印度最大的天文台。

8）阿姆利则

阿姆利则地处印度西北边境，是旁遮普邦的第二大城市，著名的锡克教圣地。建于 1577 年，因城内在阿姆利则·萨拉斯圣湖而得名。湖泊中心的小岛上有规模巨大的金庙。市内还有为纪念被殖民主义者杀害的爱国者而建的民族纪念碑，以及吉兰特·辛格夏宫和杜尔贾纳印度教庙宇等名胜。阿姆利则金庙是印度锡克教的最大一个寺庙，整座金庙的建造共耗费 750kg 黄金。这座被誉为“锡克教圣冠上的宝石”的建筑。金庙环“奈克塔尔”池而建，池水被锡克人奉为圣水，来此朝圣的锡克教徒都要在此沐浴，以圣水洗涤心灵。金庙的主体建筑建在水池的中心，建筑金色的外表和精巧的外观，在水光的倒映下显得金碧辉煌。金庙并不是只有锡克教徒才能进入的圣地，这里的态度非常开放，它有东西南北方向的 4 个门，代表着锡克教的大门向来自任何方向的兄弟姐妹敞开，这里还备有寝室和厨房，任何人都可以在金庙得到食物和休息。

9）那烂陀

那烂陀是规模巨大的佛教圣地遗址，位于今印度比哈尔邦首府巴特那附近。据传原是释迦牟尼的大弟子舍利弗诞生及逝世之处，释迦牟尼曾路经此地。早在公元 5 世纪，这里即建有 10 余座佛寺，有当时世界最大的佛教学院。中国唐代玄奘曾到过此地，并在其著作《大唐西域记》中有所记载。12 世纪末至 13 世纪初，被入侵者烧毁旋而湮没无闻。至 19 世纪，科学工作者根据玄奘的记载才使废墟重见天日。从遗址残存的石壁和石柱，昔日佛寺的辉煌依稀可辨。

10）拘尸那迦

拘尸那迦是印度的佛教圣地，佛祖释迦牟尼圆寂之地，位于印度与尼泊尔边界附近。印度四大佛教圣地之一。又译俱尸那、拘尸那等，意为释迦牟尼涅槃处。7世纪之后逐渐湮没。18世纪中期才重新被发掘。主要名胜古迹有：涅槃寺、大涅槃塔、圣者殿、安加罗塔、双林寺。

2.10 石油王国——沙特阿拉伯

2.10.1 概况

沙特阿拉伯全称“沙特阿拉伯王国（Kingdom of Saudi Arabia）”。“沙特”取自于沙特阿拉伯王国的创始人伊本·沙特之名。而在阿拉伯语中，沙特是“幸福”的意思，“阿拉伯”则指“沙漠”，意为“幸福的沙漠”。

1. 地理位置

沙特阿拉伯位于位于亚洲西南部的阿拉伯半岛，东濒波斯湾，西临红海，同约旦、伊拉克、科威特、卡塔尔、阿联酋、阿曼、也门等国接壤。沙特阿拉伯领土总面积为225万平方千米，位居世界各国第12位，海岸线长2 437km。

2. 自然环境

沙特阿拉伯地势西高东低。西部是希贾兹-阿西尔高原，其南段的希贾兹山脉，海拔3 000m以上。中部为纳季德高原，东部为平原。红海沿岸地区是宽约70km的红海低地。沙漠面积约占全国面积的一半。北部有内夫得沙漠，南部有鲁卜哈利沙漠。鲁卜哈利沙漠东部的布赖米绿洲为沙特阿拉伯、阿拉伯联合酋长国、阿曼3国争议地区。无常年流水的河流、湖泊。

沙特阿拉伯西部高原属地中海气候，其他地区属热带沙漠气候。夏季炎热干燥，最高气温可达50℃以上；冬季气候温和。年平均降雨不超过200mm。

3. 人口、语言及宗教

沙特阿拉伯人口为2 920万（2013年），其中外籍人口约占30%，绝大部分为阿拉伯人。

官方语言为阿拉伯语，通用英语。

沙特阿伯以伊斯兰教为国教，其中逊尼派约占85%，什叶派约占15%。

知识链接 2-30

伊斯兰教的主要派别

伊斯兰教主要分为逊尼和什叶两大派系，也有其他一些小派系（如哈瓦里吉派，伊斯玛仪派）。逊尼派被认为是主流派别，又被称为正统派，分布在大多数伊斯兰国家，中国穆斯林也大多是逊尼派；什叶派的信徒主要分布伊朗，还存在于其他一些国家和地区，比如伊拉克等国。两派的分别主要在于对于穆圣继承人的合法性的承认上。按什叶派的观点，只有穆圣的女婿兼堂弟阿里及其直系后裔（即穆罕默德·哈希姆家族）才是合法的继承人，而逊尼派则认为哈里发只是信徒的领袖，穆圣的宗教领导人的身份的继承者，无论是谁，只要信仰虔诚，都可以担任哈里发（即安拉使者的继承人）。也就是承认艾布·伯克尔、欧麦尔、奥斯曼前3任哈里发的合法性。不管是逊尼派、还是什叶派，他们都信仰同一部《古兰经》、遵圣训、都是诚信真主独一、承认穆罕默德圣人是真主派给人类的最后一位使者。

4. 国旗、国歌、国花

国旗：呈长方形，长与宽之比为3:2（如图2.34）。绿色的旗底上用白色的阿拉伯文写着伊斯兰教的一句名言："万物非主，唯有真主，穆罕默德是安拉的使者"。下方绘有宝刀，象征圣战和自卫。绿色象征和平，是伊斯兰国家所喜爱的一种吉祥颜色。国旗的颜色和图案突出地表明了该国的宗教信仰，沙特阿拉伯是伊斯兰教的发源地。国徽呈绿色，由两把交叉着的宝刀和一颗枣椰树组成。绿色是伊斯兰国家的喜爱的颜色。宝刀象征圣战和武力，象征捍卫宗教信仰和保卫祖国的决心和意志；枣椰树代表农业，象征沙漠中的绿洲。另外，沙特阿拉伯人民最喜爱枣椰树，并把它作为捍卫宗教信念的象征。

图2.34 沙特阿拉伯国旗

国歌：《我们敬爱的国王万岁》。

国花：乌丹玫瑰（蔷薇科）。国树为枣椰树。

5. 行政区划

沙特阿拉伯全国分为13个地区，即利雅得地区、麦加地区、麦地那地区、东部地区、卡西姆地区、哈伊勒地区、阿西尔地区、巴哈地区、塔布克地区、北部边疆地区、吉赞地区、纳季兰地区、朱夫地区。地区下设一级县和二级县，县下设一级乡和二级乡。首都为利雅得。

2.10.2 发展简史、政治、经济、文化

1. 发展简史

沙特阿拉伯是伊斯兰教的发源地。公元7世纪，伊斯兰教创始人穆罕默德的继承者建立阿拉伯帝国。穆罕默德之后，其继承者四大哈里发相继统治阿拉伯帝国。四大

哈里发是：阿布·伯克尔（632—634年）、欧麦尔（634—644年）、奥斯曼（644—656年）、阿里（656—661年）。倭马亚王朝（661—750年）和阿巴斯王朝（750—1258年）把阿拉伯帝国推向了鼎盛时期。8世纪为鼎盛时期，版图横跨亚、欧、非三洲。中国史书称为“大食”。11世纪开始衰落，16世纪被奥斯曼帝国统治，阿拉伯开始分裂成独立的部落诸侯国。19世纪英国侵入，当时分汉志和内志两部分。1924年内志酋长阿卜杜勒阿齐兹·沙特兼并汉志，次年自称为国王。经过多年征战，阿卜杜勒阿齐兹·沙特终于统一了阿拉伯半岛，于1932年9月23日宣告建立沙特阿拉伯王国，这一天被定为沙特国庆日。

2. 政治

沙特阿拉伯是政教合一的二元君主制国家，无宪法，禁止政党活动。国王是国家元首，又是教长，沙特王室掌握着国家的政治、经济、军事大权。内阁决议以及与外国签订的条约和协议均需国王最后批准。《古兰经》和穆罕默德的《圣训》是国家执法的依据。国王兼任武装部队总司令和大臣会议主席（即内阁首相）等职务。国王行使最高行政权和司法权。内阁由副首相、各部大臣及任命的国务大臣和国王顾问组成，任期4年。国王有权立、废王储，解散协商会议。沙特协商会议国家政治咨询机构，负责向国王提出改革建议，协商会议议员由国王任命，任期4年，可连任。2011年沙特阿拉伯国王阿卜杜拉宣布，沙特妇女有权成为协商会议议员、有权参选市政委员会委员。

3. 经济

沙特阿拉伯实行自由经济政策，石油和石化工业是其经济命脉，约占出口总额的90%。近年来，沙特政府充分利用本国丰富的石油、天然气资源，积极引进国外的先进技术设备，大力发展钢铁、炼铝、水泥、海水淡化、电力工业、农业和服务业等非石油产业，依赖石油的单一经济结构有所改观。

沙特阿拉伯十分重视农业发展，农业收入占国民生产总值的3.3%。目前主要农产品有小麦、椰枣、玉米、水稻、柑橘、葡萄、石榴等。沙特阿拉伯农业发展迅速，粮食自给有余。进口主要是机械设备、食品、纺织等消费品和化工产品。主要贸易伙伴是美国、日本、英国、德国、意大利、法国、韩国等。

4. 文化

沙特阿拉伯政府重视教育和人才培养，实行免费教育。中、小学学制各为6年。全国共有各类学校2.6万所，其中综合性大学27所，学院100多所。沙特的主要综合性大学是沙特国王大学和阿布勒阿齐兹国王大学。沙特不管是政府还是学校都是半日制工作或授课。下午不工作不授课。沙特实行的是免费终生教育和免费终生医疗。沙特值得自豪的是最著名的费萨尔国王国际奖。该奖于1977年设立（当时只设伊斯兰服务奖、伊斯兰研究奖和阿拉伯文学奖），1979年首次颁奖，是世界四大国际奖之一。沙特阿拉伯费萨尔国王的儿子们为纪念费萨尔国王逝世一周年而设立该奖。每个获奖者均可获得75万里亚尔（约合20万美元）和一面刻有费萨尔国王像的金牌（约重 200g）。每年 1 月或 2 月公布获奖名单，3 月在利雅德举行颁奖大会。

2.10.3 民俗

1. 姓名称谓

沙特阿拉伯人的姓名，通常由 4 个部分所构成，依次分别为：本人名字、父名、祖父名和姓氏。沙特阿拉伯人用作姓名的词语，本身往往都有一定的含义。例如，“哈桑”的意思是“好”，“赛义德”的意思是“先生”，“马哈茂德”的意思则是“受赞扬”，等等。称呼沙特阿拉伯人时，在正式场合应称其全名。在一般情况下，可略去其祖父名，或是将其祖父名与父名一道略去。需要简称时，可只称对方的本人名字。不过，若对方有一定的社会地位，则最好以其姓氏作为简称。

沙特家族的人都喜欢在姓名中表示出自己是谁的儿子。例如穆罕默德·伊本·沙特，伊本意为儿子，就是此人名叫穆罕默德，他是沙特的儿子。人们对沙特国王称国王陛下。法赫德国王曾下令，让人们称他为“两圣之仆”，意为麦加和麦地那两座圣城的仆人。对王储和王子称埃米尔殿下。对各部落酋长称“谢赫”，普通人之间称兄弟，对外国人称先生、女士。

2. 生活习俗

1）服饰

沙特阿拉伯男子的传统服装，是一种长垂及地的大袍。阿拉伯大袍宽松肥大，无领长袖，做工简单，无尊卑等级之分。它既是平民百姓的便装，也是达官贵人的礼服，衣料质地随季节和主人经济条件而定。平时所穿的袍子以白色为主，只有在参加丧葬活动时才会穿黑色的袍子。穿大袍的时候，沙特男子还要在头上自右而左缠上一条长约 1m 左右的白色薄纱头巾。社会地位高的人士，在白袍外边穿一件黑色或金黄色镶金边的纱袍。阿拉伯人觉得只有佩带腰刀，才能显示男子汉的侠义、潇洒和威武气概。佩带腰刀也是男孩子长大成人的标志。至今还有些部落，当男孩长到 15 岁就为他举行佩戴仪式，以示祝贺。

头戴黑面纱，身穿黑大袍是伊斯兰教规定下的阿拉伯妇女形象。因此沙特阿拉伯妇女通常会身穿一件黑色长袍，将自己的周身包裹得严严密密。她们头上所戴的黑色面纱有三角形、正方形、五角形等多种形状，但是必须严密地遮盖住面容，仅仅允许双眼露在外面，头发和皮肤不能外露，声音也不能让陌生的男子听到，更不能昂首挺胸而行，必须低头无声疾行。

沙特阿拉伯人习惯于穿拖鞋，有人甚至赤脚。在沙特阿拉伯，拖鞋也被分为三、六、九等，不同身份的人会穿不同档次的拖鞋。只有在极为隆重的活动里，人们才会穿皮鞋。

知识链接 2-31

沙特的男女有别

沙特妇女出门戴头巾，身穿宽袖黑袍，脸上用半透明的黑色纱巾蒙面。男人则全部是白袍白头巾，真可谓黑白分明。女孩子9岁“出幼”，开始有严格的教律约束。上街穿黑袍子戴纱巾。男士不得同女士握手，男人不主动和女人说话。沙特妇女外出、旅行、住宿，需要有男士（丈夫、兄弟、父亲等家庭或亲戚中的男性）陪同。一个女孩在出阁以前，能看到她长相的只有她的父亲和兄弟，结婚后就只有在和丈夫共处一室时才摘掉面纱。

男女隔离严格，有专门由女人掌管的为女人开设的银行、学校和娱乐场所。沙特的学校分男校女校。男教师对女生授课，通过有线电视视频。公园也分男区和女区，餐馆里也分“男性单身区”和“家庭区”。到动物园参观，男女有别，女人安排在星期一、三、五，男人安排在二、四、六。沙特中上层住宅，一般都有男女分开的会客厅。一般，男宾从前门进入，女宾则在后门。活动场所当然也分开，洗手间、餐厅、会客室，全部有各自的场所。

2）饮食

沙特阿拉伯人每日习惯两餐。早餐主要是“弗瓦勒”（一种高粱糊糊）蘸奶油，晚餐为正餐，通常吃烙饼，食用时抹上奶油、蜂蜜等，这是沙特人最爱吃的主食。“泡馍”也是常吃的主食，即是将高粱面饼用手掰碎，浇上鲜牛奶或再加上奶油、糖一起进食。在肉类方面，他们则大多以牛肉、羊肉、鸡肉为主。在沙特阿拉伯，“羊眼”被视为极其珍贵的食品。

按照伊斯兰教教规，沙特阿拉伯人忌食猪肉，忌食自死之物、未诵安拉之名宰杀之物和动物的血液。狗、马、驴、骡、蛇、虾、蟹、鳖、龟、无鳞鱼、贝壳类海鲜以及其他一切食肉的禽兽，亦在禁食之列。严禁饮酒和其他一切含有酒精的饮料，并且不得吸烟。

沙特阿拉伯人爱喝驼奶、红茶、咖啡。在拜访沙特阿拉伯人时，主人劝饮的咖啡是不可不喝的。用餐之时，一般席地而坐，以右手取用食物。斋月期间，沙特阿拉伯人白天是不许吃东西的，一切餐馆在白天都不准开门营业。阿拉伯人嗜好甜食和红茶。甜食即点心，统称为“哈尔瓦”。

3）民居

沙特民居几乎没有高楼。都是两三层，市政大楼最高的也就十多层。因气候缘故，白天炎热，昼夜温差大，所以住宅基本上窗口小，墙体厚。

3. 主要节庆

沙特阿拉伯实行每周5天工作制。主要法定节日有国庆日（9月23日，回归日）、开斋节（伊斯兰教历10月第一天）、宰牲节（伊斯兰教历12月10日）。其他的传统节日还日阿舒拉日（伊斯兰教历1月10日）、圣纪（伊斯兰教历3月12日）、登宵节

（伊斯兰教历7月27日）等。

根据《伊斯兰法》，沙特阿拉伯一年有两大宗教节日，即开斋节和宰牲节。开斋节休假7天，宰牲节长达两星期。每年伊斯兰教历的9月为斋月。在斋月的30天内，除病人、孕妇、喂奶的妇女和日出前踏上旅途的人以外，人们从日出到日落禁止饮水、进食。宰牲节在伊斯兰教历12月10日。宰牲节也是朝觐的日子，从12月9日到12日，数百万世界各国的穆斯林涌向沙特，到圣城麦加和麦地那朝觐。

知识链接2－32

穆斯林的斋月

斋月是伊斯兰教历九月，系阿拉伯语“莱麦丹”的意译。因教义规定，穆斯林在该月履行五大天命之一的斋戒功课，故名。《古兰经》称真主安拉：“莱麦丹月中开始降示《古兰经》，指导世人，昭示明证，以便遵循正道，分别真伪，故在此月中，你们当斋戒”。据载，斋月系穆罕默德由麦加迁徙到麦地那的第二年作为履行斋戒功课的月份。圣训中也有“你们要见新月而封斋，见新月而开斋”的话。因此莱麦丹月斋戒最多是30天。伊斯兰教法规定：全体穆斯林，除病人、孕妇、喂奶的妇女、幼儿以及在日出前踏上旅途的人之外，均应全月斋戒。封斋从黎明至日落，戒饮食，戒房事，戒绝丑行和秽语，并认为其意义除完成宗教义务外，还在于陶冶性格，克制私欲，体会穷人饥饿之苦，萌发恻隐之心，以资济贫、行善。

4. 礼仪禁忌

在人际交往中，沙特阿拉伯人大都表现的热情友好，落落大方。只是由于受伊斯兰教教规的限制，沙特阿拉伯的妇女极少抛头露面，并且不得与异性进行接触。遇到沙特阿拉伯妇女时，通常不宜主动向其问候或行礼。自己若是一位男士的话，尤其要注意这一点。另外，与沙特阿拉伯男子打交道时，切勿问候其夫人或恋人，并且注意不要向她们赠送礼品。

在沙特阿拉伯，一般人在外多以握手问候为礼。如果双方（指男子）信仰一致或热情友好则以左手搭在对方右肩上，然后左右贴面3次。有时候主人为表示亲切，会用左手拉着对方右手边走边说。

沙特阿拉伯人打招呼的礼仪很讲究，见面时首先互相问候，握手。假如见到亲朋好友时，沙特阿拉伯人通常还会将自己的左手放到对方的右肩之上，然后轻吻对方的面颊。沙特阿拉伯的贝都因人，还有一种独特的见面礼——“碰额礼”。当贝都因人与他人相见时，彼此首先要用自己的鼻子去触碰对方的额头，然后再紧紧地拥抱在一起。这一见面礼节，亦不适合妇女使用。

沙特阿拉伯人崇尚白色（纯洁）、绿色（生命），而忌用黄色（死亡）。国王身着土黄色长袍，象征神圣和尊贵。严禁崇拜偶像，任何人不得携带人物雕塑等偶像进入公共场所。与沙特阿拉伯人交谈时，切莫提及中东政治、宗教问题、女权运动、石油政策，切莫对以色列加以好评，或是将与以色列有关的十字形、六角星图案送给沙特阿拉伯人。忌送酒类、雕塑、公仔、猪皮与猪毛制品、美女照、带有熊猫图案的东西。不能单独给女主人送礼，也别送什么东西给已婚女子。与阿拉伯人初次见面就送礼，可能被认为是行贿，切勿把用旧的东西送给他们。交换礼物时，用右手或双手，忌用左手。不要夸奖沙特阿拉伯人的某件东西，那样做会被理解为向其索取。到主人家时要脱鞋，不要随便进入清真寺，入寺必先脱鞋。忌讳用鞋底后跟面对人，忌用脚踩桌椅板凳，因为这被认为是污辱人的表示。

知识链接 2-33

沙特的婚俗

沙特阿拉伯青年男女的婚事一直沿袭着传统的做法，即由父母做主，靠媒妁之言，而且是在本族范围内结缘，还须“门当户对”。沙特女子结婚年龄无限制，一般14岁就可婚嫁。婚礼都很隆重。新婚之夜的举动，称为“那勒沃”，这天入夜新娘坐在椅子上，妇女和姑娘们一边向她挥舞手帕和扇子，一边唱着祝贺婚礼的歌曲。尽管婚礼上众人欢乐，气氛热烈，但新娘自始至终不露笑脸，否则表明她愿意离开自己的父母，会被认为是一个不孝的姑娘，会受到社会舆论的指责。沙特阿拉伯有的地方，青年男女相亲时也不得出现笑脸，如果一方在另一方眼前哪怕有一丝笑脸，即使再美满的婚姻也会马上被否定。新婚的第二天，双方家庭成员欢聚一堂，向新婚夫妇赠送礼物，举行盛大的喜庆会，会上要展出新娘的嫁妆，供宾客观赏。婚礼持续3天左右，新娘由女性亲属陪同送至新郎面前，正式掀开面纱。

伊斯兰法允许和鼓励一夫多妻制。男女结婚后，男方可以提出离婚，只需在妻子面前连续说三遍“我要和你离婚”！离婚即生效。离婚后的妇女，沙特鼓励再嫁。而离婚后的男子也可再婚，只是妻子最多只可保持4位。在举行婚礼之前，岳父岳母要向女婿索取一笔聘礼金，当地称之为“姻泰艾希尔”。如果女婿交不出这笔钱，眼前美满的婚事就要成为泡影。沙特阿拉伯人认为，婚礼前索取一笔“姻泰艾希尔”，是防止丈夫休妻的，一旦丈夫同妻子离婚，这笔钱就归女方所有，以作为补偿损失。男方是无权索回这笔钱的。

2.10.4 旅游业概况

1. 旅游资源概况

沙特旅游市场作为世界伊斯兰教的圣地，沙特每年接待的前来朝觐的世界各地穆斯林数以百万计。麦加是先知的诞生地，那里有全世界穆斯林礼拜的朝向标志—克尔白，每年伊斯兰教历12月全世界的穆斯林都要汇集到这里举行朝觐；而麦地那则是先知的陵墓所在，先知清真寺就围绕先知的陵墓建盖，朝觐的人们都要到这里瞻仰。首都利雅得是世界上发展最快的首都之一，是阿拉伯著名的花园城市之一。沙特阿拉伯有4个首都，除了行政首都——利雅得、宗教首都——麦加之外，还有外交首都——吉达，避暑首都——塔伊夫。被联合国教科文组织列为自然与文化遗产的有：石谷考古地点（迈达因萨利赫）、德拉伊耶的图赖夫区。沙特旅游在国民生产总值中仅次于石油和加工业，占第三位。沙特国民有着强劲的旅游需求，每年都为周边阿拉伯国家、欧洲、美国、东南亚等国家和地区带来大量的旅游收入。中国前往沙特阿拉伯旅游的主要是穆斯林。

2. 旅游热点

1）利雅得

利雅得是沙特阿拉伯王国的首都、王宫所在地、利雅得区的首府，位于阿拉伯半岛中部内志高原的哈尼法、艾桑和拜萨汉宰3条干涸河谷中，海拔520m，东距波斯湾约386km。附近是一片绿洲，有广阔的椰枣林和清泉，利雅得因而得名（利雅得在阿拉伯文中是“花园”的复数）。利雅得过去是一座占地不足一平方公里的沙漠小城，从20世纪30年代发现石油以后，经过几十年的建设和发展，成为一个国际大都市，人口超过500万。

沙特王国中心大厦（图2.35）位于首都利雅得中心，建造于20世纪90年代。在沙特，王国中心大厦是全球性的标志性建筑之一，大厦由沙特王子出资建造，被美国著名旅游杂志《旅游者》列为最新现代化建筑的新“世界七大奇观”之一，是利雅得市的最高建筑，共99层，建筑高度302m。

图2.35 沙特王国中心大厦

2）吉达

吉达位于沙特阿拉伯王国的西部、红海东海岸的中部，是红海乃至中东地区历史最悠久、规模最大的港口城市之一，被誉为“红海新娘”。吉达为全国第二大城市、第一大港、重要的金融中心，人口近300万。沙特国王及政府各大臣均在吉达设有行宫，各国使馆也都集中于此，因此吉达享有“外交之都”的美誉。吉达东距朝觐圣地麦加约70km，作为去麦加的必经之地，每年朝觐季节，来自世界各地的穆斯林通过这里的机场和港口以及现代化公路前往麦加和麦地那，因而吉达又有“伊斯兰教圣地的海、陆、空门户”之称。吉达还是一座科学城和商业城，有科学机构及阿齐兹国王大学以及上百家商业中心。南北长达80km的海滨大道及两旁的公园和雕塑、吉达港办公楼和指挥塔、吉达工商会大楼、会议宫、科技馆等和其他别具风格的建筑群体都是吉达较为重要的旅游资源。海上喷泉更是吉达的一大景观，喷射水柱高达260m，号称世界第一。

3）麦加

麦加是伊斯兰教的第一圣地，坐落在沙特阿拉伯西部赛拉特山区一条狭窄的山谷里。这里四周群山环抱，层峦起伏，景色壮丽。麦加，在阿拉伯语中是“吮吸”之意，因沙漠民族渴望吸吮渗透的泉水而得名。麦加城因为伊斯兰教创始人穆罕默德诞生地而名震寰宇。穆罕默德在麦加创立和传播伊斯兰教。公元630年，穆罕默德率兵攻占麦加，控制了守护克尔白圣殿之权，并废弃多神教，把圣殿改为伊斯兰教清真寺。圣殿改为伊斯兰教清真寺。1932年沙特阿拉伯王国建国，麦加被称为“宗教之都”，由穆罕默德后裔管理。城中有伊斯兰教第一大圣寺——禁寺（图2.36），寺内“克尔白”（天房）为世界穆斯林礼拜的朝向；寺周围被划为禁地，禁止非穆斯林入内和狩猎、杀生、斗殴等行为；附近有与朝觐仪礼有关的萨法和麦尔卧山、阿拉法特山、米纳山谷及与穆罕默德事迹有关的希拉山洞、骚尔山洞等遗迹。

图2.36 麦加禁寺

禁寺是穆斯林最神圣的地方，总面积16万平方米，可容30万穆斯林同时做礼拜。世界最有影响的伊斯兰教组织——伊斯兰世界联盟（简称“伊盟”）于1962年在此成立，它利用世界穆斯林朝觐的机会，召开各种会议和讲座，使麦加成为当代世界伊斯兰教的中心。

知识链接2－34

麦加朝觐

麦加朝觐是穆斯林朝觐麦加克尔白（天房）须履行的多项宗教仪式的总称，每年伊斯兰教最盛大的宗教活动。朝觐活动主要有：受戒、巡礼、奔走与感恩仪式、进住阿尔法特山、谒陵与探泉。凡在麦加参加过朝觐大典的穆斯林，即祟称为“哈吉”（朝觐者）。每年在伊斯兰教历的第12个月，数以百万计的穆斯林都会聚集在沙特的麦加，参加一年一度的朝觐。

“朝觐”是伊斯兰教为信徒所规定的必须遵守的基本制度之一，每一位有经济和有体力的成年穆斯林都负有朝拜麦加的宗教义务，这是伊斯兰教的“五功”之一。所有穆斯林，无论是男是女，都会尽最大努力争取一生至少要前往麦加朝觐一次。1000多年来，随着交通工具的日益发达，前往麦加朝觐的穆斯林逐年增多。1932年沙特阿拉伯王国建立后，麦加被称为“宗教之都”，来此朝觐的人更加摩肩接踵，到2000年已经有70多个国家说着不同语言的穆斯林来到此地朝觐。据悉，2013年有超过两百万穆斯林来到麦加朝觐。

4）麦地那

麦地那是伊斯兰教的第二大圣地，地处沙特西部，四面环山，海拔 620m，系山区高原城市。距麦加以北约 400km，常住人口 100 多万。麦地那，原名“耶斯里卡”，622 年穆罕默德率领信徒由麦加迁到此地后改名为“麦地那·乃比”，意思是“先知之城”。与麦加、耶路撒冷一起被称为伊斯兰教三大圣地。最著名的景点是先知寺，它与麦加的禁寺和耶路撒冷的阿克萨清真寺并称为伊斯兰教的三大圣寺。

图 2.37　麦地那先知寺

先知寺（图 2.37）处于麦地那市中心，始建于公元 622 年，是伊斯兰教创始人、先知穆罕默德亲自参与建造。哈里发瓦利德一世时期重建，将穆圣与伊斯兰教前两任哈里发阿布和欧麦尔的陵墓合并于先知寺，大体形成了今天的建筑格局。后经多次扩建，先知寺已成为一座庞大的建筑群，占地面积为 1.632 6 万平方米，可容纳 100 万人，成为全世界最大的清真寺之一。每年都有穆斯林在朝觐期间祈祷、礼拜和瞻仰先圣遗迹。

5）塔伊夫

沙特阿拉伯的夏都，位于沙特阿拉伯王国西部赛拉特山地的中段，是一座山城，海拔 1 682m，行政隶属麦加地区管辖。该城建在盖兹旺山上，海拔约 1 500m，为避暑胜地。临近麦加的地理位置和良好的气候条件使塔伊夫成为沙特重要的旅游胜地，民间流传着“在麦加渡冬、在吉达赏春、在塔伊夫消夏”的说法。塔伊夫保存着不少古代遗迹，其中有奥斯曼帝国时期构筑的城堡、阿拉伯半岛战争中修建的军事要塞、塔伊夫标志性建筑——始建于六、七世纪的阿卜杜拉·阿勒·阿巴斯清真寺、费萨尔国王的行宫苏布拉宫等。1983 年建成的法赫德国王公园和近年建成的拉德夫天然公园和动物园，也是塔伊夫的著名的景点。

课后习题

一、思考题

1. 简述日本人的饮食习俗。
2. 韩国有哪些旅游景点？简要说明韩国的特产。
3. 蒙古人的饮食习惯有何特点？
4. 新加坡为何叫做“花园之国”？新加坡有何禁忌？
5. 简述马来西亚人的饮食特点。
6. 简述泰国的历史沿革并列举其主要的人文旅游景点。
7. 泰国有哪些著名的旅游城市和景点？

8. 菲律宾主要的旅游城市有哪些？菲律宾首都有哪些旅游景点？

9. 印度尼西亚有哪些旅游城市和旅游景点？简述印度尼西亚的风俗民情。

10. 印度的主要禁忌有哪些？

11. 沙特阿拉伯的习俗与禁忌有哪些？

12. 在旅游接待服务中，对日本、韩国、新加坡、泰国、印度客人应注意哪些风俗习惯？

13. 填写下表。

项目 / 国别	首都	人口	民族	宗教	语言	国旗	国歌	国花
日本								
韩国								
蒙古								
新加坡								
马来西亚								
泰国								
菲律宾								
印度尼西亚								
印度								
沙特阿拉伯								

二、案例分析

他们到底去了哪里？

长假过后，小张和小李两个人在单位一见面，就聊起了这次他们各自出境旅游的经历。小张说："因为是我第一次出国，感觉很新奇：吃泡菜、喝清酒、穿和服，睡榻榻米，欣赏假面剧，看樱花，在迪士尼游玩，到济州岛钓鱼，好好体验了一个做外国人的感觉。"小李说："我们的感觉也非常好，过得很有意思。沙巴民族风情独特，鸡肉沙爹味道不错，椰浆饭非常可口。我还骑过了大象，来到'东方夏威夷'，欣赏了人妖表演，买了几个鳄鱼皮包。"

分析：

1. 请问他们出境旅游分别去了哪些国家？
2. 这些国家还有哪些其他著名的旅游城市和旅游景点？

3

欧洲地区

学习目标

知识目标：了解欧洲地区主要客源国的地理位置、语言、宗教、自然环境状态，掌握各主要国家人文地理的基本知识。

技能目标：掌握欧洲地区主要客源国的人文概况、简史、政治、经济、文化、民俗、主要旅游资源等社会概况，能够对各主要客源国概况做出简要分析。

素质目标：能运用所学相关知识，分析相关客源国的基本情况，为了解和分析欧洲市场打下基础。

课前导读

欧洲全称为“欧罗巴洲”，位于东半球的西北部，北临北冰洋，西濒大西洋，南滨地中海和黑海，东部和东南部与亚洲毗连。面积 1 016 万平方千米（包括岛屿），约占世界陆地总面积的 6.8%，仅大于大洋洲，是世界第六大洲。

欧洲地区在地理上习惯分为南欧、西欧、中欧、北欧和东欧 5 个地区。包括英国、法国、德国、西班牙、意大利、荷兰、俄罗斯、瑞典等 45 个国家和地区。欧洲是世界上地势最低的一洲，平均高度只有 340m。高度在 200m 以下的平原约占全洲总面积的 60%。欧洲大陆地势平坦，气候宜人，海岸线曲折绵长，多岛屿、半岛，自然旅游资源丰富。欧洲居民多信天主教、基督教新教和东正教等。位于意大利首都罗马市西北角的城中之国梵蒂冈，是世界天主教的中心。

欧洲经济发展水平居各大洲之首，是资本主义经济发展最早的一洲，工业生产水平和农业机械化程度均高。工业、交通、商贸、金融保险在世界占有举足轻重的地位，科学技术的许多领域处于世界领先地位。人们生活富裕，外出旅游相当普遍，是世界主要的客源地。

3.1 绅士之国——英国

3.1.1 概况

1. 地理位置

英国全称“大不列颠及北爱尔兰联合王国”，位于欧洲西部，由大不列颠岛（包括英格兰、苏格兰、威尔士）和爱尔兰岛东北部及一些小岛组成的岛国。海岸线总长 11 450km。隔北海、多佛尔海峡、英吉利海峡与欧洲大陆相望。英国国土面积 24.41 万平方千米。

2. 自然环境

全境分为 4 个部分，即英格兰东南部平原、中西部山区、苏格兰山区、北爱尔兰高原和山区。北部的本尼维斯峰海拔 1 344 米，为全国最高点。主要河流有塞文河和泰晤士河。北爱尔兰的内伊湖，面积 396km^2，居全国之首。英国属温带海洋性气候。受北大西洋暖流影响，冬暖夏凉，四季寒暑变化不大，终年温和湿润。平均气温 1 月 4~7℃，7 月 13~17℃。年平均降水量约 1 000mm。北部和西部山区的年降水量超过 2 000mm，中部和东部则少于 800mm。每年二月至三月最为干燥，十月至来年一月最为湿润。

3. 人口、语言及宗教

英国是一个多元化民族国家，铸就了各民族和睦相处的文化氛围。主要由英格兰人、苏格兰人、威尔士人和北爱尔兰人组成，还有少数犹太人、印度人、巴基斯坦人和美国人等。英国总人口约6 370万人（2012年），人口密度为261人/平方公里。

英国官方语言和通用语言为英语，威尔士北部还使用威尔士语，苏格兰西北高地及北爱尔兰部分地区仍使用盖尔语。

绝大多数的英国人都信奉基督教，穆斯林是英国国内最大的非基督教团体（超过150万人），此外，印度教、锡克教和犹太教也拥有大量的信徒，而且数量还在不断增长。基督宗教约占总人口的71.6%，伊斯兰教约占总人口的2.7%，印度教约占总人口的1%，其他宗教约占总人口的1.4%，不明和没有宗教人士约占总人口的23.3%，近年来基督教信徒在英国的教徒有减少趋势。

4. 国旗、国歌、国花

国旗：英国国旗呈横长方形，长与宽之比为2∶1。为“米”字旗，由深蓝底色和红、白色“米”字组成（图3.1）。旗中带白边的红色正十字代表英格兰守护神圣乔治，白色交叉十字代表苏格兰守护神圣安德鲁，红色交叉十字代表爱尔兰守护神圣帕特里克。此旗产生于1801年，是由原英格兰的白地红色正十旗、苏格兰的蓝地白色交叉十字旗和北爱尔兰的白地红色交叉十字旗重叠而成。

图3.1　英国国旗

国歌：《天佑国王》是英联邦国家的国歌和皇室颂歌，词作者佚名，作曲者为亨利·卡累。

国花：国花为玫瑰花。在英国及欧美许多国家，都把玫瑰定为国花，以表示爱，又因茎上有刺，表示严肃。

5. 行政区划

英国分英格兰、威尔士、苏格兰和北爱尔兰四部分。英格兰划分为43个郡，苏格兰下设29个区和3个特别管辖区，北爱尔兰下设26个区，威尔士下设22个区。苏格兰、威尔士议会及其行政机构全面负责地方事务，外交、国防、总体经济和货币政策、就业政策以及社会保障等仍由中央政府控制。此外，英国还有12个海外属地。

伦敦是英国的首都，是世界最重要的金融、贸易中心之一。

3.1.2　发展简史、政治、经济、文化

1. 发展简史

根据考古发现，大不列颠岛上在3 500年前就有人类居住。公元1~5世纪，大不列颠岛东南部受罗马帝国统治，后盎格鲁、撒克逊、朱特人相继入侵，7世纪开始形

成封建制度，829年英格兰统一，史称“盎格鲁—撒克逊时代”。1066年诺曼底公爵威廉渡海征服英格兰，建立诺曼底王朝。1536年英格兰与威尔士合并，1640年英国在全球第一个爆发资产阶级革命，1649年5月19日宣布成立共和国。1660年王朝复辟，1688年发生“光荣革命”，确定了君主立宪制。1707年英格兰与苏格兰合并，1801年又与爱尔兰合并。18世纪60年代至19世纪30年代成为世界上第一个完成工业革命的国家。19世纪是大英帝国的全盛时期，1914年占有的殖民地比本土大111倍，是第一殖民大国，自称“日不落帝国”。第一次世界大战后开始衰落，其世界霸权地位逐渐被美国取代。1921年爱尔兰南部26郡成立“自由邦”，北部6郡仍归英国。第二次世界大战严重削弱了英国经济实力，随着1947年印度和巴基斯坦相继独立，殖民体系开始瓦解。1973年加入欧共体（欧盟前身）。

2. 政治

英国有着悠久的议会民主传统，政体为君主立宪制。国王是国家元首（目前是伊丽莎白二世）、最高司法长官、武装部队总司令和英国圣公会的“最高领袖”。形式上有权任免首相、各部大臣、高级法官、军官、各属地的总督、外交官、主教及英国圣公会的高级神职人员等，并有召集、停止和解散议会，批准法律等权力，但实权在内阁。英国的最高司法和立法机构是议会，由国王、上院（贵族院）和下院（平民院）组成。上院包括王室后裔、世袭贵族、终身贵族、上诉法院法官和教会大主教及主教，拥有最高司法权。下院议员由普选产生，采取简单多数选举制度，任期5年，但政府可提议提前大选，立法权主要掌握在平民院手中。

知识链接3-1

英国选举制度

下议院议员是通过普选产生的。凡英国公民，年满18周岁或自选举登记公布日起12个月内将满18岁者，在没有法定的丧失选取权的情况下，并且居住在规定选举登记的选区内，均可以参加下议院的选举投票。投票人要参加议会选举必须在所在选区进行登记，并列名在选举登记之中。整个英国被分为659个选区，每个选区的选民人数约为5万名，每一个选区都要选出一名代表成为下议院中的议员。所以，下议院一共由659名成员组成。根据最新的《2 000政治党派、选举及全民投票法案》，规定原来由几个边界委员会共同履行的职权现通归选举委员会执行，再由选举委员会根据《政治党派、选举及全民投票法案》建立4个边界委员会，在英格兰、苏格兰、威尔士和北爱尔兰各有一个。每个边界委员会由2到4名成员组成，

只有选举委员会的委员或副委员才有资格担任其成员。选举委员会直接对英国议会负责，而并非对任何政府部门负责的独立机构，其最明显的功能是在大选中的规划角色：包括各选区候选人的登记功能，以及全民投票和政府行政区域划定等有关选举的重大事宜。

3. 经济

英国是世界经济强国之一，是世界上第六大经济体，欧盟内第三大经济体。英国主要工业有采矿、冶金、化工、机械、电子、航空、食品、轻纺等。传统工业日趋落后，新兴工业较先进，生物制药、航空和国防是英国工业研发的重点，也是英国最具创新力和竞争力的行业。英国是发达的资本主义国家，私有企业是英经济的主体，占国内生产总值的60%以上，服务业占国内生产总值的3/4，制造业仅占不到1/5。

旅游业是英国最重要的经济部门之一，旅游收入占世界旅游收入的5%左右。英国是世界第六大贸易国，贸易额占世界贸易总额的5%以上，商品和劳务出口约占国内生产总值的25%。英国主要出口机械、汽车、航空设备、电器和电子产品、化工产品和石油，进口原材料和食品。英国还是世界第六大海外投资国和第六大对外援助国。伦敦是世界最大的国际外汇市场和国际保险中心，也是世界上最大的金融和商业中心之一。

4. 文化

英国是一个非常重视教育的国家，是现代大学的发源地，云集了许多世界上最古老、最著名的学院。每年都有成千上万的海外留学生赴英留学。著名的高等院校有牛津大学、剑桥大学、伦敦大学、帝国理工学院、伦敦政治经济学院、曼彻斯特大学、爱丁堡大学等。其中牛津大学是英国最古老的大学，创立于1168年，以培养高级政界人士而著称。剑桥大学创立于1209年，以造就著名科学家而蜚声世界。

知识链接3-2

牛津和剑桥

牛津，因世界一流的学府而闻名，是英国皇族和学者的摇篮。牛津大学创立于1168年，是英国最古老的大学。牛津大学相对更加重视人文、社会、政治等学科，英国历史上41位首相中有29位毕业于该校，因而被誉为“象牙之塔”。现在牛津已经成了熙熙攘攘的世界城市。尽管还是那个古老的大学城，但遍布城市各个角落的商业企业，特别是高科技企业使牛津这座古老的城市焕发了青春的活力。

剑桥大学创立于1209年，位于伦敦东北剑河两岸。与牛津一样，也是一座令人神往的传统大学城。剑桥是音译与意译合成的地名。这里有一条剑河，在市内兜了一个弧形大圈向东北流去。河上修建了许多桥梁，所以把这个城市命名为剑桥，也称康桥。早在两千年前，罗马人就曾在这个距伦敦约85km的地方安营扎寨，屯兵驻军。直到剑桥大学成立后，这个城镇的名字才渐为人知。剑桥大学在自然科学的成就尤其突出，曾哺育出牛顿、达尔文这样开创科学新纪元的大师。

英国文学源远流长。14世纪，杰佛利·乔叟成为第一个反映英国本土社会的诗人，其代表作是《坎特伯雷故事集》。16世纪到19世纪，是英国古典文学大放异彩的全盛时期。文艺复兴时期代表人物是伟大的文学家、剧作家——莎士比亚。英国人对音乐会、戏剧、歌剧和室内音乐等都有广泛的兴趣，每年都有音乐会和其他艺术节在英国的大小城镇举行，其中爱丁堡国际艺术节已成为国际艺术盛会。

知识链接 3-3

莎士比亚的作品

莎士比亚的代表作有四大悲剧：《哈姆雷特》、《奥赛罗》、《李尔王》、《麦克白》。四大喜剧：《仲夏夜之梦》、《威尼斯商人》、《第十二夜》、《皆大欢喜》。历史剧：《亨利四世》、《亨利五世》、《理查二世》等。他还写过154首十四行诗，二首长诗。本·琼生称他为“时代的灵魂”，马克思称他和古希腊的埃斯库罗斯为“人类最伟大的戏剧天才”。他的大部分作品都已被译成多种文字，其剧作也在许多国家上演。

3.1.3 民俗

1. 姓名称谓

英国人的姓名是名在前姓在后，姓名一般由3部分组成，即本人名、中间名和姓。本人名也叫教名，在英国是受法律认可的正式姓名。教名和中间名又称个人名，按照英语民族的习俗，一般在婴儿接受洗礼的时候，由牧师或父母亲朋为其取名。以后本人可以再取用第二个名字，排在教名之后，如：William Jefferson Clinton。英语民族常用的男子名有：John，David，Daniel，Michael；常见的女子名为：Mary，Jane，Ann，Sarah，Catherine等；昵称包括爱称和小名，是英语民族亲朋好友间常来表示亲切的称呼，是在教名的基础上派生出来的。

知识链接 3-4

有趣的英国姓名

英国的姓名五花八门，最常见的姓名往往与职业有关，如：Smith（铁匠）、Baker（面包师）、Barber（理发师）、carpenter（木匠）、potter（陶罐）、Cook（厨师）、Shoemaker（鞋匠）、Fisher（渔夫）等。与力量、坚强有关的，如：Victor（胜利者）、Richard（勇敢的）、Ronald（统治者）、Roy（国王）、Charles（男子汉）Peter（坚强的人）等。还有一些英国男子的名字与居住地有关的，如：Hill（山上）、brook（小溪边）等。

英国女子的名字多与花草等令人愉悦的事物有关，或体现女性之柔美、优雅等，如：Rose（玫瑰花，象征着热烈和爱情）、Nancy（是优雅）、Laura（月桂树，象征着荣誉）、Hilary（快乐）、Lily（百合花）、Diana（月亮）、Tina（娇小玲珑的）等。

2. 生活习俗

1）服饰

在世界各国中，英国人是最讲究“绅士风度”的，因此，英国人都很重视服饰的得体，十分注重穿着。上班、参加正式活动时，一般都穿得很正规，除年轻人外，一般平时都穿西服。参加宴会或音乐会，则穿得更加讲究，有时还穿晚礼服。

英国人有几种特殊的服饰。一是帽子，英语叫作“波乐帽”，是一种英国绅士的圆顶硬礼帽，通常是黑色，也有深灰或蓝黑色的。二是苏格兰传统服装，名叫“基尔特”，这是一种用花格子呢料制作的从腰部到膝盖的短裙，在短裙前面有一小块椭圆形的垂巾和很宽的腰带，它形成于中世纪，是男子专用的裙子。三是英国人各种传统的工作服装和服饰，包括法院开庭时法官穿的黑袍、戴的假发，教堂礼拜时牧师所穿的长袍。历届国会开会时女王所穿的白色长裙礼服，戴的王冠，还有王宫卫士所穿的鲜艳的短外衣、黄束腰、高筒黑皮帽，伦敦塔楼卫士的黑帽、黑衣，近卫骑士的黑衣、白马裤、黑长靴等。四是雨伞，英国天气多变，随时可能下雨，因此，英国人外出常常手持雨伞。持伞者的形象在外国人眼中成为英格兰人的另一象征。

2）饮食

英国饭菜讲究简朴实惠，花色品种不多，一般是一日三餐加茶点。传统的英式早餐有煎培根、香肠和煎土司，现在最流行的早餐有玉米片粥加牛奶、火腿蛋和土司涂果酱；上午茶点有咖啡、茶加饼干或点心；午餐多为快餐，通常食冷肉、凉菜、炸鱼、三明治等；下午茶点以茶为主，同时吃些糕点；晚餐为一天中的正餐，食物丰盛，通常正餐之后有甜点。

英国人的饮食具有“轻食重饮”的特点。英国人的烹饪方法比较简单，主要有烩、烧烤、油煎和油炸，主要是因为英国人在菜肴上没有特色，日常的饮食基本上没有变化，除了面包、火腿、牛肉之外，英国人平时常吃的基本上是土豆、炸鱼和煮菜。点心在英国相当普遍，特别是巧克力。

英国名气最大的饮品是红茶与威士忌。英国人喜欢喝啤酒，尤其是苦啤酒或黑啤酒。喜欢饮红茶，且喝茶非常讲究环境、情调。在饮茶时，他们首先要在茶杯里倒入一些牛奶，然后才能依次冲茶、加糖。喝茶是英国人“以茶会友”的一种社交方式。英国苏格兰生产的威士忌，曾与法国的干邑白兰地、中国的茅台酒并列为世界三大名酒。

3）民居

英国是一个住房水平较高的国家。英国人比较喜欢幽静的田园式生活，所以住房形式多是一家一户的小楼（图 3.2）。目前，在英国的住房中有 80%是小楼，尽管公寓式大楼里的单元式住房比政府公房的价格低廉，但仍然不受中上层人士的青睐。

英国富裕的人一般有两处住房，一处在城市，一处在乡间。普通传统式的楼房一般是两层，每层有两个房间，一前一后。城市中心地区的老房子，往往较大，层数也较高。这种老房子又有两种样式：一种是在一块很大的空地上，有一幢孑然独立的房子，这种房子一般都很大，属于富有人家所有；另一种是半独立式的楼房，它是两座连成一体的小楼，两所房子并肩而立，共用一面山墙，两家共用这一座小楼。园地中间有围栏或者矮墙相隔，使两家相邻而又互不相干扰。这种两层小楼的格局大致都相同，通常一层为客厅、厨房、餐厅和卫生间，二层是卧室、浴室和卫生间。许多住宅房间内仍保留一个老式壁炉，并引以为自豪。

图 3.2 英国民居

3. 主要节庆

英国的主要节日有：新年（1 月 1 日）、圣瓦伦丁节（2 月 14 日）、愚人节（4 月 1 日）、耶稣受难日（复活节前的星期五）、复活节（春分月圆后第一个星期日，4 月）、耶稣升天节（复活节后的 40 天的星期四）、五一劳动节、母亲节（5 月第二个星期日）、美国独立纪念日（7 月 4 日）、哥伦布日（10 月 12 日）、万圣节（11 月 1 日）、感恩节（在美国是 11 月的第二个星期一）、圣诞节前夜（12 月 24 日）、圣诞节（12 月 25 日）。

新年。在新年前夜，人们通常会熬到深夜，迎接新年的到来。在苏格兰，新年前夜被看做是大年夜，甚至比圣诞节更有节日气氛。

复活节。是纪念耶稣被钉死在十字架上又复活的节日。复活节没有固定的日期，而是根据《圣经》记载，按阴阳二历结合计算的，一般是在 3 月末到 4 月中旬之间。公共假期从星期五一直到复活节后的星期一，这时候又有特别的宗教活动，孩子们会收到巧克力彩蛋。在复活节当天，有复活节游行活动。在复活节前的星期四，女王每年会访问一座不同的大教堂，送当地居民一些金钱作为象征性的礼物。

五朔节。凯尔特人历法中夏季的第一天，因此该节是人们庆祝阳光普照大地的日子。按照传统风俗，这一天人们要抬着花环游行，从少女中要选出“五月皇后”，乘坐在用鲜花装饰起来的四轮大马车里，一个穿礼服、戴礼帽的男孩为她赶马车。

圣诞节。英国的圣诞节是最重要的家庭节日，12 月 25 日和 26 日两天是国家法定节日。节日之前，亲朋好友互赠圣诞卡，表示祝贺。圣诞前夜，父母将为孩子购买的礼品装入床头袜子里，充当圣诞老人赠送的礼物。在圣诞节这天，举行家庭聚会并吃传统的圣诞午餐或晚餐，人们要交换礼物。节日圣餐十分丰盛，火鸡、圣诞节布丁是不可少的，晚上进行各种娱乐活动。

4. 礼仪禁忌

英国人注重个人隐私，如婚姻问题、恋爱关系、经济收入、宗教信仰、健康、住房等话题应当避免。所以在公共场合和社交场合，英国人时间观念很强，拜会或洽谈生意，访前必须预先约会，准时很重要，最好提前几分钟到达为好。他们相处之道是严守时间，遵守诺言。女士优先是英国男子绅士风度的主要表现之一。英国人讲话十分客气，“谢谢”、“请”字不离口。英国人对于需要帮助的陌生人更容易伸出援助之手。英国人很自觉地遵守公共秩序，需要等待时会自觉排队。

英国人遵守纪律，在公共场合都有排队的习惯，加塞是一种令人不齿的行为。他们重契约，安排日程要求准确，旅游活动中应尽量避免日程的突然变动。购物时，英国人不喜欢讨价还价，认为这是很丢面子的事情。忌吃饭时刀叉与水杯相碰，认为会带来不幸。英国人不喜欢孔雀、黑猫和大象，忌送百合花、菊花，送花枝数和花朵数不能是13或双数，鲜花不用纸包扎。

英国人认为13和星期五是不吉利的，尤其是13日与星期五相遇更忌讳，这个时候，许多人宁愿待在家里不出门。与英国人聊天忌问私事，如收入、婚姻、职业、年龄、政治倾向等。如果和多人相会或道别，忌讳交叉式握手，因为交叉握手正好形成一个十字架，据说这样做会招致灾难。烟友聚在一起，切忌一火点3支烟。

知识链接3-5

西方人为什么忌讳13?

这一忌讳源于两种传说：

其一，传说耶稣受害前和弟子们共进了一次晚餐。参加晚餐的第13个人是耶稣的弟子犹大。就是这个犹大为了30块银元，把耶稣出卖给犹太教当局，致使耶稣受尽折磨。参加最后晚餐的是13个人，晚餐的日期恰逢13日，"13"给耶稣带来苦难和不幸。从此，"13"被认为是不幸的象征。"13"是背叛和出卖的同义词。

其二，西方人忌讳"13"源于古代希腊。希腊神话说，在哈弗拉宴会上，出席了12位天神。宴会当中，一位不速之客——烦恼与吵闹之神洛基忽然闯来了。这第13位来客的闯入，招致被天神宠爱的柏尔特送了性命。

这类的传说很多、很广，特别是关于《最后的晚餐》的传说，在西方已经深入人心，达·芬奇还画了名画《最后的晚餐》，流传甚广。因此"13"成了西方世界最为忌讳的数字。

3.1.4 旅游业概况

1. 旅游资源概况

英国是世界上开展旅游活动较早的国家，是近代旅游业的创始地，目前仍是国际旅游业最发达的国家之一，旅游市场成熟。英国有宁静的湖泊、苍翠的幽谷、岩石崎岖的海岸与水流和缓的海湾，天然景色，田园风光处处不同。英国历史悠久，文化灿烂，旅游资源中人文资源最丰富、最具特色，又以历史文化遗迹与建筑最具吸引力。至今仍完好地保留着许多王宫、城堡和教堂。英国的博物馆比比皆是，平均不到4万人就有一座，仅伦敦市就有大小100座博物馆，单是大英博物馆所收藏的举世珍奇就足以令人神往。主要旅游城市与旅游景点有：伦敦、格林威治、温莎、牛津大学、剑桥大学、爱丁堡和尼斯湖等。被联合国教科文组织列为自然与文化遗产的有伦敦塔、威斯敏斯特宫、巴斯城、布莱尼姆宫、达勒姆大教堂、爱德华国王城堡、汉德里安防御墙、亨德森岛、皇家种马场公园、方廷斯修道院、巨石阵等。

知识链接 3-6

托马斯·库克

托马斯·库克（1808—1892），英国旅行商，出生于英格兰墨尔本。近代旅游业的先驱者，也是第一个组织团队旅游的人，是现代旅游的创始人，“近代旅游业之父”。托马斯·库克第一个组织团队旅游的人，也组织了世界上第一例环球旅游团。编写并出版了世界上第一本面向团队游客的旅游指南——《利物浦之行指南》，创造性推出了最早具有旅行支票雏形的一种代金券。库克组织了欧洲范围内的自助游，向自助旅行的游客提供旅游帮助和酒店住宿服务。19世纪中期，托马斯·库克创办了世界上第一家旅行社——托马斯·库克旅行社（即：通济隆旅行社），标志着近代旅游业的诞生。19世纪下半叶，在托马斯·库克本人的倡导和其成功的旅游业务的鼓舞下，首先在欧洲成立了一些类似于旅行社的组织，使旅游业成为世界上一项较为广泛的经济活动。

2. 旅游热点

1）伦敦

伦敦是英国首都，英国政治、经济、交通中心和最大港口，也是国际大都会和文化艺术名城。伦敦位于英格兰东南部低地平原区，横跨泰晤士河两岸，大体呈3个圈层的同心圆式，包括伦敦城、内伦敦（伦敦城外的12个市区）、外伦敦（内伦敦以外的20个市区），总面积1 580km^2。依据城市特点，大伦敦又可分为伦敦城、西伦敦、东伦敦、南区、港口区和郊区等几部分。伦敦是英国历史中心和古王宫所在地，现为金融资本和贸易中心。西伦敦为全市最繁华的商业、文化区，白金汉宫、首相宫、唐宁街10号、议会大厦、政府机关白厅所在地。东伦敦和南区为工商业区和住宅区。伦敦是有悠久历史的世界著名城市，其名胜古迹和现代化建筑多姿多彩，美不胜收。主要旅游景点有白金汉宫、唐宁街10号、议会大厦、格林威治天文台、圣保罗大教堂、西敏寺、海德公园、伦敦塔、伦敦塔桥、大英博物馆、图索德夫人蜡像馆、皇家植物园等。

白金汉宫。白金汉宫（图3.3）于1703年由白金汉公爵兴建，故称“白金汉宫”。从维多利亚女王时代至今，它一直是集合办公与居家功能于一体的英国王室的府邸。白金汉宫是一座4层楼的正方形建筑物，宫内有典礼厅、音乐厅、宴会厅、画廊等六百余间厅室，此外占地辽阔的御花园，花团锦簇、美不胜收。这是19世纪前期的豪华式建筑风格，庞大的规模甚至比华丽的外表更加引人注目。1837年，维多利亚女王即位后，白金汉宫正式成为王宫，此后一直是英国王室的府邸。伊丽莎白二世，无疑是在此生活最久的女王。每年夏天，英国女王在园内举行花园招待会，邀请全国各界代表、知名人士及各国驻伦敦的外交使节参加。在每年的8、9月间对外开放，一般民众就可进入皇宫参观游览。白金汉宫开放参观的部分为王座室、音乐厅和国家餐厅等。

圣保罗大教堂。圣保罗大教堂坐落于伦敦泰晤士河北岸纽盖特街与纽钱吉街交会处，巴洛克风格建筑的代表，以其壮观的圆形屋顶而闻名，是世界第二大圆顶教堂，是英国古典主义建筑的代表。圣保罗大教堂是1675—1710年建造的英国国教的中心教堂，被誉为古典主义建筑的纪念碑。由英国建筑师克托弗·雷恩（Christopher Wren，1632—1723年）设计。教堂平面为拉丁十字形，纵轴156.9m，横轴69.3m。教堂正面建筑两端建有一对对称的钟楼，西北角的钟楼为教堂用钟，西南角的钟楼里吊有一口17T重的大铜钟。教堂内有方形石柱支撑的拱形大厅，各处施以金碧辉煌的重色彩绘，窗户嵌有彩色玻璃，四壁挂着耶稣、圣母和使徒巨幅壁画。

伦敦塔、伦敦塔桥。伦敦塔位于伦敦泰晤士河北岸、伦敦塔桥附近。1066年圣诞节后，威廉一世为保卫和控制伦敦城开始营建。后经历代王朝修建，使伦敦塔既有坚固的兵营要塞，又有富丽堂皇的宫殿，还有天文台、教堂、监狱等建筑。整个建筑群反映了英国不同朝代的建筑风格。自1140年该塔就成为英国国王的重要宫殿之一，17世纪初詹姆士一世是最后一位住在该处的国王。伦敦塔现为英国著名博物馆之一，陈列有英国和其他国家的古代兵器、王冠、王袍、盔甲等。

伦敦塔桥（图3.4）是从英国伦敦泰晤士河口算起的第一座桥（泰晤士河上共建桥15座），也是伦敦的象征，有“伦敦正门”之称。该桥始建于1886年，1894年6月30日对公众开放，将伦敦南北区连接成整体。

图3.3 白金汉宫

图3.4 伦敦塔桥

伦敦塔桥是一座吊桥，最初为一木桥，后改为石桥，现在是座拥有6条车道的水泥结构桥。河中的两座桥基高7.6m，相距76m，桥基上建有两座高耸的方形主塔，为花岗岩和钢铁结构的方形5层塔，高40多米，两座主塔上建有白色大理石屋顶和5个小尖塔，远看仿佛两顶王冠。两塔之间的跨度为60多米，塔基和两岸用钢缆吊桥相连。桥身分为上、下两层，上层（桥面高于高潮水位约42m）为宽阔的悬空人行道，两侧装有玻璃窗，行人从桥上通过，可以饱览泰晤士河两岸的美丽风光，下层可供车辆通行。

议会（国会）大厦。议会大厦又名威斯敏斯特宫、西敏宫，位于泰晤士河畔，占地8英亩，主体是3排宫廷大楼，两端和中间由7幢横楼相连，是世界上最大的哥特式建筑。它不仅外表雄伟壮观、内部装饰华丽，而且其建筑结构和内部设计也能充分体现世界上最古老的君主立宪政体。议会大厦建于11世纪中叶，初为王宫，1547年开始成为议会大厦。在1834年的大火几乎全毁，只残留一座仅剩屋瓦的西敏厅，其后耗费了12年的时间才重建成今貌。议会大厦建筑华丽，呈长方形，古典式的拱门，装饰精美的列柱与高耸挺立的尖塔，气派雄伟。有一高97m的钟楼，举世闻名的“大本钟”就安放于此。议会大厦前的议会广场，伫立着前首相丘吉尔等一些历史人物的雕像。

大本钟。大本钟（图3.5），英国议会会议厅附属的钟楼，伦敦著名古钟，即威斯敏斯特宫报时钟。建于1859年，安装在西敏寺桥北议会大厦东侧高97m的钟楼上。钟楼四面的圆形钟盘面积有$2m^2$左右，钟盘直径6.7m，钟重13.5T，时针和分针长度分别为2.75m和4.27m，钟摆重305kg，为伦敦市的标志以及英国的象征。

图3.5　大本钟

大本钟巨大而华丽，从1859年就为伦敦城报时，根据格林威治时间每隔一小时敲响一次，至今将近一个半世纪。尽管这期间大本钟曾两度裂开而重铸。自从1859年投入使用后，英国政府每隔5年就要对大本钟实施维护，包括清洗钟体、替换大本钟的报时轮系和运转轮系等。

2）伯明翰

伯明翰为英国仅次于伦敦的第二大城市，位于英格兰中部平原、伦敦至利物浦的铁路干线上，距伦敦仅160km。12世纪已为重要商业城市，16世纪起成为当时世界上最大和种类最多的金属加工区，后成为现代冶金和机器制造工业的创始地，为全国主要铁路、公路干线和运河网的交汇点。汽车工业规模很大，金银、珠宝饰物的制品亦享有盛名。市内有伯明翰大学，保存着大量精美建筑，市中心广场有詹姆斯·瓦特纪念碑。体育是伯明翰人生活中的重要组成部分，1990年，伯明翰被正式命名为“欧洲体育之城”。

3）爱丁堡

爱丁堡是英国文化古城，苏格兰的首府、经济和文化中心。位于苏格兰中部低地的福斯湾南岸，这里依山傍水，风光秀丽，气候湿润温和。除春季多风外，夏秋两季绿树成荫，鲜花盛开。古代宫殿、教堂和城堡点缀其间，文化遗产丰富，旅游业兴盛，是英国仅次于伦敦的旅游城市，素有“北方雅典”之称。爱丁堡始建于公元6世纪，1329年建市，1437—1707年为苏格兰王国首都。爱丁堡城堡是爱丁堡甚至于苏格兰的精神象征，它位于海拔130多米的死火山花岗岩顶上，在市中心各个地方都可看到。爱丁堡城堡在6世纪时成为皇室堡垒，1093年玛格丽特女王逝于此地，爱丁堡城堡自此成为重要的皇家住所和国家行政中心。

4）利物浦

利物浦是一个美丽的港口城市，位于英格兰的西北部默西河口，濒临爱尔兰海，是默西塞得郡的首府。现在的利物浦是英国的第二大海港和重要的船舶修造中心。利物浦属于海洋性气候，风景秀丽，是旅游、度假、休闲的理想场所。那里有著名的圣乔治大教堂、新哥特式的回教大教堂、仿古典式的天主教大教堂、市政厅、圣乔治大厅、大剧院和音乐厅。

5）巨石阵

巨石阵又称索尔兹伯里石环、环状列石、太阳神庙、史前石桌、斯通亨治石栏、斯托肯立石圈等名，是欧洲著名的史前时代文化神庙遗址，巨石阵位于英格兰威尔特郡索尔兹伯里平原，约建于公元前 4 000~公元前 2 000 年。这个巨大的石建筑群位于一个空旷的原野上，占地大约 11 公顷，主要是由许多整块的蓝砂岩组成，每块约重 50T。巨石阵不仅在建筑学史上具有的重要地位，在天文学上也同样有着重大的意义：它的主轴线、通往石柱的古道和夏至日早晨初升的太阳，在同一条线上。另外，其中还有两块石头的连线指向冬至日落的方向。因此，人们猜测，这很可能是远古人类为观测天象而建造的，可以算是天文台最早的雏形了。

3.2　浪漫之国——法国

3.2.1　概况

1. 地理位置

法国全称法兰西共和国，位于欧洲西部，北部与东部同比利时、卢森堡、德国、瑞士、意大利、摩纳哥等国接壤，西南与西班牙、安道尔为邻，西北隔英吉利海峡与英国相望，西临大西洋，东南濒地中海。边界上无特殊的天然屏障，因而交通便利，四通八达。

法国国土略呈六边形，面积 55.16 万平方公里，法国东西南北之间的距离大都在 1 000 公里左右，布局匀称。法国的运河总长达 8 000 多公里，在欧洲国家中是运河最多的国家之一。法国领土中还包括 150 多个岛屿，地中海上的科西嘉岛是法国最大的岛屿。此外，外国还含有海外领地，包括 4 个海外省和 5 个海外领地，加上本土面积共计 67.4 万平方公里。

2. 自然环境

法国位于欧洲大陆西岸，兼受海洋性气候、大陆性气候和地中海气候的影响。法国中西部大部分地区具有海洋性气候特征，冬暖夏凉，常年有雨，降水量适中，在 600~1 000mm 之间。东部属大陆性气候，冬季寒冷干燥，夏季炎热。南部地中海沿岸为地中海式气候，夏季炎热干燥，冬季温和，秋季和春季多暴雨。这个地区被誉为“蓝色海岸”，是冬季旅游胜地。

3. 人口、语言及宗教

法国人口包括海外省约为 6 582 万（2014 年 1 月），法国是一个以法兰西民族为主体的国家，法兰西人有 5 400 万，占全国总人口的 83%。少数民族有阿尔萨斯人、布列塔尼人、科西嘉人、弗拉芒人、加泰隆人和巴斯克人等，大约占人口总数的

7.9%。还有来自非洲和欧洲的外国移民约占人口总数的8%。

法国官方语言和通用语均为法语。法语是联合国的正式语言，国际会议的工作语言，使用人数超过1亿。

法国居民中62%的人信奉天主教，6%信奉穆斯林，以及少数新教、犹太教、佛教、东正教徒约占6%，26%的人自称无宗教信仰。

4. 国旗、国歌、国花

国旗：国旗呈长方形，长与宽之比为3∶2。旗面由3个平行且相等的竖长方形构成，从左至右分别为蓝、白、红3色（图3.6）。白色居中，代表国王，象征国王的神圣地位，红、蓝两色分列两边，代表市民。3色旗曾是法国大革命的象征，分别代表自由、平等、博爱。

图3.6　法国国旗

国歌：《马赛曲》。马赛曲的作者名叫鲁热·德·利尔，法国大革命期间，有过许多鼓舞斗志的战斗歌曲，而最受群众喜爱、流行最广的，是自由的赞歌——马赛曲。

国花：鸢尾花。

知识链接3-7

法国国花的来历

法国的国花为鸢尾花，有3种说法。一说“象征古代法国王室的权力”。相传，在法兰克王国的第一任国王克洛维（481-511年）洗礼的时候，上帝赐给了他一件礼物——鸢尾花。此后法国人为纪念自己的始祖，便把鸢尾花作为国家的标志。从公元12世纪起，法国的国徽上便出现了鸢尾花的图案。二说“宗教上的象征”。根据基督教的教义，上帝虽然只有一个，但却是圣父、圣子、圣灵三位一体。公元1376年，法国国王查理五世（1364—1380年）把原有国徽图案上的鸢尾花改为三枚花瓣，代表着圣父、圣子、圣灵三位一体。三说“法国人民用鸢尾花表示光明和自由，象征民族纯洁、庄严和光明磊落”。

5. 行政区划

法国划分为大区，下设省、市镇。目前，法国本土分为22个大区、共96个省，全国共有36 565个市镇。其中人口不足2 500人的有3.4万个，人口超过3万人的市有231个，人口超过10万的市有37个。首都为巴黎。

3.2.2 发展简史、政治、经济、文化

1. 发展简史

公元前1世纪，罗马的高卢人总督恺撒占领了全部高卢，从此受罗马统治达500

年之久。公元5世纪法兰克人征服高卢，建立法兰克王国。10世纪末以后的几百年间，法兰西民族经长期的融合基本形成，国名也由西法兰克改为法兰西，意为“勇敢的、自由的国家”。15世纪末到16世纪初形成中央集权国家。17世纪中叶，君主专制制度达到顶峰。1789年，随着资产阶级力量的发展，法国爆发大革命，废除君主制，并于1792年9月22日建立法兰西第一共和国。1804年拿破仑·波拿巴夺取政权，建立法兰西第一帝国。1848年2月爆发革命，建立第二共和国。1851年路易·波拿巴发动政变，翌年12月建立第二帝国。1870年在普法战争中战败后，于1871年9月成立第三共和国。1940年法国政府投降德国，第三共和国覆灭。1946年通过宪法，成立第四共和国。1958年9月通过新宪法，第五共和国成立，同年12月戴高乐当选总统。在第五共和建立时，吸取了前几次议会民主制度失败的教训，因此开始创立并执行半总统半议会民主制（双首长制），一直维持到现在法国的政体。

2. 政治

法国实行多党制。现行宪法系1958年9月公民投票通过，是法国历史上第16部宪法。法国宪法规定，总统为国家元首和武装部队统帅，任期5年，由选民直接选举产生。总统任免总理并批准总理提名的部长；主持内阁会议、最高国防会议和国防委员会；有权解散议会，但一年内不得解散两次；可不经议会将某些重要法案直接提交公民投票表决；在非常时期，总统拥有“根据形势需要采取必要措施”的全权。在总统不能履行职务或空缺时，由参议院议长暂行总统职权。议会实行国民议会和参议院两院制，拥有制定法律、监督政府、通过预算、批准宣战等权力。国民议会共有577名议员，任期5年，采用两轮多数投票制，由选民直接选举产生。

3. 经济

法国是经济高度发达的工业国家之一，工业化水平很高，法国是世界第五贸易大国，出口商品主要是机械、化学制品、汽车、服装、化妆品和农产品。法国的军火出口仅次于美、俄，位居世界第三位。主要工业部门有汽车制造、造船、机械、纺织、化学、电器和建筑业等，钢铁、汽车和建筑业为三大工业支柱。核能、石油化工、海洋开发、航空和宇航等新兴工业部门近年来发展较快。核电设备能力、石油和石油加工技术仅次于美国，居世界第二位；航空和宇航工业仅次于美国和俄罗斯，居世界第三位。

得天独厚的自然条件和政府的大量补贴，使法国成为西欧最大的农业生产国、最大的农业食品出口国之一，成为西方世界仅次于美国的农产品出口国。主要粮食作物有小麦、大麦、玉米和燕麦，大麦和葡萄酒的出口量居世界第一位、玉米居第二位、小麦位居第三位。畜牧业发达，产值占农业总产值的三分之二，牛奶产量和肉类产量居西欧各国之首。法国葡萄酒享誉全球，波尔多玛格丽红葡萄酒享有“法国葡萄酒皇后”的美称，是世界公认最大的葡萄酒产地。

法国的服务业十分发达，商业、运输、电信、旅馆、餐馆、供水、环卫、修理等部门，在国民经济中所占比重逐年上升。

4. 文化

法国的文学艺术在世界上享有极高声誉，是世界文学艺术宝库中最重要的组成部分之一。法国的文学家、艺术家群星灿烂，为世界人民留下了无数不朽作品。19世纪上半叶，法国的文学艺术以浪漫主义和现实主义为主要标志。维克多·雨果是这个时期的杰出代表。法国人在艺术上做出了杰出的贡献，马奈、莫纳、雷阿诺、高庚、塞尚等是世界级的绘画大师；乌东、罗丹是享誉世界的雕塑艺术家。巴勃罗·毕加索生于西班牙，但1904年就移居巴黎，他是法国现代画派主要代表。法国的歌剧、芭蕾舞和音乐在世界上享有盛誉。巴黎歌剧院是世界上历史最悠久的歌剧院之一。

在法国，公立中、小学免收学费和教材费。高等学校除私立学校外，一般也只缴纳少量注册费。法国著名高校有：巴黎大学、格勒诺布尔第一大学、斯特拉斯堡第一大学、里尔第一大学、里昂第一大学以及国家行政学院、巴黎高等商业学校、巴黎高等师范学校等。巴黎大学是法国历史最悠久、规模最大的综合性大学。

位于地中海岸边的戛纳，是一座风景秀丽、气候宜人的小城，每年在此举办的戛纳电影节热闹非凡，其颁发的金棕榈奖被公认为电影界最高荣誉之一。

3.2.3 民俗

1. 姓名称谓

法国人的姓名一般名在前，姓在后。法国人的姓名较为复杂。

法国人名的第一大特点是姓很多，名有限。这主要由于宗教传统所致，凡信教者都有一个教名，而教名多取耶稣门徒或宗教中传说中的天使、圣徒的名字。当代法国共有姓氏大约25万个左右，而圣徒们的名也不过三四百个，因而重名的现象非常普遍。

法国人的第二个姓名特点是男女有别，法国姓名有阴阳姓之分，同一个姓名男女使用有所区别。一般女子出嫁前使用父母的姓，出嫁后改用丈夫的姓，但现在法律有所修改，允许出嫁后可保留自己的父姓。

法国人的第3个姓名特点是姓名很长且复姓很多，法国人名中，既可有复名，也可有复姓。法国人至少有3个名字，第一个是父母起的，第二个是祖父或祖母的名字，第三个是外祖父或外祖母的名字。按法国人习惯，可将自己尊敬的亲朋好友或知名人士的名字加在孩子的名字中，还有教名。但无论名字有多长，在别人称呼或书写时，往往只用本人的名字和姓。在签署姓名时，经常将姓与名用逗号分开，且名在前，姓在后。

由于法国人名字很长，使用起来很麻烦，所以在称呼法国人时，往往只用本人的姓名。非正式场合，依亲密程度不同可称名或昵称。

2. 生活习俗

1）服饰

法国时装领导世界潮流。所谓“巴黎式样”，在世人心目中是时尚、流行的代名词。世界最著名的服装设计师出自法国，世界上最为流行的高级时装来自法国。早在

18~19 世纪，法国人的服饰已举世闻名。

法国时装选料丰富、优异，设计大胆，制作技术高超，使法国时装一直引导世界时装潮流。巴黎时装店老板们的口号是："时装不卖第二件"。近年来，特别引人注目的是巴黎女郎的裙子，其式样之多，款式之新，在别国很难见到。法国服装是一种产业，也是一种文化，法国重视服装业的发展，设有金针奖和金顶针两项时装设计大奖赛，鼓励设计师们发挥其才华。随着时间的推延，法国服装由缝制复杂、华丽考究逐渐向美观、大方、实用和舒适方向发展。巴黎是世界著名的时装之都，全市有 2 300 多家时装店，凯旋门是各种服装店最集中的地方。巴黎每年都要举行几次时装比赛和展览，世界各国的设计师络绎不绝，设计师们各显神通，别出心裁，令服装争奇斗艳。

知识链接 3-8

巴黎时装周

巴黎时装周起源自 1910 年。17 世纪开始，巴黎便一辈辈地积攒下时装制作的好名声。这座浪漫之城从未让全世界的有钱女人们失望。早在 19 世纪末成立的法国时装协会，便一直致力于将巴黎作为世界时装之都的地位打造得坚如磐石，这也是该协会的最高宗旨。他们帮助新晋设计师入行，组织并协调巴黎时装周的日程表，务求让买家和时尚记者尽量看全每一场秀。

2）饮食

法国人爱美食，也会享受美食，法国大菜在世界上享有很高的声誉。法国烹饪用料考究、花色品种繁多，其特点是香浓味厚、鲜嫩味美，讲究色、香、味，但更注重营养的搭配。法国人视"美食"为艺术，讲究氛围与礼仪。法式早餐是常见的西式早餐，面包涂上一些果酱或奶油、配上一杯咖啡牛奶，有些人会吃麦片或吐司、水果、酸奶等。午餐一般分为冷盘（或称开胃菜）以及茶式咖啡。晚餐除了以汤代替冷盘外，大部分的主菜和午餐差不多，汤是晚餐必不可少的一部分。法国的干鲜奶酪世界闻名，品种有百余种之多，有"奶酪王国"的誉称。牛肉、鸭肉、鱼子酱、鹅肝也是法国人心仪的美食。法国的葡萄酒产量高，质量上乘，香槟和白兰地享誉世界。

3）民居

法国具有欧洲大陆多样化的地形特征，各地的民居风格多样。在今天高度发达的法国，城市化的程度已经超过了 70%，人们的居住观念又发生了很大的变化。人们对于住房的兴趣开始从城市转向农村，为了逃避城市日常生活的喧嚣，稍有能力的人都竭尽所能的在附近农村或者郊区购买一栋别墅，以备周末或者假期休闲之用。目前，大约有三分之一的法国家庭都拥有一套别墅。

法国建筑十分推崇优雅、高贵和浪漫，在设计上追求自然回归感。法国北部地面坡度大，农舍布局整齐、紧凑，窗户比较小，用材多是砖、石头等，起居室和餐室以壁炉为中心布置，壁炉是整个住宅中最核心的部分。而法国南部，尤其是沿地中海一带，坡地比较平缓，色彩鲜艳，多以红色、黄色、蓝色甚至绿色为主色调，以乡土材料为主，如木质的别墅。

3. 主要节庆

法国的主要节日有：新年（1月1日）、愚人节（4月1日）、复活节（春分月圆之后的第一个星期日）、耶稣升天节（复活节后第40天）、圣灵降临日（复活节后第50天）、国际劳动节（5月1日）、第二次世界大战胜利日（5月8日）、法国国庆节（7月14日）、诸圣节（11月1日也称“万圣节”）、停战节（11月11日）、圣诞节（12月25日）。

劳动节（5月1日）。全国放假一天，所有大、中、小学以及银行、邮局、各大商店、商场等全部停业，全国各工会都要在这天举行大规模的游行，人们送铃兰花给父母、亲友，互祝吉祥。

法国国庆节（7月14日）。国庆前夕，法国所有的城市燃放烟火，整个巴黎都沉浸在欢乐的海洋中，人们载歌载舞。次日清晨，人们观看阅兵式。

圣母升天节：亦称“圣母升天瞻礼”或“圣母安息日”。天主教、东正教节日之一，旨在纪念传说中的“圣母荣召归天”。天主教定于公历8月15日举行，东正教由于历法不同，相当于公历8月27日或28日举行。

圣诞节（12月25日）。按规定全国从12月25日起放假两天，但事实上，如同大多数欧美国家一样，从12月24日开始，节日的庆祝活动就达到了高潮，全国停工停产，学校里也从不在这一天给学生安排课程，加上周末及随之而至的元旦，假期可达10天左右。圣诞节是法国最为重大的宗教节日之一，是个合家团聚的日子。节日前夕，亲朋好友之间还要互相寄赠圣诞贺卡，以表节日的祝贺和问候。

复活节。亦称“耶稣复活瞻礼”或“主复活节”，是为纪念耶稣复活的节日。复活节节期不固定，随春分月圆的变化而变化，为每年春分月圆之后的第一个星期天，复活节的主要特色是复活节彩蛋。

4. 礼仪禁忌

法国人天性浪漫，渴求自由，纪律较差，在世界上法国人是最著名的“自由主义者”。“自由、平等、博爱”不仅被法国宪法定为本国的国家箴言，而且在国徽上明文写出。法国人礼貌、幽默，很有骑士风度，尊重妇女，在人际交往中法国人所采取的礼节主要有握手礼、拥抱礼和吻面礼。法国人热情好客，爱好社交，善于交际，他们在人际交往中大都爽朗热情，善于雄辩高谈阔论。

法国人大多喜欢蓝色、白色与红色，忌讳黄色、墨绿色。他们视孔雀为祸鸟，认为仙鹤是蠢汉和淫妇的象征，还视菊花为丧花，认为核桃、杜鹃花、纸花也是不吉利的。他们很忌讳“13”这个数字，认为“13”、“星期五”都是不吉利的，甚至是大祸临头的一种预兆。他们把对老年妇女称呼“老太太”视为一种污辱的语言，忌讳男人向女人赠送香水，否则，就有过分亲热或有“不轨企图”之嫌。他们忌讳别人打听他们的政治倾向、工资待遇以及个人的私事。到法国人家做客，千万不要用餐巾擦拭餐具，这样做是对主妇的莫大侮辱。送礼物是友好的表示，宜选具有艺术品位和纪念意义的物品，不宜送刀、剑、剪、餐具或是带有明显的广告标志的物品。在接受礼品时若不当着送礼者的面打开其包装，则是一种无礼的表现。

3.2.4 旅游业概况

1. 旅游资源概况

法国是欧洲浪漫的中心，海滨优美、山川秀丽，历史悠久、文化灿烂，具有丰富文化内涵的名胜古迹及乡野风光吸引着世界各地的旅游者。风情万种的花都巴黎、美丽迷人的蓝色海岸、阿尔卑斯山的滑雪场等都是令人神往的旅游胜地，全境建有 6 个国家自然公园和 27 个地区自然公园，占本土面积的 5%；有 30 多处风景名胜被联合国列入世界文化和自然遗产。

法国是世界性旅游大国，也是最早发展旅游业的国家之一。政府历来重视旅游业，旅游业总收入占国民生产总值的 8%左右，与农、林、渔业收入的总值相等，全国的旅游从业人员超过 300 万。

2. 旅游热点

1）凯旋门

凯旋门（图 3.7）是欧洲纪念战争胜利的一种建筑。始建于古罗马时期，当时统治者以此炫耀自己的功绩。后为欧洲其他国家所效仿，常建在城市主要街道中或广场上。用石块砌筑，形似门楼，有 1 个或 3 个拱券门洞，上刻宣扬统治者战绩的浮雕。著名的有提图斯凯旋门、塞维鲁凯旋门、君士坦丁凯旋门、巴黎凯旋门、奥朗日凯旋门、勃兰登堡门。

巴黎凯旋门，位于巴黎戴高乐星形广场的中央，面对香榭丽舍大街，法国皇帝拿破仑·波拿巴（1769—1821）为纪念奥斯特利茨战争的胜利而建立，1806 年 8 月 15 日奠基，1836 年 7 月 29 日落成。设计师是沙勒格兰。为单一拱形门，高 50m，宽 45m，厚 23m，游人可以登上凯旋门欣赏巴黎的美丽景色。门内墙壁上镌刻着曾跟随拿破仑征战的 386 位将军的名字。门上有描写历次重大战役的浮雕，主要的 4 幅是正面（面对香榭丽舍大街）的《出征》、《凯旋》与背面的《抵抗》、《和平》。每年 7 月 14 日法国国庆节的阅兵队伍都是从这里开始。

2）巴黎圣母院

巴黎圣母院大教堂是一座位于巴黎市中心的教堂建筑，也是天主教巴黎总教区的主教堂。在法兰西哥特式教堂群里面，巴黎圣母院是非常具有关键代表意义的一座。始建于 1163 年，是巴黎大主教莫里斯·德·苏利决定兴建的，整座教堂在 1345 年全部建成，历时 180 多年。另有小说，电影，音乐剧等以此为名。巴黎圣母院是一座石头建筑，在世界建筑史上，被誉为一曲由巨大的石头组成的交响乐。

3）埃菲尔铁塔

埃菲尔铁塔（图 3.8）是一座位于法国巴黎战神广场上的镂空结构铁塔，于 1889 年建成，高 300m，天线高 24m，总高 324m。埃菲尔铁塔得名于设计它的桥梁工程师居斯塔夫·埃菲尔。铁塔设计新颖独特，埃菲尔铁塔被誉为西方三大著名建筑之一。美国科学家爱迪生把铁塔设计者埃菲尔赞誉为“宏伟建筑的勇敢建造者”。埃菲尔铁塔是世界上独一无二的宏伟建筑。它不仅是一座吸引游人观光的纪念碑，而且是巴黎这座美丽而具有悠久历史的城市的象征。

图 3.7　凯旋门

图 3.8　埃菲尔铁塔

4）卢浮宫

卢浮宫位于巴黎市中心的赛纳河北岸，是世界上最著名、最大的艺术宝库之一，举世瞩目的艺术殿堂和万宝之宫。卢浮宫也是法国历史上最悠久的王宫，这里曾经居住过 50 位法国国王和王后，还有许多著名艺术家在这里生活，他们有的在这里寿终正寝，有的被谋杀于此。卢浮宫有 198 个展览大厅，最大的大厅长 205m。1793 年 8 月 10 日，卢浮宫作为一个博物馆正式对外开放，从那时起，这里的收藏不断增加，如今博物馆收藏目录上记载的艺术品数量已达 40 万件，有从古代埃及、希腊、罗马的艺术品，到东方各国的艺术品，从中世纪到现代的雕塑作品，还有数量惊人的王室珍玩以及绘画精品等。

5）巴黎歌剧院

巴黎歌剧院位于法国巴黎，是世界上最大的抒情剧场。巴黎歌剧院总面积 11 237m^2，拥有 2 200 个座位。歌剧院是由查尔斯·加尼叶于 1861 年设计的，其建筑将古希腊罗马式柱廊、巴洛克等几种建筑形式完美地结合在一起，规模宏大，精美细致，金碧辉煌，是一座集绘画、大理石和金饰交相辉映的剧院，是拿破仑三世典型的建筑之一。巴黎歌剧院有一个举世闻名的芭蕾舞团和一个管弦乐团，其演艺人员总共有 1 100 人左右。

6）戛纳影节宫

戛纳影节宫位于港口边，建于 1982 年，是戛纳影展的重要会议地点，最受注目的金棕榈奖即在此颁发。影节宫可容纳 3 万人，音响一流，除了是影展的正式场地外，还有赌场、夜总会及许多的会议厅。电影节的建筑群坐落在 500m 长的海滩上。

其中包括25个电影院和放映室，中心是6层高的影节宫，1982年落成，前面的步行道上有世界各地著名影星和导演留下的手印。电影节设立的最佳电影奖叫“金棕榈奖”，被公认为电影最高荣誉之一。这个一年一度的影坛盛事，使世界各国的电影工作者、影商、影迷和记者如潮水般云集此地。

戛纳最大的旅客服务中心在影节宫的一楼。影节宫节目丰富，包括音乐会、话剧、展览、舞蹈表演及各类体育活动等。戛纳主要景点还有海滨大道、老城区、11世纪城堡等。

知识链接3－9

戛纳电影节

戛纳电影节是世界最大、最重要的电影节之一。1939年，法国为了对抗当时受意大利法西斯政权控制的威尼斯国际电影节，决定创办本国的国际电影节。第二次世界大战爆发使筹备工作停顿下来。大战结束后，于1946年9月20日在法国南部旅游胜地戛纳举办了首届电影节。自创办以来，除1948年、1950年停办和1968年中途停断外，每年举行一次，为期两周左右。原来每年9月举行，1951年起，为了在时间上争取早于威尼斯国际电影节，改在5月举行。1956年最高奖为“金鸭奖”，1957年起改为“金棕榈奖”，分别授予最佳故事片、纪录片、科教片、美术片等。此外，历年来还先后颁发过爱情心理电影、冒险侦探电影、音乐电影、传记片、娱乐片、处女作、导演、男女演员、编剧、摄影、剪辑等奖。

7）圣米歇尔山

公元8世纪，红衣主教奥贝在岛上最高处修建一座小教堂城堡，奉献给天使圣米歇尔，成为朝圣中心，故称圣米歇尔山。圣米歇尔山是法国著名古迹，是天主教除了耶路撒冷和梵蒂冈之外的第三大圣地，位于诺曼底和布列塔尼之间，坐落在巨大沙洲中部的岩石小岛上，海拔88m，距海岸2km。岛的顶部锥形的哥特式教堂建筑群比小山高出近两倍，1 000多年来，它傲然独立，濒海临风，接受着一代又一代信徒的顶礼膜拜。

8）阿尔卑斯山

阿尔卑斯山脉是欧洲最高大、最雄伟的山脉和最大的山地冰川中心。西起法国东南部的尼斯，经瑞士、德国南部、意大利北部，东到维也纳盆地，呈弧形贯穿了法国、瑞士、列支敦士登、德国、意大利、奥地利和斯洛文尼亚7个国家，绵延1 200km。山势高峻，平均海拔约达到3 000m左右，是欧洲多瑙河、莱茵河等许多河流的发源地和分水岭。耸立于法国和意大利之间的主峰勃朗峰，海拔4 810，因峰顶终年积雪而得名，是欧洲西部第一高峰。

晶莹雄伟的雪峰、浓密幽美的树林和山间清澈的流水共同组成了阿尔卑斯山脉迷人的风光，为旅游、度假、疗养胜地，冬季滑雪运动吸引了大量的游客来此旅游。世界登山运动开始于阿尔卑斯山法国境内的夏蒙尼，早在19世纪末，就在那里成立了世界上第一个“向导协会”，1924 年第一届冬季奥林匹克运动会就在夏蒙尼举行。现在的阿尔卑斯山区不仅是冬季运动最发达的地区，也是夏季不可多得的避暑胜地。

3.3 欧洲花园——意大利

3.3.1 概况

1. 地理位置

意大利全称意大利共和国，位于欧洲南部，北与法国、瑞士、奥地利、斯洛文尼亚接壤，东西南三面临亚得里亚海和地中海。其领土包围着两个袖珍国——圣马力诺和梵蒂冈。意大利正处于地中海区域东西之间的海路要道以及以北欧、中欧前往非洲的天然陆桥，扼守欧洲的南大门，交通位置十分重要。意大利领土由北部大陆部分、中部亚平宁半岛、南部地中海中的西西里岛和撒丁岛等三部分组成，面积约 30.13 万平方公里。

2. 自然环境

亚平宁半岛像一只硕大的长筒靴伸入地中海，海岸线长约 7 200 多千米。意大利全境 4/5 为山地，地震频繁，火山活跃，且有许多冰川作用形成的湖泊，风景秀丽。阿尔卑斯山脉自西向东蜿蜒于法、瑞、意、奥等国交界处，意、法边境的勃朗峰海拔 4 810m，为欧洲西部最高峰。波河是全国最大的河流，波河平原介于阿尔卑斯山脉和亚平宁山脉之间，面积约为意大利总面积的 1/6，是最发达的工农业区。

意大利大部分地区属于亚热带地中海气候，全年气温变化不大，冬季温暖多雨，夏季炎热干燥。北部地区属于温带大陆性气候，阿尔卑斯山区气候呈垂直变化。年平均降水量 500~1 000mm。这种气候特别适宜葡萄和亚热带果树的生长，也为旅游业的发展提供了有利条件。

3. 人口、语言及宗教

意大利人口约为 6087 万人（2012 年），波河平原是全国人口分布最稠密的地区。意大利是个多民族国家，总人口的 94% 为意大利人，少数民族有法兰西人、加泰隆人、弗留利人、拉丁人等。

意大利语是官方语言，个别地区讲法语和德语。意大利语同时还是圣马力诺和梵蒂冈的官方语言，是瑞士的 4 种正式语言之一。

意大利是一个信奉天主教的国家，天主教徒遍及全国各地。在意大利，90% 以上的居民信奉天主教，还有少数居民信奉基督教新教、犹太教、伊斯兰教等。宗教在意大利有 2 000 多年的历史，它与意大利人的关系极为密切，并对社会、政治、经济、文化、教育及人民生活等各个方面带来很深的影响。

图 3.9 意大利国旗

4. 国旗、国歌、国花

国旗：呈长方形，长与宽之比为 3∶2（图 3.9）。旗面由 3 个平行相等的竖长方形相连构成，从左至右依次为绿、白、红 3 色。意大利原来国旗的颜色与法国国旗相同，1796 年才把蓝色改为绿色。据记载，1796 年拿破仑的意大利军团在征战中曾使用由拿破仑本人设计的绿、白、红 3 色旗。1946 年意大利共和国建立，正式规定绿、白、红 3 色旗为共和国国旗。

国歌：意大利国歌名为《马梅利之歌》。歌词由意大利爱国诗人戈弗雷多 · 马梅利创作于 1847 年 9 月，由米凯莱 · 诺瓦洛（1822—1885 年）于同年谱曲。

国花：意大利国花为雏菊。

5. 行政区划

意大利行政区划为区、省、市镇，区为自治单位，区议会有地方立法权。目前，全国划分为 20 个行政区，103 个省，8 088 个市镇。20 个行政区中包括 15 个普通自治区和 5 个由少数民族、历史和边远地区等原因而设立的特别自治区。

意大利首都罗马是有着辉煌历史的欧洲文明古城，由于它建在 7 座山丘之上并有悠久的历史，故被称为“七丘城”和“永恒之城”。

3.3.2 发展简史、政治、经济、文化

1. 发展简史

意大利为罗马帝国的发祥地，是一个文明古国。2 世纪至 3 世纪为古罗马帝国全盛时期。11 世纪诺曼人入侵意南部并建立王国。12~13 世纪分裂成许多王国、公国、自治城市和小封建领地。14 世纪至 15 世纪文艺空前繁荣，成为欧洲“文艺复兴”的摇篮。从 16 世纪起，意先后被法国、西班牙、奥地利占领。1861 年 3 月建立意大利王国。1870 年 9 月王国军队攻克罗马，最终完成统一。1914 年第一次世界大战爆发，意大利先中立，后站在英、法、俄协约国一边对德奥宣战，并取得胜利。1922 年 10 月 31 日，墨索里尼组成新政府，开始推行法西斯统治，并于 1940 年 6 月加入德国一方向英、法宣战。1943 年 7 月墨索里尼被推翻。1943 年 9 月 3 日，由国王任命的巴多利奥内阁同协约国签订停战协定，意大利无条件投降，同年 10 月对德宣战。1946 年 6 月举行公民投票，正式宣告废除君主制，成立意大利共和国。

2. 政治

现行宪法规定为民主共和国，总统为国家元首和武装部队统帅，由参、众两院联席会议选出，任期 7 年，可连任。议会是最高立法和监督机构，由参议院和众议院组成。两院权力相等，可各自通过决议，但两院决议相互关联。参、众两院分别有 315 个和 630 个席位，总统有权在任期内任命 5 位终身参议员，其他参、众议员均由普选

产生，任期5年。意大利实行内阁负责制，内阁由总理和若干部长组成，总理由总统任命，对议会负责。

3. 经济

意大利是发达工业国家，属于欧洲四大经济强国和世界资本主义七大强国之一。意大利工业以加工工业为主，钢铁工业、机械工业、化学工业、纺织工业等都比较发达，在制革、制鞋、纺织、家具、首饰、酿酒、机械、大理石开采及电子工业等部门均占优势。

意大利农业发达，主要粮食作物有小麦、玉米、水稻等，蔬菜畅销欧洲市场，甜菜和烟草是主要的经济作物。葡萄酒产量及出口量居世界各国前列。意大利是世界三大油橄榄生产国之一，柑橘产量和柠檬产量居欧洲首位。

服务业约占国内生产总值的2/3。对外贸易是意大利经济的主要支柱，工业所需的能源和原料主要依赖国外，1/3以上的产品靠出口，主要贸易伙伴是欧盟和美国以及中东石油国家。旅游业发达，旅游收入是弥补国家收支逆差的重要来源。

4. 文化

意大利在世界艺术宝库中占有相当重要的地位。公元14~15世纪，意大利文艺空前繁荣，成为欧洲“文艺复兴”运动的发源地，但丁、达·芬奇、米开朗琪罗、拉斐尔、伽利略等文化与科学巨匠，对人类文化的进步做出了无可比拟的巨大贡献。如今，在意大利各地都可见到精心保存下来的古罗马时代的宏伟建筑和文艺复兴时代的绘画、雕刻、古迹和文物。

知识链接3-10

《最后的晚餐》

《最后的晚餐》是达·芬奇毕生创作中最负盛名之作。在众多同类题材的绘画作品里，此画被公认为空前之作，尤其以构思巧妙，布局卓越，细部写实和严格的体面关系而引人入胜。构图时，他将画面展现于饭厅一端的整块墙面，厅堂的透视构图与饭厅建筑结构相联结，使观者有身临其境之感。画面中的人物，其惊恐、愤怒、怀疑、剖白等神态，以及手势、眼神和行为，都刻画得精细入微，惟妙惟肖。这些典型性格的描绘与画题主旨密切配合，与构图的多样统一效果互为补充，使此画无可争议地成为世界美术宝库中，最完美的取自圣经故事的作品。犹大向官府告密，耶稣在即将被捕前，与十二门徒共进晚餐，席间耶稣镇定地说出了有人出卖他的消息，达·芬奇此作就是耶稣说出这一句话时的情景。画家通过各种手法，生动地刻画了耶稣的沉静、安详，以及十二门徒各自不同的姿态、表情。

意大利的雕塑、绘画和歌剧在世界上享有极高的声誉。乔托是文艺复兴初期著名的画家、雕刻家、建筑师，绘画成就尤为突出。最著名的作品有《圣弗朗西斯之死》、

《逃亡埃及》及《犹大之吻》等。意大利是歌剧的故乡，20 世纪意大利著名歌剧作家是贾科莫·普契尼，代表作有《曼侬·列斯科》、《艺术家的生涯》、《托斯卡》、《蝴蝶夫人》等。

3.3.3 民俗

1. 姓名称谓

意大利人的姓名通常由两部分组成，前面为名，后面为姓，一般称名而不称姓。除此之外还有一个教名，即婴儿在受洗礼时由神父起的名字。意大利妇女结婚后，一般保留自己的名字而改为丈夫的姓，也有个别人用男女双方的姓。但女演员或女作家等名人可以保留自己的姓。

意大利人有良好的风度，其中一点表现在称呼上。一般意大利人不会对陌生人称“你”，只有亲朋好友之间才这样称呼。对长辈、上级和初次见面的人以“您”尊称。“夫人”、“小姐”、“先生”这样的称呼使用很普遍，已经形成传统。对长者、有地位的人或不太熟悉的人，则称呼他们的姓。对于受过高等教育者，会以“博士”“工程师”、“医生”等称呼。

2. 生活习俗

1）服饰

意大利的服饰样式很多，颜色各异，无奇不有。意大利人穿衣不受性别、年龄的限制。意大利服饰可以分为民族服饰、普通服饰、正式服饰和流行服装四类。意大利人尤其在正式场合都非常注意衣着整齐得体，有的饭店规定穿西服必须系领带，即使在夏天也不准穿衬衫入席。到歌剧院看歌剧大都比较讲究穿着和举止，尤其是男士，要穿晚礼服或至少穿西装打领带。不过穿民族服装则不受约束。

平时，意大利人穿着都很随意，无拘无束。男士穿各种夹克衫、T 恤衫和牛仔裤及各种长裤，女士穿着绣花衬衣，或针织上衣、连衣裙、短裙等。工作之余，人们爱穿各种运动服装和休闲装。

2）饮食

意大利菜一向有“欧陆菜式之母”的美誉，被誉为“西餐中的明珠”的法国菜，其烹饪手法是从意大利传过去的，所以两者有异曲同工之妙。意式菜肴的特点是：原汁原味，以味浓著称。烹调注重炸、熏、炒、煎、烩等方式。意大利菜肴鲜嫩香浓，名菜甚多，精美可口的面食、奶酪、火腿和葡萄酒名扬世界，如巴马火腿、芝士焗蟹盖、托斯卡纳羊排、炖羊肉、烤龙虾、佛罗伦萨西冷扒等都广受欢迎。

源于那不勒斯的意大利烤饼“比萨”传遍全球，仅通心粉做的各种面条就有四十余种。意大利人喜爱面食，做法吃法甚多。其制作面条有独到之处，各种形状、颜色、味道的面条至少有几十种，如字母形、贝壳形、实心面条、通心面条等。意大利人还喜食意式馄饨、意式饺子等。意式菜肴的名菜有：通心粉素菜汤、焗馄饨、奶酪焗通心粉、肉末通心粉、比萨饼等。

意大利人喜欢喝酒，而且很讲究。一般在吃饭前喝开胃酒，席间视菜定酒，吃鱼时喝白葡萄酒，吃肉时用红葡萄酒，席间还可以喝啤酒、水等。饭后饮少量烈性酒，可加冰块。在各种宴会上，每上一道菜都要换一种酒。常常边喝酒边聊天，不过很少酗酒，席间不劝酒。意大利人每人年均喝葡萄酒达120L之多。

冰淇淋是当今最普通的冷饮，据说意大利是冰淇淋的发源地，用芝士作为烹饪用料也是意大利人始创的。

知识链接3-11

比萨饼的起源

"比萨饼"的意语为"PIZZA"。"比萨"是一种由特殊的饼底、乳酪、酱汁和馅料做成的具有意大利风味的食品。现在，这种食品已经超越语言与文化的壁障，成为全球通行的名食，受到各国消费者的喜爱。

那么到底是谁发明了比萨呢？有人认为，比萨来源于中国：当年意大利著名旅行家马可·波罗在中国旅行时最喜欢吃一种北方流行的葱油馅饼。回到意大利后他一直想能够再次品尝，但却不会烤制。一个星期天，他同朋友们在家中聚会，其中一位是来自那不勒斯的厨师，马可·波罗灵机一动，把那位厨师叫到身边，"如此这般"地描绘起中国北方的香葱馅饼来。那位厨师也兴致勃勃地按马可·波罗所描绘的方法制作起来。但忙了半天，仍无法将馅料放入面团中。此时已快下午两点，大家已饥肠辘辘。于是马可·波罗提议就将馅料放在面饼上吃，大家吃后，都拍手称快。这位厨师回到那不勒斯后又做了几次，并配上了那不勒斯的乳酪和作料，不料大受食客们的欢迎，从此"比萨"就流传开了。

据统计，意大利总共有两万多家比萨店，其中那不勒斯地区就有1 200家。大多数那不勒斯人每周至少吃一个比萨，有些人几乎每天午餐和晚餐都吃。食客不论贫富，都习惯是将比萨折起来，拿在手上吃。

目前，全球最为著名的比萨专卖连锁企业是1958年创办于美国堪萨斯州的必胜客，"红屋顶"是必胜客外观的显著标志。在遍布世界各地90多个国家和地区，必胜客拥有12 300多家分店，包括在中国的近40家分店，每天接待超过400万顾客，烤制170多万个比萨。

3）民居

与英国、美国不同的是，意大利的城市中心是最受人欢迎的居住地。因此，住在市中心的往往是富裕人家以及上层人物。外围一般居住的是第三产业部门的雇员、白领阶层，然后是个人，最后是农民。

意大利居住建筑风格是以古罗马中世纪建筑风格为代表，因其采用了卷、拱等式样而得名，主要特征为厚实的墙壁、窄小的窗口、半圆形的拱顶、逐层挑出的门框装饰和高大的塔楼，并大量使用砖石材料。古典风格的意大利多层公寓常用标准单元，一些公寓底层设商店，楼上住户有阳台，这种格局同现代公寓大体相似。这些建筑物的外部有漂亮的图案，并采用哥特式教堂的许多装饰手法去进行美化，图案细腻柔美，爱用贝壳、旋涡、山石作为装饰题材。

3. 主要节庆

狂欢节：亦称谢肉节，在大斋前一天举行。因基督教有规定，复活节前40天为大斋期，而复活节定为春分月圆后第一个星期日，故复活节无固定日子，一般在3月21日至4月25日之间。确定了复活节再往前推41天即为狂欢节。大斋期间基督教徒不应食肉，亦不举行婚配和其他娱乐活动，所以在大斋开始前举行一次狂欢活动。现在人们不大注意大斋的规定，但狂欢节却成为一种习俗，狂欢活动也不止一天。意大利许多地方都举行规模宏大的游行和娱乐活动，尤以威尼斯的狂欢节最为热闹。

圣诞节（12月25日），是意大利最隆重的节日。24日晚是圣诞之夜，人们要进行守夜，通宵达旦地举行庆祝活动。一般人们在家里要装饰一棵圣诞树，上面挂上彩灯、糖果和各种装饰品，树下放着家长送给每位家庭成员的礼物，或者在家里布置一个象征耶稣降生之地的马厩，有圣婴、圣母、圣约瑟、牛、马、羊等雕塑。教堂里一般是布置大型耶稣降生马厩，供人瞻仰，酒店、商店等公共场所里一般布置圣诞树，以增加节日气氛。意大利人过圣诞节要全家团聚，所以是个团圆节。

万圣节。每当万圣夜到来，孩子们都会迫不及待地穿上五颜六色的化妆服，戴上千奇百怪的面具，提着一盏“杰克灯”走家串户，向大人们索要节日的礼物。万圣节最广为人知的象征也正是这两样——奇异的“杰克灯”和“不给糖就捣乱”的恶作剧。然而万圣夜的重头戏还是在餐桌上，意大利人要准备好美食来招待那些前来捣乱的“小鬼”，更要在这个特别的节日为你的餐桌装扮一番。万圣节期间，年轻人通常穿着鬼怪服装狂欢、接受款待或者制造恶作剧以庆祝节日。节日期间要去祭奠亡人、扫墓，一般要献上一些黄色或白色菊花。因此，菊花在意大利被认为是葬仪之花，不可赠予活着的人。

国庆节。1946年6月2日，意大利举行了决定国家体制的公民投票，结果大多数人赞成废除君主制、建立共和国，因此这一天是意大利共和国的国庆节。这一天意大利总统要举行招待会，意驻外使、领馆也要举行招待会，以示庆祝。

4. 礼仪禁忌

意大利人性格开朗、热情好客，喜欢交朋友。朋友之间见面要热情打招呼，面部表情丰富，爱打手势。意大利人感情丰富，待人热情，彬彬有礼、快乐乃至于喋喋不休。应邀到朋友家做客时，特别是逢年过节，应给主人带点礼品或纪念品，礼品的包装要讲究。收到礼品后，主人会当着客人的面打开礼品，并说一些客套或感谢的话。意大利人时间观念不强，不仅赴宴、出席舞会、做客常常迟到，就连开会、上课迟到也屡见不鲜。正如有人所说，意大利人除了乘坐飞机和火车，其余场合都敢迟到。

意大利忌讳“13”和“星期五”，忌讳菊花，人们把它视为“丧花”。送鲜花要注意送单数，不送13朵，一般也不宜送红玫瑰。忌讳用手帕作为礼品送人，认为手帕是一种令人悲伤的东西。意大利人忌讳用一根火柴给3个人点烟，即使用打火机，给两个人点完烟后，要灭掉后重新打开给第3个人点。忌讳4个人站在一起应避免交叉握手，形成十字架形被认为不吉利。在与不认识的人打交道时，忌讳用食指侧面碰击额头，因为这是骂人“笨蛋”、“傻瓜”的意思。在参加宴请活动或到朋友家做客时，尽量在喝饮料、酒水、菜汤和吃面条时不要发出声音，否则会被认为是没有教养的表现。在各种正式活动和交际场合，不宜大声喧哗、大声谈笑。

3.3.4 旅游业概况

1. 旅游资源概况

意大利旅游资源丰富，气候湿润，风景秀丽，文物古迹很多，有良好的海滩和山区，公路四通八达。意大利是联合国教科文组织确定的世界文化遗产数量最多的国家之一，全国拥有3 200多座博物馆、约10万座大小教堂和5万座历史建筑物，收藏有500多万件考古文物和200多万件艺术品，享有“欧洲的天堂和花园”之美誉。主要旅游城市是罗马、佛罗伦萨和威尼斯。意大利旅游业发达，旅游收入是弥补国家收支逆差的重要来源。早在19世纪下半叶就成为世界著名的旅游地区。意大利是世界重要的旅游接待国，又是世界重要的客源输出国。奥地利、瑞士、德国、法国和英国等为主要客源国。

2. 旅游热点

1）罗马

首都罗马是意大利的政治、经济、文化的中心。它素以其悠久的历史和绚丽的风光名扬天下，距今已有2 760多年的历史，是一座历史悠久的古城，是西方文明的摇篮、世界天主教圣地。罗马城位于亚平宁半岛西部的台伯河畔，建在风景秀丽的7个山丘上，又称“七丘之城”。相传罗马的创建人罗慕洛斯是母狼养大的，故罗马城徽图案是母狼哺育婴儿。因而意大利有“狼育之城”之称，也被称为“永恒之城”。

2）斗兽场

罗马斗兽场（图3.10）又被称为竞技场，是古罗马帝国的象征。斗兽场曾是猛兽相斗供贵族取乐的地方。公元72年，维斯巴西安皇帝为庆祝征服耶路撒冷的胜利，强迫8万名犹太俘虏修建的。后在3世纪和5世纪重加修葺，在文艺复兴时期遭到破坏，直到19世纪，才开始修整这些残垣断壁。斗兽场外观像一座庞大的碉堡，占地20 000m^2，围墙周长527m，直径188m，墙高57m，相当于一座19层现代楼房的高度，场内可容纳10.7万名观众。古罗马一次著名的奴隶起义——斯巴达克起义就是从这里发起的。

知识链接3－12

罗马斗兽场

罗马被喻为全球最大的“露天历史博物馆”，世界八大名胜之一的古罗马露天竞技场，（也称斗兽场），是古罗马帝国的象征。罗马的建筑业有着悠久的历史，家具、服装、大理石和首饰加工业也开发得较早。第二次世界大战结束以来，罗马的食品、造纸和机械制造业等也有长足的发展。罗马处于地中海地区的中央位置，“条条大道通罗马”，形象地表明了罗马作为意大利的交通枢纽，它有铁路、公路通往全国各地，也是国际空运的中心之一。

3）比萨斜塔

比萨斜塔（图 3.11）位于意大利中部古城比萨市，是比萨教堂的一座钟楼。比萨斜塔是全部用大理石砌成的 8 层圆柱形建筑，南高 54.5m，北高 55.22m，建于 1174 年，1350 年完工。斜塔为罗马式建筑的范本，由下而上，底层 15 根圆柱，中间 6 层各 31 根圆柱，顶层 12 根圆柱，共建成 213 个拱形券门。当塔建到第 3 层时，因地基不隐，塔身倾斜，工程被迫停工一个世纪之久，直到 1350 年才竣工。建成后，塔顶中心线偏离垂直中心线 2.1m，此后继续倾斜，现塔顶中心点已偏离垂直中心线 4.4m。虽摇摇欲坠，但斜而不倒，由此成为世界中古七大奇迹之一。

图 3.10　罗马斗兽场

图 3.11　比萨斜塔

4）万神殿

万神殿是现有保存最完整的古罗马帝国古迹。这座古建筑是奉马尔科·阿格里帕总督之命于公元前 27 年至前 25 年为纪念奥古斯都皇帝远征埃及的战功而兴建的，它的历史比斗兽场还早百年。万神殿是用来供奉庙宇主要神祇的寺庙。这座圆形建筑物正面高达 14m 的 8 根石柱，都是当时用大木筏从埃及运到罗马的。万神殿迄今依然是罗马城中古典建筑艺术最杰出的代表之一，米开朗琪罗曾赞叹万神殿是“天使的设计”，它简洁几何形体的悦目组合——一个半球体，一个带有三角形墙的长方形，独具创造性。穹顶直径为 9m 的天窗是内部唯一的光线来源，光线照射在马赛克的地板上，营造着一种庄严肃穆的气氛。公元 609 年，万神殿成为天主教堂。意大利统一后，万神殿被作为意大利的皇陵。

图 3.12　威尼斯

5）水城威尼斯

威尼斯是意大利东北部的城市，亚得里亚海威尼斯湾西北岸重要港口。主建于离岸 4km 的海边浅水滩上，平均水深 1.5m。只有一条长堤与大陆相通，其余都被海洋所环绕。全市由 118 个小岛组成，并以 177 条水道、400 多座桥梁联成一体，开门见水，出门乘舟，是世界上唯一没有汽车的“水城”（图 3.12）。有“水上都市”、

“百岛城”、“桥城”之称。

船多也是威尼斯的特色。除轮船、汽艇之外，最富趣味的是“贡多拉”，一种黑色平底、两头上翘的单桨狭长木船。一只只造型优美的贡多拉穿梭于“大街小巷”，给这座城市增添无限诗意。

威尼斯还是一座古迹遍布的历史名城。全城有120座各种风格的教堂及形状各异的钟楼，64座修道院，40多座宫殿。拿破仑称之为“举世罕见的奇城”。位于市中心的圣马可广场及圣马可教堂，分别以“世界最美的广场”和“世界最美的教堂”而闻名。

知识链接3-13

米　兰

米兰是意大利的第二大城市，全国最重要的经济中心，有“经济首都”之称。也是艺术的摇篮和许多天才人物的故乡。

米兰是通往欧洲各国的交通中心，也是全国的重要文化中心。有圣心天主教大学、国立米兰大学、博科尼商业大学、米兰工学院、音乐学院等。米兰的名胜古迹众多，最有名的是三大古迹——杜奥莫大教堂、斯福尔扎古城堡和现藏米兰圣玛利亚德尔格契修道院的达·芬奇的壁画《最后的晚餐》。此外，米兰的斯卡拉歌剧院是世界六大歌剧院之一，也是世界上层次最多、音响效果最好的剧院。它是世界名演员心驰神往之地，能站上斯卡拉的舞台，是许多演员一生的梦想，故有“歌剧的麦加”之称。

3.4 欧洲心脏—德国

3.4.1 概况

1. 地理位置

德国位于欧洲中部，东部与波兰和捷克接壤，南边是瑞士和奥地利，西部与荷兰、比利时、卢森堡和法国为邻，北临丹麦并邻北海和波罗的海与北欧国家隔海相望，是欧洲西部拥有邻国最多的国家。德国总面积35.7万平方千米，南北直线距离876km，东西直线距离640km。

2. 自然环境

德国地势北低南高，可分为4个地形区：北德平原，平均海拔不到100m；中德山地，由东西走向的高地块构成；西南部莱茵断裂谷地区，两旁是山地，谷壁陡峭；南部的巴伐利亚高原和阿尔卑斯山区，其间拜恩阿尔卑斯山脉的主峰楚格峰海拔2 963m，为全国最高峰。主要河流有莱茵河、易北河、多瑙河、威悉河、奥得河。

德国地处温带，位于大西洋和东部大陆性气候之间的西风带，空气湿润，气候凉爽，全年日照较少，均有降水。

3. 人口、语言及宗教

德国拥有居民 8 071 万（2013 年），是欧盟人口数量最多的国家，主要是德意志人，还有少数丹麦人、吉卜赛人、索布族人和犹太人，索布族是德国唯一的少数民族。德国的犹太人数量约 12 万人，居西欧第三位。德国是欧洲人口最稠密的国家之一，人口密度为 226 人/km^2。

德国通用德语，德语属于印欧语系中的日耳曼语族。

德国居民多信奉基督教和天主教。其中 30.2%的人信奉天主教，29.2%的人信奉基督教新教，1%的人口信奉东正教。此外还有 330 万穆斯林教徒，23 万名佛教徒，10 万名犹太教徒，9 万名印度教教徒。

4. 国旗、国歌、国花

国旗：德国国旗（图 3.13）呈横长方形，长与宽之比为 5∶3。自上而下由黑、红、金（黄）3 个平行相等的横长方形相连而成。1918 年德意志帝国垮台后，魏玛共和国也采用黑、红、黄 3 色旗为国旗。1949 年 9 月德意志联邦共和国成立，依然采用魏玛共和国时期的 3 色旗。同年 10 月成立的德意志民主共和国也采用 3 色旗，只是在旗面正中加了包括锤子、量规、麦穗等国徽图案。1990 年 10 月 3 日，统一后的德国仍沿用德意志联邦共和国国旗。

图 3.13　德国国旗

国歌：《德意志之歌》的第三段，歌词是奥古斯特·海因利希和霍夫曼·冯·法勒斯雷本于 1841 年撰写的，曲调采用“交响乐之父”弗朗茨·约瑟夫·海顿所创作的歌曲《上帝拯救弗朗是皇帝》的旋律。1922 年在纪念魏玛共和国成立 3 周年之际，共和国第一任总统弗里德里希·艾伯特将“德意志之歌”升格为国歌。1952 年，在联邦总统豪伊斯和联邦总理阿登纳之间的一次通信中，这首歌重新被确认为国歌。

国花：矢车菊是德国的名花，德国人用它象征日耳曼民族爱国、乐观、顽强、俭朴的特征，并认为它有吉祥之兆，因而被誉为“国花”。

5. 行政区划

德国分为联邦、州、市镇三级，共有 16 个州，12 229 个市镇。其中柏林、汉堡和不来梅是联邦州级市。首都为柏林。

3.4.2 发展简史、政治、经济、文化

1. 发展简史

公元前境内就居住着日耳曼人。公元2世纪至3世纪逐渐形成部落。10世纪形成德意志早期封建国家。13世纪中期走向封建割据。18世纪初奥地利和普鲁士崛起，根据1815年维也纳会议，组成了德意志邦联，1848年德国各地爆发革命，普鲁士于1868年的“七星期战争”中击败奥地利，次年建立北德意志联邦，1871年统一的德意志帝国建立。该帝国1914年挑起第一次世界大战，1918年因战败而宣告崩溃。1919年2月德意志建立魏玛共和国。1933年希特勒上台，次年实行独裁统治。德国于1939年发动第二次世界大战，1945年5月8日德国战败投降。

战后，根据雅尔塔协定和波茨坦协定，德国分别由美、英、法、苏4国占领，并由四国组成盟国管制委员会接管德国最高权力。柏林市也划分成4个占领区。1948年6月，美、英、法3国占领区合并。翌年5月23日，合并后的西部占领区成立了德意志联邦共和国。同年10月7日，东部的苏占区成立了德意志民主共和国。德国从此正式分裂为两个主权国家。1989年民主德国局势发生了急剧变化，11月9日，“柏林墙”开放。1990年8月31日，双方又在柏林签署两德统一条约，分裂40多年的两个德国重新统一。

2. 政治

德国国家政体为议会共和制，联邦总统为国家元首。议会由联邦议院和联邦参议院组成。联邦议院行使立法权，监督法律的执行，选举联邦总理，参与选举联邦总统和监督联邦政府的工作等。联邦议院选举通常每4年举行一次，在选举中获胜的政党或政党联盟将拥有组阁权。议长由各州州长轮流担任，任期1年。联邦政府由联邦总理和联邦部长若干人组成，联邦总理为政府首脑。联邦宪法法院是最高司法机构，主要负责解释《基本法》，监督《基本法》的执行，任期12年。德国的政党有：德国社会民主党、绿党、基民盟、基督教社会联盟、自由民主党、民主社会主义党、德国共产党、共和党等。

3. 经济

德国是高度发达的工业国家，经济总量位居欧洲首位，是世界第四大经济体，仅次于美国、中国和日本。德国作为西方七大工业国成员，对世界经济和金融形势起着重要作用。德国是商品出口大国，工业产品的一半销往国外。德国是世界第二大出口国，主要贸易对象是西方工业国。

德国自然资源贫乏，除硬煤、褐煤和钾盐的储量丰富之外，在原料供应和能源方面很大程度上依赖进口，矿物原料（铁矿石、铝土矿、锰、磷酸盐、钨和锡）对外国的依赖特别大。德国拥有少量铁矿和石油，天然气需求量的1/3可以由国内满足，2/3的初级能源需要进口。

德国经济的主要支柱是工业，重要的工业领域有钢铁、采矿、精密仪器和光学仪

器、航空航天、纺织和服装、食品工业和造船工业等。德国是啤酒生产大国，其啤酒产量居世界前列。

4. 文化

受意大利文艺复兴的影响，德国的18世纪文学走向顶峰。歌德、海涅、席勒、莱辛和格林兄弟都是杰出的代表。20世纪最著名的作家有托马斯·曼、海因利希·曼和贝托尔特·布莱希特。作家海因里希·伯尔和君特·格拉斯分别于1972年和1999年获得诺贝尔文学奖。德国有3 000多座博物馆，收藏内容十分丰富。此外，每年都举行各种艺术节、博览会和影展等。德国图书出版量居欧洲第一位。法兰克福和莱比锡是德国图书出版业中心。音乐是德国人生活中不可缺少的组成部分，德国造就了各个不同时期的音乐大师，如贝多芬、巴赫、门德尔松、瓦格纳等，柏林爱乐乐团更是享誉世界。教堂、宫殿和古堡是德国重要的文化遗产。德国联邦政府迄今评出9所精英大学：亚琛工业大学、柏林自由大学、弗莱堡大学、哥廷根大学、海德堡大学、康斯坦茨大学、卡尔斯鲁厄大学、慕尼黑大学、慕尼黑工业大学，并对上述大学进行重点资助。

知识链接 3-14

爱因斯坦

爱因斯坦（1879—1955年），犹太人，举世闻名的德裔美国科学家（有瑞士国籍），是现代思想家及哲学家，现代物理学的开创者和奠基人，相对论——“质能关系”的提出者，“决定论量子力学诠释”的捍卫者。

爱因斯坦1900年毕业于苏黎世联邦理工学院，入瑞士国籍。1905年获苏黎世大学哲学博士学位，曾在伯尔尼专利局任职，在苏黎世工业大学、布拉格德意志担任大学教授。1913年返德国，任柏林威廉皇帝物理研究所所长和柏林洪堡大学教授，并当选为普鲁士科学院院士。1921年获诺贝尔物理学奖，在物理学的许多领域都有贡献，比如阐明布朗运动、建立狭义相对论并推广为广义相对论、提出光的量子概念，并以量子理论完满地解释光电效应、辐射过程、固体比热，发展了量子统计。1933年因受纳粹政权迫害，迁居美国，任普林斯顿高级研究所教授，从事理论物理研究，1940年入美国国籍。爱因斯坦被美国《时代周刊》评选为“世纪伟人”。

3.4.3 民俗

1. 姓名称谓

德国人的姓名与大部分欧美人的姓名一样，名在前，姓在后。德国人之所以形成这样的姓名习惯，是因为在一个相当长的历史时期他们只有名而无姓。德国人的名早在8世纪古日耳曼时期就已出现了，而姓则是在12世纪以后才逐渐被普遍使用的。

为此，“名”在德语中被称为“前面的名”，“姓”为“增添上去的名”。

人们最初用表示吉祥、愿望的词来为自己命名，这些词有高贵的、强大的、美丽、胜利、和平等。同样一个词在为女性命名时，在词尾常常要加 a 或 e，比如用于男名的路易（Louis），用作女名时就变成路易丝 Louise。在德国，女性婚后改用夫姓，不过德国的法律规定可姓丈夫的姓，也可姓妻子的姓。

在德国有些姓是非常普遍的，如米勒、施密特，姓这两个姓的人就有上百万之多。其次，如迈尔、施耐德、霍夫曼、菲舍尔和韦贝尔等，姓这些姓的人也相当多。

知识链接 3-15

德国人如何起名

作为一个欧洲国家和一个基督教国家，德国人的姓名自然要受到它周边国家和宗教的影响，如起源于希腊语的亚历山大、巴巴拉、克里斯蒂安、玛格丽特、安德鲁等；来自英语的哈里、埃德加；来自拉丁语的马克、帕特里夏；来自法语的莎洛特、路易以及来自受宗教影响的希伯来语的亚当、埃娃、伊丽莎白、约翰、约瑟夫、迈克尔、詹姆斯等。此外，人们还往往选用一个自己所崇敬的人或长辈的名字来为孩子命名。天主教徒则常常选用某个圣徒的名字来为孩子命名，比如约瑟夫（主将助之）、迈克尔（神之宠）、詹姆斯（愿神保佑）等。

2. 生活习俗

1）服饰

德国人在穿着打扮上的总体风格，是庄重、朴素、整洁。在一般情况之下，男士大多爱穿西装、夹克，并且喜欢戴呢帽。妇女们则大都爱穿翻领长衫和色彩、图案淡雅的长裙。在日常生活里，德国妇女的化妆以淡妆为主。在正式场合时，必须要穿戴得整齐，衣着多为深色。在商务交往中，他们讲究男士穿 3 件套西装，女士穿裙式服装。传统的女装常常佩有帽子，帽子的样式多种多样，有的妇女干脆用鲜花编成花环带在头上，十分娇艳。在北方的港口城市汉堡，人们爱戴一种小便帽，这种小便帽已成为汉堡人服饰上的一个显著特征。德国人对发型较为重视，在德国，男士不宜剃光头，免得被人当做“新纳粹”分子。德国少女的发式多为短发或披肩发，烫发的妇女大半都是已婚者。

2）饮食

德国菜不像法式菜那样复杂，也不像英式菜那样清淡，它以朴实无华、经济实惠的特点独立于西餐食坛中。德国人的餐桌上主角是肉食，最爱吃猪肉，其次是牛肉，爱吃以猪肉制成的各种香肠。他们制作的香肠有 1 500 种以上，许多种类风行世界，像以地名命名的“黑森林火腿”，可以切得跟纸一样薄，味道奇香无比。德国人一般胃口较大，喜食油腻之物，所以胖人极多。在口味方面，爱吃冷菜和偏甜、偏酸的菜肴，不爱吃辣和过咸的菜肴。在饮料方面，最爱喝啤酒，对咖啡、红茶、矿泉水，也很喜欢。

3）民居

德国人对住房的要求极高，拥有一套单独宅院的住房是普通德国人毕生奋斗的理想。人们平日辛勤工作，积攒钱盖房，为自己和子孙后代营造一处宽敞、体面、舒适的住房被视为人生完美充实的标志。德国民居大致差不多，楼房呈正方形，陡坡状瓦式大屋顶，为了有效利用空间屋顶上会露出几扇窗户。有的家没有院墙，有的家有半米高象征性的小院墙，给人一种不设防的错觉，其实那是外松内紧。楼内房间布局没有规律性，大小房屋交叉错落分布，十分复杂，每间房屋都有固定的用途，凡是带窗户的一般是卧室、客厅、书房、厨房或浴室，密室和贮藏室都没有窗户，室内完全靠灯光照明，可能这样更安全。许多家庭每人都有一间小密室，有的家还在地下室内建有永久性的钢筋混凝土防空室，里面全部是现代化设施，透气、通水、通电，并备有充足的饮料和食品，“备战备荒”，以防突发性事件。

3. 主要节庆

德国全年法定节假日有：新年（1月1日）、国际劳动节（5月1日）、耶稣开天节（复活节后的第7个星期日）、慕尼黑啤酒节（每年9月最后一周至10月第一周）、德国统一日（10月3日）、忏悔节（11月）、狂欢节（11月11日）、圣诞节（12月25日）等。

圣诞节。德国最重要节日，就像中国的春节。圣诞节的假期是12月25、26日，但很多企业和政府机关假期都从12月24日持续到元月2、3号。每年进入12月，各地的商店和街道就开始披上节日的盛装，市议会门前或广场总要树一棵大的圣诞树，各种圣诞节的时令商品堆满货架。节前人们忙着采购鲜花、家庭圣诞树、圣诞礼物和各种“年货”。

狂欢节。从每年11月11日11时起狂欢节就算开始了，一直到第二年复活节前40天为止，前后要持续两三个月。这一天人们身穿节日盛装，带上各种假面具，到街上游行，各种彩车也驶上街头。站在车上的人们向街道两旁的人群分撒糖果、巧克力和玩具等。狂欢节不分男女老少，脸上化妆，穿奇装异服，翩翩起舞，场面壮观、热烈。它的高潮是在最后一个星期，特别是这周的星期日、星期一和星期二，德国的狂欢节达到顶峰。

复活节。复活节在每年春分月圆后第一个星期日和星期一，日期不定，一般在3月底4月初。复活节是德国的第二大传统节日，也最古老的基督教节日。至今仍保留着种种习惯，如节前准备复活兔子和复活节彩蛋，以此来欢庆春回大地，万象更新。

啤酒节。德国慕尼黑的啤酒节是全世界规模最大的民间节日。源于1810年德国慕尼黑Ludwig王子的婚礼及加冕仪式，逐渐发展成今天的德国啤酒节。每年的啤酒节从9月中旬的第一个星期六开始，到10月的第一个星期日结束，一般历时16天左右。啤酒节期间，人们全家出动，亲朋好友相伴，恋人相依，欢聚在一起，喝着自制的鲜酿啤酒，吃着德国独有的各式各样的香肠和面包。参加者往往达到六七百万人，不仅有来自全国各地的人士，而且包括欧洲各国以及世界各地的游客。啤酒节期间你会看到传统慕尼黑啤酒节中出现的蓝白相间的大帐篷，赛喝啤酒等传统德国游戏。德国民间身着民族服装穿梭于人群之中，娴熟地演奏轻松欢快的乐曲，开朗活泼的金发女郎穿着五彩的民族服装载歌载舞。

4. 礼仪禁忌

德国人在遵纪守法方面具有很强的自觉性，在德国，人们视遵纪守法为最高伦理原则，人们普遍存在着求稳怕乱、安于现状、自满自足的心理。从总体上说，德意志民族是一个团结守纪律的民族，他们在公共场合礼让老弱妇孺，不打闹喧哗，讲究公共卫生。德国人待人接物虽然严肃拘谨，但态度诚恳坦直。如果你在街上向陌生的德国人问路，他会热情地、不厌其烦地为你指点迷津。在公共社交场合，德国人显得非常拘泥形式，不擅长幽默。他们一板一眼、正襟危坐，做事谨慎小心，一切按规矩和制度行事。德国人很讲究清洁和整齐，不仅注意保持自己生活的小环境的清洁和整齐，而且也十分重视大环境的清洁和整齐。在德国，无论是公园、街道，还是影剧院或者其他公共场合，到处都收拾得干干净净，整整齐齐。德国人也很重视服装穿戴，工作时就穿工作服，下班回到家里虽可以穿得随便些，但只要有客来访或外出活动，就一定会穿戴得整洁。看戏、听歌剧时，女士要穿长裙，男士要穿礼服，至少要穿深色的服装。参加社会活动或正式宴会更是如此。德国人具有勤劳、整洁的生活习惯，一般人家黎明即起洒扫庭院，起居室整理得井然有序、一尘不染。

德国人忌讳13和星期五；对纳粹党党徽的图案十分忌讳；服饰和其他商品包装上忌用纳粹标志；德国人讨厌菊花、蔷薇图案、蝙蝠图案，还忌讳核桃；向德国人赠送礼品时，不宜选择刀、剑、剪、餐刀和餐叉；以褐色、白色、黑色的包装纸和彩带包装、捆扎礼品，也是不允许的；送女士一枝花，一般也不合适；德国人对黑色、灰色比较喜欢，对于红色以及渗有红色或红、黑相间之色，则不感兴趣；忌讳在公共场合窃窃私语，不喜欢他人过问自己私事；遇到别人生病，除伤风感冒或外伤等常见的病外，不要问及病因及病情；按德国的习俗，生日不得提前祝贺；访友时要事先约定，在他人的办公室或家中，非经邀请或同意，不要自行参观，更不要随意翻动桌上的书籍或室内的物品。

3.4.4 旅游业概况

1. 旅游资源概况

德国是一个富有魅力的世界性旅游大国，它为旅游者提供了丰富多彩的城市与自然风光。宁静的世外桃源或生机勃勃的都市都能在这里找到。德语地区漫长而丰富的历史造就了众多的历史名城、文物建筑、博物馆与艺术品收藏、花园与剧场等。南部的阿尔卑斯山是欧洲重要的夏季疗养地和冬季运动会中心。中部黑森林地犹如绿色海洋，是德国最受欢迎的旅游区之一。多瑙河沿岸景色秀丽，博登湖是著名的疗养胜地。每年有大量游客在德国旅游，其主要客源国是美国、荷兰、英国、瑞典、意大利、法国、日本、瑞士和丹麦等。

2. 旅游热点

1）科隆大教堂

科隆大教堂位于德国科隆市中心的莱茵河畔，是一座典型的欧洲宗教建筑，是世界上最完美的哥特式教堂（图3.14）。始建于公元1248年，1880年竣工，工程持续了数百年。东西长 144.55m，南北宽 86.25m，厅高 43.35m，顶柱高 109m，中央是两座与门墙连砌在一起的双尖塔，这两座 157.38m 的尖塔像两把锋利的宝剑，直插苍穹。整座建筑物全部由磨光石块砌成，占地 8 000m^2，建筑面积约 6 000 平方米。在大教堂的四周矗立着无数座小尖塔，整个大教堂呈黑色，在全市所有的建筑中格外引人注目。教堂内的摆钟直径 3.21m，重 2.4T，是世界上最大的摆钟。教堂高 17m 的彩绘玻璃窗展现了旧约全书中 48 位皇帝的形象，人物造型传神。

图 3.14　科隆大教堂

2）国会大厦

德国国会大厦位于柏林市中心，建于 1884 年，由德国建筑师保罗·瓦洛特设计，体现了古典式、哥特式、文艺复兴式和巴洛克式的多种建筑风格，是德国统一的象征。1918 年 11 月 9 日，议员菲利普·沙伊德曼通过国会大厦的窗口宣告共和国的成立。1933 年 2 月 27 日大厦失火，部分建筑被毁，失火原因不明。“国会纵火案”成为纳粹统治者迫害政界反对派人士的借口。德国国会大厦现在不仅是联邦议会的所在地，其屋顶的穹形圆顶也是最受欢迎的游览圣地。它不断更新的历史映射着自 19 世纪以来德国历史的各个侧面。

3）无忧宫

无忧宫位于德意志联邦共和国东部勃兰登堡州首府波茨坦市北郊。宫名取自法文原意“无忧”（或“莫愁”之意）。无忧宫及其周围的园林是普鲁士国王腓特烈二世（1745—1757 年）时期仿照法国凡尔赛宫的建筑式样建造的。整个园林占地 290 公顷，坐落在一座沙丘上，故有“沙丘上的宫殿”之称。无忧宫全部建筑工程前后延续了约 50 年之久，为德国建筑艺术的精华。室内多用壁画和明镜装饰，辉煌璀璨。宫的东侧有珍藏 124 幅名画的画廊，多为文艺复兴时期意大利、荷兰画家的名作。在无忧宫的花园内有一座六角凉亭，被称为中国茶亭。茶亭采用了中国传统的伞状圆形屋顶、上盖碧瓦、黄金圆柱落地支撑的建筑结构。亭内桌椅完全仿造东方式样制造，亭前矗立着一只中国式香鼎，据说当年普鲁士国王常在此品茶消遣。

4）勃兰登堡门

勃兰登堡门（图 3.15），柏林仅存的城门，是柏林城的标志。勃兰登堡门位于柏林市中心菩提树大街，是柏林市区著名的游览胜地和德国统一的象征。公元 1753 年，普鲁士国王弗里德利希·威廉一世定都柏林，下令修筑共有 14 座城门的柏林城，因此门坐西朝东，弗里德利希·威廉一世便以国王家族的发祥地勃兰登命名。初时此门仅为一座用两根巨大的石柱支撑的简陋石门。1788 年，普鲁士国王弗里德利希·威廉二世统一德意志帝国，为表庆祝重建此门。当时德国著名建筑学家卡尔·歌德哈尔·阆汉斯受命承担设计与建筑工作，他以雅典古希腊柱廊式城门为蓝本，设计了这座凯旋门式的城门，并于 1791 年竣工。重建后的城门高 20m，宽 65.6m，进深 11m，门内有 5 条通道，中间的通道最宽。据史书记载，中间的通道在 1918 年德皇退位前仅允许皇族成员行走。在各通道内侧的石壁上镶嵌着沙多创作的20幅描绘古希腊神话中大力神海格拉英雄事迹的大理石浮雕画，30幅反映古希腊和平神话“和平征战”的大理石浮雕装饰在城门正面的石门楣上。此门建成之后曾被命名为“和平之门”，战车上的女神被称为“和平女神”。

图3.15 勃兰登堡门

5）莱茵河

莱茵河流经德国的部分长865km，流域面积占德国总面积的40%，是德国的摇篮。莱茵河发源于瑞士境内的阿尔卑斯山北麓，西北流经列支敦士登、奥地利、法国、德国和荷兰，最后在鹿特丹附近注入北海，全长1 320km。莱茵河是欧洲一条著名的国际性河流，是具有历史意义和文化传统的欧洲大河之一，也是世界上最重要的工业运输大动脉之一。从历史和货运量上来说，莱茵河在世界诸河流中是无可比拟的商业运输大动脉。

知识链接3-16

柏林墙

“柏林墙”是指环绕西柏林的一道围墙。东德（民主德国）政府根据人民议院1961年8月12日通过的法令，于8月12~13日夜间修筑。目的是制止东德居民包括熟练技工大量流入西德。原为铁蒺藜围成的路障，后改筑成2m高、顶上拉着带刺铁丝网的混凝土墙。在正式的交叉路口和沿线的观察塔楼上设置警卫。1970年，虽然东西德之间关系有所改善，东德政府还是把柏林墙加高到3米以阻止居民逃向西方。到1980年，围墙、电网和堡垒总长达1 369km。除筑墙外还严格限制西柏林与东德之间的人口流动。后根据东、西德政府1971年12月20日签署的协议，限制略有放宽。1989年下半年，东欧各国政局剧变。民主德国在向德国西部移民浪潮的冲击下，于1989年11月9日，将存在28年零3个月的柏林墙推倒，促进了德国的统一。

柏林墙与朝鲜半岛上的“三八”线一样，均为第二次世界大战后的产物，可称得上是欧亚大陆上的两条“姊妹墙”。

3.5 旅游王国——西班牙

3.5.1 概况

1. 地理位置

西班牙正式名称为西班牙王国，是一个位于欧洲西南部的国家，与葡萄牙同处于伊比利亚半岛，它的领土还包括地中海上的巴利阿里群岛，大西洋上的加那利群岛，以及在非洲的休达和梅利利亚。其北濒比斯开湾，西邻葡萄牙，南隔直布罗陀海峡与非洲的摩洛哥相望，东北与法国、安道尔接壤，东和东南临地中海。海岸线长约 7 800km。境内多山，是欧洲高山国家之一。

西班牙和葡萄牙一起位于欧洲西南端伊比利亚半岛上，号称“永不沉没的航船”。西班牙总面积共计 50. 59 万平方公里，是欧洲土地面积较为广阔的国家之一。

2. 自然环境

西班牙是一个多山的国度，坎塔布里亚山脉、比利牛斯山脉、格雷多斯山脉、莫雷纳山脉等形成了西班牙复杂奇特的地形。

西班牙受地中海和大西洋，以及复杂地形的影响，大部分地区属温带，同时呈现多样性，总体特征是温和少雨、干燥多风。中部梅塞塔高原为大陆性气候，冬夏温差大。北部和西北部为温带海洋性气候，冬夏温差不大。南部和东南部为地中海式的亚热带气候，夏季酷热，冬暖多雨。西班牙河流众多，纵横交错，主要河流有埃布罗河、杜罗河、塔霍河和瓜迪亚纳河等，这些河流分别向西、南、东 3 个方向注入大西洋和地中海。

3. 人口、语言及宗教

人口：4 726 万人（2013 年），主要是西班牙人，少数民族有加泰罗尼亚人、加利西亚人和巴斯克人。

西班牙语是官方语言和全国通用语言。

西班牙有 94%的居民信奉天主教，其余也有新教徒、犹太教徒和伊斯兰教徒。天主教对西班牙人的生活影响很大，神甫和修女仍受到社会的尊重，其圣城圣地亚哥被称为欧洲的“朝圣之路”。天主教的影响更多地表现在西班牙人的日常生活中。像其他天主教徒一样，西班牙人一生中最重要的时刻都是在教堂中度过的，如出生后的洗礼，第一次领圣餐，婚礼和死后的葬礼等。

4. 国旗、国歌、国花

国旗：西班牙国旗呈长方形，长与宽之比为 3∶2。旗面由 3 个平行的横长方形组成，上下均为红色，各占旗面的 1/4，中间为黄色。黄色部分偏左侧绘有西班牙国徽。红、黄两色是西班牙人民喜爱的传统颜色，并分别代表组成西班牙的 4 个古老王国。

国歌：西班牙国歌《皇家进行曲》，最早源于 18 世纪卡洛斯三世时期的格拉纳达军队进行曲，皇家名称为《西班牙荣誉进行曲》，民间则称为《步兵进行曲》。

国花：西班牙的国花是石榴。在西班牙的国徽上有一个红色的石榴，正是西班牙的国花。石榴既可观赏又可食用，是富贵、吉祥、繁荣的象征。在西班牙，50 万平方千米的土地上，不论高原山地、市镇乡村、房前屋后，还是滨海公园，到处都可见石榴树。

知识链接 3－17

没有歌词的国歌

西班牙国歌是只有乐曲，没有歌词。王室曾多次组织音乐家谱写新歌，但无一能够超过《皇家进行曲》这个曲子，于是这首有曲无词的国歌便延续下来。直至2007年年底，由全国性发起征集歌词的活动，确定了西班牙国歌歌词。但是这段歌词并没有得到广泛的认可，西班牙国歌的歌词问题还是被搁置了下来。当西班牙足球队在比赛中获胜时，本国足球球迷却不能高唱国歌，正是因为西班牙的国歌目前还没有正式的歌词的缘故。

5. 行政区划

全国划分为17个自治区，50个省，8 000多个市镇。17个自治区为：安达卢西亚、阿拉贡、阿斯图里亚斯、巴利阿里、巴斯克、加那利、坎塔布里亚、卡斯蒂利亚-莱昂、卡斯蒂利亚-拉曼查、加泰罗尼亚、埃斯特雷马杜拉、加利西亚、马德里、穆尔西亚、纳瓦拉、拉里奥哈和巴伦西亚。

西班牙首都为马德里，地处海拔670m的山间盆地上，是欧洲地势最高的首都之一。

3.5.2 发展简史、政治、经济、文化

1. 发展简史

西班牙是一个历史悠久、文明古老的国家。公元前9世纪凯尔特人从中欧迁入。公元前8世纪起，伊比利亚半岛先后遭外族入侵，长期受罗马人、西哥特人和摩尔人的统治。西班牙人为反对外族侵略进行了长期斗争，1492年取得“光复运动”的胜利。1516年查理一世继承王位，称为卡洛斯一世，建立了欧洲最早的统一中央王权的共主邦联的国家。1837年伊莎贝尔二世在通过君主立宪的法案之后将其正式合并为一个国家，决定用西班牙一词命名，自此结束了历经300多年的共主邦联模式。1931年王朝被推翻，成立共和国。1936年成立由人民阵线领导的联合政府。1936年佛朗哥发动西班牙内战，于1939年夺取政权，1947年宣布为君主国。

2. 政治

西班牙是议会君主制国家。现行宪法于1978年全国公民投票通过，规定西班牙是社会与民主的法制国家，实行议会君主制，王位由胡安·卡洛斯一世的直系后代世袭，国王为国家元首和武装部队最高统帅，代表国家、政府负责治理国家并向议会报告工作。国王为国家元首和武装部队最高统帅，是国家统一和存在的象征。政府最高权力机构是由首相、副首相及各部大臣组成的部长理事会。宪法承认和保证民族及地区的自治权。议会由参议院和众议院组成，行使国家的立法权，审批国家财政预算，监督政府工作。立法权以众议院为主，参议院为地区代表院。议员由

选举产生，任期4年。司法领导机构是司法总委员会，由20名成员组成，最高法院院长兼任主席。司法机构分司法和行政法两大系统。此外，还设有国家总检察院，下辖各级检察院及派驻各司法部门的检察官。西班牙每个省均设有省级法院，负责受理民事和刑事案件。

3. 经济

西班牙是一个中等发达的资本主义国家，已跻身于世界经济强国之列。西班牙是一个后进的工业国，工业产值占国内生产总值的33%左右。西班牙的工业分布很不平衡，主要集中在马德里、加泰罗尼亚、巴斯克、巴伦西亚、安达卢西亚和卡斯蒂利亚—莱昂地区。造船工业，在西欧仅次于德国名列第二；汽车工业在西班牙起步较晚，但如今已处于制造业中的领先地位，成为仅次于中、美、日、德、法、韩之后的世界第七大生产国。西班牙的制鞋业也很发达，是世界产鞋中心之一，被誉为“制鞋王国”。西班牙也是世界上最大的葡萄酒生产国之一，葡萄酒产量仅次于法国和意大利，居世界第三位。西班牙是一个传统的农业国，农业产品基本自给，有些农产品还供出口。西班牙因盛产橄榄而素有“橄榄王国”之称。

4. 文化

西班牙文化源远流长，有着2 000多年的历史，它哺育了许多著名的文学和艺术天才，为西班牙赢得了广泛的声誉和威望，也为丰富世界文学艺术宝库做出了杰出的贡献。另外，西班牙还有5位诺贝尔文学奖得主。

《堂·吉诃德》是西班牙人的骄傲，它在世界各地拥有无数的读者。毕加索是20世纪最具有创造性、影响最大的西班牙艺术巨匠之一。当代西班牙是一个足以与意大利相抗衡的声乐强国。著名歌唱家多明戈和卡雷拉斯与意大利帕瓦罗蒂齐名，并称为当代“世界三大男高音”，此外，贝尔甘萨是西班牙著名女中音歌唱家，以演唱罗西尼和莫扎特歌剧中的花腔角色而闻名，被誉为“甜嗓子的女人”；还有情歌大师胡里奥·伊格莱西斯。

西班牙传统舞蹈与戏剧体现了其独特的文化内涵，最为著名的是奔放的弗拉门戈。弗拉门戈舞和斗牛一样是西班牙的国粹，它是一种民俗舞，起源于吉卜赛人和阿拉伯人的舞蹈，它充分展示了西班牙女郎的形体美和西班牙骑士粗犷和豪放的风采，浸透了西班牙民族的艺术修养和民族情感。激越的萨苏埃拉剧，它是西班牙独有的说唱剧，与弗拉门戈齐名，在西班牙是家喻户晓。热烈的方丹戈，它是西班牙的一种热烈的爱情舞蹈，伴有歌唱，这种舞蹈已有1 000多年的历史。欢快的霍塔舞，它是流行于西班牙北部的一种民间舞蹈。西班牙是世界上独一无二和名副其实的“斗牛王国”。多少世纪以来，斗牛业经久不衰，，斗牛文化日益深入人心。首都马德里范塔士斗牛场最具规模，古罗马式的建筑壮观堂皇，可容纳三四万人。

现在西班牙的教育体制主要分为学前教育、普及教育、学士教育、高等教育以及职业培训。西班牙的中、小学实行免费义务教育，小学为6年，中学为4年，大学4~5年。西班牙的萨拉曼卡大学和格拉纳达大学都是欧洲最古老的大学之一。

3.5.3 民俗

1. 姓名称谓

西班牙人姓名的排列顺序通常为“教名·父姓·母姓”，教名可有两个或两个以上。西班牙人信奉天主教，有时几个教名全用圣徒的名字，所以，西班牙人使用复名和复姓很普遍，绝大多数人的名字来自于天主教男、女圣徒的名字或天主教经典著作中的名词。最常见的男女名字就是圣父圣母“何塞”和“玛丽亚”，以“玛丽亚”为名的妇女非常之多，甚至一些男子也以此为名。不过，男子取名“玛丽亚”时，这个名不出现在名首，如：何塞·玛丽亚·佩雷斯；西班牙前任首相就叫“何塞·玛丽亚·阿斯纳尔”。

在社交场合，西班牙人通常只用本名和父亲姓，其他省略。在一般场合，人们称呼只用父姓，或教名加上父姓。在家庭成员和亲朋好友之间，一般称呼名不称呼姓，且经常使用爱称。妇女结婚后，需要在她的全名后面添上丈夫的姓，中间则用前置词连接。如玛丽亚·莫雷诺小姐与何塞·佩雷斯先生结婚后，她在公开场合被称为“玛丽亚·莫雷诺·德·佩雷斯”，或者“佩雷斯夫人”。他们的子女则把“佩雷斯 ·莫雷诺”分别作为自己的父姓和母姓。

2. 生活习俗

1）服饰

西班牙的传统服饰主要有：披风也叫披肩，它是西班牙妇女特有的传统服饰。它讲究面料，且大多绣花，图案典雅美观，色调亮丽，可长可短，一般没有袖子，也没有领子，但左右侧有口袋。安达卢西亚长裙是西班牙有民族特色的裙装，其下摆一直坠到双踝处，走起路来雅致而又飘逸；斗牛裤，又称紧身裤，裤腿很短，是西班牙男子一种传统的裤子，古时的斗牛裤大多为黑色或深蓝色，现时的斗牛裤则带有刺绣的多色花边。做工讲究，结实耐磨，有红色、白色、蓝色等，款式很多。

现今的西班牙人的衣着习惯和观念发生了重大的变化，除上班男人穿西装，女子穿着西装裙外，平时追求自然和舒适，青睐纯棉和纯丝，喜欢突出个性，风格各异。西班牙女人上街必定要戴耳环，认为如果没戴耳环，简直跟没穿衣服一样。西班牙人在外出旅游时无不一身休闲装、运动服，富有朝气，充满青春活力。

2）饮食

西班牙的饮食习惯和东方人一样，也是一日三餐，但其饮食结构和时间却大相径庭。早餐一般在 8 点左右，以简单快捷为主，大致牛奶、面包、黄油、奶酪、果汁、咖啡等，午餐大约在下午 2 点，不大讲究，常常是份饭，外加一杯饮料或啤酒。晚餐通常在晚上 10 点，比较丰盛，也比较讲究，有开胃汤、主菜和主食，还必备葡萄酒。主菜主要有牛排、猪排、烤牛肉、烤羊肉、炸鸡腿、烤鱼、焖火鸡、焖兔肉、火腿及炸虾、炸土豆等。西班牙最有特色的餐馆主要有以下几种。第一是海鲜馆，西班牙海鲜很多，特别是巴斯克风味的“盐包烤鱼”，让人回味无穷。第二是牛肉馆，西班牙是斗牛之乡，是盛产牛肉的国家，尤其是烤牛肉四海闻名，其特点一是嫩，二是鲜。

第三是“塔巴”小吃店，西班牙有三大特色小吃，这就是“哈蒙”（生火腿）、“托尔大”（鸡蛋土豆煎饼）、“巧里索”（肉肠），其中“哈蒙”最为出名。

3）民居

西班牙的居住民俗因地区不同而呈现不同的特点。西班牙北部比较潮湿，那里农家的住房相互之间间隔很远；而中部和南部干旱地区，住房视水源而定，有时一大群房子聚集在一起，形成了一个大村庄。

北方农村的住房由石头垒成，坐北朝南。屋顶用石板瓦铺砌，两边的倾斜度很大，以适应雨雪天气。中部高原地带坐落着中世纪的堡垒。拉曼查、安达卢西亚以及东部沿海地区的房屋，外墙均用石灰粉刷成白色，在阳光下显得格外耀眼。拉曼查的一个个村庄散布在广阔无垠的庄稼地里，在那里，人们时而可以见到塞万提斯笔下那些风车。典型的安达卢西亚式的住宅多半带有庭院。

东部沿海地区气候温和，人们的活动中心从屋内转向屋外，移到阴凉的葡萄架下。那里的农村，土地肥沃，盛产各种蔬菜瓜果。农家住宅别具一格，是一种用芦竹和泥巴搭成的茅舍。尖尖的屋脊，狭长的窗户，洁白的外墙给茅舍平添了不少情趣。

3. 主要节庆

西班牙每年有很多节日，因绝大多数国民信仰天主教，因而天主教的各种节日和祭典非常隆重。主要节日有元旦、三王节、圣周、劳动节、奔牛节、圣母升天日、国庆节、万圣节、圣诞节等。西班牙人天性热情开朗，大多能歌善舞，这种民族性使得他们每到过节都是全民出动，尽情狂欢。节日期间各地都有盛大的圣像游行等活动。西班牙三大节日：巴伦西亚火祭、塞维利亚圣周和潘普洛纳奔牛节就是其中的代表。西班牙人在元旦之夜全家团聚，以教堂钟声为号，十二点时人们争着吃葡萄，每敲一下钟，必须吃下一颗，连续吃下十二颗，则表示来年一帆风顺，大吉大利。

巴伦西亚火祭节。火祭节是西班牙最具特色的节日之一，每年3月12日至3月19日西班牙巴伦西亚都会举行传统的火祭节，以纪念这座城市的守护神圣约瑟夫。在为期一周的火祭节里，当地人用各种庆祝方式挥洒激情，迎接春天的到来。据介绍，火祭节的传统起源于中世纪，当时，木匠们为了纪念他们的保护神“圣约瑟夫”，形成了燃烧木制雕像的习俗，后来逐渐演变成了现在的火祭节。最早的木头雕像都是木匠们用下脚料做成的，随着时代的发展，雕像的制作工艺越来越精致，造型也更多样、更夸张。在燃烧雕像之前，大家还要对所有的雕像进行评选，其中最受欢迎的雕像将被保留下来，存放到当地的博物馆中。

奔牛节。西班牙是世界上独一无二和名副其实的“斗牛王国”。每年7月6日至7月14日，在北部潘普洛纳市举行奔牛节，是为纪念潘普洛纳的保护神圣佛明而举行的庆典。奔牛节始于1591年，每年都吸引数万人参加。西班牙一年一度的奔牛节的正式名称叫“圣·费尔明节”，圣·费尔明是西班牙东北部富裕的纳瓦拉省省会潘普洛纳市的保护神。奔牛节的起源与西班牙斗牛传统有直接的联系，据说当初对潘普洛纳人来说，要将6头高大的公牛从城郊的牛棚赶进城里的斗牛场是件非常困难的事情。17世纪时，某些旁观者突发奇想，斗胆跑到公牛前，将牛激怒，诱使其冲入斗牛场。后来，这种习俗就演变成了奔牛节。

知识链接 3-18

叠罗汉

1923年，美国著名作家海明威首次来到潘普洛纳观看奔牛并写成了著名小说《太阳照样升起》，他在作品中详细描述了奔牛节，奔牛节因而声名远播。1954年，海明威获得诺贝尔文学奖后，西班牙奔牛节更是名声大噪。当地居民为了感谢海明威为奔牛节做出的贡献，特地在斗牛场的大门口，为他竖起了一座雕像。在西班牙的文艺作品中，斗牛永远是艺术家热衷表现的题材。海明威说："生活与斗牛差不多，不是你战胜牛，就是牛挑死你。"更是寓意深远。虽然每年都会有人受伤甚至死亡，但当地人和游客仍乐此不疲。

叠罗汉。叠罗汉（图3.16）是西班牙加泰罗尼亚地区的一项传统民俗活动，是一种集游戏、体育活动于一体的表演，流传至今已经数百年的历史了。传说古代在与法国战争时，曾以此法扔炸弹至敌方城墙内，为纪念此举，因此成为当地重要的表演活动。叠罗汉由二人以上的人层层叠成，人上架人成各种形式，是体操、杂技表演项目之一。一般常出现于马戏团特技表演、拉拉队表演以及舞蹈表演等之中。

图3.16 叠罗汉

4. 礼仪禁忌

西班牙人热情奔放，乐观向上，无拘无束，讲求实际，他们开朗坦诚，容易接近和交朋友。西班牙人喜欢按章办事，他们有句名言："照规定办吧"。人人以遵守规定为荣，认为自觉遵守规定是现代文明人必须做到的，它体现了现代文明人必备的素质。

牛在西班牙的文化里是图腾崇拜的象征物，所以在西班牙，不要对斗牛活动有非议。西班牙人喜欢谈论体育和旅行，避免谈论宗教、家庭和工作。吃东西时，通常会礼貌地邀请周围的人与他分享，但这仅是一种礼仪上的表示，不要贸然接受，否则会被视为缺乏教养。西班牙许多禁忌与欧美基督教国家相同，如视"13"为不吉数字，视13日、星期五为不祥之日。忌用黄色、紫色、黑色，忌讳菊花，因为菊花是用来祭奠亡者的。到西班牙人家中做客，可送上鲜花，他们最喜爱石榴花。

3.5.4 旅游业概况

1. 旅游资源概况

西班牙号称"旅游王国"，其旅游业绩举世少有，西班牙是仅次于法国的世界第二大旅游目的地国，它和法国、美国并称世界三大旅游国。旅游业是西班牙经济的支柱产业之一，约占国民生产总值的12%左右。西班牙旅游业的蓬勃发展，一方面得益于该国旅游部门坚持充分发挥自身优势，同时也由于西班牙努力促使旅游业的多样化。联合国旅游组织总部就设在西班牙首都马德里。

西班牙自然、人文风光优美，首都马德里是欧洲历史文化名城，众多名胜古迹和博物馆遍布全城。巴塞罗那是西班牙第二大城市，也是地中海西岸重要的港口，集历史文化景观和海滩风光于一体。著名旅游胜地有马德里、巴塞罗那、塞维利亚、太阳海岸、美丽海岸等。全国有40处景点被联合国教科文组织世界遗产委员会列入名录，是世界遗产最多的国家之一。西班牙历史悠久，文化艺术丰富多彩，有无数世界著名的教堂以及不计其数的雕塑。其中有10多个古迹被联合国教科文组织列为重点保护的文化遗产。

2. 旅游热点

1）马德里

西班牙首都马德里，既是一座名胜古迹荟萃的古城，又是一座文化气息浓郁和城建环境优美的现代化城市。位于伊比利亚半岛中心，地处梅塞塔高原，海拔670m，是西班牙的政治、经济、金融和文化中心。

蒙克洛阿宫，是西班牙的首相府，也是国家重点文物博物馆。著名的马约尔广场位于市区西南，西班牙国王菲利普三世骑马的塑像耸立在广场中央。不远处是太阳门广场，这里有历史上著名的太阳门遗址。市内还有建于18世纪中叶的王宫和西班牙国王接见外国贵宾和使节的东方宫等宫殿建筑。马德里有众多博物馆、美术馆和展览馆，有极尽奢华的王宫，300多个纪念广场，广场中央大都有雕塑或喷泉，因此又名“喷泉之都”。广场中央竖立着文艺复兴时期著名作家和语言大师塞万提斯的纪念碑，是马德里的象征。

2）巴塞罗那

巴塞罗那，位于西班牙东北部地中海沿岸，依山傍海，地势雄伟，是伊比利亚半岛的门户，市区人口约160万，仅次于首都马德里，是西班牙第二大城市，也是世界上人口最稠密的城市之一。巴塞罗那是一座历史名城，至今已有2 000多年的历史。巴塞罗那的大多数建筑完美体现了欧洲民族化的风格。12~15世纪的哥特式建筑比比皆是，尤其是古典式的利塞奥歌剧院更是闻名遐迩，在欧洲排名第二。巴塞罗那的神圣教堂是本市的象征，它由许多尖塔和楼台组成，像路标一样直指云天。此外，古色古香的美术馆、博物馆、贵族官邸等多得数不胜数。巴塞罗那是加泰罗尼亚的港口城市，是享誉世界的地中海风光旅游目的地，也是西班牙最重要的贸易、工业和金融基地。1992年在此成功地举办了第25届奥运会，更是使它名声大振。

3）埃库莱斯灯塔

埃库莱斯灯塔（图3.17）是一座建于古罗马时期并仍在使用中的灯塔，迄今已有约1 900年的历史。埃库莱斯灯塔位于西班牙西北部，距离加利西亚拉科鲁尼亚2.4km的一个半岛上，是至今仍然使用中的古罗马时期灯塔中历史最悠久的。1791年曾经翻新，灯塔塔高55m，屹立在大西洋的西班牙海岸上。灯塔的名字“埃库莱斯”来源于希腊神话的大力神。埃库莱斯灯塔是西班牙的一个国家纪念馆，2009年6月27日，联合国教科文组织世界遗产委员会将埃库莱斯灯塔列入《世界遗产名录》。

图3.17 埃库莱斯灯塔

4）马略卡岛

马略卡岛，自然风光优美，到处是砂质的海滩、陡峭的悬崖、种植橄榄或是杏树的田野等富于变化的景色。这里每年有200多天是日照充足的晴朗天气，受到这种气候和美丽的自然风景的恩惠，很久以来，这里一直被称为“地中海的乐园”。有许多从欧洲各国接踵而至的游客在这里享受阳光和海水。

3.6 冰雪之国——俄罗斯

3.6.1 概况

1. 地理位置

俄罗斯全称俄罗斯联邦，位于欧洲的东部和亚洲的北部，东濒太平洋的白令海、鄂霍次克海和日本海，西临大西洋的波罗的海、黑海和亚速海，西南连里海，北临北冰洋的巴伦支海、白海、喀拉海、拉普捷夫海、东西伯利亚海和楚科奇海。共有邻国14个，分别为挪威、芬兰、爱沙尼亚、拉脱维亚、立陶宛、白俄罗斯、波兰、乌克兰、格鲁吉亚、阿塞拜疆、哈萨克斯坦、中国、蒙古和朝鲜。

俄罗斯领土面积1 707.54万平方公里，是世界上地域最辽阔、面积最广大的国家，约占世界陆地总面积11.4%。东西长9 000km，南北宽4 000km，东西时差11个小时。

2. 自然环境

俄罗斯的地形以平原为主，约占国土总面积的60%。地势东高西低，西部几乎全属东欧平原。境内主要河流欧洲部分有伏尔加河、顿河、北德维纳河和乌拉尔河等，其中伏尔加河是欧洲最长的河流，流域面积136万平方公里，被誉为俄罗斯的“母亲河”。亚洲部分有叶尼塞河、鄂毕河和勒拿河。俄罗斯主要湖泊有位于东西伯利亚的贝加尔湖，它是世界上最深的淡水湖，里海是世界上最大的咸水湖，还有欧洲第一大湖拉多加湖、欧洲第二大湖奥涅加湖、俄中界湖兴凯湖等。俄罗斯地域辽阔，地处寒带、亚寒带、温带3个气候带，气候复杂多样，大部分地区为温带和亚寒带大陆性气候，冬季漫长寒冷，夏季短暂温暖。

3. 人口、语言及宗教

俄罗斯人口1.43亿（2013年1月，世界第九位），城市人口占全国的73%，全国平均人口密度8.37人/平方千米。欧洲部分人口约占全国人口的3/4，人口密度25人/平方千米，而广大东部地区人口密度每平方千米不足3人，分布极不均匀。

全国大约有130多种语言，俄语是俄罗斯的官方语言，属于印欧语系。全国89%的居民讲俄语，另外6.8%的居民属阿尔泰语系，2.4%的居民属高加索语系，1.8%的人属乌拉尔语系。俄语是世界上最大的语种之一，它是联合国规定会议使用的工作语言之一，在国际事务中发挥着重要作用。

俄国居民55%信奉宗教，其中91 %信奉东正教，5%信奉伊斯兰教，信奉天主教和犹太教的各为1%，0.8%的居民信奉佛教，其余信奉其他宗教。

4. 国旗、国歌、国花

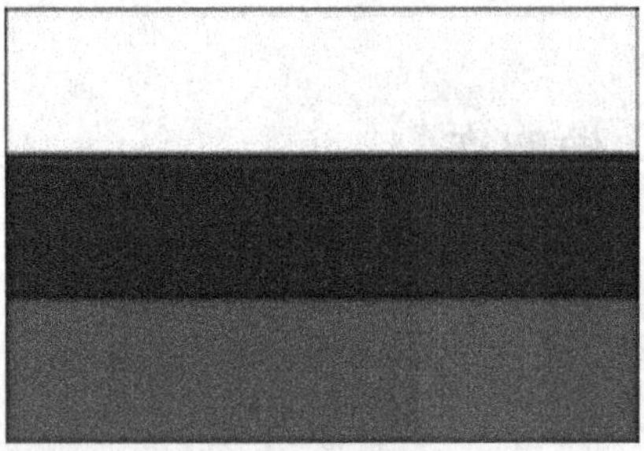

图3.18　国旗

国旗：俄罗斯联邦的国旗采用传统的泛斯拉夫色，旗面由3个平行且相等的横长方形组成，长与宽之比约为3∶2。由上到下依次是白、蓝、红3色（图3.18）。旗帜中的白色代表寒带一年四季的白雪茫茫，蓝色代表亚寒带，又象征俄罗斯丰富的地下矿藏和森林、水力等自然资源，红色是温带的标志，也象征俄罗斯历史的悠久和对人类文明的贡献。3色的排列显示了俄罗斯幅员的辽阔。另一方面，白色又是真理的象征，蓝色代表了纯洁与忠诚，红色则是美好和勇敢的标志。

国歌：在《俄罗斯人的祈祷》成为俄罗斯帝国国歌之前，有多首圣歌与军队进行曲曾被用作歌颂俄罗斯及沙皇。《俄罗斯人的祈祷》一曲采用于1815年，其歌词由瓦西里·茹科夫斯基写作，并借用了英国国歌《天佑吾王》的曲调。不同时期的国歌为《工人马赛曲》（1917年）；《国际歌》（1918—1944年）；《牢不可破的联盟》（1944—1991年）；《爱国歌》（1991—2000年）；《俄罗斯国歌》（2000年12月25日至今），作曲：亚历山德罗夫，作词：米哈尔科夫。

国花：俄罗斯的国花是向日葵，“更无柳絮因风起，唯有葵花向日倾”，向日葵，向往光明之花。

5. 行政区划

2000年5月13日，俄罗斯总统普京签署法令，将把俄联邦89个实体（共和国、边疆区和州）按地域原则联合成7个联邦区，目的是巩固国家统一，强化总统对地方的管理体制。这7个联邦区分别为：以莫斯科为中心的中央区，以圣彼得堡为中心的西北区，以顿河畔罗斯托夫为中心的北高加索区（后改为南方区），以下诺夫哥罗德为中心的伏尔加河沿岸区，以叶卡捷琳堡为中心的乌拉尔区，以新西伯利亚为中心的西伯利亚区和以哈巴罗夫斯克为中心的远东区。2010年1月设立北高加索联邦区，这是俄罗斯第 8 个联邦区。目前联邦主体 83 个。

俄罗斯首都莫斯科，全国最大的城市，也是全国政治、文化和经济、交通中心。有著名的红场和克里姆林宫等著名景点。

3.6.2 发展简史、政治、经济、文化

1. 发展简史

俄罗斯的历史应追溯至莫斯科大公国的建立。在俄罗斯境内，自远古就有人类居住。公元 6 世纪，东斯拉夫人逐渐向俄罗斯的欧洲部分等地区迁徙，未经奴隶制而逐渐形成封建部落联盟。9 世纪末以留里克为首的瓦朗几亚人征服东斯拉夫人，形成基辅罗斯大公国，建立了留利克王朝，12 世纪分裂为若干独立的封建公国。1237 年蒙古军队入侵，建立钦察汗国。15 世纪末，大公伊凡三世建立了以莫斯科为中心的统一的中央集权国家——莫斯科大公国。

1547 年，莫斯科公国 17 岁的伊凡四世改大公称号为沙皇，莫斯科公国自此之后便改称为“俄罗斯沙皇国”。1613 年米哈伊尔·罗曼诺夫为新沙皇，建立了经历 18 个沙皇统治的俄罗斯历史上第二个也是最后一个王朝——罗曼诺夫王朝。1721 年彼得一世（彼得大帝）改国号为俄罗斯帝国，逐渐成为跨欧亚两大洲、领土面积居世界第一的超级帝国。1861 年废除农奴制，19 世纪末至 20 世纪初成为军事封建帝国主义国家。1917 年 2 月，资产阶级革命推翻了专制制度，同年 11 月 7 日，以列宁为首的布尔什维克党领导俄国无产阶级推翻了资产阶级的统治，建立世界上第一个社会主义国家——俄罗斯苏维埃联邦社会主义共和国。1922 年 12 月 30 日，俄罗斯联邦、外高加索联邦、乌克兰、白俄罗斯成立苏维埃社会主义共和国联盟（后扩至 15 个加盟共和国，简称苏联）。1991 年 8 月，苏联发生“8.19”事件。12 月 8 日，俄罗斯联邦、白俄罗斯、乌克兰 3 个加盟共和国的领导人在别洛韦日签署《独立国家联合体协议》，宣布组成“独立国家联合体”。12 月 26 日，苏联最高苏维埃共和国院举行最后一次会议，宣布苏联停止存在。至此，苏联解体，俄罗斯联邦成为完全独立的国家，并成为苏联的唯一继承国。1993 年 12 月 12 日，全民投票通过了俄罗斯独立后的第一部宪法，规定国家名称为俄罗斯联邦。

2. 政治

俄罗斯为总统制的联邦国家体制。总统为俄罗斯国家元首兼武装部队最高统帅，享有国家最高行政领导权，任期 4 年，由选民用无记名投票方式直接选举产生，连任期不得超过两届。总统有权任命联邦政府总理、副总理和各部部长，主持联邦政府会议，总统有权解散议会。总统不能行使职能时，由政府总理临时代理。联邦议会是俄罗斯联邦的代表与最高立法机关，由联邦委员会（上院）和国家杜马（下院）组成，每届任期 4 年。联邦政府是俄罗斯联邦的执行权力机构，由总理、副总理和联邦部长组成，司法机关主要有联邦宪法法院、联邦最高法院、联邦最高仲裁法院及联邦总检察院。

3. 经济

俄罗斯是一个工农业生产、交通运输、科学技术都比较发达的国家。俄罗斯横跨欧亚大陆，欧洲部分工业基础雄厚，门类齐全，产值占全俄罗斯的3/4以上。东部地区拥有极丰富的自然资源，但基础薄弱，工业门类单一，资源未得到充分利用。为了改变这种生产力布局不合理的状况，俄罗斯实行了工业东移政策。俄罗斯的农业远不如工业，但由于土地面积大，农产品产值并不低，主要农作物有小麦、大麦、燕麦、玉米、土豆和豆类。在俄罗斯的交通工具中，最令人赞叹不已的是地铁，其运行准时、安全、宽敞。其中以莫斯科地铁最负盛名，它是举世公认的最美丽最繁华的地铁，其长度达243.6km，在世界地铁城市中居第5位。对来自世界各地的旅游者来说，它不仅是交通工具，更是一座座各具风格和特色、魅力无穷的地下艺术宫殿。

4. 文化

俄罗斯领土跨越欧亚两洲，自然而然地融合了东西方两种文化。俄罗斯文学源远流长，在世界上享有盛誉，出现了普希金、莱蒙托夫、果戈里、别林斯基、陀斯妥耶夫斯基、托尔斯泰、契诃夫、高尔基、肖洛霍夫等世界驰名的大文豪和作家。俄罗斯的美术、绘画有着悠久的历史，著名的艺术大师有列维坦、列宾、苏里柯夫、克拉姆斯科伊等。

俄罗斯的宗教音乐和民间音乐有着深远的历史传统，歌剧、交响乐和室内音乐具有鲜明的民族气质。戏剧艺术体裁和形式多样，最早出现在皇宫内，19世纪进入繁荣时期，果戈里的《钦差大臣》等社会戏剧充满强烈的时代气息，具有鲜明的民族特色。亚·尼·奥斯特罗夫斯基是众多的戏剧作家中最杰出的代表，被称为“俄罗斯戏剧之父”。波·伊·柴科夫斯基是一位以悲歌为基调的伟大音乐家，主要作品有抒情歌剧《叶甫盖尼．奥涅金》、《黑桃皇后》，芭蕾舞曲《天鹅湖》、《睡美人》、《胡桃夹子》，交响幻想曲《罗密欧与朱丽叶》等。

俄罗斯的马戏团在也很受人们的欢迎，马戏团团员训练有素，技艺精湛。俄罗斯人有卓越的民间艺术，有木雕、木雕壁画、刺绣、带花纹的纺织品、花边编织等。最有名的工艺品有木制套娃、木刻勺、木盒、木碗、木盘等木制品。

俄罗斯重视发展文化事业，大量出版图书和报刊，建立了许多图书馆、博物馆、文化馆、俱乐部等群众性文化设施。著名的大型革命历史博物馆有俄罗斯中央革命博物馆、国家历史博物馆、克里姆林宫博物馆、中央海军博物馆等。较大的艺术馆有莫斯科科列季亚克夫国家绘画陈列馆。

知识链接3-19

普希金及其作品

普希金（1799—1837年），俄国最伟大的诗人之一、浪漫主义文学的杰出代表，现实主义文学的奠基人，现代标准俄语的创始人。他的作品是俄国民族意识高涨以及贵族革命运动在文学上的反映。他出身于莫斯科的一个贵族家庭，由于歌颂自由和解放，1820年被沙皇流放到南俄。1824年又被幽禁在他父母的领地海洛夫村。十二月党人起义失败后，1826年9月沙皇“赦免”普希金，将他召回莫斯科。1837年2月，普希金在彼得堡因决斗腹部受重伤去世。普希金的作品达到了内容与形式的高度统一，他的抒情诗内容丰富、感情深挚、形式灵活、结构精巧、韵律优美。他的散文及小说情节集中、结构严整、描写生动简练。他的作品是“反映俄国社会的一面镜子”。

普希金抒情诗内容之广泛在俄国诗歌史上前无古人，既有政治抒情诗《致恰达耶夫》、《自由颂》、《致西伯利亚的囚徒》等，也有大量爱情诗和田园诗，如《我记得那美妙的一瞬》和《我又重新造访》等。普希金一生创作了12部叙事长诗，其中最主要的是《鲁斯兰和柳德米拉》、《高加索的俘虏》、《青铜骑士》等。普希金剧作不多，最重要的是历史剧《鲍里斯·戈都诺夫》。此外，他还创作了诗体小说《叶甫盖尼·奥涅金》、散文体小说《别尔金小说集》及关于普加乔夫白山起义的长篇小说《上尉的女儿》。

3.6.3 民俗

1. 姓名称谓

俄罗斯人的姓名全称由名字、父称和姓3部分组成，男女性别的不同，一般在词尾的变化中表现出来。在古俄罗斯，任何一个词都可以用来作为人的名字，人们把名字视为自身不可分割的一部分，并认为是幸福或成功的象征。俄罗斯人起名一般有以下几种。

强调人们精神或体质上的优点，如“安德烈”（勇敢的）、“叶夫根尼”（高尚的）、“葛利高里”（精神十足的）、“列昂尼得”（狮子般的）、“叶卡捷琳娜”（纯洁的）、“叶莲娜”（光明的）。

反映父母的情绪和他们对孩子感情的，如“日丹”来源于“等待”一词，意味着“盼望的孩子”；“米利亚”来源于“亲爱的”一词，意味着“可爱的孩子”。

根据孩子的外表而取的，如“库德里亚什”（一个卷发的孩子）、“洛班”（额头高或宽的人）。

表示孩子出生的顺序或他们在家庭中的地位，如“别尔夫什卡”（第一个孩子）、“弗托里亚克”（第二个孩子）、“奥金涅茨”（唯一的儿子）、“鲍尔沙克”（大儿子）、“门沙克”（小儿子）。

反映季节和天气的，如孩子出世时恰逢春天，常常会取名为“维什尼亚克”即樱花盛开之意、而如果孩子在冬天降生，往往会取名“莫洛斯”，即寒冷之意。

有的名字却与不好的、不美的事物联系在一起，是贬义的，如“格良兹努哈”源于“肮脏的”一词，“扎赫沃基”源自“生病”一词，这些难听的名字是起预防作用的，保护孩子免受邪恶、死神的侵害。因为古俄罗斯人相信，恶神对用这样名字的孩子不感兴趣，也不会加害他们，这些丑陋的名字甚至能够吓住一些恶神而保护孩子的安全。

俄罗斯人的教会名字来源于国外，从10世纪以后逐渐在俄罗斯广泛流行和使用。如“康斯坦丁”、“尼康”、“安德洛尼克”、“巴拉基”等。

2. 生活习俗

1）服饰

俄罗斯人很注重仪表。与吃相比，俄罗斯人更偏爱穿，更看重外在的“包装”。所以，在穿着服饰上讲究色彩的和谐、整体的搭配。俄罗斯的服饰绚烂多彩、源远流长，典型的俄罗斯民族服装是男子身穿斜领粗麻布衬衫，通常在领口和下摆有绣花，着瘦腿裤，粗呢子上衣，或外罩一件长衣并系着腰带，脚穿皮靴或皮鞋，头戴呢帽或毛皮帽子，冬天穿羊皮短外套或羊皮大衣。女人则穿袒胸露背、束腰、下摆敞开的大圆裙。

在较正式的场合，男人通常穿西装，而女人则以裙装为主。俄罗斯人一直认为，裙子是最能体现出女人味的服饰，俄罗斯妇女有一年四季穿裙的传统，尤其在交际、应酬的场合，女士都穿裙，穿长裤被认为是对客人的不尊重。

目前，俄罗斯的穿衣时尚已经世界潮流化时装化，但整体的穿衣风格是：整洁、端庄、高雅、和谐。

2）饮食

俄罗斯的饮食比较简单，分斋戒的和荤的两种五大类：面食、奶类、肉食、鱼类、蔬菜类。俄罗斯人喜欢吃黑麦面包，对普通百姓来说，用麦面粉制作圣饼和白面包常常是节日的美食。在俄罗斯，主要菜系就是俄式大菜，其特点是：面包是主食。种类多、风味全且形状各式各样，最普通的面包被称为“巴顿”，其次是黑面包。古往今来，俄罗斯人将面包和盐作为迎接客人的最高礼仪，以表示自己的善良慷慨，而且这种传统待客的风俗已经作为俄罗斯国家的迎宾礼。每当外国首脑来访，俄罗斯姑娘便端着新出炉的面包和盐款款走上前，请客人品尝。

俄罗斯人喜爱吃土豆，苏联时期，土豆、圆白菜、胡萝卜和洋葱头是普通人的看家菜，一年四季不断。俄罗斯人多吃肉奶与其寒冷气候相关，肉奶中所含的卡路里高，脂肪厚了可以抵御严寒。早餐一般是面包黄油或奶酪、果酱和牛奶；午餐多为工作餐，一杯果汁，一个色拉、一碗热汤，一个热菜，几片面包，其热菜多是牛排、猪肉、炸鸡、烧牛肉块或煎鱼，配上土豆条、圆白菜或甜菜；晚餐是凉菜，有蔬菜、香肠、火腿肉和酸黄瓜。一道或二道热菜，以荤为主，配上土豆，豌豆和调味酱。

俄罗斯人对伏特加酒情有独钟，伏特加酒是俄罗斯民族性格的又一写照，它的直接词义是“可爱的水”。俄罗斯人喝伏特加非常豪放，哪怕是满满一大杯也是一饮而尽。伏特加的酒精度一般是40°，与白兰地和威士忌一起，同为世界三大烈酒。

饮茶也是俄罗斯人的嗜好，尤其是爱喝红茶。俄罗斯人饮茶习惯与中国人不同，茶水中一般要放糖或者放盐的，有的还放果酱、蜂蜜和糖果和甜点心同食。

3）民居

俄罗斯的现代城市居民住宅以欧美风格的高层建筑为主。传统的民宅则是用圆木和半圆木建造的带有独特炉灶的小木屋（图3.19），多为两层，双坡屋顶。俄式民居的特点是：房屋举架高，须上台阶才能进屋，门多朝东西开，由两层厚厚的木门与外

图 3.19 俄罗斯民居

界隔开，门旁有暖阁和凉亭，窗户狭小，室内铺着厚厚的松木地板。带有防地冻和保持室温的室内地窖，门、窗上带有雕刻的装饰图案，由过道屋（外屋）、贮藏室和带有炉灶的居室三部分组成，既保暖防潮，又坚固结实，而且易于拆卸。这种典型的俄罗斯小木屋至今在木材丰富的北部地区可见，木房上部的窗檐、房檐、门檐是重点装饰的部位，结合木雕和彩绘等工艺，主要以蓝色、绿色为基调。木房盖好以后，可以在外面刷清漆，保持原木本色；也可以根据各家各户不同的爱好涂上自己喜欢的颜色，一般以蓝、绿色居多。南部地区由于森林资源相对贫乏，因此多为土坯房和砖瓦房。

3. 主要节庆

俄罗斯的传统节日主要包括新年和四季节日（送冬节、桦树节、丰收节和迎冬节）。除此以外，由于东正教长期作为俄罗斯的国教，影响深远，不少宗教节日已经成为俄罗斯人传统生活不可缺少的部分。俄罗斯的主要节日有：公历新年（1月1日）、东正教圣诞节（1月7日）、俄历新年（1月13日）、祖国保卫者日（2月23日，原苏联建军节）、国际妇女节（3月8日）、劳动者团结日（5月1日，即国际劳动节）、胜利日（5月9日，伟大卫国战争胜利日）、国庆日（6月12日，国家主权宣言通过日）、人民团结日（11月4日，2004年设立）、宪法日（12月12日）。

东正教圣诞节。东正教将1月7日定为圣诞节，由于节期相近，常和新年连在一起庆祝。一般12月25日许多家庭就已经摆上圣诞树，用五光十色的彩灯、彩球和彩带装饰。圣诞前夜，人们准备各种美味佳肴，通宵达旦迎接节日的到来。在农村，青年人化装成牛、羊、熊等动物，成群结队走家串户唱圣诞颂歌，主人要请他们吃东西或送钱。与外国的圣诞老人不同，俄罗斯的严冬老人是穿着白色毛皮大衣的迷人女孩的雪姑娘。

送冬节，又称谢肉节，新年后第二个最热闹的节日是送冬节。送冬节是四季节日之一，节期约在2月末、3月初，为期一周。送冬节的前身是古斯拉夫人的春耕节。人们认为冬去春来是春神雅利洛战胜严寒和黑夜的结果，因此每年2月底3月初都要举行隆重的送冬迎春仪式。人们用烤成金黄色圆形小薄饼祭祀太阳，晚上则燃起篝火，烧掉用稻草扎成的寒冬女王像，人们以此欢庆经过漫长的严冬，节日期间吃黑麦烤制的犁形、耙形大面包。这一周过后，进入大斋期，人们将不能吃肉食和乳制品，故称谢肉节，意为大斋之前向肉食告别。谢肉节持续7天，每天各有其名，庆祝方式也不尽相同。

桦树节。四季节日的第二个节日是桦树节，在俄历每年6月24日举行。桦树节源自古代的夏至节，夏至节本在6月22日，这一天太阳在空中达到最高点，此节日带有太阳崇拜的色彩。后来东正教把夏至节与圣三主日结合在一起，将时间改在6月24日，因为东正教在这一天纪念施礼约翰诞辰。节日期间教堂用桦树枝装饰起来，教徒们也手持桦树枝来做礼拜。民间还把这一天看做是悼亡节，都要去上坟。这一天欢庆又离不开桦树，于是从1964年起又被称作桦树节。桦树节的时候，家家户户都用桦树枝、矢车菊、铃铛装饰房间。节日里举行联欢会，还有化装游行，游行队伍簇拥着桦树，到处是白桦树的海洋。

复活节。每年春分月圆后第一个星期日是纪念耶稣复活的节日，也是俄罗斯东正教最重要的节日之一。俄罗斯人烤好圆柱形的奶油面包，制作带有香料的奶渣团和染成各色的鸡蛋，到各个教堂参加祈祷仪式。在各大公园以及许多公共场所，人们在临时搭起的舞台上表演节目，载歌载舞。最隆重的复活节仪式在莫斯科克里姆林宫主显圣容大教堂举行，仪式由莫斯科和全俄东正教大牧师主持。

4. 礼仪禁忌

俄罗斯人礼貌好客，喜欢喝酒，豪爽、耿直坦率，是一个讲究绅士风度的民族，非常重视人的仪表、举止，不论男女都穿戴整齐。俄罗斯人早起一见面要说“早上好”，晚上睡觉时要说“晚安”，无论问路或者让人办完事情时一定不会忘记说声“谢谢”，在公共场所，他们遵从“女士、儿童、老人优先”的行为准则。乘车或去商店购买东西时都自动排队。在隆重的场合，俄罗斯人以捧出“面包和盐”的方式向贵宾表示最高的敬意和最热烈的欢迎。

俄罗斯传统认为，每个人都有两个神灵——左方为凶神，右方为善良的保护神。因此不允许以左手接触别人，遇见熟人不可伸左手握手问好，早晨起床不可左脚先着地；忌讳政治矛盾、经济难题等话题；见面或告别时，最好不要隔着门槛握手；不要送手绢和空钱包，如果送钱包，一定要象征性地在里面放一点钱；俄罗斯人酷爱鲜花，忌送菊花、杜鹃花、石竹花和黄色的花；送花的枝数和花朵数不能是“13”或双数，因为俄罗斯人认为单数吉祥，偶数不吉利，只有人去世时才送双数的鲜花，即2枝或4枝。在数目方面，俄罗斯人最偏爱“7”，认为它是成功、美满的预兆；忌讳“13”和“星期五”。

俄罗斯人非常崇拜盐和马，认为盐具有驱邪除灾的力量，视盐为珍宝和祭祀用的供品，如果打翻了盐罐或将盐撒在地上，习惯将打翻在地的盐拾起来撒在自己的头上；通常认为马代表威力，能驱邪降妖，相信马掌是表示祥瑞的物体；忌讳兔子、黑猫；镜子被看成是神圣的物品，打碎镜子意味着灵魂的毁灭，将出现疾病、灾难等不幸；如果打碎了碟、盘等餐具则被认为是富贵和幸福的象征，因此在喜筵、寿筵等场合特意摔碎一些碟盘，以示庆贺。

3.6.4 旅游业概况

1. 旅游资源概况

横跨11个时区的俄罗斯国土广袤，莫斯科、圣彼得堡等历史文化中心演绎欧洲文明的繁华，伏尔加河、贝加尔湖及西伯利亚的原始森林张扬大自然的野性。丰富的地理和人文资源使俄发展旅游业的条件得天独厚。然而，旅游业并未给这一旅游资源大国带来预想中的收益，旅游业在国民经济中尚不占重要地位。

俄罗斯人的旅游活动始于沙俄时代。20 世纪 60 年代俄国内旅游蓬勃发展，80 年代是国际旅游业的大发展时期。旅游业已经成为俄罗斯这一旅游资源大国向别国“输血”的管道。

2. 旅游热点

1）克里姆林宫

克里姆林宫（图 3.20）曾为 18 世纪以前的沙皇皇宫，这一世界闻名的建筑群，享有“世界第八奇景”的美誉，是旅游者必到之处。十月革命胜利后，成为苏联党政领导机关所在地，现在为俄罗斯的总统府。克里姆林宫原为 12 世纪苏兹达里大公爵尤里·多尔哥鲁基的庄园，有木造小城堡，称“捷吉涅茨”。1367 年在城堡原址上修建白石墙，随后又在城墙周围建造塔楼。几经修缮，20 座塔楼参差错落地分布在三角形宫墙的三边。1935 年在斯巴斯克塔、尼古拉塔、特罗伊茨克塔、鲍罗维茨塔和沃多夫塔等塔楼各装有大小不一的五角星，以红水晶石和金属框镶制而成，内置 5 000W 功率照明灯，红光闪闪，昼夜遥遥可见。

克里姆林宫是俄罗斯世俗和宗教的文化遗产，它既是政治中心，又是公元 14～17 世纪俄罗斯东正教的活动中心。可以说，从公元 13 世纪起，克里姆林宫就与俄罗斯的所有重大政治事件有关，它见证了俄罗斯从一个莫斯科大公国发展至今日横跨欧亚大陆的强大国家的全部历史事件。

2）红场

红场（图 3.21）是莫斯科最古老的广场，位于克里姆林宫东墙的一侧。虽经多次改建和修建，仍保持原样，路面还是当年的石块路，青光发亮，显得整洁而古朴。公元 15 世纪 90 年代，莫斯科发生大火，火灾后空旷之地成了广场，故曾被称为“火烧场”，公元 17 世纪中叶起称“红场”。古代俄语中“红色”一词还有“美丽”之意，由于译名时都只取了其中的第一释义，即“红色”，久而久之，“红场”的名称就这样沿用至今。

图 3.20 克里姆林宫

图 3.21 红场

广场总面积 9 万平方米，呈长方形，南北长，东西窄。红场的大规模建设是在 1812 年以后，拿破仑军队纵火焚烧了莫斯科，此后，城市重建，红场被拓宽。1917 年十月革命胜利后，莫斯科成为首都，红场成为人民举行庆祝活动、集会和阅兵的地方。

3）大彼得罗夫大剧院

大彼得罗夫大剧院位于莫斯科斯维尔德洛夫广场。它建于 1776 年，1780 年剧院改址到彼得罗夫大街上一所新建的石造剧院里，称彼得罗夫剧院。1805 年剧院被焚毁，1824 年，天才建筑师博韦在石造剧院的原址修建了新剧院，称大彼得罗夫剧院。1853 年，大剧院又遭受火灾，1855~1856 年重新修复，成为 19 世纪中叶俄罗斯建筑艺术的典范，也是欧洲最大的剧院之一，1919 年成为国立示范大剧院。大彼得罗夫大剧院外观古朴，设计简单又不失庄重典雅。内部设备完善，具有极佳的音响效果。剧场可容纳 2 200 名观众，整个内部装饰完全是宫廷式风格。19 世纪中叶时，大彼得罗夫大剧院就已经成为俄罗斯建筑艺术的典范。“低音歌王”夏里亚宾、芭蕾舞蹈家乌兰诺娃等著名的歌唱家、艺术家都曾在这里一展才华，许多著名的歌舞剧也曾在这里上演。

4）圣彼得堡

圣彼得堡是俄罗斯第二大城市和最大的海港、列宁格勒州的首府，坐落在俄罗斯西北部波罗的海芬兰湾东岸、涅瓦河口，面积 600 多平方千米，人口约 500 万。1703 年，彼得大帝在涅瓦河口的查亚茨岛上建立建了彼得保罗要塞，后扩建为城，称圣彼得堡。1712 年，俄国首都从莫斯科迁到这里，持续 200 余年。1914 年改称彼得格勒，1924 年列宁逝世后又命名为列宁格勒，1991 年恢复圣彼得堡旧名。圣彼得堡是一座水上城市，分布在涅瓦河口洲的 42 个岛屿上，由 500 多座桥梁相连，河面面积占全市面积的 10.2%，素有“北方威尼斯”之美称。因其地处北纬 60°，圣彼得堡还是世界上少数具有“白夜”奇观的城市，每年的 5 月至 8 月城市中几乎没有黑天。市内建有 50 多所博物馆，被誉为博物馆城，昔日留下的古典建筑群和名胜古迹比比皆是，素有“地上博物馆”之称。主要景点有彼得保罗要塞、彼得大帝的夏花园与夏宫、斯莫尔尼宫、冬宫、塔弗列奇宫、阿尼奇科夫宫、伊萨克基辅大教堂、喀山大教堂、彼得保罗大教堂、俄罗斯博物馆、海军大厦、涅瓦大街、阿芙乐尔巡洋舰等。

图 3.22　莫斯科大剧院

5）莫斯科大剧院

莫斯科大剧院（图 3.22）始建于 1776 年，是典型的古典主义的代表作，也是世界上最杰出的剧院建筑之一。大剧院建筑既雄伟壮丽，又朴素典雅，内部设备完善，具有极佳的音响效果。从剧院广场的任何一个方向都能清楚地看到这座建筑。莫斯科大剧院门前竖立着巨大的白色石柱，门廊上方装饰着 4 匹奔驰的骏马和太阳神阿波罗的马车。许多俄罗斯音乐大师的作品都是在这座大剧院的舞台上首演的，如格林卡、柴可夫斯基、李姆斯基、科萨柯夫等。此外，大剧院还经常上演欧洲歌剧和古典芭蕾舞。

6）冬宫

冬宫，又名艾尔米塔什博物馆，建于1754—1762年间，是圣彼得堡最著名的古典建筑之一，是18世纪中叶巴洛克建筑风格的杰出建筑的典范。冬宫坐落在圣彼得堡宫殿广场上，这是一座巴络克式的3层楼建筑，由著名建筑师拉斯特列里设计。长约230m，宽140m，高22m。占地9万平方米，建筑面积超过4.6万平方米。现在博物馆占有5座大楼，有从古到今世界文化的270万件艺术品，包括1.5万幅绘画、1.2万件雕塑、60万幅线条画、100多万枚硬币、奖章和纪念章以及22.4万件实用艺术品。艾尔米塔什博物馆与英国伦敦的大英博物馆、法国巴黎的卢浮宫、美国纽约的大都会艺术博物馆一起，称为世界四大博物馆。

3.7 风车王国——荷兰

3.7.1 概况

1. 地理位置

荷兰全称荷兰王国，“荷兰”在日耳曼语中叫尼德兰，意为“低地之国”，因其国土有一半以上低于或几乎水平于海平面而得名。荷兰位于欧洲西北部，东面与德国为邻，南接比利时，西北濒临北海，地处莱茵河、马斯河和斯海尔德河三角洲，海岸线长1 075km。因位居欧洲大陆的理想位置，素有“欧洲门户”之称。荷兰国土总面积为41 526km^2，南北长300km，东西宽180km。

2. 自然环境

全境为低地，1/3的土地海拔1m左右，1/4的土地低于海平面，沿海有1 800多千米长的海坝和岸堤。13世纪以来共围垦约7 100多平方公里的土地，相当于全国陆地面积的1/5。荷兰的气候属温带海洋性气候，冬温夏凉，月平均气温：1月2~3℃；7月18~19℃。年降水量650~700mm。

3. 人口、语言及宗教

荷兰总人口1 682.7万（2013年），人口密度为405人/平方公里，是世界上人口密度最大的国家之一。

荷兰官方语言为荷兰语，属日耳曼语系，在弗里斯兰省则讲弗里斯语（也属日耳曼语系）。

荷兰约36%的人信仰罗马天主教，荷兰新教约占20%，加尔文教约占8%，其他宗教约占4%。近年来荷兰不信教的人数明显增多，不信教人口约占其总人口的32%。对荷兰社会影响最大的是罗马天主教和荷兰新教。

4. 国旗、国歌、国花

国旗：荷兰国旗呈长方形，长与宽之比为3∶2。自上而下由红、白、蓝3个平行相等的横长方形相连而成（图3.23）。蓝色表示国家面临海洋，象征人民的幸福；白色象征自由、平等、民主，还代表人民纯朴的性格特征；红色代表革命胜利。

图3.23　荷兰国旗

国歌：国歌《威廉·凡·拿骚》，1568年被制定为国歌，这也是世界上的第一首国歌。

国花：荷兰的国花是郁金香，郁金香是美好、庄严、华贵和成功的象征。

5. 行政区划

全国划分为12个省，省下设408个市镇。

荷兰王国的首都为阿姆斯特丹，位于艾瑟尔湖西南岸，阿姆斯特尔河从市内流过，从而使该城市成为欧洲内陆水运的交汇点。市内地势低于海平面1～5m，被称为“北方威尼斯”。

3.7.2　发展简史、政治、经济、文化

1. 发展简史

荷兰1463年建国，16世纪前长期处于封建割据状态。16世纪初受西班牙统治。1568年爆发延续80年的反抗西班牙统治的战争。1581年北部7省成立荷兰共和国（正式名称为尼德兰联合共和国）。1648年西班牙正式承认荷兰独立。17世纪曾为海上殖民强国，继西班牙之后成为世界上最大的殖民国家。18世纪后，荷兰殖民体系逐渐瓦解。1795年法军入侵。1806年拿破仑之弟任国王，荷兰被封为王国。1810年并入法国。1814年脱离法国，翌年成立荷兰王国（1830年比利时脱离荷兰独立）。1848年成为君主立宪国，第一次世界大战期间保持中立，第二次世界大战初期宣布中立。1940年5月被德国军队侵占，王室和政府迁至英国，成立流亡政府。1945年恢复独立，战后放弃中立政策，加入北约和欧共体及后来的欧盟。

2. 政治

荷兰是一个议会制君主立宪国。政府由君主与部长内阁共同形成，荷兰最高行政机关是内阁，并以总理为内阁首长统辖各部会。荷兰最高立法机关是两院制的国会，上议院有参议员75名，由各省推选，下议院则有150名议员，由人民直接选举，任期为4年。

1814年3月29日颁布宪法，1848年修改宪法，规定荷兰是世袭君主立宪王国。立法权属国王和议会，行政权属国王和内阁。议会由一院和二院组成，二院拥有立法权，一院有权同意或拒绝批准法案，但不能提出或修改法案。两院议员任期

均为4年，但改选不在同一年进行。全国设62个基层法院，19个中级法院（地区法院），5个上诉法院和1个最高法院。此外还设有军事法庭、行政法庭等若干特别法庭。

3. 经济

荷兰是发达的资本主义国家，西方十大经济强国之一。荷兰自然资源相对贫乏，但天然气储量丰富，自给有余。荷工业发达，主要工业部门有食品加工、石油化工、冶金、机械制造、电子、钢铁、造船、印刷、钻石加工等，原料和销售市场主要依靠国外。

荷兰的农业也发达，是世界第三大农产品出口国，乳、肉产品供应国内有余，是世界主要蛋、乳出口国之一。荷兰人利用不适于耕种的土地因地制宜发展畜牧业，跻身于世界畜牧业最发达国家的行列。他们在沙质地上种植马铃薯，加工薯类，世界种薯贸易量的一半以上从这里输出。花卉是荷兰的支柱性产业，全国共有1.1亿平方米的温室用于种植鲜花和蔬菜，花卉出口占国际花卉市场的40%~50%。因而享有“欧洲花园”的美称。

4. 文化

荷兰实行12年全日制义务教育制，中小学分为公立和私立两类，高等教育分为大学、开放大学和高等职业教育等。伊拉斯谟是荷兰文艺复兴时期的人文主义者，主要作品有《愚人颂》、《家长谈》等。托兰斯是荷兰诗人，主要作品有长诗《诺伐瑞姆勃拉的荷兰人》、《田园诗和情歌集》、《诗集》和喜剧《婚礼》等。惠羽田孜是荷兰著名的作家，主要著作有小说《死亡深渊》、剧本《兄弟们》、《哈尔莱姆的巫师》和《爱情》等。伦勃朗是荷兰伟大的画家，主要作品有《杜普教授的解剖学课》、《夜巡》、《扬·西克斯像》、《戴金盔的人》、《磨坊》、《浪子回家》、《丹娜埃》和《三棵树》等。文森特·梵高是19世纪荷兰著名画家，世界最杰出的艺术家之一，主要作品有《十四朵向日葵》、《夜晚的咖啡馆》、《星夜》、《乌鸦群飞的麦田》等。

荷兰的足球在世界上属于一流，但也一直笼罩着无冕之王的悲剧色彩，3次世界杯亚军（1974年、1978年、2010年获得世界杯亚军），1988年获欧锦赛冠军。

3.7.3 民俗

1. 姓名称谓

荷兰人的姓名与欧美绝大多数民族一样，都是名字在前，姓氏在后。但是他们的姓氏，又有单姓和复姓之分。在一般情况下，仅从荷兰人的姓名上，就可以判断出其性别。在荷兰，男人的姓名多以辅音结尾，而妇女的姓名则以元音结尾。在通常情况下，姓的来源可以有以下4种情况。一是取自父亲的，这也是最常见的一种，如：der Smeet，van Willems，Claesem，Moonen等都是非常典型的男姓氏；姓氏也有取自母亲的，如：Bilie是女性姓氏，但大部分情况，孩子是随父亲姓的；二是源自职业的，如Bakker（开面包店）、Moller（磨坊主）等；三是跟地理位置有关，如：画家梵高Van Gogh，（Gogh，荷兰一个小村庄）、Berg（山地）、Burg（城堡）；四是有自己个性的姓氏，如：de Zwaan（天鹅）。根据习惯，荷兰妇女婚前姓父姓，婚后则改用夫姓。然而，荷兰的女权主义者们为了显示自立和自尊，经常会在自己夫姓的后面再加上原来的姓氏，中间加一个连接号。这就是所谓复姓。

与荷兰人打交道时，务必使用适当的称呼。称呼一般关系的荷兰人，可称之为“先生”、“小姐”或“夫人”。连姓带名一起称呼，往往多见于十分正式的场合。对熟人相称，可以直接使用其本名，对于关系密切者，则可使用昵称。

称呼国王或王室成员时，且勿随意而为。对女王，要用“陛下”或“女王陛下”。对王室成员，则通常宜以“殿下”相称。

2. 生活习俗

1）服饰

荷兰的传统服饰多姿多彩，各地区都有自己的传统服饰，刺绣图案极为精美。荷兰人的穿着打扮和欧洲的其他国家大同小异。在正式社交场合，如参加集会，宴会，男子穿着都较庄重，女士衣着典雅秀丽。最富特色的是荷兰马根岛上居民的服饰，该岛女性的衬衣都是红绿间隔的条子。大部分地方的裙子都很长，还有蕾丝宽边大白帽，以及金黄色的胸针。每逢节庆时节，如女王诞辰、复活节和五旬节，人们穿着传统多层裙或宽腿裤衣服，脚踏木鞋庆祝。

在几百年的历史中赋予其典型的荷兰特色，荷兰因为潮湿的地面使他们不得不穿上敦实的木鞋下地干活、庭院劳作乃至室内打扫。木鞋鞋底厚实、鞋头上翘的船形鞋，鞋内填充稻草，可以御寒。因为木鞋既能防潮，又经久不烂，因而成了荷兰人的最爱。按照传统，荷兰的青年男女在订婚时，新郎要给新娘送一双漂亮的木鞋，作为订婚之物。

知识链接3-20

荷兰四宝

风车、木鞋、郁金香、奶酪号称荷兰四宝。

风车（图3.24）是荷兰的象征，因此有“风车之国”之称。荷兰的风车最早从德国引进，开始时仅用于磨坊、锯木和造纸需要，随着围海造陆工程的开展，用途不断广泛。荷兰的风车最大的有几层楼高，风翼长达20m。目前，荷兰大约有2 000多架各式各样的风车，每年5月的第二个星期六被定为“风车日”。荷兰境内的金德代克-埃尔斯豪特尤以风车闻名遐迩，是当今世界最大的风车群，1997年被列入世界遗产。

荷兰四宝中木鞋位于四宝之首，木鞋成为荷兰的特产，和光照期短、地势低洼有关。荷兰全年晴好天气不足百天，这使他们不得不穿上敦实的木鞋对付潮湿的地面，下地干活、庭院劳作乃至室内打扫都穿不同样式的白杨木鞋。后来，精明的荷兰人把木鞋制作发展成一种机械操作的工艺，木鞋也就成为特色产品和旅游纪念物。

荷兰人有各种各样的奶酪，多得可以让你无法想象。奶酪也像红酒一样分开等级，最贵的会让你瞠目结舌。荷兰人制作的奶酪在世界享有盛名，可谓是荷兰的一个代名词。

图 3.24　荷兰风车

郁金香是荷兰的国花，荷兰人也非常喜爱郁金香。在他们的生活中郁金香已经是必不可少的东西，每逢集市、花展郁金香总是充当主角。

2）饮食

荷兰的主要食品是牛奶、土豆、面包。荷兰人的早午两餐多吃冷餐，喝些牛奶或咖啡。荷兰人早餐一般吃面包、黄油、奶酪、肉类、牛奶、酸奶等，午餐大多只是面包夹火腿。荷兰人不怎么喜欢喝茶，平常以喝牛奶来解渴。晚餐是三餐中最正式的，通常是两道菜、一道汤。第一道是汤，常常是粟米粉调成稀糊。第二道常常是蔬菜，这些蔬菜烧时都不加油盐调料，吃时用奶油、肉汁混合浇在这些蔬菜上。第三道通常是肉，大多是牛排，荷兰人用奶油煎牛排，牛排放在平底锅里略微煎一下就拿起来。放在盘子里再放精盐、胡椒粉、番茄酱等调味品。

3）民居

荷兰民居最典型的结构为短排式住宅（图 3.25）：荷兰人居住条件非常宽松，一般的民用建筑均不超过四层，典型的住房是一种两层或三层的家庭住房，一楼是客厅、餐厅，二楼是卧室、书房。带有前后花园，每个住宅群由两栋、三栋或更多的类似房屋组成。所有的小楼房被蓝色、绿色和红色精心地装饰着，精巧别致，高低错落有致，独立的小楼被绿树鲜花环绕，各有各的景致，各有各的风姿，非常可爱。

图 3.25　荷兰民居

荷兰民居建筑的特点是房子正门都是细长的，窗户很大。由于门窄，大件家具物品需从窗户吊运进去，为此房上设有突出的吊钩。因为古时此地有一条的奇怪的法律，门越大交纳的税就越多，无奈的人们只好将门尽量做小，却把窗户做得很大，家具都从窗口吊运进出。所有楼房的顶部，都有数个伸出来的铁钩子，以固定吊运物品所用的绳索，算是荷兰民用建筑一景了。

另外，荷兰人口稠密，土地有限，民居建筑往往占地很小。民居的台阶是一家财富的象征，有两边台阶的是富裕家庭。

3. 主要节庆

荷兰主要节日有：新年（1月1日）、主显节（1月6日）、复活节（3月底至4月初）、耶稣受难日（4月1日）、女王日（4月30日，已故王太后朱丽安娜生日）、全国解放日（5月5日）、女王国会游行日（在9月的第3个星期二）、万圣节（11月4日）、国庆节（12月6日，独立日）、圣诞节（12月25日）。

除欧洲国家的圣诞节比较重视外，荷兰的主要节日还有以下几种。

圣尼古拉斯节。每年12月5日的圣尼古拉斯节是荷兰第一大传统节日。根据传说，圣尼古拉斯是4世纪真实存在的一位主教，是在荷兰相当受欢迎的圣者，曾在公元4世纪初时于土耳其的麦拉当过主教。圣尼古拉斯按照传统穿着红色教袍，留着长长的白色胡须，骑在一匹白马上，身边跟着一群衣着艳丽的黑人随从。每当他看到贫穷的孩子便会施舍硬币，给穷人的孩子带来礼物，由此产生了荷兰在这位主教的圣名日和12月5日交换礼物的传统。这天，大部分的人会到教堂或城镇的集会广场，参加宗教仪式的庆祝活动。慢慢地圣尼古拉斯的形象也从天主教的神转换成礼物的施予者，没有了天主教神圣的光环，圣尼古拉斯反而成为小朋友心目中最和蔼可亲的庇护者。在圣尼古拉斯节这一天，荷兰人除了交换礼物还要专门准备一些特别的小食，如杏仁薄脆饼和饼干等庆祝节日。

女王日。荷兰女王日，对荷兰人来说是相当重要的节日。薇赫明娜女王的女儿——茱莉安娜女王继位之后，荷兰人仍然延续庆祝女王生日的传统。然而，1948年现任女王——贝娅特丽克丝继承王位后，将自己官方的生日定为4月30日，延续母亲——茱莉安娜女王的生日，以表示对母亲的敬爱。之后，4月30日就定为“荷兰女王节”。荷兰人庆祝女王日的方式与众不同，红白蓝相间的国旗、游行的队伍及热烈的音乐会，充斥着大大小小的街道，尤其特别的是，到处可见橙色的东西：衣服、旗帜、帽子、充气气球……人们甚至在头发喷上橙色，脸上画上橙色色块，只要是有颜色的东西都可以是橙色的。原来女王家族的姓“Orange”就是橙色的意思，所以当天人们都穿着一身代表王室的橙色，以符合节庆的意义。

4. 礼仪禁忌

荷兰人的时间观念强、守时，讲究信用。他们对各种社交活动都很重视，并有准时赴约的好习惯，他们认为这是个社交礼貌的问题。荷兰人对家中的家具、艺术品、地毯和其他摆设都很讲究。若客人当面夸几句他们的上述物品，那将会使其心情格外高兴的。荷兰人看重自己的家庭生活，喜欢种植花草，点缀环境。荷兰人家中大都挂有女王画像。荷兰人喜欢运动，主要表现在骑自行车，85%的居民有自行车，故有“自行车王国”之称。

荷兰人忌讳“13”和“星期五”。他们认为“13”象征着厄运，“星期五”象征着灾难。在荷兰，旅游、度假、足球、骑车、滑雪等，都是很好的话题，要避免谈论美国政治、钱和物价，也不要提起纳粹。荷兰忌讳有人询问他们的宗教信仰、工资情况、婚姻状况、个人去向等问题。他们认为私人事宜不需要他人过问。荷兰人在交谈时，忌讳交叉式握手和交叉式谈话，认为这些都是极不礼貌的举止。他们喝咖啡忌讳一杯倒满，他们视倒满为失礼的行为和缺乏教养，认为只能倒到杯子的三分之二处才为合适。

荷兰的古镇史塔荷斯特被视为"神秘的女人村"。这里的妇女对现代化设施、器械以及社会风尚都很反感，甚至表示憎恶。另外，她们还特别忌讳别人对她们的拍照。荷兰知识分子中很多人对中国传统文化知之颇深，因此中国人与之交往不妨谈谈中国孔孟哲学。

3.7.4 旅游业概况

1. 旅游资源概况

荷兰是一个著名的旅游国度。它被称之为风车王国、花卉之国，它由风车、木屐、郁金香所串起的如织美景，带给人们无数的梦幻与想象。任何时候都是游玩阿姆斯特丹的好季节。夏天当然是大多数人理想的时间，人们都从房子里跑出来聚会或玩耍，露天音乐会也在公园里开演，整个城市因而充满了勃勃生机。

荷兰还是一个大博物馆，它是世界博物馆密度最大的国家，全国有 600 多座博物馆可供对历史或文化感兴趣的旅游者参观。这些博物馆内集了古代的绘画、玩具、铜、钱盒、陶器、冰鞋等等文物。荷兰的钻石世界驰名，考斯特钻石厂则是世界上最著名的钻石厂，维多利亚女王王冠上的钻石便是在这里切割打磨出来的，光凭这一点，就足以让所有的女人兴奋不已。

2. 旅游热点

1）阿姆斯特丹

阿姆斯特丹是荷兰的首都，阿姆斯特丹城区大部分低于海平面 1~5m，称得上是一座"水下城市"，全靠坚固的堤坝和抽水机，才使得城市免遭海水淹没。过去的建筑物几乎都以木桩打基，全城有几百万根涂着黑色柏油的木桩打入地下 14~16m 的深处，如王宫就建在 13 659 根木桩上。市内上百条大小水道纵横交错，有 1 000 多座桥梁在河上，多数是人行的石拱桥．阿姆斯特丹市中心的达姆广场是一些全国性的庆典仪式的举办地。

梵高博物馆。梵高博物馆位于阿姆斯特丹市内，主要收藏荷兰画家梵高及其同时代者的作品，该馆藏有的梵高作品是世界上最多的。梵高博物馆是根据"荷兰风格派运动"建筑师格里特·里特维尔德的设计而建的，1973 年揭幕。1999 年加盖由日本建筑师黑川纪章设计的新侧翼。本馆主楼地上共 4 层，底层设有书店、咖啡馆。1 层是按照梵高生平排列的各时期作品。2 层和 3 层展示该馆相关的收藏，包括梵高及其他画家的作品。地下一层（-1 层）通向展览翼，在地下一层，地上二层的展览翼中不定期推出各种展览。梵高的弟弟西奥，是巴黎的艺术经纪商，共收藏了梵高的画200幅和素描500幅，还有梵高写给西奥的信850多封，加上他友人以及当代画家的精选作品，形成了博物馆中出色的收藏。

2）皇家昔日避暑山庄

皇家昔日避暑山庄，昔日荷兰王室炎夏最爱到阿培尔顿（Apeldoorn）的“罗宫”（Paleis Het Loo）避暑。从1686年到1975年，它一直是荷兰统治者和王室最爱的夏宫。走入罗宫，可以看到富丽堂皇的内部装饰，室外庭园有绿草如茵的雕塑环绕。罗宫曾是荷兰王室最爱的别墅，现在则成了博物馆。罗宫真实生动的展现了从威廉和玛丽到威廉明娜女王在位时，王室300多年来的家居生活。在这些房间内，有展出的王室物品，包括文件、绘画、瓷器、银器，以及王室和宫廷服饰，都呈现出以橙色的拿骚家族与荷兰的渊源。而马厩内所展出的，则是王室御用马车、猎车、雪橇和老爷车等收藏品。

3）和平宫

图3.26 和平宫

和平宫（图3.26）是荷兰的著名建筑，位于海牙市郊，是联合国国际法院、国际法图书馆和国际法学院所在地。和平宫建造于1907年至1913年之间，主要来自于美国人卡内基的捐赠，它容纳着国际法庭（常常被称为世界法庭）、常设国际仲裁庭、海牙国际法学院和庞大的国际法图书馆。

和平宫是联合国的主要司法机构，由联合国大会和联合国安理会选出15名不同国籍的法官组成，具有依照国际法受理主权国家向其提交的法律争端及为正式认可的联合国机关、机构提交的法律问题提供咨询作用，没有刑事管辖权，各当事国向国际法院提出诉讼案件原则上是自愿的。

国际法图书馆是一家公共图书馆，是世界上最大的收藏法学书籍的图书馆。

国际法学院成立于1923年，1950年后各国学习国际法的学生每年可到这里来参加考试，通过后即可授予学位。和平宫是世界著名国际法专家荟萃之地，全球各国都为其中的陈设做出了贡献，许多重要的国际公约都是在这里开会通过的。

3.8 森林之国——瑞典

3.8.1 概况

1. 地理位置

瑞典位于北欧斯堪的纳维亚半岛东部。东北部与芬兰接壤，西部和西北部与挪威为邻，东濒波罗的海，西南临北海。

瑞典领土面积近45万平方千米，居欧洲第五位。

2. 自然环境

瑞典地势自西北向东南倾斜。北部为诺尔兰高原，全国最高峰凯布讷山海拔2 117m，南部及沿海多为平原或丘陵。主要河流有约塔河、达尔河、翁厄曼河。湖泊众多，约9.2万个。最大的维纳恩湖面积5 585km^2，居欧洲第三。最北部的北博滕省部分土地在北极圈内，但受大西洋暖流影响，冬季不太寒冷，大部分地区属温带针叶林气候，最南部属温带阔叶林气候。

3. 人口、语言及宗教

瑞典人口958万（2013年），90%为瑞典人（日耳曼族后裔），外国移民及其后裔约100万（其中52.6%为外籍侨民）。北部萨米族是唯一的少数民族，约1万人。瑞典全国各地人口分布极不均匀，全国90%的人口集中在南部和中部地区。导致人口分布不均的主要原因有如下两点。一是人口的城市化，二是受自然地理条件的影响，在高海拔和高纬度地区，人烟稀少。

瑞典语为瑞典的官方语言，但在北部边远地区有3万人讲芬兰语，约2万拉普人讲拉普语。瑞典学校中英语是必修课，大多数20世纪40年代以后出生的瑞典人都会讲英语。英语和德语为通用商业语言。

基督教路德宗是瑞典的国教，国王信奉国教，法律规定非信奉国教公民不得担任首相。瑞典教会在国家享有特权，国王是教会的最高首脑。除了路德宗教会外，瑞典拥有相当多的独立教会，最主要的有瑞典礼会联盟、卫理公会教会、瑞典宣教契约教会等。瑞典五旬节运动是目前瑞典最大的新教教派。据统计，瑞典人大约有27.5万人属于自由教会，在瑞典生活的移民中约有9.2万人信奉天主教，10万人信奉东正教，50万人是穆斯林。

4. 国旗、国歌、国花

图3.27 瑞典国旗

国旗：瑞典国旗为蓝色，黄色十字略向左侧（图3.27）。瑞典国旗的历史可追溯至16世纪，蓝、黄颜色来自瑞典皇徽的颜色。纹章的底色为蓝色，上绘有3个黄色皇冠。1569年约翰三世采用此国旗。在此之前此旗曾在约翰的封地（现芬兰西南部）中使用。旗帜的比例为10∶16（高∶宽），左边上下两个相等的蓝色长方形的边长比例各为旗帜的4/5，右边的蓝色长方形比例各为4∶9（高∶宽）。黄带的宽度为旗帜的1/5。

国歌：瑞典国歌：《你古老的光荣的北国山乡》。歌词作者是Richard Dybeck，写于1844年。在瑞典演唱时一般唱前两段，在国际场合一般只唱第一段。

国花：瑞典国花——铃兰。

5. 行政区划

瑞典有21个行政区域。地方行政局由政府任命。行政区有区议会，议员为市代表。行政区由市组成，全国共有289个市。首都为斯德哥尔摩。

3.8.2 发展简史、政治、经济、文化

1. 发展简史

公元1100年前后开始形成国家。1157年兼并芬兰。1397年与丹麦、挪威组成卡尔马联盟。1523年脱离联盟独立，同年，古斯塔夫·瓦萨被推举为国王。1654—1719年为瑞典的强盛时期，领土包括现芬兰、爱沙尼亚、拉脱维亚、立陶宛以及俄国、波兰和德国的波罗的海沿岸地区。1718年对俄国、丹麦和波兰作战失败后逐步走向衰落。1805年参加拿破仑战争。1809年败于俄国后被迫割让芬兰。1814年从丹麦取得挪威，并与挪结成瑞挪联盟。1905年挪威脱离联盟独立。瑞典在两次世界大战中均守中立。

2. 政治

瑞典现行宪法由政府法典（1809年制定，1974年修订）、王位继承法（1810年制定，1979年修订）和新闻自由法（1949年制定）3个基本法组成，此外还有议会组织法（1866年制定，1974年修订）。宪法规定瑞典实行君主立宪制，国王是国家元首和武装部队统帅，作为国家象征仅履行代表性或礼仪性职责，不能干预议会和政府工作。议会为一院制，是国家唯一的立法机构，由普选产生。政府是国家最高行政机构，对议会负责。国王的最年长子女是法定王位继承人。

3. 经济

瑞典是高度国际化的国家，电子和信息技术产业发展迅速。瑞典拥有丰富的铁矿、森林和水力资源。瑞典工业发达，主要有矿业、机械制造业、森林及造纸工业、电力设备、汽车、化工、电信、食品加工等。主要出口商品有各类机械、运输通信设备、化工及医药产品、纸张纸浆、造纸设备、铁矿石、家用电器、能源设备、石油制品、天然气和纺织品等。进口商品主要有食品、烟草、饮料、原材料（木材、矿石）、能源（石油、煤、电）、化工产品、机械设备、服装、家具等。瑞典在推动经济持续发展、重视科技研发、促进社会公平、建设社会保障体系等方面经验丰富，并在电信、制药、金融服务等方面具有国际竞争优势。

4. 文化

瑞典实行9年一贯制义务免费教育。著名高校有斯德哥尔摩大学、乌普萨拉大学、隆德大学、皇家工学院、斯德哥尔摩商学院等。全国科研力量主要集中在国家资助的全国各级高校、专业研究所、皇家科学院和工程院以及企业资助的下属研发部门。

瑞典人十分重视环境保护，人们喜欢利用闲暇时间到野外活动，到森林和田野远

足，采摘野果和蘑菇，到海湖去游泳、泛舟、垂钓。在昼长夜短的夏季，大家纷纷到国内外去旅游。体育活动更是瑞典人的爱好，瑞典最受欢迎的两项体育活动是足球和冰球。瑞典曾举办过1912年夏季奥林匹克运动会和1958年世界杯足球赛。

3.8.3 民俗

1. 姓名称谓

瑞典人姓名的排列顺序是：名在前，姓在后。瑞典人的姓氏更多的是-son、-man之类的，比如埃里克森、拉尔森、约翰森、安德森、亚历山德森、埃尔德曼、斯滕曼等。在首都斯德哥尔摩，姓“约翰森”这个姓的人很多，最普遍的姓是“卡尔松”，“埃里克松”。瑞典人要想改变自己的名字，是一件非常不容易的事情。过去瑞典民政部门对姓名实施严格管制，男人不能用女人的名字，姓名也不能太奇怪。如果想用某个村庄或者城镇的名字，要先由语言学家组成的委员会进行检验。2009年后，瑞典法律才允许公民随便取名字，只要公民们喜欢，没有什么名字是不可以取的。

2. 生活习俗

1）服饰

瑞典男子的传统服装是上身穿短上衣和背心，下穿紧身齐膝或长到踝部的裤子。头上戴高筒礼帽或平顶帽子。少女一般不戴帽子，已婚的妇女则戴式样不一的包头帽。在正式礼仪场合，男子一般是西装革履，加上一件长外套；女子则穿装饰有各种花色的长裙，有的腰间拴有荷包或小袋，上身常是坎肩和衬衣。服装上镶嵌有各种花边，编结、刺绣、抽纱等工艺广泛应用在服装上，连手套的背部也要刺绣，并镶上皮毛以缘边。新郎、新娘的衣服都要绣上各种花纹，为了绣制婚服，妇女要从少女时就在母亲督促下花费几年时间完成。婚礼上，新娘还要戴上王冠式女帽。

瑞典人服装的另一个特点是穿木头鞋。因为瑞典国内森林遍布，过去由于生活贫困，人们为了取材便利，因而以木制履形成民族服装特色。现在人们的生活水平提高了，但历史形成的穿木头鞋的习惯仍然没有改变。

2）饮食

瑞典人以西餐为主，面包和马铃薯是他们的主食，其中特别喜欢黑面包。早餐常常是面包、咖啡、红茶；午餐有面包、肉、蔬菜、马铃薯和色拉等，晚餐与早餐的食物相仿，只加一份汤。瑞典人也喜欢吃中餐，如各种凉菜、花生仁、火腿扒白菜、红烧鱼、香酥鸭、酸辣海参、肉丝榨菜汤、烧卖、蒸饺、花卷、酥饼等，对广东菜尤其感兴趣。瑞典人喜欢喝浓汤，其菜肴基本上以鱼为主，其中又以鲱鱼、鲭鱼为主，也吃鸡、鸡蛋、牛肉、猪肉、野味和其他水产品。

瑞典人在饮食上有一种独特的习惯，就是每天要吃固定的菜品。如星期四的菜品是“艾他鲁、米德、佛拉斯克”，这种菜以豆类和猪肉为主要原料。“西鲁布拉”则是星期一的菜品，以牛肉的鲱鱼为主要材料。他们还有一种代表性的吃法，即在一张大桌上摆上几十种菜，按自己的爱好分取，菜的烹调质量仅为中等，称之为“海盗席”。

3）民居

瑞典的城市没有围墙。民居的围墙不但低矮，而且中间镂空。有些甚至只是用铁条、木条围成栅栏，与外界形成象征性的分隔。

瑞典人没有大家住在一起的习惯，即使一家人住在一起也是各有各的房间，家庭成员互不干扰，保留着各自的隐私。瑞典的民居一般是3层楼，一楼是公共空间，有餐厅、厨房、客厅；二楼是个人空间，是家庭各成员的书房和卧室；地下室就是一个大的储藏室。每家都有一个大院子，院子里面还放着一些孩子玩耍的玩具。但是院子并没有高大而严实的围墙，这与中国建筑的高墙形成鲜明对照。

3. 主要节庆

瑞典主要节日有：新年（1月1日）、显现节（2月6日）、复活节（4月）、五朔节（5月1日的前一天晚上）、劳动节（5月1日）、基督升天节（5月末）、仲夏节（6月末的星期六）、圣人纪念日（10月末或11月初的星期六）、露西亚女神节（12月13日）、圣诞节（12月25日）、节礼日（12月26日）等。

新年。瑞典人于除夕之夜要唱祝寿歌、守夜。元旦清晨，每家都由最年轻的妇女穿上白色衣裙，系上红色腰带，头顶点上蜡烛的冠冕，用食物招待光临的宾客。

五朔节。5月1日的前一天晚上，是瑞典人庆祝冬去春来的一个节日。人们称4月30日的晚上为沃尔帕吉期夜，据说在这个晚上，生命和春天的力量将战胜死亡和冬天。在庆祝节日时，人们晚上都要点燃篝火。这些篝火是节日庆贺开始的信号，会一直燃到天亮。在瑞典南部，人们还在篝火旁举行诗歌和唱歌比赛，优胜者不仅能获得奖品，还能得到当地最漂亮女孩的亲吻。瑞典人在这个节日里家家户户备下丰盛的餐点，围坐在一起，开怀畅饮，共庆春天的来临，入夜后，人们在涂以红色的木桩上缀满色彩斑斓的花朵和一片片绿叶，大家围着这象征着春天来临的“五月树”，跳起欢快的舞蹈。

仲夏节。每年的6月24日是瑞典古老的传统节日——仲夏节。最初，这一节日是为了纪念基督施洗者约翰的生日，但随着岁月的变迁，这一节日的宗教色彩已经逐渐淡薄。到了仲夏节这天，有些地区一天24小时全是白昼，因而仲夏节这天是瑞典人民最快乐的日子。这一天，瑞典男女老少都穿上绚丽多彩的民族服装，聚集在用各种鲜花、树叶和花环装饰起来的十字形“五月柱”周围，层层围绕，在优美典雅的欢快乐曲中翩翩起舞。在农村，这一天还是青年男女自由交往、选择终身伴侣的日子。在每年仲夏节，除了有不少姑娘择夫外，还有许多恋人举行婚礼。

露西亚女神节。每年的12月30日，是瑞典传统的露西亚女神节。露西亚被瑞典人尊奉为“圣女”，在瑞典有着非常美丽动人的传说，相传露西亚原为罗马帝国的一位官员夫人，约出生于公元2世纪。因热衷信奉基督教而遭仇视，被罗马当局百般迫害，并被刺瞎双眼。但她失明之后仍虔诚地向耶稣祈祷，祈祷耶稣给她带来光明。她的行动感动了耶稣，一天夜里，耶稣在梦中告诉她睁开双眼可以重见光明。露西亚睁开双眼，奇迹发生了，果然像过去一样，看见东西了。消息传开后，人们采取各种方式前来祝贺。大家都称露西亚为“圣女”，把她降临人间的12月13日这天定为露西亚女神节，并用各种各样的形式加以庆祝，久而久之形成了习惯并相传至今。

4. 礼仪禁忌

在瑞典，熟人见面时都会主动打招呼，并互相问候，一般惯以握手礼。与外国客人相见时，通常以握手为礼，有时也行接吻礼。瑞典人与宾客相见时，瑞典的拉普人见面以互相擦鼻子为礼节；萨摩亚人则以鼻子彼此嗅闻为礼；瑞典的因纽特人熟人间见面，喜欢用拳头捶对方的头和肩，以示礼貌。瑞典人在与客人交谈时，一般保持1.2m左右的距离，他们不习惯靠得太近。他们喜欢在交谈时直视对方，认为这是尊重对方的表示。

瑞典是个半禁酒的国家，在家饮酒需持特许证去指定地购买，并交纳可观的税款。敬酒也很讲究规矩，一定要等到主人、年长者或级别比你高的人向你敬酒后，你才能向他们敬酒，在主人说“SKOAL”之前，不要拿起酒杯。

瑞典人忌讳陌生询问他们的政治倾向、家庭经济情况、年龄、宗教信仰、行动去向等问题。因为酒在瑞典是受限制的，所以酒是不可作为礼物送人的。他们忌讳“13”，认为“13”只会给人带来灾难和悲伤。他们特别忌讳黄、蓝色等颜色。他们忌讳有人伤害鸟类及猫、狗等动物，认为这是一些应该受到保护的动物。

3.8.4 旅游业概况

1. 旅游资源概况

瑞典地广人稀，风光秀丽，有着大面积的“未遭破坏的大自然”，而且经济基础好，旅游基础设施完善，社会安定，政局稳定，这和许多西欧或东欧的情况形成强烈对比。瑞典的文化传统、语言文字、风土人情与欧洲大陆国家也有着很大的差异，十分独特。因此颇受入境旅游者的欢迎。瑞典的旅游业在其日益发展的服务业中发挥着越来越重要的作用，旅游业的重要性已经超过了汽车出口业。其旅游业，无论是国内旅游还是国际旅游，都以均衡正常的速度发展。

2. 旅游热点

1）诺贝尔故居

诺贝尔故居坐落在瑞典中部卡尔斯库加市的白桦山庄，离斯德哥尔摩200多千米。这是一座乳白色的二层楼房，楼房前的绿草坪和四周的白桦林交相辉映，环境清幽。1894年阿尔费雷德·诺贝尔结束了海外漂泊生涯回到祖国定居，在这里度过了他生命中最后两年的大部分时光。由于他当年在斯德哥尔摩出生的旧居如今已经矗立起高楼大厦，白桦山庄就成了今天唯一保存完整的诺贝尔故居。诺贝尔的卧室陈设十分简单，只有床、桌和衣柜等几件最必要的家具，而他实验室里的各种仪器和设备，则琳琅满目。自1975年建立起纪念馆以来，这里已成为游览胜地和诺贝尔学术活动的中心。每年一度在这里举行诺贝尔学术讨论会，来自世界各地的著名科学家济济一堂，共同探讨科学领域新课题和诺贝尔“造福于人类”的学术思想。纪念馆里保留着诺贝尔生前活动的照片、他获得的各种技术发明专利证书、金质奖章和遗嘱。

2）瑞典王宫

瑞典王宫（图3.28）坐落在斯德哥尔摩市中心，是国王办公和举行庆典的地方，是斯德哥尔摩的主要旅游景点。建于17世纪，是瑞典著名建筑学家特里亚尔的作品。正门由两只石雕狮子分立两旁，两名头戴红缨军帽、身穿中世纪服装的卫士持枪而立，显得十分威武森严。王宫四壁有许多精美的浮雕，中间是一个很大的场院。南半阙的王宫教堂和国家厅以及北半阙的宴会厅至今保持着原有陈设，对公众开放。王宫华丽的大厅里，壁上挂着大幅的历代国王和王后的肖像画，穹顶饰有磁埋、雕刻和绚丽的绘画。据说大多出自17世纪德国美术家之手。有的室内还陈设着古代的战车兵器、珠宝饰物、金银器皿和手持长矛、全身披挂着铜盔铁甲的中世纪骑士的实体模型。王宫卫队每天中午按古老的传统举行隆重的换岗仪式，吸引着大批游客。

3）斯堪森博物馆

斯堪森博物馆（图3.29）位于犹尔哥登岛上，是斯德哥尔摩最负盛名的观光胜地，从多种角度向人们展示昔日瑞典民俗生活。它占地30余公顷，建有150幢房舍，房舍中，既有瑞典南方斯科讷地区的草顶木房或砖房，也有北部地区拉普族的圆锥形木屋，还有教堂的尖塔和钟楼等。

图3.28　瑞典王宫

图3.29　斯堪森博物馆

斯堪森博物馆建于1891年，在广大的绿林里，林立着100多个从瑞典各地迁移过来的农家、教会等建筑物，在此可看到瑞典的传统生活方式和工作情况，可说是一个生活博物馆。这种传统怀旧的风味，还显露在园内每一处接待解说人员身上的衣着上：白色围裙，素白的衣帽，或者腰间系串钥匙，或者在屋外喂食鸡鸭小猪，仿若置身前个世纪。在斯堪森内更有博物馆中的博物馆，最具代表性的就是邮政博物馆、烟草博物馆，收藏品精致的程度，不亚于一个专业的博物馆。

4）瓦萨沉船博物馆

瓦萨沉船博物馆是瑞典众多博物馆中一座独具特色的博物馆，它是专为展览一艘从海底打捞上的瓦萨号沉船而建立的。瓦萨博物馆内展示着从海底捞起的17世纪的战舰——瓦萨号。瓦萨号战舰是由古斯塔夫二世下令建造的，在当时瑞典是列强吞噬的目标，为了提防邻国的侵袭，古斯塔夫二世下令建造了4艘战舰，瓦萨号即为其中之一。1628年沉没，这一沉便是333年，到了1961年瑞典当局才下令打捞。航行历史虽然很短，但瑞典人仍视为国宝，因其呈现 17 世纪瑞典人造船的技术与艺术，尤其船上的木雕功力至今仍令人激赏。经过了 300 多年阴暗的海底岁月，瓦萨号的真容却仍基本得以保存，经过了十几年必要的修复，长 60.97m、宽 11.68m、主桅杆高 52m 的瓦萨号几乎完全恢复到了当年出航时的状态。只是，这一次不再是王国远征的利器，而是成为缅怀历史的载体。

5）斯德哥尔摩大教堂

斯德哥尔摩大教堂是全城最古老的教堂，其历史可上溯到 1279 年，它的建筑连续不断地遭到修改和调整，最后一次是在 1736—1745 年间，建筑师卡伯格在建筑物上添加了美丽的带钟表的塔楼。自 15 世纪始所有瑞典国王的加冕仪式都在此大教堂举行。斯德哥尔摩大教堂在 1279 年首次以书面形式提及，1527 年成为一座马丁·路德的新教徒教堂，今天成为斯德哥尔摩大教堂。教堂拥有很多独特的人工制品，最著名的是 1489 年伯恩特·诺特科雕琢的圣乔治和火龙的木雕。

课后习题

一、思考题

1. 简述英国的历史沿革并列举其主要的人文旅游景点。
2. 法国主要的旅游城市有哪些？法国首都有哪些旅游景点？
3. 简述意大利人的饮食特点。
4. 意大利有哪些旅游城市和旅游景点？简述意大利的风俗民情。
5. 德国有哪些著名旅游景观？德国人的习俗与禁忌有哪些？
6. 西班牙有哪些著名的旅游城市和景点？
7. 俄罗斯人的饮食习惯有何特点？
8. 俄罗斯民族性格有何特色？如何有针对性地开拓俄罗斯来华旅游市场？
9. 荷兰有哪些旅游景点？简要说明荷兰的特产。
10. 瑞典首都有哪些旅游景点？如何更好地开拓瑞典的旅游市场？
11. 欧洲地区著名的大教堂有哪些？
12. 在旅游接待服务中，对英国、法国、意大利、西班牙、俄罗斯客人应注意哪些风俗习惯？
13. 填写下表。

项目 国别	首都	人口	民族	宗教	语言	国旗	国歌	国花
英国								
法国								
意大利								
德国								

续表

国别＼项目	首都	人口	民族	宗教	语言	国旗	国歌	国花
西班牙								
俄罗斯								
荷兰								
瑞典								

二、案例分析

他们到底去了哪里？

长假过后，小王和小沈两个人在单位一见面，就聊起了这次他们各自出境旅游的经历。小王说："这是我第一次出国，感觉很新奇：吃披萨、尝卡布奇诺、坐船经过了叹息桥，到达了欧洲最美丽的客厅；品尝雪利酒、观看斗牛表演、体验西红柿大战、品味《格尔尼卡》。"小沈说："我们的感觉也非常好，过得很有意思。浪漫之都风情独特，肥鹅肝味道也不错，香榭丽舍大街非常繁华。我还来到了风车王国，欣赏了美丽的郁金香，买了几双木鞋作为纪念品。"

分析：

1. 请问他们出境旅游分别去了哪些国家？
2. 这些国家还有哪些其他著名的旅游城市和旅游景点？

4 非洲旅游区

学习目标

知识目标：了解非洲地区主要客源国的地理位置、语言、宗教、自然环境状态，掌握各主要国家人文地理的基本知识。

技能目标：掌握非洲地区主要客源国的人文概况、简史、政治、经济、文化、民俗、主要旅游资源等社会概况，能够对各主要客源国概况做出简要分析。

素质目标：能运用所学相关知识，分析相关客源国的基本情况，为了解和分析非洲市场打下基础。

课前导读

非洲是“阿非利加洲”的简称，约占世界陆地总面积的20.2%，为世界第二大洲。非洲是一个热带大陆，全洲有3/4的面积在南、北回归线之间。著名的东非大裂谷带从东北向西南贯穿整个非洲，裂谷边缘的乞力马扎罗山，海拔5 895m，是非洲第一高峰，赤道雪峰蔚为壮观；刚果河瀑布群世界闻名；撒哈拉大沙漠横贯北非。非洲共有54个国家，都属于发展中国家。人口10亿多，约占世界人口的15%。非洲是黑人的故乡，黑种人占全洲人口总数的2/3强。

非洲是人类的发祥地之一，具有非常丰富的历史文化遗迹。非洲旅游资源丰富，旅游业发达的国家有埃及、南非、突尼斯、摩洛哥等。

4.1 金字塔之国——埃及

4.1.1 概况

1. 地理位置

埃及地跨亚、非两大洲，西连利比亚，南接苏丹，东临红海并与巴勒斯坦、以色列接壤，北临地中海。埃及大部分领土位于非洲东北部，只有苏伊士运河以东的西奈半岛位于亚洲西部。面积100.145万平方公里。

2. 自然环境

埃及有约2 900km的海岸线，但却是典型的沙漠之国，全境95%为沙漠。全境干燥少雨。尼罗河三角洲和北部沿海地区属地中海型气候，平均气温1月12℃、7月26℃。其余大部分地区属热带沙漠气候，炎热干燥，沙漠地区气温超过40℃。发源于赤道南部东非高原的世界第一长河——尼罗河，自南向北注入地中海。苏伊士运河连接地中海与红海，沟通大西洋与印度洋，是亚洲与非洲的分界线，扼守着世界石油运输线的咽喉。这条运河也是埃及人的经济支柱。

3. 人口、语言及宗教

埃及是阿拉伯世界中人口最多的国家，人口达9 200万（截至2013年3月），其中绝大多数生活在河谷和三角洲。主要是阿拉伯人。

官方语言为阿拉伯语，通用英语和法语。

伊斯兰教为国教。信奉伊斯兰教的阿拉伯人约占87%，信奉基督教的科普特人约占1.8%，希腊东正教、天主教等其他基督教徒约25万，还有少数犹太教徒。

4. 国旗、国歌、国花

国旗：国旗（图4.1）：呈长方形，长与宽之比为3∶2。自上而下由红、白、黑3个平行相等的横长方形组成，白色部分中间有国徽图案。红色象征革命，白色象征纯洁和光明前途，黑色象征埃及过去的黑暗岁月。国徽（图4.2）是一只金色的鹰，称萨拉丁雄鹰。金鹰昂首挺立、舒展双翼，象征胜利、勇敢和忠诚，它是埃及人民不畏烈日风暴、在高空自由飞翔的化身。鹰胸前为盾形的红、白、黑3色国旗图案，底部座基饰带上写着“阿拉伯埃及共和国”。

图4.1　埃及国旗

图4.2　埃及国徽

国歌：《阿拉伯埃及共和国国歌》。

国花：莲花。世界莲花的品种很多，而埃及莲花首屈一指。公元前5世纪的希腊历史学家希罗多德，把最著名的莲花称为“埃及之花”。

国石为橄榄石——古老的埃及把橄榄石当做国石。橄榄石的形成必须经历“痛苦”的磨难，它们产于火成岩中，一个国家的诞生和成长也必须经过一段艰难的历程。经过火的锻造，橄榄石呈现耀眼的绿色，玻璃光泽、美丽异常。埃及盛产橄榄石，也最有资格把橄榄石作为自己的国石。

5. 行政区划

埃及全国划分为27个省，分别由5个城市省，上埃及8省，下埃及9省和沙漠地区5个边疆省组成。

首都开罗。古埃及人称开罗为“城市之母”，阿拉伯人把开罗叫作“卡海勒”，意为征服者或胜利者。作为人类文明四大发源地之一，在人类社会发展史上占有重要地位。

4.1.2　发展简史、政治、经济、文化

1. 发展简史

埃及历史悠久，大约公元前3100年，上埃及王美尼斯在埃及建立了奴隶制国家，在历史上称作第一王朝。著名的“金字塔时代”是之后的第三、四、五、六王朝时期，在这期间大量金字塔被建做陵墓。第十八王朝约于公元前1567年建立，首都设

在底比斯，国王正式头衔从此为法老。之后，努比亚王朝与波斯王朝先后建立，随着被亚历山大帝国的吞并，神秘的法老时代画上了句号。亚历山大帝国破碎后，托勒密王朝建立而后灭亡，埃及先后成为罗马帝国、阿拉伯帝国、奥斯曼帝国的一部分。在经历了拿破仑占领时期后，埃及重归奥斯曼帝国控制。19 世纪末，埃及被英军占领，成为英国的“保护国”。1952 年 7 月 23 日，以纳赛尔为首的“自由军官组织”推翻了法鲁克王朝，掌握了国家政权，结束了外国人统治埃及的历史。1953 年 6 月 18 日，埃及共和国宣布成立，1971 年改名为阿拉伯埃及共和国。

2. 政治

1971 年 9 月 11 日经公民投票通过永久宪法，规定埃及是“以劳动人民力量联盟为基础的民主和社会主义制度的国家”，总统是国家元首、武装部队最高统帅，由人民议会提名，公民投票选出，任期 6 年。1980 年 5 月修改宪法，规定政治制度“建立在多党制基础上”，“总统可多次连选连任”，并增加了“建立协商会议”的条文。2012 年 12 月，埃及全民公投以 63.8%的支持率通过新宪法。2013 年 7 月，埃及军方宣布中止 2012 年宪法。2014 年 1 月，新宪法草案以 98.1%的支持率（投票率 38.6%）通过全民公投。埃及人民议会是最高立法机关。议员由普选产生，任期 5 年。

3. 经济

埃及是非洲第三大经济体，属开放型市场经济，拥有相对完整的工业、农业和服务业体系。服务业约占国内生产总值的 50%。石油资源丰富，工业以纺织、食品加工等轻工业为主。农村人口占总人口的 55%，经济以农业为主，盛产棉花、小麦、水稻、花生、甘蔗、椰枣、水果和蔬菜等农产品，长纤维棉花驰名世界。农业占国内生产总值的 14%。石油天然气、旅游、侨汇和苏伊士运河是四大外汇收入来源。

知识链接 4-1

埃及香料

尼罗河两岸肥沃的土地，孕育了发达的农业，种植花木的历史也相当久远。在水分和阳光充足的地方，鲜花盛开，芳香四溢。埃及人很早就发明了用鲜花提炼香精的技术，据说历史和金字塔一样久远。埃及人现在还用传统的工艺制造玻璃，并盛放香精。

在埃及出售的香精分为如下 3 种。一种是单个花的香精，如百合花、熏衣草、莲花、薄荷等。另外一种是混合花的香精，这种特别有名，许多国际知名香水的原料都出自此，如“艾达”就是兰蔻香水的原料，“埃及艳后”是 CD Poison 的原料，“娜费提提”是三宅一生的原料，还有雅斯兰黛、夏奈尔五号、BOSS、POLO 等好多。一种是药用香精，有龙涎香、檀香等，这些可以做按摩用油对关节炎等疾病有辅助疗效。

4. 文化

埃及是一个具有悠久历史的国家，其灿烂的文化为世人所瞩目。极早的奴隶制国家的建立，象形文字的创造使用，法老专制政治的创立和发展都是古埃及的独特方面，更令人惊叹的是金字塔、狮身人面像等带有宗教特征的大量建筑在埃及的出现。其间的数学、天文历法、医学、建筑都为后世所惊叹。当代埃及的文化是将阿拉伯文化融入了非洲的元素，又掺入了希腊、法国、土耳其、叙利亚文化的部分形成。埃及的教育系统较为完善，大、中、小学都免收学费，比较有名的大学包括开罗大学、爱资哈尔大学、艾因·夏姆斯大学、亚历山大大学、开罗美国大学等。开罗大学既是埃及的第一所现代化综合大学，也是阿拉伯国家的第一所现代化综合性大学。

4.1.3 民俗

1. 姓名称谓

埃及是一个文化多元化的国家，人们取名没有任何限制。一是以动物取名，体现出埃及人特有的幽默。如想让生下的儿子长得结实，就给他取名叫“老虎”、“狮子”、“雄鹰”、“大象”等。二是以喜欢的东西命名。如有人叫“钟表”，有人叫“英镑”、“日产”、“万事达”等。还有一些家长给小孩取名“甜点”、“咖啡”或“茶”，在幽默中透出浓浓的生活气息。三是以国家、地区等名字命名。许多埃及人名字直接叫“埃及”或“埃及的”，还有人叫“尼罗河”，以此抒发对家乡的热爱。

2. 生活习俗

1）服饰

在大城市中，尤其是在政界、商界、军界、文化界、教育界，埃及人的穿着打扮早已与国际潮流同步。西服、套装、制服、连衣裙、夹克衫、牛仔裤，在埃及的街头巷尾处处可见。然而，普通百姓，尤其是上了年纪的人的着装观念依旧较为保守。从总体上讲，埃及人的穿着依旧主要是长衣、长裤和长裙（图4.3）。又露又短又小又紧又透的奇装异服，埃及人通常是不愿问津的。

图4.3 埃及传统服饰

绿色象征青春和生命，而黄色代表黄金，是永恒之神的肌肤，白色象征着幸福，在埃及人的衣柜里白色衣服很常见。而黑色很少出现在埃及人的服装上——这是假发的专用色。

埃及的乡村妇女很喜爱佩戴首饰，尤其是讲究佩戴脚镯。另外，她们还喜欢梳辫子，并且习惯于将自己的发辫梳成单数。在每根辫子上还要系上3根黑色丝线，然后再挂上一小片薄薄的金属片。

对于绘有星星、猪、狗、猫以及熊猫图案的衣服，埃及人绝对不会穿的，因为它们有悖其习俗。

知识链接 4-2

埃及百姓穷得叮当响，全身却披金戴银

在埃及，妻子有多少金首饰，是衡量丈夫是否爱她的重要标志之一。因此，普通的埃及妇女佩戴重达几百克的金项链并不奇怪。埃及有 4 200 多家金首饰店，几乎每座城市都有一条至数条"黄金街"现在，埃及妇女除了在头部和脸部佩戴金饰，更喜欢佩戴金手镯或手链。

关于这一风俗，有一则感人的传说：从前，有户穷苦人家，丈夫去世，留下妻子和年迈的婆婆。尽管家里一贫如洗，但年轻的妻子决心靠自己的双手养活婆婆。妇人每天到有钱人家帮工，但是工钱极少。万般无奈下，她想出个办法：每天在主人家和面后，不洗手就回家。这样能把手上粘的面做成面糊给婆婆吃。有一天下起了暴雨，电闪雷鸣，妇女很害怕，担心因为自己偷了人家的面，老天爷发怒了。于是，她闭着眼睛把双手伸出去，请老天爷劈掉它。一阵雷声响过，她睁开眼，惊奇地发现手上出现一副金灿灿的手镯。后来，其他妇女纷纷仿效，戴上金手镯或手链。戴手镯成为晚辈孝顺长辈的象征。

2）饮食

著名文明古国埃及有着古老的饮食文化。埃及的饮食文化深受伊斯兰教的影响。

在餐饮方面，埃及人对礼仪极为讲究。在通常情况下，他们以一种称为"耶素"的不用酵母的平圆形面包为主食，并且喜欢将它同"富尔"、"克布奈"、"摩酪赫亚"一起食用。"富尔"即煮豆，"克布奈"及"白奶酪"，"摩酪赫亚"则为汤类。

埃及人很爱吃羊肉、鸡肉、鸭肉、土豆、豌豆、南瓜、洋葱、茄子和胡萝卜。他们口味较淡，不喜油腻，爱吃又甜又香的东西。冷菜、带馅的菜以及用奶油烧制的菜，特别是被他们看做是象征着"春天"与勃勃生机的生菜，均受其欢迎。埃及人尤其喜爱吃甜点。在他们举行的正规宴会上，最后一道菜必为甜点无疑。此外，他们还习惯于以自制的甜点待客。客人要是婉言谢绝，一点儿也不吃，会让主人极为失望，而且也是失敬于主人的。

埃及人按照教规，是不喝酒的。他们忌食的东西有：猪肉、狗肉、驴肉、骡肉、龟、虾、蟹、鳝，动物的内脏、动物的血液，自死之物，未诵安拉之名宰杀之物。整条的鱼和带刺的鱼，埃及人是不喜欢吃的。

埃及人在用餐时，有如下两点禁忌。其一，忌用左手取食。其二，忌在用午餐时与别人交谈。他们认为那样会浪费粮食，是对真主的大不敬。

在埃及民间，人们对葱很看重，认为它代表了真理。可是对于针，人们却又非常忌讳，在埃及"针"是骂人的词。

埃及人在工作中对小费极为重视，并且将其作为日常收入的重要组成部分之一。在埃及办事情若不会给人小费，往往会举步维艰。

知识链接 4-3

名字奇怪却好吃的埃及甜食

还以为“阿里他娘”是跳舞的。头一回去开罗的小饭馆，我先要了几张“生活”（大饼），然后吃了一通“烤爸爸”（类似烤羊肉串），又点了不少“想我了吗”（土耳其烤肉），最后来了只“哈妈妈”（酥脆可口的烤鸽子），肚子被塞得满满的。

这时服务员凑上来问：“要不要来个‘阿里他娘’?”我以为自己听错了，看他神秘兮兮的样子，如坠雾里。“‘阿里他娘’不错，来一个吧!”他执意推荐着。我当时想，会不会是饭后的歌舞表演，让阿里他娘来跳舞啊？见我一头雾水的样子，服务员忙解释说：“是种甜食，好吃极了。埃及人没有不喜欢的，您也来一个吧。”原来如此。

当地朋友告诉我，阿里他娘确有其人，据说是古代一位妃子，从小精于烹饪，是她最早制作了这种独特的甜食。现在，“阿里他娘”不但在埃及家喻户晓，还名扬阿拉伯世界。

与“阿里他娘”齐名的甜食，还有“宰娜白的手指”，形状酷似女子手指。宰娜白是伊斯兰历史名人，以乐善好施而著称。人们将其名字与一道甜食相提并论，以表达对她的喜欢和爱戴。“手指”由奶油、蜂蜜等做成，入口即化。

3）民居

图 4.4 埃及民居

埃及居民（图 4.4）建盖的多是平房，通常几间组合在一起，形成一个院落。埃及人建盖房屋不讲究方位，通常在向着大街的一面筑门。除了很少的贵族之外，住宅不附设花园。富有贵族不肯住在临街的房屋里，他们通常远离大街，选择地势较高的地方修筑宏大规模的建筑。埃及富人的院落很大，每个院落都要占去很多亩地。埃及贵族建筑房屋有一定的布局意识，大门通常朝着低洼地带，居住房屋通常建在地势较高的坡地上，大门与居住房屋通常是相对的，中间有很大空地，埃及人在这块空地上修建花园或花圃。埃及人没有正房、偏房、厢房、廊房的意识，他们需要多少房间，就在大门对面建盖多少房间。将大门与房间连接起来的是围墙。埃及人很重视宅院围墙建设。在他们那里，围墙平面是四方形。

埃及房屋和西亚所有房屋一样，屋顶都是平的，可以摆桌子、放椅子，以便傍晚纳凉，有些青年还将被褥放在屋顶平台上，在此睡觉。埃及房屋都设计门窗。大门是用木头制作的，窗户上安装着玻璃。埃及人使用玻璃的历史很悠久。从稍早的壁画中，我们知道埃及人使用桌子、椅子、板凳。希腊人关于桌子和椅子的概念就是跟埃及人学的。

3. 主要节庆

埃及的传统节日有新年（1月1日），独立日（2月28日），穆罕默德诞辰（3月12日），闻风节（4月12日），西奈解放日（4月25日），五月节（5月1日），国庆日（7月23日），斋戒月（9月），建军节（回教庆典日10月6日），朝圣日（12月10~13日）。过节日时，埃及人民举行各种各样的庆祝活动。

开斋节。按伊斯兰教法规定，伊历（伊斯兰历法）的每年9月为斋月，斋月期间，除了有患病等各种特殊情况以外，成年男女穆斯林每日从黎明到日落不饮不食，称为“封斋”。斋月共有29天，有时30天。经过一个月的封斋，完成了“真主”的“定制”，于伊斯兰教教历十月一日“开斋”，故称为开斋节。开斋节要过3天。第一天从拂晓开始就热闹起来。家家户户都要早早起来，打扫院内院外。然后穆斯林到清真寺礼拜。有的家庭喜欢自己做点心，有的家庭喜欢从甜食店买。家境富裕的人给穷人钱以便过愉快的节。亲戚和朋友间相互走访。父母给孩子零花钱，给孩子买漂亮的衣服，然后父母带孩子上公园，整个公园成了一片欢乐的海洋。这一天，电影院、咖啡厅也成为人们光顾的理想场所。

“古尔邦”节，伊斯兰教的重要节日之一。“古尔邦”在阿拉伯语中含有“牺牲、献身”的意思，因而又成为“宰牲节”或“忠孝节”。相传，先知易卜拉欣，在一天晚上，梦见真主安拉命令他宰杀自己的爱子伊斯玛仪勒，以祭献给安拉，考验他对安拉的忠诚。先知易卜拉欣遵从安拉的旨意，第二天宰杀伊斯玛仪勒时，安拉派天仙吉卜拉依勒背来一只黑头羝羊代替伊斯玛仪勒作祭物。从那以后，先知穆罕默德就把伊斯兰教历12月10日开始的3天定为“宰牲节”。那一天，人们早早地进入清真寺礼拜，然后为了纪念先知易卜拉欣父子为安拉牺牲的精神，便在此日宰牲。按规定一人宰一只羊，7人宰一头牛或一峰骆驼。宰杀的牛羊肉和食品分成3份，一份自己食用；一份送亲友邻居，招待客人；一份出散穷人。人们举行的古尔邦节活动和开斋节的庆祝活动都差不多。

惠风节，又称闻风节，始于公元前3000年左右，传说是慈善神战胜凶恶神的日子。基督教传入埃及后，每年春分月圆后的第一个星期日是基督教的复活节，所以信奉基督教的埃及人把惠风节和复活节和在一起庆祝，一般把惠风节定于复活节的第二天。目前，惠风节成为埃及民间节日，无论是穆斯林还是基督徒，大多数埃及人都过这个节日。春天惠风节到了，那一天，天气温暖，阳光和煦。早上人们吃着五颜六色的彩蛋。下午吃鲜鱼、鲱鱼、沙丁鱼、洋葱和生菜。亲朋好友集体出游。有的家庭带食品逛公园，有的家庭则到亚历山大去游玩。

4. 礼仪禁忌

在人际交往中，埃及人所采用的见面礼节，主要是握手礼。同埃及人握手时，最重要的是忌用左手。

除握手礼之外，埃及人在某些场合还会使用拥抱或亲吻礼。埃及人所采用的亲吻礼，往往会因为交往对象的不同，而采用亲吻不同部位的具体方式。其中最常见的形式有如下3种。一是吻面礼，它一般用于亲友之间，尤其是女性之间。二是吻手礼，它是向尊长表示敬意或是向恩人致谢时用的。三是飞吻礼，它则多见于情侣之间。

为了表示亲密，埃及人只要当时有时间，问候起交往对象来，往往会不厌其烦。除个人隐私问题之外，当时所能想到的人和事，他们几乎都会一一不漏地问候一遍。他们的这种客套，有时会长达几分钟，甚至十几分钟。“中国人的手，希腊人的脑，阿拉伯人的舌。”由此 可见阿拉伯人乃是公认的健谈好手。

同样是为了表示亲密或尊敬，埃及人在人际交往中所使用的称呼也有自己的特色。在埃及，老年人将年轻人叫做“儿子”、“女儿”，学生管老师叫“爸爸”、“妈妈”，穆斯林之间互称“兄弟”。这一类做法，往往并不表示二者具有血缘关系，而只是表示尊敬或亲切。

埃及人非常好客，贵客临门，会令其十分愉快。去埃及人家里做客时，应注意以下三点。其一，事先需预约，并要以主人方便为宜。通常在晚上 6 点以后以及斋月期间不宜进行拜访。其二，按惯例，穆斯林家里的女性，尤其是女主人是不待客的，故切勿对其打听或问候。其三，就座之后，切勿将足底朝外，更不要朝向对方。

埃及人很喜欢美丽华贵的仙鹤，认为它代表着喜庆与长寿。除讨厌猪之外，外形被认作与猪相近的大熊猫也为埃及人所反感。

埃及人最喜爱被其称为“吉祥之色”的绿色与“快乐之色”的白色等两种颜色。他们讨厌的色彩也是两种。一是黑色，一是蓝色。两者在埃及人看来均是不祥之色。

在数目方面，“5”与“7”深得埃及人的青睐。在他们看来，“5”会带来吉祥，“7”则意味着完美。对信奉基督教的埃及人而言，“13”则是最令人晦气的数字。

与埃及人交谈时，应注意如下几点。一是男士不要主动找妇女攀谈；二是切勿夸奖埃及妇女身材窈窕，因为埃及人以体态丰腴为美；三是不要称道埃及人家中的物品，在埃及这种做法被人理解为索要此物；四是不要与埃及人谈论宗教纠纷、政党政治、中东政局以及男女关系。

4.1.4 旅游业概况

1. 旅游资源概况

埃及历史悠久，名胜古迹很多，主要旅游景点有金字塔、狮身人面像、卢克索神庙、亚历山大灯塔遗址、阿斯旺高坝、沙姆沙伊赫等。红海和地中海是埃及两大最具潜力的旅游资源，红海、沙漠、航海等都会使人产生强烈的旅游欲望。随着阿维纳特山和大贾勒弗地区沙漠山洞越来越多地被考古发现，考古游、尼罗河上漂流游、海上休闲游、生态游、体育游、沙漠徒步游等生机勃勃。埃及有许多世界著名的自然保护区，如圣·凯瑟琳保护区、西奈南部的纳巴格保护区等，埃及还在红海建成了海洋生态保护区。目前旅游业已成为埃及最重要的支柱产业。

2. 旅游热点

1）国家博物馆

埃及博物馆坐落在开罗市中心的解放广场，1902 年建成开馆，是世界上最著名、规模最大的古埃及文物博物馆。该馆收藏了 5 000 年前古埃及法老时代至公元 6 世纪的历史文物25万件，其中大多数展品年代超过3 000年。博物馆分为二层，展品按年代顺序分别陈列在几十间展室中。该馆中的许多文物，如巨大的法老王石像、纯金制作的宫廷御用珍品，大量的木乃伊及重242磅的图坦卡蒙纯金面具和棺椁，其做工之精细令人赞叹。

图4.5 胡夫金字塔

2）金字塔

埃及共发现金字塔96座，最大的是开罗郊区吉萨的3座金字塔。金字塔是古埃及法老为自己修建的陵墓。大金字塔是第四王朝第二个国王胡夫的陵墓（图4.5），建于公元前2690年左右，原高146.5m，因年久风化，顶端剥落10m，现高136.5m；底座每边长230米，三角面斜度51°，塔底面积5.29万平方米；塔身由230万块石头砌成，每块石头平均重2.5T。据说，10万人用了20年的时间才得以建成。该金字塔内部的通道对外开放，该通道设计精巧，计算精密，令人赞叹。

第二座金字塔是胡夫的儿子哈夫拉国王的陵墓，建于公元前2650年，比前者低3m，但建筑形式更加完美壮观，塔前建有庙宇等附属建筑和著名的狮身人面像。

狮身人面像的面部参照哈夫拉，身体为狮子，高22m，长57m，雕像的一个耳朵就有2m高。整个雕像除狮爪外，全部由一块天然岩石雕成。由于石质疏松，且经历了4 000多年的岁月，整个雕像风化严重。另外面部严重破损，有人说是马姆鲁克把它当做靶子练习射击所致，也有人说是18世纪拿破仑入侵埃及时炮击留下的痕迹。

第三座金字塔属胡夫的孙子门卡乌拉国王，建于公元前2600年左右。当时正是第四王朝衰落时期，金字塔的建筑也开始衰落。门卡乌拉金字塔的高度突然降低到66m，内部结构纷乱。

3）左塞尔陵墓

萨卡拉金字塔位于开罗南郊30km，尼罗河西河谷绿洲边缘外的沙漠上，由多个金字塔组成。其中最著名的是阶梯金字塔，为古埃及第三王朝法老左塞尔的陵墓，约建于公元前2700年。该金字塔是埃及现有金字塔中年代最早的，也是世界上最早用石块修建的陵墓。该金字塔呈6层阶梯塔状，高约60m。在该金字塔附近还分布着许多贵族和大臣陵墓，其中大量的精美浮雕壁画，栩栩如生地描绘了古代埃及人工作和生活的情景。另外，附近的神牛墓也非常有名。

4）古城堡

建于1176年，为阿尤布王朝国王萨拉丁为抵御十字军保护开罗而建。城内建有穆罕默德·阿里清真寺（图4.6）。古城堡内有埃及军事博物馆，展示埃及各历史时期军队的武器、装备、服装、著名战例、工事和城堡的实物、仿制品、模型、图画等。穆罕默德·阿里清真寺建于1830年，伊历1246年。整个建筑具有阿拔斯王朝时期的建筑风格。穆罕默德·阿里（1769—1849年），阿尔巴尼亚人，1805年成为埃及统治者。巍峨的阿里清真寺建在开罗以北的山顶上，礼拜殿呈正方形，上有高耸的圆顶为殿中心，四面环有4个半圆殿与正殿相应，还有4根高柱居其中。清真寺西侧正中有一盥洗室，是供穆斯林礼拜时做小净用的。盥洗室四面有4根铁链环绕。清真寺正中盥洗室内，外墙壁是用雪花石瓷砖镶嵌的，所以又被称为雪花石清真寺。

5）汗·哈利里

位于开罗市中心地带（老城区），由分布在几十条小街巷里的几千家个体小店组成，许多店铺可追溯到公元14世纪。市场道路狭窄，街道两旁挤满了小店铺，主要出售金银首饰、铜盘、石雕、皮货及其他埃及传统手工艺品，素以店面古朴、货物齐全深受外国游客喜爱。这块地方原是法特梅王朝后裔的墓地，公元14世纪，当时埃及的统治者汗·哈利里以法特梅是叛教者无权建墓地为由下令拆毁墓地，并出资在此建起一个市场，即汗·哈利里市场。它已成为开罗古老文化和东方伊斯兰色彩的一个象征，吸引世界各地的游客。市场旁边有著名的爱资哈尔清真寺和侯赛因清真寺。

6）夏宫

夏宫（图4.7）即蒙塔扎宫，坐落在市东部，占地155.4公顷，密林环绕，是一个独具特色的花园。1952年前一直是王室家族的消夏避暑地，现海滨向游人和垂钓者开放。园内有法鲁克国王行宫（现为埃及国宾馆）。赫迪夫·阿拔斯二世在世纪之交所建的这座土耳其—佛罗伦萨式的建筑物，是王室避暑地。王宫不对公众开放，看其外观一定要注意频频出现的主题字母F。

图4.6 穆罕默德·阿里清真寺

图4.7 埃及夏宫

据说一个报喜人告诉福阿德王，字母F将给他的家庭带来好运，从此他和他的儿子法鲁克给他们的子孙命名都以F开头。1951年法鲁克与娜瑞曼结婚，却没有更改她的名字，1952年1月他们的儿子诞生，他为他取名阿赫迈德·福阿德，字母F被放在第二位，6个月后法鲁克被废黜。

7）卡特巴城堡

前身为世界七大奇迹之一的亚历山大灯塔。灯塔建于公元前280年，塔高约135m，经数次地震，于1435年完全毁坏。1480年用其石块在原址修筑城堡，以国王卡特巴的名字命名。1966年改为埃及航海博物馆，展出模型、壁画、油画等，介绍自一万年前从草船开始的埃及造船和航海史。与开罗古城堡并称为埃及两大中世纪古城堡。

8）尼罗河

尼罗河（图 4.8）发源于东非高原，流经布隆迪、卢旺达、坦桑尼亚、乌干达、南苏丹、苏丹和埃及，全长 6 671km，是非洲及世界最长的河流，可航行水道长约 3 000km。尼罗河有两条上源河流，西源出自布隆迪群山，经非洲最大的湖——维多利亚湖北流，被称为白尼罗河；东源出自埃塞俄比亚高原的塔纳湖，称为青尼罗河。青、白尼罗河在苏丹的喀土穆汇合，然后流入埃及。

图 4.8　尼罗河

"埃及是尼罗河的赠礼"。尼罗河谷和三角洲是埃及文化的摇篮，也是世界文化的发祥地之一。尼罗河在埃及境内长度为 1 530km，两岸形成 3～16km 宽的河谷，到开罗后分成两条支流，注入地中海。这两条支流冲积形成尼罗河三角洲，面积 2.4 万平方千米，是埃及人口最稠密、最富饶的地区。尼罗河谷及三角洲人口占全国人口总数的 96%，可耕地面积占全国耕地面积的 2/3。埃及水源几乎全部来自尼罗河。根据尼罗河流域 9 国签订的协议，埃及享有河水的份额为每年 555 亿立方米。

知识链接 4-4

木乃伊

木乃伊，即"人工干尸"。此词译自英语 mummy，源自波斯语 mumiai，意为"沥青"。世界许多地区都有用防腐香料体，年久干瘪，即形成木乃伊。古埃及人笃信人死后，其灵魂不会消亡，仍会依附在尸体或雕像上，所以，法老死后，均被制成木乃伊，作为对死者永生的或用香油（或药料）涂尸防腐的方法，而以古埃及的木乃伊为最著名。古代埃及人用防腐的香料殓藏尸企盼和深切的缅怀。

在古埃及，流传着这样一个动人的神话传说。很久很久以前，地神塞布的儿子奥西里斯很有本事，曾一度为埃及国王（法老）。他教会了人们从事农业生产，如种地、做面包、酿酒、开矿，给人们带来了幸福。因此，人们很崇拜他，把他视作尼罗河神，人们的生命就是奥西里斯给予的。他弟弟塞特存心不善，阴谋杀害哥哥夺取王位。有一天，塞特请哥哥共进晚餐，还找了许多人作陪。进餐时，塞特指着一只美丽的大箱子对大家说："谁能躺进这个箱子，就把它送给谁。"奥西里斯在众人的怂恿下，当着大家的面试了一试。但他一躺进去，塞特就关闭了箱子，上了锁，把他扔到尼罗河里去了。

奥西里斯被害以后，他的妻子雨神伊西斯到处寻找，终于找回了尸体。不料，这件事被塞特知道了。他半夜里又偷走了尸体，把它剖成48块，扔在不同的地方。伊西斯又从各个不同的地方找到奥西里斯尸体的碎块，就地埋葬了。后来，奥西里斯的遗腹子荷拉斯出生了，他从小就很勇敢。长大成人后，打败了塞特，替父亲报了仇，并继承了人间的王位。他把父亲尸体的碎块从各地挖出来，拼凑在一起，做成了干尸“木乃伊”。又在神的帮助下，使他的父亲复活了。

奥西里斯的复活不是在人世间的复活，而是在阴间的复活。在另一个世界，他做了主宰，专门负责对死人的审判，并保护人间的法老。

4.2 黄金之国——南非

4.1.1 概况

1. 地理位置

南非共和国（The Republic of South Africa）简称南非。南非地处南半球，其纬度自南纬22°至35°，经度从东经17°至33°。有“彩虹之国”之美誉，位于非洲大陆的最南端，北邻纳米比亚、博茨瓦纳、津巴布韦、莫桑比克和斯威士兰，东、南、西三面濒临印度洋和大西洋，东面隔印度洋和澳大利亚相望，西面隔大西洋和巴西、阿根廷相望。其西南端的好望角航线历来是世界上最繁忙的海上通道之一，有“西方海上生命线”之称。南非陆地面积为1 219 090km^2。

2. 自然环境

南非全境大部分为海拔600m以上高原。德拉肯斯山脉绵亘东南，卡斯金峰高达3 660m，为全国最高点；西北部为沙漠，是卡拉哈迪盆地的一部分；北部、中部和西南部为高原；沿海是狭窄平原。奥兰治河和林波波河为两大主要河流。大部分地区属热带草原气候，东部沿海为热带季风气候，南部沿海为地中海式气候。全境气候分为春、夏、秋、冬4季。12月~2月为夏季，最高气温可达32~38℃；6~8月是冬季，最低气温为-10~-12℃。全年降水量由东部的1 000mm逐渐减少到西部的60mm，平均450mm。首都比勒陀利亚年平均气温17℃。

3. 人口、语言及宗教

人口有5 177万（南非第三次人口普查报告，南国家统计局2012年10月公布）。分黑人、有色人、白人和亚裔四大种族，分别占总人口的79.6%、9%、8.9%和2.5%。黑人主要有祖鲁、科萨、斯威士、茨瓦纳、北索托、南索托、聪加、文达、恩德贝莱9个部族，主要使用班图语。白人主要是荷兰血统的阿非利卡人（曾自称布尔人，约占57%）和英国血统的白人（约占39%），有色人是殖民时期白人、土著人和奴隶的混血人后裔，主要使用阿非利卡语。亚裔人主要是印度人和华人。

南非的官方语言有11种，分别是：英语、阿非利卡语（南非荷语）、祖鲁语、科萨语、斯佩迪语、茨瓦纳语、索托语、聪加语、斯威士语、文达语和恩德贝莱语。

根据人口统计调查，南非的五大语言排名如下：祖鲁语（30%）、科萨语（18%）、阿非利卡语（14%）、斯佩迪语（9%）、英语（9%）。

居民主要信奉基督教新教、天主教、伊斯兰教和原始宗教。白人、大多数有色人和60%的黑人信奉基督教新教或天主教；亚裔人约60%信奉印度教，20%信奉伊斯兰教；部分黑人信奉原始宗教。

4. 国旗、国歌、国花

国旗：南非国旗（图4.9）启用于1994年4月27日。国旗呈长方形，长宽之比为3∶2。由红、绿、蓝、白、黑、黄6种颜色组成，呈Y形（官方给出的解释是V形，然后流向一条平线，而不是Y。）旗面上区为红，下区为蓝，各占旗宽的三分之一，代表鲜血。旗面中央是一横Y形3色条，占旗宽的三分之一。象征着聚合不同的南非民族，共同发展，一起走向今后的道路。用来区隔红区、蓝区和连接旗杆罩布处的黑色三角形。3色条的中间色为绿色，宽度占旗宽的五分之一，代表土地，绿色的两侧各有金色和白色，各占旗宽的十五分之一，金色代表金子，白色代表白人，以金色一端连接黑色三角形，黑色代表黑人。

国徽（图4.10）：太阳象征光明的前程；展翅的鹭鹰是上帝的代表，象征防卫的力量；万花筒般的图案象征美丽的国土、非洲的复兴以南非国徽及力量的集合；取代鹭鹰双脚平放的长矛与圆头棒象征和平以及国防和主权；鼓状的盾徽象征富足和防卫精神；盾上取自闻名的石刻艺术的人物图案象征团结；麦穗象征富饶、成长、发展的潜力、人民的温饱以及农业特征；象牙象征智慧、力量、温和与永恒；两侧象牙之间的文字是“多元民族团结”。

图4.9　南非国旗

图4.10　南非国徽

国歌：1995年5月，南非正式通过新的国歌，新国歌的歌词用祖鲁、科萨、梭托、英语和阿非利卡语5种语言写成，包括原国歌《上帝保佑非洲》的祈祷词，全歌长1分35秒，并以原国歌《南非之声》雄壮的高音曲调作结尾。原国歌名为《上帝保佑非洲》，1994年3月15日批准。歌曲由黑人牧师诺克·桑汤加在1897年谱写，1912年首次在南非土著人国民大会上作为黑人民族主义赞歌唱出来，在非洲深受广大黑人欢迎。

国花：帝王花（图4.11）。灌木，又名菩提花，俗称“木百合花”或“龙眼花”。国石为钻石。

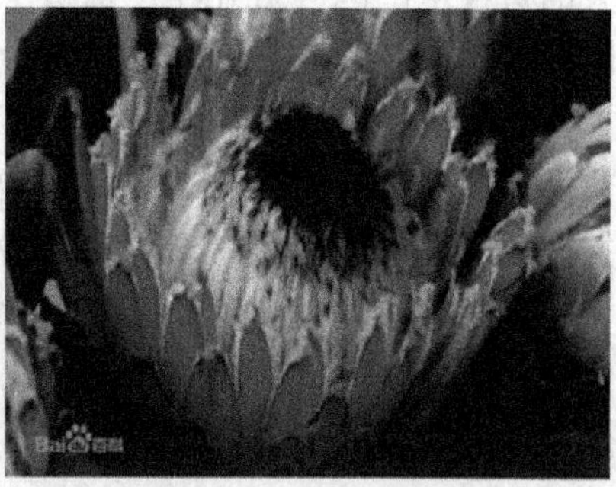

图4.11 南非国花

5. 行政区划

全国分为9个省，各省有立法、任免公务人员的权力，负责本省经济、财政和税收等事务。根据2000年通过的《地方政府选举法》，全国共划有284个地方政府，包括6个大都市、47个地区委员会和231个地方委员会。

南非是世界上唯一同时存在3个首都的国家：行政首都比勒陀利亚是南非中央政府所在地；立法首都开普敦是南非国会所在地；司法首都布隆方丹为全国司法机构的所在地。

4.1.2 发展简史、政治、经济、文化

1. 发展简史

南非最早的土著居民是桑人、科伊人和后来南迁的班图人。17世纪后，荷兰、英国相继入侵南非。20世纪初，南非曾一度成为英国的自治领地。1961年5月31日，南非退出英联邦，成立南非共和国。由于南非白人当局在国内推行种族歧视和种族隔离政策，南非人民在以曼德拉为首的非洲人国民大会的领导下，为推翻种族隔离制度，进行了英勇的斗争，并最终取得胜利。1994年4月，南非举行首次由各种族参加的大选，曼德拉当选为南非首任黑人总统。

2. 政治

1994年4月，南非颁布了历史上第一部体现种族平等的临时宪法。1996年5月，南非制宪议会通过了在临时宪法基础上起草的新宪法。新宪法于同年12月开始生效。新宪法保留临时宪法中的权利法案、三权分立系统、联邦制政府管理体制和现行司法体系的重大制宪原则和内容；南非总统是国家元首和政府首脑，由国民议会选举产生，任期不得超过两任。南非议会为两院制，由国民议会和全国省级事务委员会组成。国民议会有400名议员，200名通过大选产生，另200名由各省选举产生。全国省级事务委员会（前身为参议院）共设90个议席，由9个省议会间接选举产生，每省10个议席。新宪法规定实行总统内阁制。内阁由总统、副总统及总统任命的27名部长组成。总统和内阁成员共同行使行政权。

3. 经济

南非是非洲第一大经济体，人均生活水平在非洲名列前茅，工业体系是非洲最完

善的，深井采矿技术是位居世界前列，矿产是南非经济主要来源。黄金、铂族金属、锰、钒、铬和铝硅酸盐的储量均居世界第一位，蛭石、锆、钛、氟石居第二位，磷酸盐居世界第三位，锑、铀居世界第四位，煤、钻石、铅居世界第五位。南非是世界上最大的黄金生产国（近几年产量被中国超过）和出口国，黄金出口额占全部对外出口额的三分之一，因此又被誉为“黄金之国”。

南非属于中等收入的发展中国家，也是非洲经济最发达的国家，其国内生产总值占非洲国内生产总值的 1/5 强。矿业、制造业、农业和服务业是南非经济四大支柱，深井采矿等技术居世界领先地位。南非的制造业门类齐全，技术先进，主要包括钢铁、金属制品、化工、运输设备、食品加工、纺织、服装等。制造业产值占国内生产总值的近五分之一。南非的电力工业较发达，拥有世界上最大的干冷发电站，发电量占全非洲的三分之二。

4. 文化

享有“彩虹之邦”美誉的新南非有着丰富多彩的文化历史传统，无论是南非土著居民，黑人还是白人都对南非文化做出了杰出的贡献。南非土著居民具有历史悠久的传统绘画与雕刻艺术。其中最著名的布什曼人的洞穴壁画雕刻是人类原始艺术的瑰宝，也是南非现代艺术的组成部分。南非白人绘画（图 4.12）最早始于对南非风土人情的描写。南非绘画流派由西方各国不同流派所组成，画家多是受其母国绘画传统影响。

南非现代雕塑发展缓慢于绘画，雕塑形式分为建筑雕塑和环境雕塑。艺术家们采用青铜、石头、木头、象牙、金属等材料，以移民历史和非洲风土人情为表现主题进行创作，拥有众多流派。非洲艺术家们最富成就的艺术表现手段是雕塑，在这一领域产生了最杰出的艺术作品。他们大多受到南非白人雕塑家的影响，汲取了西方雕塑的精华，一般选用青铜、木材、陶瓷等材料工作。

除了绘画和雕塑，南非人也同样擅长于音乐和舞蹈（图 4.13）。传统音乐以其强烈多变自由奔放的节奏为黑人传统舞蹈伴奏出丰富多彩的音乐旋律。二者默契，融为一体。

图 4.12　南非传统绘画

图 4.13　南非音乐与舞蹈

南非教育资源分布不平衡，全国大部分教育资源集中在西开普省和豪滕省等经济较为发达的地区，1995 年 1 月，南非正式实施 7 至 16 岁儿童免费义务教育，学制分为学前、小学、中学、大学、研究生5个阶段。著名的大学有金山大学、比勒陀利亚大学、南非大学、开普敦大学、祖鲁兰大学等。

4.1.3 民俗

1. 姓名称谓

南非黑人的姓名尽管大多已经西方化了，“乔治”、“威尔逊”、“海伦”、“爱丽丝”都是他们常用的姓名，然而，在一般情况下，他们还是更喜欢在具体称呼上保留自己的传统，即在进行称呼时在姓氏之后加上相应的辈分，以表明双方关系异常亲密。比如，称南方黑人为“乔治爷爷”、“海伦大婶”，往往会令其喜笑颜开。

2. 生活习俗

1）服饰

在城市之中，南非人的穿着打扮基本西化了。大凡正式一些的场合，他们都讲究着装端庄、严谨。因此，与南非人进行官方交往或商务交往时，最好要穿样式保守、色彩偏深的套装或裙装，不然就会被对方视作失礼。在日常生活中，南非人大多爱穿休闲装。白衬衣、牛仔装、西短裤，均受其喜爱。南非黑人穿这类服装，不分男女老幼，往往对色彩鲜艳者更为偏爱，他们尤其爱穿花衬衣。此外，南非人，尤其是南非黑人通常还有穿着本民族传统服装的习惯（图4.14）。不同部族的黑人，在着装上往往会有自己不同的特色。有的部族的黑人，喜欢用兽皮做成斗篷，将自己从头到脚遮在里面。有一些部族的黑人，则喜欢上身赤裸，仅在腰间围上一块腰布。黑人妇女的打扮，往往也会表现得有别于常规。例如，在有的部族中，妇女的门牙必须拔掉。在该部族的人看来，这是一种美。唯其如此，才不至于在微笑或用餐时露出牙齿。在另外一些部族，已婚妇女通常比未婚妇女佩戴的首饰要少得多。

图4.14 南非传统服饰

2）饮食

南非的美食（图4.15）综合了各个民族、各个宗教的美食技术，最出名的恐怕就是美味可口的木薯，它被称作非洲当家饭。在饮食习惯上南非人同样是“黑白分明”的。当地的白人平日以吃西餐为主，他们经常吃牛肉、鸡肉、鸡蛋和面包，并且爱喝咖啡与红茶。在一般情况之下，南非黑人的主食是玉米、薯类、豆类。在肉食方面，他们喜欢吃牛肉和羊肉，但是一般不吃猪肉，也不大吃鱼。与其他许多国家的黑人有所不同的是，南非的黑人不喜欢生食，而是爱吃熟食，南非最著名的饮料，是被称为“南非国饮”的如宝茶，在英语里的本意是“健康美容的饮料”。它深受南非各界人士的推崇，与钻石、黄金一道，被称为“南非三宝”。

前往南非黑人家中做客时，十分好客的主人一般都要送上刚刚挤出来的新鲜的牛奶或羊奶，诚心诚意地请客人品尝。有的时候，他们则会献上以高粱自制而成的、风味独特的啤酒。遇到这种情况，不论自己渴不渴，爱不爱喝，都一定要大大方方地“来者不拒”，尽量多喝一些，并且最好一饮而尽。若是百般推辞，坚决不喝一口，主人必定会很不高兴。不过南非的人们不像西方人一样用刀子和叉子，也不像东方人一样用筷子。他们是用手抓着吃饭，而且只用右手。在这里吃饭有严肃的礼节，吃哪个部位的东西都是规定好的，吃错了会受到处罚。

3）民居

南非的民居（图 4.16）很有特色，它是欧洲的居住理念与南非政治、经济和文化环境相融合的产物。南非的民居很少有高楼大厦，而突出贴近大自然，蓝天白云下，绿树掩映中，具有田园风格的 HOUSE 是南非民居的一大特色。南非的民宅有两大类，即 HOUSE 和公寓。所谓 HOUSE 就是一个独立的院落中的一个独立的房子，犹如我们所说的别墅，这是南非的白人和富有黑人的主要居住形式。

图 4.15　南非美食

图 4.16　南非民居

HOUSE 能集中反映南非民宅的特点。它由院子、房子、游泳池和车库几个基本部分构成。院子面积大小不一，这里必不可少的是围墙，通常墙高 2m 以上，墙上架设电网，电动铁栅栏门，人在车内遥控关启；院里植有树木，花草，草坪，栽植品种因人而异。房子通常一层到两层，建筑面积 300~400m^2，大的可达上千平方米；多欧式建筑风格，哪个时代风格都有，百花齐放。其中房间分为卧室、起居室、客厅、书房、学习室、娱乐室、电视室、儿童活动室、厨房、餐厅、卫生间、浴室、冲浪浴室、洗衣间等。南非人非常看重游泳池，每个房子都必不可少地有一个游泳池。能住房子的家庭，必定有汽车，而且不止一辆。所以车库是不可或缺的附属建筑，通常有两个，并辟有停车坪。南非的民居非常强调个性，最忌雷同，进入高档住宅区，犹如进入了一个建筑艺术博物馆。

3. 主要节庆

南非的主要节日有人权日（3 月 21 日）、自由日（4 月 27 日）、独立日（5 月 31 日）、青年日（6 月 16 日）、妇女日（8 月 9 日）、遗产日（传统节 9 月 24 日）、和解日（12 月 16 日）等。

人权日。1960 年 3 月 21 日，沙佩维尔镇黑人举行和平游行，抗议《通行证法》实施。这部法律要求黑人外出必须携带通行证，否则将会被逮捕。种族主义政府武力镇压游行，导致 69 人死亡，180 人受伤。后来，3 月 21 日被定为“人权日”，也叫“国际消除种族歧视日”。

自由日：也是南非国庆日。1994 年 4 月 27 日，南非历史上第一部种族平等的宪法开始生效。

青年日。1976 年 6 月 16 日，约翰内斯堡市郊黑人聚居区索韦托的黑人学生举行示威，抗议强迫黑人学习 Africaan 语的《班图教育法》实施。示威遭到镇压，170 多人被打死，1 000 多人受伤。联合国安理会强烈谴责这次暴行，非洲统一组织将这一天定为“索韦托烈士纪念日”，后来被定为南非青年日。

全国妇女节。1956 年 8 月 9 日，数百名黑人妇女在比勒陀利亚举行示威游行，抗议当局推行《通行证法》。新政府将这一天定为南非的妇女节，以纪念南非妇女在争取种族平等的斗争中所作的贡献。

和解日。这一天在南非原称“誓言日”，是为了纪念 1838 年的荷兰裔非洲人逃离英国殖民者的统治向北方迁移的历史。1994 年新南非政府成立后，这一天被改名为“和解日”，是希望南非各种族实现和解，和平共处。

4. 礼仪禁忌

与南非人打交道时，首先需要了解交往对象的宗教信仰，并且认真地对其予以尊重。这一点，是至关重要的。信仰基督教的南非人，最为忌讳“13”这一数字。对于“星期五”，特别是与“13 日”同为一天的“星期五”，他们更是讳言忌提，并且尽量避免外出。

南非的黑人，特别是乡村里的黑人，有很多人都信仰本部族传承下来的原始宗教。他们一般都相信存在一种神秘力量，支配着人世间的一切。在许多地方，羊被视为宠物，人们对双角卷曲的羚羊尤为喜爱。

一般而论，南非的黑人都非常敬仰自己的祖先，认为祖先不仅有消灾祸的本领，而且还拥有惩罚子孙的力量。所以，他们特备忌讳外人对其祖先的言行举止表现出失敬。在有些部族中，即使是儿媳直呼公公的名字也被禁止。在许多黑人部族里，妇女的地位比较低下。被视为神圣宝地的一些地方，诸如火堆、牲口棚等处，绝对是禁止妇女接近的。

由于历史的原因，南非人为人处事非常大胆直爽。与对方进行交谈时，过分地委婉或者兜圈子，是不受欢迎的。

跟南非黑人交谈时，有如下 4 个方面的话题切莫涉及。其一，不要为白人评功摆好。其二，不要评论不同黑人部族或派别之间的关系及其矛盾。其三，不要非议黑人的古老习俗。其四，不要为对方生了男孩而表示祝贺，在许多部族中，这件事并不令人欣喜。

在南非，根据法律规定，同性恋婚姻是合法的。

知识链接 4－5

南非奇特的爱情

南非布须曼人以臀肥为美。

布须曼人与其他非洲人有明显的区别，身材矮小，但比俾格米人略高一些，成年人身高1.2m左右，皮肤呈黄色或黄褐色。并自幼就出现皱纹，头发黑而稀疏，卷成胡椒子状。面部扁平，颧骨突出，鼻子较宽较扁，前额突出，眼窄，没有耳垂。他们与众不同的是，脊椎骨的下部通常向前形成弯曲形向外突出，因而显得臀部特别大，尤其是布须曼妇女，臀部和大腿特别粗，形成一种特殊的肥臀，布须曼人以臀肥为美，以至青年男子在择偶时一个很重要的条件就是看姑娘臀部到底有多大，是否够刺激。

4.1.4 旅游业概况

1. 旅游资源概况

南非自然风光绮丽多姿，人文景观丰富灿烂，素有“游览一国如同环游世界”的美誉。这里既有最现代化的基础设施，世界一流的酒店和豪华的花园别墅，又有最原始的部落风情。南非通常被称作“彩虹之国”，这个称呼是由南非大主教杜图（Desmond Tutu）发明的，后来南非总统纳尔逊·曼德拉也采用了这种叫法，用它来比喻南非在结束了种族隔离主义后所呈现出的文化多样性。

南非的旅游景点主要集中在东北部和东南沿海地区，如开普敦海岸的水上世界，桌山、好望角，西开普省的葡萄酒园、克鲁格国家公园、德班海滩等。此外，南非还有一些举世闻名的城市和景观，如南非早期的黄金开采地约翰内斯堡，南半球最大的娱乐中心太阳城，非洲大陆最西南端的“天涯海角”开普敦，号称世界上最大的黑人城镇、南非的革命圣地索韦托、世界钻石之都金伯利等。

2. 旅游热点

1）黄金城约翰内斯堡

约翰内斯堡面积约269km^2，是南非最大城市和经济中心，也是世界上最大的产金中心。黄金创造了约翰内斯堡，约翰内斯堡的别名就是“黄金”。约翰内斯堡还有很多大型购物中心（图4.17），罗斯班克（Rosebank）就是非常不错的古董中心。这些购物中心有些大到足以容纳多达200家的商店，从婴儿用品店和五金行到邮局和银行，应有尽有。在约翰内斯堡，城市及市镇夜生活多彩多姿，夜总会、酒吧、迪斯科舞厅、歌剧院、音乐厅及现场表演剧坊，花花世界就在这里。如位于诺尔伍德艾斯特饭店的齐古餐厅剧院和位于圣当恩巴拉来卡饭店的乡村庄园都有歌舞表演。

2）比勒陀利亚

比勒陀利亚（图4.18）位于东北高原、约翰内斯堡北方，相距仅半小时车程。这里也是南非的交通枢纽，南半球空中交通必经之路。该市人口中白人、黑人各占一半。它是南非的政治决策中心兼行政首都，拥有相当大的影响力。比勒陀利亚也是一座有公园和绿化的城市，这里风光秀丽、花木繁盛，特别是夏季，到处盛开玫瑰，故该市又有“玫瑰城”之称。比勒陀利亚建于1855年，市名是依据两位先民领袖的名字设定的，一位是血河战役的英雄安里斯比勒陀乌斯，另一位是其子小比勒陀利亚乌斯。父子俩的塑像站立在庄严的市政厅之前。许多19世纪末阿非利卡人的历史就发生在这里，而当地一栋栋历史悠久的建筑更亲眼目睹那段动乱的时代。

图 4.17　约翰内斯堡

图 4.18　比勒陀利亚

3）“角”之城开普敦

开普敦位于南非西南端，又名角城，是南非最古老的城市，也是非洲的一颗海上明珠，风景宜人，并拥有繁忙的桌湾港口，还有渔村、广大的葡萄园、景色优美的海岸公路及半岛两侧无数美丽的海滩，如海点、基利夫顿等，都是深受水上运动者喜爱的度假胜地。高1 067米的桌山可算是开普敦的标志，其山顶好像是用刀锋削平，如桌面般平坦、全山均为砂岩叠片构成，山顶巨大瀑布仿如白云弥漫，向角城倾泻，游客可乘吊车直线升空，抵达峻崖峭壁，西眺大西洋，东望印度洋，仿如置身于仙境。

4）非洲的拉斯维加斯——太阳城

南非的太阳城（图4.19）很有名，因为先后有四届世界小姐评选在这儿举行总决赛。不同的肤色、不同的文化、不同的语言，每年都有近百个国家和地区选送的佳丽在亿万人关注的舞台上汇聚成一道道美丽的风景。因为世界小姐耀眼的光芒曾辉映过太阳城的夜空，所以太阳城也成了“美丽”的代名词。

实际上，被称为“非洲的拉斯维加斯”的太阳城只是南非荒原中的一个娱乐场，尤其值得称道的是人造海滩浴场，当年世界小姐展示泳装之处，如今成了旅行者体验冲浪喜悦的快乐之地。当然，还有每小时发生一次“地震”的地震桥也让人们满足了好奇心。

太阳城还有更诱人的地方，那就是与它毗邻的比林斯堡国家野生动物园。游客可以坐着敞篷车去观赏非洲五霸——大象、狮子、花豹、非洲水牛和犀牛，当然还有它们的远亲近邻。

5）好望角

好望角（图4.20）位于大西洋和印度洋的交汇处。过去曾被称为风暴角，因为这里的天气恶劣，昔日不少航船都在此处遇险。但在印度洋航线通航后，当时的葡萄牙国王便把它改名为好望角，因为登上角点，可以眺望到大西洋和印度洋的壮观景色。好望角为太平洋与印度洋冷暖流域的分界，气象万变，景象奇妙，耸立于大海，更有高逾 2 000 米的达卡马峰，危崖峭壁，卷浪飞溅，令人眼界大开。

图 4.19　南非太阳城

图 4.20　南非好望角

知识链接 4－6

好望角的由来

好望角正位于大西洋和印度洋的汇合处，强劲的西风急流掀起的惊涛骇浪长年不断，这里除风暴为害外，还常常有“杀人浪”出现。这种海浪前部犹如悬崖峭壁，后部则像缓缓的山坡，波高一般有 15~20m，在冬季频繁出现，还不时加上极地风引起的旋转浪，当这两种海浪叠加在一起时，海况就更加恶劣，而且这里还有一很强的沿岸流，当浪与流相遇时，整个海面如同开锅似的翻滚，航行到这里的船舶往往遭难，因此，这里成为世界上最危险的航海地段。

关于“好望角”一名的由来，较为官方的说法是：1487 年，葡萄牙国王选派了迪亚士率领一艘帆船向非洲的未知海域前进。他们驶过了葡萄牙殖民者在非洲土地上竖立的最后一根石柱，映入眼帘的又是古代腓尼基海员所曾炫目眩过的景色。南非高原的陡峭崖壁像石墙一样压立在舷边，风越来越大，被浪越来越汹涌，葡萄牙人惊恐地握紧舵轮和帆绳，深恐帆船会被海浪冲向陡崖，然后像核桃壳似的被撞得粉碎。这是非洲南方海角特有的风暴，自古以来，所有驶过这里的船只，都要无一例外地经受这种奇特风浪的考验。虽然迪亚士的神情还很镇定，但是大多数海员都吓得面如土色。好不容易绕过海角又向北行了一小段路，这时疲惫不堪而又丧失信心的水手们便鼓噪起来，拒绝继续前进。迪亚士没有办法，只好下令拨转船头，灰溜溜地返回里斯本，向国王报告了航行的经过，并心有余悸地把那个“新发现”的南方海角称作“风暴角”。可是，贪心的国王不同意这个名称，把它改为“好望角”，认为这是一个好兆头，只要绕过这个非洲西南端的海角，便有希望发现通往印度的道路。

另一种说法是达·伽马自印度满载而归后，当时的葡王才将“风暴角”易名为“好望角”，以示绕过此海角就带来了好运。

6）桌山（英语：Table Mountain，阿非利卡语：Tafelberg）

图 4.21 桌山

作为南非必到景点，位于开普敦城区的桌山（图 4.21）其实是一组群山的总称，位于开普敦城区西部，狮子头、信号山、魔鬼峰等，千姿百态，气势磅礴，郁郁葱葱。令人感到惊奇的是，桌山主峰海拔 1 067m，山顶却平展恰似一个巨大的桌面，由于地处两洋交汇的特殊地理位置，加上地中海的奇特气候环境，山顶终年云雾缭绕，充满神奇莫测的气氛，有时云雾也会偶然散去，但这样的日子一年中屈指可数，而且每次也就持续数个小时。桌山山势较高，山上没有见到水源，但植被却十分茂密，且种类繁多，据说达 1 470 种，同时还有各种各样的山鸟、蜥蜴、松鼠。

知识链接 4－7

桌山传奇故事

一天，一个名叫范汉克斯的海盗在桌山附近和一个魔鬼相遇后，他们便在一块马鞍形的岩石旁一边吸烟斗，一边攀谈起来。那天情绪不错的魔鬼向海盗透露说，山上只剩下一个为赎回罪孽的魔鬼保留的温暖洞穴。准备改邪归正的海盗灵机一动，提出与魔鬼进行吸烟比赛，谁赢了，那个温暖的去处就属于谁。他们的竞赛一直延续至今，因此桌山上从此总是云雾缭绕。为什么冬天没有云了呢？那是因为魔鬼和海盗现在年事已高，在阴冷潮湿的冬日暂停比赛。

7）金矿游乐场（金矿城、金矿主题公园）

南非拥有世界黄金总储量的 40%，约为 3.6 万吨。1880 年，这一片土地只是一片价值两头牛的农场，而如今，随着南非成为世界上最大的黄金生产国（2007 年被中国赶超，至今中国一直占据榜首，但中长期南非有着绝对的优势），约翰内斯堡也跃居世界最大的产金中心，获得了“黄金城”的宝号。黄金城，自然就有黄金梦，而金矿游乐场（图 4.22）则给了所有人一次圆梦的机会。在游乐场内，游乐设施基本没人玩，最吸引人之处在于带各位游客深入 300m 的矿洞体验一回矿工的工作。这个深度只是让游客体验的深度，这个矿在开采期间，最深可达几千米。

8）朱伯特公园

位于朱伯特公园（Joubert Park）里的约翰内斯堡艺廊（Johannesburg Art Gallery）坐落在一座结合古今建筑学的迷人建筑物里。馆中拥有足以代表国际及南非艺术的收藏和一间收藏品超过 2 500 件的版画陈列室。非洲部落艺术的展出地点则在维瓦特兰大学的葛楚波赛尔艺廊（Gertrude Posel Gallery），该馆专门展出逐渐消失的非洲艺术品，如面具、头饰和珠饰细工等。

9）约翰内斯堡动物园

约翰内斯堡动物园（图4.23）拥有3 000种以上的哺乳动物、鸟类和爬虫类。狮子、大象、长颈鹿，以及大型猿类的围场四周只有壕沟划分，完全没有铁栏杆，因此大受游客欢迎。另外新设计的北极熊栖息地，以及人可在里头来回走动的大鸟笼也同样受到游客的青睐。位于约翰内斯堡地方的米德兰德（Midrand）有座特兰斯瓦蛇园（Transvaal Snake Park），园里展出各式各样的非洲蛇，布景相当吸引人。一天两次，专为游客表演如何抽取世上最毒毒蛇的毒液。

图4.22 南非金矿游乐场

图4.23 约翰内斯堡动物园

课后习题

一、思考题

1. 埃及的主要旅游景点有哪些？

2. 南非的旅游景点主要集中在哪个区位？主要景点有哪些？

3. 南非被称为“彩虹之邦”，南非人的性格特点有什么不同？

4. 对比了解埃及和南非两个国家居民的风俗禁忌，特别是在和埃及人或者南非人交谈时，应该注意哪些问题？

二、分析思考题

小张一行摆脱繁忙的工作出去旅游，开心的旅行也随着大伙的笑声结束了，这次旅行在小张的带领下非常开心：“我们的感觉非常好，过得很有意思。骑上骆驼，穿越沙漠，感受金字塔的雄伟；彩虹之国民族风情独特，如宝茶的也很不错，土著舞蹈极富感染力，企鹅滩的企鹅滑稽可爱。”你知道小张一行去哪里旅行了？请设计一条本旅游去七日游的游览线路。要求特色鲜明，线路合理。

5 美洲旅游区

学习目标

知识目标：了解美洲旅游区主要客源国的地理位置、语言、宗教、自然环境，掌握各主要国家人文地理的基本知识。

技能目标：掌握美洲旅游区主要客源国的人文概况、发展简史、政治、经济、文化、民俗、主要旅游资源等社会概况，能够对各主要客源国概况做出简要分析。

素质目标：能运用所学相关知识，分析相关客源国的基本情况，为了解和分析美洲旅游区市场打下基础。

课前导读

美洲位于西半球，太平洋的东岸，大西洋的西岸。自然地理分为北美洲、中美洲和南美洲，面积约 4 208 万平方千米，占地球表面积的 8.24%、陆地面积的 28.1%，拥有大约 9.5 亿居民。美洲是唯一一个整体在西半球的大洲。

北美洲（North America）和南美洲（South America）以巴拿马运河为界，总称为“亚美利加洲”，简称美洲。国际上通常将美洲分为北美地区、拉丁美洲和加勒比地区两部分。全美洲包括 51 个国家和地区，北美洲主要指美国、加拿大两国和格陵兰岛；拉丁美洲和加勒比地区包括墨西哥、中美地峡各国、加勒比地区和南美大陆及其毗邻岛屿。

美洲地区经济发展不平衡，北美是世界经济发达地区之一，拉丁美洲国家皆是发展中国家。美洲旅游区旅游业发展极不平衡，旅游业较发达的国家有美国、加拿大、墨西哥、秘鲁、加勒比海各国。美洲旅游区是世界重要的旅游区之一。

5.1 山姆大叔——美国

5.1.1 概况

1. 地理位置

美国的全称为美利坚合众国，位于北美洲中部，东临大西洋，西濒太平洋，北与加拿大接壤，南靠墨西哥及墨西哥湾，还包括北美洲西北部的阿拉斯加和太平洋中部的夏威夷群岛。美国海岸线长 22 680km，国土面积 937.26 万平方千米。

2. 自然环境

美国地形变化多端。东部沿海地区有海岸平原，海岸平原后方是地形起伏的山麓地带，一直延伸到阿巴拉契亚山脉。阿巴拉契亚山脉以西是美国中西部地带的内部平原，内部平原的地形向西开始上升，最后进入美国中部面积广阔的大平原。大平原西部的落基山脉，从南至北将美国大陆一分为二。落基山脉以西则是高原内陆盆地。

美国大部分地区属于温带和亚热带大陆性气候，气温适宜，降水丰富。东南部和墨西哥湾沿岸属亚热带气候，温暖湿润，植物茂盛。东北部沿海地区属于大陆性温带阔叶林气候，受到北部冷空气的影响，冬季寒冷多雨雪，夏季较为温暖。中北部平原地区呈大陆性气候特征，冬季寒冷，夏季炎热，温差很大。

3. 人口、语言及宗教

美国全国人口约 3.15 亿（2013 年），为世界人口第三多的国家。从各州情况来看，加利福尼亚州是美国人口最多的州，约3 720万；怀俄明州人口最少，约有57万。美国的华裔人口约400万。

美国的官方语言为英语。部分印第安人讲印第安语，还有些民族讲本族的语言，各国移民的后裔也有少数人讲其祖先的语言。

美国是一个移民国家，有“民族熔炉”之称。在美国的100多个民族中主要有白人、拉美裔、黑人和亚裔。美国居民主要信奉基督教和天主教。基督教在美国已经有300多年的历史，基督教教徒占美国总人口的60%左右。天主教是美国的第二大宗教，其次为犹太教、东正教、佛教和伊斯兰教等。

4. 国旗、国歌、国花

图5.1　美国国旗

国旗：美国国旗（图5.1）为长方形星条旗，长宽之比为19∶10。主体由13道红、白相间的横条组成，其中7道红条，6道白条；旗面左上角为蓝色长方形，分9排横列着50颗白色五角星。红色象征勇气，白色代表纯洁，蓝色象征正义。13道横条代表最早发动独立战争并取得胜利的13个州，50颗五角星代表美国的州数。1818年美国国会通过法案，国旗上的红白横条固定为13道，白色五角星数目应该与美国州数一致。每增加一个州，国旗上就增加一个星，至今国旗上已增加至50颗星，代表美国的50个州。

国歌：美国的国歌为《星条旗》，曾译《星条旗之歌》。1814年由美国律师弗朗西斯·斯科特·基（Francis Scott Key）作词，后来由美国作曲家约翰·斯塔福德·史密斯（John Stafford Smith）作曲。1931年美国国会正式将《星条旗》定为国歌。

国花：美国的国花为玫瑰花，象征着美丽、芬芳、热忱和爱情。1985年由参议员约翰· 登提议，经参议院通过，确定玫瑰花为美国国花。也曾经有参议员提出以金盏菊为国花，因为金盏菊只生长在北美，美国五十个州都有这种花，但是该提案没有被通过。1986年9月23日美国国会众议院通过玫瑰花为国花。

5. 行政区划

美国由50个州，1个直辖特区（首都所在地华盛顿哥伦比亚特区），5个岛屿自由邦和十多个远洋小岛组成。每个州有较高的自治权，州议员和州长都由普选产生。州为一级行政单位，二级单位是县，另有印第安保留区和公立大学系统等特殊行政单位。

首都为华盛顿，是为纪念美国第一任总统华盛顿而命名。

5.1.2 发展简史、政治、经济、文化

1. 发展简史

17世纪以前，北美仅有印第安人和因纽特人居住。15世纪末，西班牙、荷兰、

法国、英国等开始向北美移民，印第安人迁往西部。16世纪至18世纪早期，北美的殖民势力主要是西班牙、法国和英国。到1773年，英国在大西洋沿岸已经建立13个英属殖民地。18世纪中期，英国在美洲的殖民地与英国之间产生裂痕，从而产生独立的念头。1775年4月北美人民反对英国殖民者的独立战争爆发。1776年7月4日，通过了《独立宣言》，正式宣布建立美利坚合众国。1783年独立战争结束，1787年制定联邦宪法，1789年乔治·华盛顿当选美国第一任总统。1861至1865年爆发南北战争，废除奴隶制。至19世纪后期，美国工业生产跃居世界首位。为纪念1776年7月4日在费城召开的大陆会议正式通过《独立宣言》，将每年的7月4日定为美国独立日。

2. 政治

自1787年美国制宪、1789年第一届联邦政府成立起，美国一直实行三权分立的政治，即把国家政权分为立法权、行政权和司法权，分别由国会、总统和联邦法院3个不同的国家权力机关来行使，互相制约。

美国实行总统内阁制，总统是国家元首、政府首脑兼武装部司令。总统通过大选间接选举产生，任期4年。总统的主要权利包括行政、外交、军事指挥和立法权。国会是最高立法机构，由参众两院组成。两院议员由各州选民直接选举产生。司法机构设联邦最高法院、联邦法院、州法院以及一些特别法院，最高法院和联邦法院院长和法官由总统提名经过参议院批准任命。最高法院由首席大法官和8名大法官组成，终身任职。

美国宪法是最重要的法律来源，所有其他法律都源于宪法并低于宪法的效力。任何法律不得与宪法相抵触。

知识链接5-1

美国总统的“届”、“任”和“位”的不同含义

美国大选常常涉及到“届”“任”“位”这3个概念，到底它们具有什么含义呢？关于“届”，美国宪法规定，总统选举4年一次，总统任满4年为一届。如果总统在任期内因故未能满任，另由他人接任，那么这两位总统为同一届总统。

关于“任”，是指担任总统职位的次数。一人担任几届总统职务，仍为一任。但一人在不连续的几届总统选举中先后几次当选，当选几次就算几任。

关于“位”，指担任过总统的实际人数。美国从开始选举总统至今，不论是连选连任，还是先后几次当选，不重复计算，有几位算几位。

如此计算下来，奥巴马为第56届、第44任和第43位美国总统。

3. 经济

美国自然资源丰富，煤、石油、天然气、铁矿石、钾盐等矿物储量均居世界前列。美国工业以生产门类齐全、技术先进著称，工业产品主要包括汽车、飞机和电子产品。美国农业高度发达，机械化程度较高，主要农产品有小麦、玉米、大豆、糖和烟草。美国还是世界上最大的商品和服务贸易国，最大的贸易伙伴是加拿大（每天大约有价值高达11亿美元的产品流经美加的国界）、中国、墨西哥和日本紧随其后。美国的货币名称为美元，全球多个国家的货币与美元挂钩，而美国的证券市场和债券被认为是世界经济的晴雨表。

4. 文化

美国的文化具有巨大的兼容性，美国人民原本来自世界各地，不同的种族、文化和宗教信仰经过长时间的融合，形成独特的美国文化。纽约的百老汇、夏威夷的风情舞、好莱坞的电影和曼哈顿的摩天大厦，爵士乐等，都体现了这种多元文化的特征。美国文化已经成为世界主流文化之一。

知识链接5-2

百老汇（Broadway）的含义

百老汇（Broadway），原意为“宽阔的街”，原是指纽约市一条重要的南北向道路，南起巴特里公园（Battery Park），由南向北纵贯曼哈顿岛，全长约25km。这条道路两旁分布着几十家剧院，在百老汇大街44街至53街的剧院称为内百老汇，在百老汇大街41街和56街上的剧院则称为外百老汇。内百老汇上演的是经典的、热门的、商业化的剧目，外百老汇演出的则是一些低成本的、还没有名气的剧目。不过随着历史文化的演进变迁，这种区别越来越淡化。现今的Broadway不仅是一条贯穿纽约南北向的马路，更是剧院的代名词，甚至是美国现代歌舞艺术、美国娱乐业的代名词。每年都有几百万来自世界各地的旅游者到纽约欣赏百老汇的歌舞剧。在美洲人眼里，百老汇都是歌剧、戏剧，但是在其他大洲，如欧洲、亚洲，都喜欢把百老汇叫成音乐剧。

美国科技领先，教育体系发达。公立学校由政府税收支持，学生免费入学。美国国内大约有3 000多所大学，其中包括许多世界著名的大学，如哈佛大学、斯坦福大学和麻省理工学院等。

美国人热爱体育运动，棒球、橄榄球和篮球是美国最具普遍性的体育项目，棒球更是美国的“国球”。高尔夫球、网球、滑雪、游泳等作为群众性体育项目在美国更为普及。

知识链接5-3

美国的绰号——“山姆大叔”（Uncle Sam）

传说在英美战争期间，美国纽约州特罗伊城的商人山姆·威尔逊（1766-1854年）为军队供应物资，在装有牛肉的桶上写有“US”，表示这是美国的财产。“US”恰与他的昵称“山姆大叔”（Uncle Sam）的首字母缩写相同。于是人们便戏称这些带有“US”标记的物资都是“山姆大叔”的。后来“山姆大叔”就逐渐成了美国的绰号。19世纪30年代，美国的漫画家又将“山姆大叔”画成一个头戴星条高帽、蓄着山羊胡须的白发瘦高老人（图5.2）。1961年美国国会通过决议，正式承认“山姆大叔”代表美国形象。

图5.2　美国山姆大叔漫画及其原人物形象

5.1.3　民俗

1. 姓名称谓

美国人性格开朗，与人交往没有过多的客套，不拘礼节。熟人之间见面打个招呼就可以了，也可以直呼对方的名字，以示亲热。第一次见面有时也只是笑一笑，或说声“HI”、“HELLO”。但是在正式场合，握手礼是最普通的见面礼。

2. 生活习俗

1）服饰

美国人穿着打扮讲究无拘无束，崇尚自然、体现个性是美国人穿衣打扮的基本特征。他们喜欢运动休闲装束，蓝色牛仔裤是美国人的典型服装。虽然美国人穿着随便，但是非常注意服装的干净整洁。

2）饮食

美国人用餐一般不追求精细，追求快速和方便。早餐一般吃面包、果汁、牛奶、麦片等；午餐一般食用快餐，例如三明治、汉堡包等；晚餐是一天之中最丰盛的，家人齐聚，花样丰富。

美国人喜欢含热量高的食品，如牛肉、猪肉、鲑鱼、虾、蛋等以及各种蔬菜、水果。烹调方法主要是烤、焙烧和煮。美国人爱食用黄油做的菜肴，但是不爱吃肥肉，不吃清蒸食品和红烧食品，忌食动物内脏，不吃过辣食品。美国人爱喝白兰地、威士忌，也喜欢葡萄酒和啤酒，不爱喝茶。咖啡、冰水、矿泉水、可口可乐以及中国的花茶，都是他们常用的饮料，美国人喜欢向饮料中加入冰块。

3）民居

美国人的住宅以舒适为基本要求，品质和实用性是美国人判断住宅好坏的标准。

据统计，大多数美国人的住宅是独立式、连体或连排式别墅。美国人的住房观念中环境和景致是房子的重要组成部分，喜欢生活设施配套完备、周围景色优美的住宅。19世纪末美国人就开始向郊区的迁移运动，目前这种郊区化的进程仍在继续。在住宅内部的设计方面，美国人最在意独立的自我空间，一般都设计了专门的礼仪区用于宴请宾客和家庭聚会，与主人休息起居的空间明确分开，尊重个人的生活感受。

3. 主要节庆

美国的主要节庆日有新年、情人节、复活节、万圣节、感恩节和圣诞节。主要纪念日为华盛顿诞辰、独立日、哥伦布日。

新年。每年的1月1日，是全美各州一致庆祝的主要节日，会有一些盛大的庆祝活动。加利福尼亚州的玫瑰花会是美国规模最大的新年盛典，用鲜花特别是玫瑰花扎成的彩车绵延数英里，车上摆满鲜花做的各种模型。美国人还有一个习惯，就是在新年许愿立志，他们称之为“新年决心”（new year resolutions）。

情人节。每年的2月14日是西方传统的圣瓦伦丁节，又称情人节。英国移民将这一富有浪漫色彩的节日带到北美，逐渐成为美国人喜爱的欢乐节日。一般都是男士送给女士玫瑰花，邀请女士共赴晚宴。很多富有特色、服务较好的餐厅在1月份就开始接受情人节当天的订位。

华盛顿诞辰。2月22日华盛顿诞辰，是美国各州的法定假日，这天有隆重的仪式、盛大的宴会以及舞会等庆祝活动。这一天美国人还吃樱桃馅饼、玩纸制小斧头，这是为纪念华盛顿小时候用斧子砍坏樱桃树后向父亲诚实认错，不说谎的美德。

复活节。3月21日以后第一次月圆后的第一个星期日，是基督教纪念耶稣复活的一个宗教节日。彩蛋因为具有孕育新生命的含义而成为复活节的典型象征，兔子因为繁殖能力强成为复活节的另一象征。每逢复活节，美国的商铺都会摆满巧克力做成的彩蛋以及毛绒玩具兔子。

独立节或独立日。每年的7月4日，纪念1776年7月4日在北美大陆会议上通过的《独立宣言》而设立。

万圣节。西方传统节日，万圣节前夜（10月31日夜晚），美国的店铺到处可见化妆服饰和面具。南瓜灯是万圣节的主角，即将南瓜瓜瓤掏空，在表面刻上眼睛、嘴巴，在南瓜中心插上点燃的蜡烛制成，现多为仿制的塑料制品。万圣节是儿童纵情玩乐的节日，在孩子们眼中是充满神秘色彩的节日。

感恩节。每年11月的第4个星期四，这个节日由美国人独创，最具美国特色。每年的感恩节也是美国人合家欢聚的节日，这一点与中国的春节很相似。

圣诞节。12月25日，原是基督徒庆祝耶稣诞辰的节日，但是近年来圣诞节不再只是宗教节日，而是逐渐成为政府规定的公众假期。美国是多民族组成的国家，庆祝圣诞的情况也不尽相同，但是在门外挂圣诞花环以及节日氛围的布置是一样的。

4. 礼仪禁忌

美国人虽然性格开朗，浪漫随和，社会交往中很注重平等待人，与人接触时，讲究文明礼貌，落落大方。讲究女士优先，尤其是社交场合，女士总会受到优待。在美国，名片一般不送给别人，只有在双方想保持联系时才送。美国人很注意视场合穿衣，出席正式场合，一定会按照请柬上的要求穿着服装。美国人不会穿着睡衣和拖鞋出门，即使晚上有客人拜访，也会在睡衣外面穿上外衣才能开门见客。登门拜访美国人的时候，需要预备小礼物，但是忌讳赠送印有公司标志的物品，进门一定要脱下帽子和外套。通常情况下，美国人在朋友生日、结婚时都会送上具有纪念意义的礼品，并且讲究单数，以图吉利。收到礼物也要当面打开，向送礼者道谢。

美国人的很多忌讳来自圣经。他们忌讳数字 13 和星期五，认为是不吉利的日子。美国人忌讳黑猫，认为它们会带来坏运气。忌用蝙蝠图案的商品或包装，认为蝙蝠是凶恶的象征。美国人偏爱白色和黄色，认为白色是纯洁的象征，黄色是和谐的象征；喜欢蓝色和红色，认为蓝色和红色是吉祥如意的象征。美国人不提倡人际交往中向对方赠送厚重的礼物，应邀到美国人家中进餐，也可以不向主人赠送礼品或鲜花。社会交往中忌讳向个人询问收入和财产情况，忌讳问女士婚否，年龄及衣饰价格等。进餐时不要发出声响，不要替别人取菜，不要向别人劝酒。

5.1.4 旅游业概况

1. 旅游资源概况

美国经济发达，幅员辽阔，地貌多彩多姿，是集森林、湿地、湖泊、河流、草原、沙漠、高山、火山、峡谷、冰雪、海洋于一体的国家。现有国家名胜 40 余处，美国的主题公园是世界主题公园的鼻祖，也是世界上拥有主题公园数量最多的国家。美国共有 21 项世界文化与自然遗产（其中 2 项与加拿大共有），其中包括 8 项世界文化遗产，12 项世界自然遗产，1 项双重遗产。丰富的自然资源和多样的民族文化使美国成为极具吸引力的旅游目的地国家。美国人国内旅游十分普遍，是世界第一旅游大国。美国的旅游收入一直居于世界前列，接待的外国游客主要来自加拿大和墨西哥，其次是欧洲和亚洲。

2. 旅游热点

1）华盛顿

首都华盛顿是美国的政治中心，是白宫（图 5.3）、国会、最高法院以及大多数政府机构的所在地。白宫是继华盛顿之后美国历届总统办公和居住的地方。总统办公室设在白宫西厢房里，南窗外面就是著名的玫瑰园。国会大厦是华盛顿的象征，美国国会的参众两院在里面办公。离国会大厦不远的华盛顿纪念碑，高 169m，全部用白色大理石砌成，乘坐电梯到达顶端可以把全市风光尽收眼底。

图 5.3 美国白宫

2）纽约

纽约位于美国东部海岸，距离首都华盛顿350km，是美国金融和经济中心，也是全国最大的对外贸易中心和港口。纽约分为曼哈顿（图5.4）、布鲁克林、昆斯、布朗克斯和斯塔滕岛5个城区，以曼哈顿为中心，纽约的主要旅游区和娱乐区也集中于曼哈顿。

图5.4　纽约曼哈顿区

大都会艺术博物馆。大都会艺术博物馆建于1870年，是美国最大的艺术博物馆，也是世界著名博物馆。位于纽约5号大道上的82号大街，与美国自然历史博物馆遥遥相对。它是与英国伦敦的大英博物馆、法国巴黎的卢浮宫、俄罗斯圣彼得堡的列宁格勒美术馆齐名的世界四大美术馆之一，共收藏有300万件展品。

自由女神像。自由女神像（图5.5）位于曼哈顿外海的自由女神岛上，高达46m。女神像是1884年法国人民为纪念美国《独立宣言》发表100周年赠送给美国的礼物。女神像是一位右手擎着火炬的女子，头戴冠冕，身着长袍，左手紧握一部象征美国《独立宣言》的书板，上面刻着《独立宣言》发表的日期“1776.7.4”字样，脚上残留的被挣断的锁链，象征着暴政统治已经被推翻。自由女神像是美国东海岸门户的象征。

3）洛杉矶

洛杉矶是美国第二大城市，美国太平洋沿岸最大的港口。洛杉矶市区高楼林立，景点密集，是早期移民的聚居之地，融汇不同民族特色的地方都聚集在这里。洛杉矶的重工业发达，飞机制造业发展迅速。洛杉矶还是美国的文化娱乐中心，“电影王国”好莱坞、迪士尼乐园、贝弗利山庄以及阳光海滩使洛杉矶成为举世闻名的“电影城”和“旅游城”。

好莱坞环球影城。好莱坞环球影城（图5.6）位于洛杉矶西北郊，是旅游者到洛杉矶的必游之地。20世纪初，电影制片商发现这里理想的拍片自然环境，便陆续集中到此建立制片公司，到1928年已形成以八大影片公司为首的电影企业阵容。20世纪40年代摄制了大量成为电影史上代表作的优秀影片，使美国电影的影响遍及世界。第二次世界大战后，制片厂陆续迁出，许多拍片设施闲置。现在的好莱坞环球影城是一个再现电影场景的主题游乐园，其中以多部大制作电影为主题的景点最受旅游者欢迎。

4）圣弗朗西斯科

圣弗朗西斯科，又译旧金山，位于加利福尼亚州西北部，三面环海，环境优美，是美国西部重要的海港城市、金融和文化中心。圣弗朗西斯科的工业发达，主要有飞机、火箭部件、金属加工、造船、化学、石油加工等部门。很多华人和华侨生活于此，唐人街是亚洲以外最大的华人社区。

图 5.5　美国自由女神像

图 5.6　好莱坞环球影城

5）波士顿

波士顿是美国最早建立的城市之一，建城历史超过 380 年。1620 年，一批受到宗教迫害的英国清教徒来到马萨诸塞州定居，因为他们中有许多人来自英国林肯郡的波士顿镇，所以就把定居点命名为波士顿。直到 18 世纪中期，波士顿一直是北美洲第一大城市。相比纽约、洛杉矶等城市，波士顿以丰富的文化古迹与完善的都市规划著称。

6）芝加哥

芝加哥位于美国中西部，属伊利诺伊州，东临密歇根湖，是美国仅次于纽约和洛杉矶的第三大城市。芝加哥地处北美大陆的中心地带，是美国最重要的铁路、航空枢纽。芝加哥同时也是美国最为重要的文化、制造业、期货和商品交易中心之一。芝加哥常见的别名有“风城”、“芝城”。芝加哥也是全球最重要的金融中心之一，是美国最大的期货市场。此外，芝加哥都市区新增的企业数一直位居美国第一位。芝加哥的旅游业发达，城内的建筑一般都各具特色，有浓厚的欧美建筑风格，芝加哥的公园的景色也别具一格。

知识链接 5－4

芝加哥“三宝”

芝加哥是一座商务城市，为了适应城市快速发展的脚步，城市的美食风生水起，芝加哥有 3 种食物是众多食客追捧的目标，这就是厚片比萨、芝加哥式牛肉热狗和意大利牛肉三明治。

厚片披萨（deep dish pizza）与传统的意大利 pizza 不同的地方在于将 pizza 的面皮铺在一个有深度的铁盘上面烤，上面铺了厚厚的芝士和酱料，其他常见的配料有洋葱、青椒和香肠等。芝加哥式牛肉热狗（Chicago style hotdog）是用纯肉制作的香肠，配上洋葱、番茄、芥末和一整条酸黄瓜夹在长面包里，不加番茄酱，面包里面的烤肠又香又脆，酱料搭配的非常美味。意大利牛肉三明治（Italian beef sandwich）是用长面包夹了用特别酱汁卤过的牛肉片，配上一条甜椒或辣椒一起吃，牛肉片搭配煮软的甜椒，是很受食客喜爱的美食。

7）迪士尼世界

迪士尼世界（图 5.7）位于佛罗里达州中部奥兰多市，是世界最大的综合性主题游乐场。它耗资 7.66 亿美元，占地面积 109km^2。园内设有中央大街、小世界、海底两万里、未来世界、垦荒时代和自由广场等几十个游乐点，规模宏伟、设计巧妙、科技先进。迪士尼世界的游乐项目把严肃的教育内容融于轻松的娱乐形式之中，丰富有趣，每年吸引很多旅游者前来观光游览。

图 5.7 迪士尼城堡

知识链接 5－5

美国的迪士尼乐园和它的创始人——沃特·迪士尼（Disney·Walt）

沃特·迪士尼（1901—1966 年）于 1954 年创办迪士尼乐园。

沃特·迪士尼以他绘制的 Mickey Mouse（米老鼠）、Donald Duck（唐老鸭）、Goofy（高飞）、Snow White（白雪公主）等人物而著名。

自 1954 年开幕至今，迪士尼乐园就成为世界最受欢迎的主题乐园之一，以米老鼠为首的迪士尼家族，每年都有新成员加入，加上迪士尼乐园的软硬件不断推陈出新，使得迪士尼乐园成为许多旅游者绝对不会错过的重要景点。对于看着《睡美人》和《白雪公主》长大的一代来说，“迪士尼”这三个字充满了无限的魔力，既是童年的代名词，也是长大后圆梦的目的地。

“迪士尼度假休闲区”（Disneyland Resort）的范围主要包括迪士尼乐园、迪士尼加州探险乐园和 3 间度假酒店等。至于占地广大的园区，共分为 8 个主题区，包括探险世界（Adventureland）、未来世界（Tomorrowland）、童话城堡（Fantasyland）、西部垦荒时代（Frontierland）、米奇卡通城（Mickey′s Toontown）等，可说是各具特色。

8）黄石国家公园

黄石国家公园（图 5.8）是美国第一座国家公园，1872 年 3 月 1 日建立。公园大部分位于怀俄明州西北部，小部分在蒙大拿州南部和爱达荷州东部，面积 8 956km^2，是美国最大的国家公园。公园以世界奇观间歇喷泉和温泉著称于世，有大小温泉 1 万余个，间歇喷泉有 300 多处。旅游者可以乘车游览公园，沿途可见各种野生动物。

图 5.8 美国黄石国家公园

9）夏威夷群岛

夏威夷群岛位于太平洋中北部，主要由8个大岛屿及124个小岛组成，从西北到东南长2 600km。“夏威夷”一词源于波利尼西亚语，意为“原始之家”。夏威夷群岛全年的气温变化不大，没有季节之分，2、3月最凉爽，8、9月最热，一年四季气温在14~32℃。通常情况下，从10月到次年4月雨量最大。夏威夷群岛是世界著名的旅游胜地，旅游旺季是从12月中旬开始到复活节以及6月中旬到9月初。

知识链接5-6

热情奔放的夏威夷草裙舞（Hula Dance）

夏威夷的草裙舞历史悠久，也是夏威夷群岛的精神象征。草裙舞的表演形式多种多样，一个舞者可以表演，一队舞者也可以表演。夏威夷人并不是将草裙舞视为一项单纯的娱乐，一段草裙舞可能是在追忆历史、讲述传说、向神灵祈福或者赞颂当地的一位伟大首领。对于他们来说，草裙舞是无字的文学作品，是他们的生命和灵感，也是让外界了解他们的窗口。

10）科罗拉多大峡谷

科罗拉多大峡谷（图5.9）位于亚利桑那州西北部，由科罗拉多河经过数百万年的冲击而成。峡谷呈V字形，全长446km，平均谷深约1 600m，峡谷顶部宽8~26km，谷底水面宽度不足1km，最窄的地方仅仅有120m。自谷底向上，崖壁上从几十亿年前的花岗岩到近期各个地质时代的岩层都清晰地呈水平层次露在外面，因此科罗拉多峡谷有“活的地质百科全书”的称号。大峡谷还包括了从森林到荒漠的一系列生态环境。1979年科罗拉多大峡谷被联合国教科文组织列入《世界自然遗产名录》。

11）尼亚加拉瀑布

尼亚加拉瀑布（图5.10）位于美国纽约州和加拿大安大略省交界的尼亚加拉河上，是世界第一大跨国瀑布。尼亚加拉河长约56km，上接海拔174m的伊利湖，下注海拔75m的安大略湖，99m的落差使水流湍急，加上河床绝壁上山羊岛的分流，一分为二形成两个瀑布。整个瀑布宽约1 240m，落差58m。美国境内的瀑布宽约320m，高约58m，宽广细致，很像新娘的婚纱，故被称作“婚纱瀑布”。

12）金门大桥

金门大桥是连接圣弗朗西斯科及马连县的桥梁。因为金门湾区常年浓雾，气温凛冽，有大风和强烈的洋流从深海中造成漩涡，所以金门大桥的工程策划准备长达13年。大桥于1937年开通，全长为2 737.4m，高227m。整个金门大桥呈鲜艳的砖红色，被视为是圣弗朗西斯科的象征。在美国淘金热时期，这座大桥如同通往金矿的一扇大门，所以被命名为“金门大桥”。

图 5.9　美国科罗拉多大峡谷

图 5.10　美国尼亚加拉瀑布

知识链接 5-7

美国的国家公园

自 1872 年黄石国家公园成为美国及世界上第一个国家公园之后，有很多新增的区域被美国政府开辟为国家公园。美国的国家公园主要分布在西部地区，每一处国家公园都有自己的特色。美国政府明文规定禁止任何人砍伐树木和其他破坏公园的活动，因此美国所有的国家公园呈献给游客的都是最原始的自然形态。

5.2　枫叶之国——加拿大

5.2.1　概况

1. 地理位置

加拿大位于北美洲北部，东临大西洋，西濒太平洋，南部与美国接壤，北靠北冰洋。加拿大海岸线曲折漫长，加上沿海岛屿，海岸线总长 24.4 万多千米，是世界上海岸线最长的国家。加拿大国土总面积 998.46 万平方千米，面积仅次于俄罗斯。

2. 自然环境

加拿大国土的主体是波澜起伏的高原和平原低地，山地主要分布于边缘地带。东部为拉布拉多高原及阿巴拉契亚山脉，西部为北美科迪勒拉山系，中部为广阔的草原低地。加拿大的森林覆盖率为 44%，森林面积居世界第三位。

加拿大 90%的国土位于北纬 50°以北，还有近五分之一的领土在北极圈内。气温低、冬季漫长是加拿大最突出的自然特征。东部气温稍低，南部气候适中，西部气候温和湿润，北部为寒带苔原气候。西部太平洋沿岸夏季凉爽，冬季温暖，降水充沛，1 月平均气温在零摄氏度以上，是加拿大冬季唯一较为暖和的地方。加拿大阳光充沛，四季分明。3月中旬至6月下旬为春季，6月下旬至9月中旬为夏季，9月中旬至12月下旬为秋季，12月下旬至来年3月中旬为冬季。

3. 人口、语言及宗教

加拿大人口约3 523万（2013年），人口密度3.5人每平方千米，是地广人稀的国家。加拿大总人口中英法后裔约占80%，土著居民（印第安人、米提人和因纽特人）约占3%，其余为亚洲、拉美、非洲裔等。其中华裔人口已占加拿大总人口的4.5%。

加拿大是个移民国家，所以在加拿大能够听到数种甚至数十种语言。加拿大的官方语言为英语和法语。约60%的加拿大人使用英语，24%的加拿大人使用法语。除了英语和法语，汉语也是普遍使用的语言。

加拿大是世界上民族最多的国家之一，拥有上百个民族，宗教派别多达30多个。加拿大民族构成复杂，宗教信仰自由，居民多数信奉天主教和基督教新教，信奉天主教的约占47.3%，信奉基督教新教的约占41.2%。

4. 国旗、国歌、国花

国旗：加拿大的国旗（图5.11）为长方形，长宽之比为2：1。旗面自左至右由红白两色组成，两边的红色代表大西洋和太平洋，白色正方形象征加拿大的广阔国土。中央绘有一片11个角的红色枫树叶，11个角代表着加拿大历史上各省及地区（目前全国10个省、3个地区）。枫树是加拿大的国树，也是加拿大的象征。加拿大国徽为盾徽。1921年制定，图案中间为盾形，盾面下部为一枝3片枫叶；上部的4组图案分别为：3头金色的狮子，一头直立的红狮，一把竖琴和3朵百合花，分别象征加拿大在历史上与英格兰、苏格兰、爱尔兰和法国之间的联系。盾徽之上有一头狮子举着一片红枫叶，既是加拿大民族的象征，也表示对第一次世界大战期间加拿大的牺牲者的悼念。狮子之上为一顶金色的王冠，象征女王是加拿大的国家元首。盾形左侧的狮子举着一面联合王国的国旗，右侧的独角兽举着一面原法国的百合花旗。底端的绶带上用拉丁文写着“从海到海”，表示加拿大的地理位置——西濒太平洋，东临大西洋。

图5.11　加拿大国旗

国歌：加拿大的国歌是《哦！加拿大》。《哦！加拿大》由卡力沙·拉瓦雷作曲、阿多尔夫·贝西·卢提尔作词，1880年首次被演唱。国歌的歌词原先只有法文。1908年，罗伯特·斯坦利·维尔写了英文歌词。1980年7月1日加拿大政府宣布《哦！加拿大》为正式国歌，并在首都渥太华举行了国歌命名仪式。因此，加拿大的国歌有英、法两种歌词。

国花为枫叶，枫叶已成为加拿大国家、民族的象征，素有“枫叶之国”的美誉。国树为枫树。

5. 行政区划

1867 年 2 月，英国议会通过《不列颠北美法案》，宣布成立“加拿大自治领”，自治领由安大略、魁北克、新斯科舍、新不伦瑞克组建。加拿大自治领成立后就不断有新成员加入，至今加拿大由 10 个省和 3 个地区组成。省是根据宪法条约设立的，地区是据联邦法律设立的，所以地区由联邦政府直接管辖，省由各省确立的政府管辖。首都是渥太华。

5.2.2 发展简史、政治、经济、文化

1. 发展简史

加拿大的原住居民是印第安人和因纽特人。16 世纪开始，英国人和法国人大量涌入加拿大。1756 至 1763 年，英法两国“七年战争”，法国被迫与英国签订《巴黎和约》，英国获得加拿大支配权。1867 年 2 月，英国议会通过《不列颠北美法案》，宣布成立“加拿大自治领”，定都渥太华，实行联邦制。同年 7 月 1 日该法案生效，7 月 1 日就成了加拿大的国庆日。加拿大自治领成立后，迅速将领土从大西洋沿岸扩展到太平洋沿岸。1931 年英国议会通过《威斯敏斯特》法案，正式从法律上承认自治领在内政外交方面完全独立的地位，加拿大从此以独立国家的身份成为英联邦的成员国。1982 年加拿大获得制宪权和修宪权，拥有自己的一部完整宪法，在法律上真正成为一个独立的国家。

2. 政治

根据宪法，加拿大实行联邦议会制，国家元首为英国女王，由总督代表女王执掌国家的行政权，总督由总理提名，女王任命，一般任期为 5 年。总督有权召集和解散议会。政府为内阁制，是执行机构，由众议院中占多数席位的政党组阁，其领袖任总理，领导内阁。联邦议会是国家最高权力和立法机构，由参议院和众议院组成，两院通过的法案由总督签署后成为法律。

3. 经济

加拿大是世界经济大国，工农业都很发达。加拿大工业以采矿业和制造业为主，机械制造、钢铁、造纸等工业部门最为发达。加拿大的农产品包括小麦、亚麻、玉米和燕麦，其中小麦的出口仅次于美国。加拿大地域辽阔，森林资源丰富，是世界最大的新闻纸生产和出口国。加拿大的矿产有 60 余种，其中镍、锌、铂的产量居世界首位，金、铜、铁、钾、硫黄等产量丰富，是仅次于美国和俄罗斯的世界第三大矿业国。加拿大的渔业也很发达，75%的渔产品出口到其他国家。

4. 文化

加拿大是移民国家，外来移民及其后裔约占总人口数的 95%，因此加拿大形成了自己的多元文化。自由宽容的多元文化环境是各个民族和种族的人们选择在加拿大生活的重要原因。不同的文化无论强弱，都可以在加拿大保持自己的特色，没有被同化

或消亡。加拿大各种文化的完好保持，与加拿大政府实行多元文化政策是分不开的。不同文化间的和谐相处成为加拿大文化的最大特点。

加拿大拥有完善的教育制度，一般分为初等、中等和高等教育。加拿大的高等教育不仅发达，而且办学质量较高。高等教育入学率居世界前列。其多伦多大学在2013年世界公立性大学排名中位居第19，它的藏书量超过1 000万册，被誉为“加拿大的常春藤”。与此同时，加拿大不忘在高等教育方面援助发展中国家，中国也是受益的国家之一。

5.2.3 民俗

1. 姓名称谓

加拿大人姓名排列次序为名在前，姓在后。通常在婴儿受洗礼时，由教士或父母亲朋起名字，献为教名，排列在姓名的最前面。此外，长辈或本人也可起第二个名字，排在教名之后。

2. 生活习俗

1）服饰

加拿大文化的多元性也体现在衣着服饰上面，每个民族都有自己的传统习惯和风俗，加拿大街头可见各种肤色的人穿着各式各样的服装。加拿大人在非正式场合的穿着比较随意，不拘于形式，夹克衫、圆领衫、便装裤到处可见，牛仔裤和运动鞋是最常见的搭配。但是在正式场合例如上班、去教堂、观看表演、赴宴等，加拿大人穿着却很讲究，男子一般穿着西服，女子穿着西服裙。加拿大女子的服装不太讲究面料，但是讲究款式新颖，颜色协调，穿着舒适方便。

2）饮食

加拿大人的饮食习惯接近美国，饮食以肉类、蔬菜为主，面食、米饭为辅。加拿大人喜欢牛肉、鸡肉、鱼和野味，喜欢西红柿、土豆、菜花、洋葱和黄瓜等蔬菜。加拿大人口味比较清淡，偏爱甜味和酸味，饮食上讲究菜肴的营养，一般不用辛辣的调味品，也不喜欢菜肴太咸。烹调方式主要有煎、烤、炸等，喜欢酥脆食物。忌吃动物内脏、肥肉和脚爪。忌吃虾酱、鱼露、腐乳等有怪味和腥味的食物。加拿大人习惯在用餐后喝咖啡、吃水果，他们喜欢荔枝、香蕉、苹果、梨等水果，也喜欢松子、葡萄干、花生等干果。除一日三餐之外，工商企业或政府部门在下午3点左右还有喝下午茶的习惯，一般都是甜饼、饼干搭配咖啡或茶。加拿大人喜欢饮酒，喜爱白兰地、香槟、啤酒、威士忌、葡萄酒、蜜酒等，也喜欢中国的红茶。加拿大人比较喜欢中餐，尤其是江苏菜和上海菜。

3）民居

加拿大由于地广人稀，住房比较宽松。加拿大的森林资源丰富，所以很多房屋是全木结构。加拿大人的住房，基本上有两种选择，一是拥有自己的产权和土地的独立式洋楼或连体排屋，使用面积一般在200~500m² 之间，户型可以分为平房、复式、两层或者三层。房屋的主人自行负责房屋的维护和保养。另一种就是高层的公寓式住房，有专业人员负责管理，每月缴纳一定数量的管理费，可免除除草、卫生、维修等繁杂的事务。交通方便、设施齐全的公寓很受加拿大人的欢迎。

3. 主要节庆

加拿大的节日比较多，一年之中会有十几个节日和庆祝纪念日。主要节庆日有元旦、渥太华雪祭、魁北克省的冬季狂欢节、枫糖节、郁金香花节、感恩节。主要纪念日有维多利亚日和加拿大日。

元旦。1月1日，加拿大人视白雪为吉祥物，将白雪堆放在住宅周围，筑成雪墙，认为这样可以阻挡妖魔。

渥太华雪祭。每年2月，渥太华在冰冻后的里多运河举办为期3天的庆典，开展冰雕展、雪橇活动、破冰船之旅、冰上曲棍球赛、雪鞋竞走以及冰上驾马比赛等精彩活动。

魁北克省的冬季狂欢节。2月的第一个周末开始举行，是魁北克省居民的盛大节日。庆祝的活动持续10天左右，每年的狂欢节都是一次冰雪盛会，节前要用白雪筑成5层高的城堡，节日期间在冰雪上开展狂欢活动。

知识链接5-8

加拿大魁北克冬季狂欢节

魁北克的冬季狂欢节，起源于1894年，最初只是一个精心策划的庆典，让当地居民在严寒冬季得以纾解身心，并没有一定的组织和活动形态。

1955年，一群当地的商人发现，如果每年冬季定期举办狂欢节，倒不失为漫漫严冬中刺激停滞经济的好方法。从此以后，一年比一年盛大的魁北克冬季狂欢节，不但带来前所未有的商机，而且还成了魁北克市第三大产业。节日前美术工作者往往要花上一个月功夫，用冰块堆砌起一座5层楼高的“冰雪城堡”。城堡上彩旗林立，迎风招展。节日到来的时候魁北克市民就推选出一个“魁北克冬季狂欢节之王”，作为狂欢节期间该市的临时“统治者”。他身穿白色衣服，头戴白色帽子，手带白色手套，向参加狂欢节的人们含笑招手，表示欢迎。

博纳（Bonhomme）是魁北克冬季狂欢节的吉祥物，负责掌管这段时间所有人的欢乐。博纳头戴着红帽、腰系红白腰带、笑容满面，胖胖的模样很有亲和力，走到哪里都很受欢迎，大人、小孩都喜欢和他热情拥抱。

狂欢节期间举行冰雕比赛、越野滑雪比赛、轮胎滑雪比赛、狗拉雪橇赛、冰上赛马等各种体育活动。攀登冰瀑也是狂欢节另一项专业竞赛活动，各国好手齐聚，挑战层层冰柱，挑战大自然，为魁北克冬季狂欢节增加了一大亮点。

枫糖节。3月至4月初。枫糖节是加拿大特有的传统民间节庆，每年三月春意盎然时，生产枫糖的农场和乡村都会粉饰一新，披上节日的盛装，表演各种精彩的民间歌舞和古老的制作枫糖的方法，人们观赏枫叶，品尝枫糖糕和太妃糖，载歌载舞。

知识链接 5-9

加拿大枫糖节的由来

在加拿大，人们对枫叶有着深厚的感情，大从国旗、国徽，小至百姓生活用品，枫叶图案比比皆是，深入人心。加拿大人特别喜欢枫树，不仅因其有观赏价值，还因为它可用来制作糖浆，供人们享用。在诸多枫树品种中，最著名的是糖枫和黑枫，据说其树液含糖量可达 7%~10%，并可连续产糖 50 年以上。有鉴于此，“加拿大枫糖节”应运而生，国家规定每年 3 月采集枫糖汁、熬制枫糖浆的时候为全国性传统民间节日——枫糖节。

关于枫糖节，还有一个古老的传说——很久以前，一位北美印第安部落的酋长每天带着强壮的男人们出去打猎，归来时走进家门前，他都习惯地把手中的石斧顺手劈插在旁边一棵大树的树干上。至于他究竟把石斧插在哪棵树上，全凭他的一时兴致。一个 3 月的早晨，他和往常一样把斧子从插着的树干上取下就去打猎了，没有注意从斧子砍伤的缺口处，开始流滴着树的汁液。树汁顺着树干渐渐地向下流着，而树根下方恰好有一个树皮做的小水桶，那是酋长的妻子前一天去小溪边打过水后随手放在树下的。树皮桶倾斜着，树汁就这样一滴一滴地滴进了树皮桶。到做晚饭的时候，酋长的妻子想起要去打水。她拎起扔在树下的树皮桶，发现里边竟有小半桶水。酋长的妻子就用桶里的水做了晚饭，结果当天的晚餐比以往任何一次的食物都要香，还带有他们从未品尝过的甜味。从此，北美印第安人发现了从树的汁液里可以提炼出糖浆，而那流滴糖汁的树就是北美特有的糖枫树。

郁金香花节。5 月的最后两周，首都渥太华的盛大节日。节日期间举行各种彩车游行，人们选出一位美丽的“皇后”，尾随皇后的花车，以乐队为前导徐徐前行。

加拿大日。定于每年的 7 月 1 日。此假日是庆祝 1867 年 7 月 1 日加拿大自治领籍《英属北美条约》将英国在北美的 3 块领地合并为一个联邦，包括加拿大省（今安大略和魁北克省南部）、新斯科舍省和新不伦瑞克省。1879 年此日被正式定为节日，最初被称为“自治领日”，纪念代表政治联盟的加拿大自治领。1982 年 10 月 27 日根据《加拿大法案》改名为加拿大日。

4. 礼仪禁忌

加拿大人随和友善，讲究礼貌。在社交场合与人见面要互致问候，一般都惯行握手礼，男女见面行握手礼时，一般由女士先伸出手。亲吻和拥抱礼虽然也是加拿大人的礼节，但仅适用于熟人和亲友之间。熟人相见，直呼其名。在交谈时，加拿大人都会和颜悦色地看着对方，显示礼貌。加拿大人时间观念较强，约会都会准时赴约，观看表演提前入座，中途不走动。加拿大人款待客人一般都在饭店或俱乐部，如果应邀到加拿大人家中做客，一般要给主人带去一瓶酒、一束花（不送百合花）或一盒糖。加拿大人不随便送礼，认为送礼应有目的，礼物一般都是包装精美的小纪念品，加拿大人接受礼物时会当面打开包装，对礼品给予赞扬。在加拿大，人们得到别人的服务时，会微笑道谢并且在日常生活中也非常愿意伸出援助之手。与朋友相处时，加拿大人不讲究过多的礼仪。加拿大人不喜欢把本国和美国进行比较，尤其是拿美国的优越方面与他们相比，更是他们不能接受的。

社交场合中与加拿大人交谈要选择共同关心的话题，例如加拿大的经济文化发展、天气、体育、旅游、风俗等话题，忌讳谈及灾难、死亡等方面的问题，忌询问年龄、收入、家庭情况、婚姻情况、女士体重等私人问题，忌讳说老字，老人称高龄公民。加拿大人忌讳13和星期五，忌讳百合花，认为它与死亡有关。加拿大人忌讳黑色，认为它象征死亡，喜爱白色，认为它象征纯洁。加拿大人视白雪为吉祥的象征，因此忌铲除白雪。在家不吹口哨，不讲不吉利的事情，吃饭时不谈悲伤的事。人从楼梯下走过时，忌打破玻璃制品，忌打翻盐罐。

5.2.4　旅游业概况

1. 旅游资源概况

加拿大拥有丰富多彩的自然旅游资源，群山、林海、草原、雪原、动植物资源，都是吸引旅游者的美景。加拿大全国有20多个国家公园，50多个国家历史公园和历史古迹。

加拿大是世界上重要的旅游客源输出国和旅游目的地国家，因为加拿大冬季漫长，气温较低，加拿大人比较偏爱在冬季到温暖的中低纬度国家观光度假。加拿大国内旅游业也很发达，漫长的冬季是加拿大人开展越野滑雪、乘雪橇狩猎等特色旅游活动的最佳季节，春夏两季则是加拿大人外出踏青、登山、露营、滑水、帆板等休闲运动的大好时机。通过多年的促销和努力，加拿大的旅游业已经开发出六大客源国市场和五大产品系列。其中六大客源国市场为加拿大国内市场、美国、英国、日本、法国和德国市场，五大产品系列包括观光感受系列、城市系列、户外系列、冬季系列和文化感受系列。

2. 旅游热点

1）渥太华

渥太华是加拿大首都，属于安大略省，是加拿大著名旅游城市。渥太华的街道整齐划一，现代化的建筑各具特色。国家美术馆（图5.12）、科学技术博物馆、国家航空博物馆、议会大厦和战争纪念碑等是著名的旅游景点。城内的和平塔巍然屹立，钟楼上的信号灯照亮整个城市，钟楼内的大钟发出悦耳的声响。渥太华又称“郁金香城”，每年5月郁金香花盛开的时候都举办郁金香节。

2）多伦多

多伦多是加拿大第一大城市，安大略省的省会。“多伦多”在印第安语中是“汇聚之地”的意思。多伦多是一座花园城市，街道宽阔，树木成荫，城堡和建筑点缀其间。多伦多也是加拿大的金融中心和文化中心。多伦多股票交易所是仅次于纽约的北美第二大股票交易市场。多伦多大学（图5.13）始建于1827年，是加拿大著名的公立大学，吸引着加拿大国内及世界各地的顶尖学子。人们在多伦多可以亲眼目睹经常来访的加拿大和国际明星的风采，享受丰富多彩的夜生活。

图 5.12　加拿大国家美术馆

图 5.13　多伦多大学

加拿大国家电视塔。加拿大国家电视塔（图 5.14）位于多伦多市中心北部的安大略湖畔，建于 1976 年，是加拿大著名标志。塔高 553.33m，相当于一百几十层楼的高度，是世界最高的独立建筑，也是多伦多的通讯和旅游中心。塔内拥有近一千七百多级的金属阶梯，装有多部高速外罩玻璃电梯，只需 58s 就可以将游客从电视塔底层送至最高层，在塔顶可以远眺整个多伦多城市以及安大略湖的景色。塔中还设有可容纳 600 人的旋转餐厅，旅游者可以在环境优美的旋转餐厅中品味美酒，享受美食，欣赏美景。

3）温哥华

温哥华是加拿大第三大城市和工业中心，不列颠哥伦比亚省最大城市。温哥华有“太平洋门户”之称，是北美太平洋沿岸的最大天然良港。温哥华气候温和，冬暖夏凉，四季宜人。温哥华市内草地四季常青，繁花似锦，拥有许多大型公园，是目前世界上最适合人类居住的城市之一。

斯坦利公园。斯坦利公园开放于 1888 年，是北美最大的城市公园，也是世界著名的城市公园之一。公园位于温哥华的市中心，离温哥华市区只有 15 分钟步行路程，是一个森林覆盖着的半岛。公园面积广阔，有沙滩、湖泊、高尔夫球场、玫瑰园、游乐园、动物园等设施，园内 9 000m 长的海傍小径吸引着无数行人骑车、跑步、溜冰。公园还是野餐的好地方，人们喜欢一边观赏美景，一边享受美味的食物。公园中耸立的原住民所制的图腾柱（图 5.15），手工精细，文化气息浓厚，是游客拍照留念的好地方。斯坦利公园入口有温哥华水族馆，是北美洲第三大水族馆，有 8 00 多种海洋生物，并以杀人鲸著称。

图 5.14　加拿大国家电视塔

图 5.15　斯坦利公园里的图腾柱

唐人街。温哥华的唐人街是世界最为著名的中国城之一。唐人街位于温哥华东部，规模仅次于美国旧金山唐人街，位居北美第二名，约有5万华人聚居于此。唐人街街道的商店招牌用汉字书写，出售中国的名品特产，进出的多是华人，广东话在这里通用。随着中国各地的新移民增多，说普通话的人也多起来。除中国游客外，也有许多其他国家的游客前来游览。逢年过节，华人在此举办庆祝会、花市、武术、舞龙舞狮表演等。"千禧门"（图5.16）是温哥华唐人街的标志性建筑之一。

温哥华美术馆。温哥华美术馆（图5.17）坐落在温哥华市中心，美术馆内收藏着来自世界各地和温哥华的美术作品，其中绘画作品众多，因此温哥华美术馆又被称作"艺术画廊"。温哥华作为加拿大最富有活力和朝气的代表城市，温哥华美术馆更是反映了城市的无限创造力和大胆的想象力。作为温哥华著名的历史古迹之一，其本身建筑就是一件非凡的艺术品，外墙全为巨大的石墙，墙楣满饰细致雕刻，是来自各国艺术家们最喜爱的游览圣地之一。

图5.16 温哥华唐人街的千禧门

图5.17 加拿大温哥华美术馆

4）蒙特利尔

蒙特利尔是加拿大最大的河港和金融、商业、工业中心，工业产值居全国第二位。由于蒙特利尔60%以上的人口是法国人后裔，是世界上仅次于巴黎的第二大法语城市，所以蒙特利尔又被称为"小巴黎"，无论是道路标志还是商店的招牌多用法语书写，充满浓厚的法国色彩。蒙特利尔大学是加拿大名列前茅的综合性大学，该校建立于1878年，如今已有130多年的历史。

5）魁北克城

魁北克城是魁北克省省会，加拿大东部重要城市和港口，位于圣劳伦斯河与圣查尔斯河汇合处。全市绝大多数人口为法裔加拿大人，95%的居民只讲法语。魁北克城分新城区和老城区两部分。老城区于1985年被联合国教科文组织列入《世界文化遗产名录》。魁北克城是北美最具欧洲色彩的城市，春天赏河，夏天赏花，秋天赏枫叶，冬天赏雪，一年四季，游客络绎不绝。

6）尼亚加拉瀑布

尼亚加拉瀑布位于美国纽约州和加拿大安大略省交界的尼亚加拉河上，是世界著名跨国瀑布。尼亚加拉河长约56km，上接海拔174m的伊利湖，下注海拔75m的安大略湖，99m的落差使水流湍急，加上河床绝壁上山羊岛的分流，一分为二形成两个瀑布。在加拿大境内的瀑布，因为形状酷似马蹄，称为"马蹄瀑布"（图5.18），宽约675m，高约60m，水声震耳欲聋，气势磅礴。

7）班夫国家公园

班夫国家公园（图 5.19）是加拿大第一个国家公园，设立于 1885 年。公园内有冰峰、冰河、冰原、冰川湖和高山草原、温泉等景观，提供各式各样的旅游休闲项目，包括独木舟、骑马、登山、滑雪等。最为旅游者喜爱的是公园内的班夫镇和路易斯湖。班夫镇是班夫国家公园的中心，四周分布有弓河瀑布、惊奇角、奇石观景台等景观。路易斯湖四周雪山融化成水，形成湖面翡翠碧绿的颜色，被称为“翡翠宝石”。

图 5.18　加拿大马蹄瀑布

图 5.19　加拿大班夫国家公园

5.3　白银之国——墨西哥

5.3.1　概况

1. 地理位置

墨西哥全称为墨西哥合众国，位于北美洲南部，拉丁美洲西北端。北部与美国接壤，东南与危地马拉和伯利兹相邻，西部是太平洋和加利福尼亚湾，东部有墨西哥湾与加勒比海。墨西哥是南、北美洲陆路交通的必经之地，素称“陆上桥梁”。海岸线长 11 122km，其中太平洋海岸 7 828km。墨西哥的国土面积为 196.43 万平方千米，是拉美第三大国。

2. 自然环境

墨西哥两面环海，东临墨西哥湾，西临太平洋，全国国土面积大部分为高原和山地。墨西哥高原居中，两侧为东西马德雷山，东南为地势平坦的尤卡坦半岛，沿海多狭长平原。全国最高峰奥里萨巴火山，海拔 5 610m。

墨西哥气候复杂多样，沿海和东南部平原属热带气候，年平均气温为 25～27.7℃；墨西哥高原终年气候温和，山间盆地气温为 24℃，地势较高地区气温为 17℃左右；西北内陆为大陆性气候。墨西哥大部分地区全年分旱、雨两季，雨季集中了全年 75%的降水量。墨西哥城冬无严寒，夏无酷暑，四季常青，自然条件极其优越，有“高原明珠”的美称。

3. 人口、语言及宗教

墨西哥人口1.18亿（2013年），在美洲居第三位，仅次于美国和巴西。墨西哥的总人口中印欧混血种人约占60%，印第安人后裔约占30%，欧洲人后裔约占9%。

墨西哥的官方语言为西班牙语，有8%的人讲印第安语。

墨西哥居民中大多数信奉天主教，其余人口信奉基督教新教，或其他宗教，或没有宗教信仰。

4. 国旗、国歌、国花

国旗：墨西哥国旗（图5.20）呈长方形，长与宽之比为7∶4。从左至右由绿、白、红3个平行相等的竖长方形组成，白色部分中间绘有墨西哥国徽，墨西哥的国徽图案为一只展翅的雄鹰嘴里叼着一条蛇，一只爪抓着蛇身，另一只爪踩在从湖中的岩石上生长出的仙人掌上，图案内容来自关于墨西哥历史的传说，如图5.21所示。国旗中绿色象征独立和希望，白色象征和平与宗教信仰，红色象征国家的统一。

图5.20 墨西哥国旗

图5.21 墨西哥的国徽

知识链接5-10

国徽图案描绘的墨西哥的历史

相传太阳神为了拯救四处流浪的墨西哥人祖先阿兹特克人，托梦给他们说只要见到鹰叼着蛇站在仙人掌上，就在那地方定居下来。居住在墨西哥北部地区的阿兹特克人在太阳神的启示下，找到图案中所描绘的地方定居下来，建立了特诺奇蒂特兰，就是现在的墨西哥城。图案中下方为橡树和月桂树枝叶，象征力量、忠诚与和平。

国歌：墨西哥的国歌是《墨西哥人响应战争号召》。启用于1854年，于1943年成为官方国歌。其歌词是由诗人弗朗西斯科·冈萨雷斯·博卡内格拉于1853年创作的。1854年雅伊梅·努诺·罗卡为歌词谱曲，使这首歌得以在当年的墨西哥国庆日（9月16日）首次亮相。

国花：仙人掌是墨西哥的第一国花，象征着墨西哥民族及其顽强的斗争精神。世

图 5.22 墨西哥的国花大丽菊

界上有仙人掌科植物 2 000 多种，生长在墨西哥的仙人掌大约有 1 000 多个品种，大多只能用于观赏。墨西哥人奉仙人掌为民族和文化的象征。仙人掌富含矿物质、维生素、氨基酸和蛋白质，食用仙人掌更是墨西哥人民餐桌上的美食。墨西哥的第二国花是大丽菊（图 5.22），大丽菊又叫大丽花，原产于墨西哥的高原上，是菊科多年生草本。菊花傲霜怒放，而大丽菊却不同，春夏间陆续开花，越夏后再度开花，霜降时凋谢。它的花形同牡丹相似，色彩瑰丽。除了红、黄、橙、紫、白等色以外，几乎所有的颜色都有，花姿华贵典雅，还以抗污染植物而著名。现在墨西哥随处可见大丽花，墨西哥人把它视为大方、富丽的象征，因此将它尊为国花。

5. 行政区划

墨西哥全国划分为 31 个州和 1 个联邦区（墨西哥城），州下设市（镇）和村。首都是墨西哥城。

5.3.2 发展简史、政治、经济、文化

1. 发展简史

墨西哥是美洲大陆印第安人古老文明的中心之一，闻名世界的玛雅文化为墨西哥的古印第安人创造。公元前兴建于墨西哥城北的太阳金字塔和月亮金字塔是这一灿烂古老文化的代表。1519 年西班牙殖民者入侵墨西哥，1521 年墨西哥沦为西班牙的殖民地。1810 年 9 月 16 日，墨西哥开始独立战争。1821 年 8 月 24 日宣布独立，1823 年 12 月 2 日宣布成立墨西哥共和国，1824 年 10 月正式成立联邦共和国。1848 年 2 月美西战争失败被迫将北部 230 万平方千米的土地割让给美国。1917 年墨西哥颁布资产阶级民主宪法，宣布国名为墨西哥合众国。

2. 政治

根据墨西哥宪法规定，国家为总统制的联邦共和国体制，立法、行政和司法三权分立。总统是国家元首和政府首脑，由直接普选产生，任期 6 年，终身不得再任。墨西哥不设副总统职位。联邦议会是国家立法机构，由参、众两院组成，行使立法权。两院议员不得连选连任。联邦议会的主要职权有：批准条约及总统对司法、财政、外交及军队高级官员的任命；修改宪法；批准总统出访；必要时任命临时总统等。

3. 经济

墨西哥是拉美经济大国，国内生产总值居拉美第二位。墨西哥主要农作物有玉米、小麦、高粱、大豆、水稻、棉花、咖啡和可可等。墨西哥的古印第安人培育出了

玉米，所以墨西哥享有“玉米的故乡”之美誉。墨西哥全国牧场占地7 900万公顷，主要饲养牛、猪、羊、马、鸡等，部分畜产品出口。墨西哥矿业资源丰富，其中白银的产量居世界首位，石英、镉、重晶石、汞产量居世界前列。墨西哥的主要出口商品为汽车、汽车配件、咖啡豆、蔬菜、钢材及化工、机械产品。墨西哥还是世界主要蜂蜜生产国，蜂蜜年产量达6 000万千克，90%的蜂蜜用于出口。

4. 文化

墨西哥是美洲大陆印第安人古老文明的中心之一，孕育了玛雅文化、阿兹特克文化、托尔特克文化等古印第安文化。墨西哥文化既保留了原印第安文化，又吸收了大量西班牙文化，还受到西方文化的影响。玛利亚奇音乐和萨巴特奥舞蹈融合了西班牙和印第安音乐舞蹈的特色，成为墨西哥独特的民族艺术形式。墨西哥已经有21处古迹被联合国教科文组织列为“人类文化和自然遗产”。

在拉丁美洲，墨西哥是文化事业比较发达的国家，学校公共教育基本为免费教育。高等院校分4类，即国立大学（含自治大学）、私立大学、科技院校和研究机构中的教学机构等。墨西哥国立自治大学是墨西哥规模最大、历史最悠久的大学，在拉美也较有影响。

知识链接5－11

玛雅文化

玛雅文化是世界重要的古文化之一，更是美洲非常重大的古典文化。玛雅（Maya）文明孕育、兴起、发展于今墨西哥合众国的尤卡坦半岛、恰帕斯和塔瓦斯科两州及中美洲内的一些地方。后世研究者推测玛雅文化流行地区的人口最高峰时达1 400万人。

玛雅人在5 000年前就出现在墨西哥合众国和中美洲危地马拉的太平洋海岸，在美洲远古的石器时代就开始了他们的生产活动，所以和世界上的其他人类一样，他们的古代史正常地经历了采集、渔猎向农耕过渡的发展过程。

在玛雅人的观念中，死并不是人生的终点，只不过是新旅程的开始。在以千万年为单位的无尽循环的漫漫历史长河中，玛雅人认识到生与死都如同朝露般短暂。每隔52年，新的轮回开始，所有的建筑将被覆盖，重新建造。这种特别强烈的沧桑感是玛雅世界观的精髓。

玛雅文明的突变式发展和突然消失至今仍是难以破解的谜题，这使得它成为最引人入胜的古代文明之一。

5.3.3　民俗

1. 姓名称谓

墨西哥人的姓名一般由教名、父姓、母姓3部分组成。一般场合可用略称形式，即教名和父姓，墨西哥妇女婚后改姓夫姓，一般在夫姓之前加一个“德”字表示从属关系。

2. 生活习俗

1）服饰

在墨西哥参加社交活动，男子宜穿保守式样的正式西装，女士宜穿西服上衣和长裙。墨西哥人认为在公众场合男子穿短裤，女子穿长裤都是不合适的。因此，男子一定要穿长裤，女子一定要穿长裙。墨西哥的现代服饰是印第安式样和西班牙式样混合的结果。传统服装中，“恰鲁”和“支那波婆兰那”最为著名。前者是一种类似于骑士服的男装，后者是一种裙式女装。墨西哥城市居民的衣着基本欧化，可以看到一些传统文化的痕迹，例如男子的白衬衫上仍然绣有花纹图案。墨西哥妇女常穿色调鲜艳的绣花长裙和衬衫，图案和款式变化多样。

2）饮食

墨西哥人饮食上以玉米为主食。玉米、菜豆和辣椒被称为墨西哥人餐桌上的三大件。玉米可以制作各式各样的食品，除了玉米，墨西哥人也很喜欢吃豆子，发明了许多豆类食品的做法，例如辣豆烧肉、凉拌青豆等。墨西哥人还偏爱辣椒，将辣椒用于腌肉、煲汤、烧烤、沙律、糖果、饮品，可谓无所不辣。墨西哥人喜爱食用牛肉、猪肉、鸡、海鲜以及西红柿、洋葱、土豆等新鲜蔬菜。墨西哥人还喜欢吃仙人掌，经常把它和西瓜、菠萝等水果并列，当做一种水果食用，并且把它配制成各种家常菜肴。

3. 主要节庆

墨西哥的主要节庆日有新年（1月1日）、三王节、感恩节、劳动节、圣船节、斗牛狂欢节、瓜达卢佩圣母节和圣诞节，主要纪念日有立宪日（2月5日）、五月五（5月5日）、独立日（9月16日）。

三王节。每年1月6日，这一天为传说中东方三王向圣婴耶稣献礼的日子。故而在这一天，父母要向未成年子女赠送礼品。晚上亲友团聚，分食“三王面包圈”。大的面包圈内藏几个象征圣婴的塑料小人或瓷器小人，最先吃到“小人”者，须于“圣烛节”（2月2日）请客。

圣船节。地区性的民间宗教节日，主要流行于纳亚里特州的斯卡尔蒂坦岛。每年6月29日这一天，当地渔民举行象征性的“圣徒”划船比赛。晚上人们纷纷游行集会，庆祝载有圣彼得和圣保罗像的“圣船”比赛的胜利。

瓜达卢佩圣母节。墨西哥最重要的宗教节日。每年12月12日这一天，天主教会在特佩亚克山下的瓜达卢佩圣母大教堂举行盛大的宗教仪式，数百万信徒扶老携幼、长途跋涉，赶来参拜瓜达卢佩圣母原像。境内各地教堂也举行宗教仪式。节日前后，印第安族教徒还要表演传统的民族舞蹈，按自己的方式祭祀圣母。庆祝活动要持续一个月左右。

亡灵节。从10月31日起，墨西哥各地从当天开始举行多种仪式和活动，庆祝为期两天的传统节日——亡灵节（也叫“死人节”）。墨西哥的这一节日，既与西方的

"万圣节"有相似之处，又不完全相同，表现了浓厚的印第安民族文化特色。11 月 1 日，人们在首都墨西哥城的宪法广场参观各种骷髅装饰品。根据墨西哥的习俗，亡灵节首日专门用以纪念夭折的儿童，孩子们的亡灵将在 10 月 31 日晚回到家中，和亲人团聚一天后离家，11 月 2 日则祭奠去世的成人。很多墨西哥家庭将携带鲜花和蜡烛前往墓地，为死者的灵魂祈祷。

斗牛狂欢节。每年 11 月到下一年 3 月是墨西哥的斗牛季节，许多外国游客都赶在这个时候去墨西哥一睹墨西哥斗牛士的风采。墨西哥城的斗牛场可容纳 8 万观众，在斗牛季座无虚席。斗牛都是专门饲养的公牛，体重一般在 400~600kg 之间，膘肥体壮，勇猛好斗。斗牛士身着华丽的紧身斗牛服，头戴黑色扁形帽，右手握利剑，左手舞动红色斗篷，显出一股天下无敌手的气势。

4. 礼仪禁忌

墨西哥人亲切宽厚，问候方式通常是微笑或握手，熟人或亲友之间，通常行亲吻礼和拥抱礼。在涉外商务活动中，多行握手礼。墨西哥人以嗜酒闻名于世。宾客上门，习惯先以酒招待。所以应邀到墨西哥人家里做客，带上一束鲜花或一瓶酒就可以了。在首都墨西哥城可以买到墨西哥各地的特产如辣椒、龙舌兰酒和海产品。墨西哥人每逢家庭成员生日，除了设宴庆祝，家人都要送生日礼物。在周末和节假日，墨西哥人习惯与家人团聚，不安排社交应酬。每逢周末和节假日，墨西哥城的居民往往全家出动到公园游玩，或带上食品驱车到郊外休闲和野餐。

墨西哥人的生活习俗受到天主教的影响，还保留了传统色彩。他们忌讳数字 13 和星期五，最不喜欢紫色、黄色和红色，认为紫色不吉利，黄色表示死亡，红色表示诅咒。忌讳蝙蝠图案，认为蝙蝠是吸血鬼的象征。不喜欢人用手势比划小孩的身高，认为手势用在人身上有侮辱的意味。

在墨西哥，葡萄是每一个墨西哥家庭年末必备的食物。辞旧迎新的钟声每响一下，人们吃下一粒"许愿葡萄"，一共要吃 12 粒，每吃一粒许下一个心愿，求"平安"、"幸福"、"健康"和"财富"，祈祷新的一年从年初至岁末的每个月都吉祥如意。

"哈拉贝"是墨西哥最具代表性的民间舞蹈，男子身穿传统民族服装，头戴宽檐帽，热情专注，追逐女伴；女子身穿宽肥艳丽的土布裙，佯装害羞，优雅地躲避，并不时用裙子甩出各种花形图案。

知识链接 5-12

墨西哥的特产——龙舌兰酒

龙舌兰酒又称"特基拉酒"，是墨西哥的特产，被称为墨西哥的灵魂。"特基拉"是墨西哥的一个小镇的名字，此酒以产地得名。龙舌兰酒有时也被称为"龙舌兰烈酒"，是因为酒的原料很特别，以龙舌兰（agave）为原料。

龙舌兰是一种龙舌兰科的植物，通常要生长12年，成熟后割下送至酒厂，再被割成两半后泡洗24小时。然后榨出汁来，汁水加糖送入发酵柜中发酵两天至两天半，后经两次蒸馏，提高酒精纯度，此时的酒香气突出，口味凶烈。然后放入橡木桶陈酿，陈酿时间不同，颜色和口味差异很大，白色者未经陈酿，银白色储存期最多3年，金黄色酒储存至少2至4年，特级龙舌兰则需要更长的贮存期。

龙舌兰酒是墨西哥的国酒，墨西哥人对此情有独钟，饮酒方式也很独特，常用于净饮。每当饮酒时，墨西哥人总是先在手背上倒些海盐末来吸食，然后用腌渍过的辣椒干、柠檬干佐酒。

5.3.4 旅游业概况

1. 旅游资源概况

墨西哥的旅游业比较发达，悠久的历史文化、独特的高原风情和人文景观以及漫长的海岸线为墨西哥旅游业的发展提供了得天独厚的有利条件。墨西哥政府依托本国丰富的旅游资源，采取多种形式发展旅游业，使墨西哥旅游业的增长幅度仅次于中国和印度尼西亚。墨西哥已经成为美国、加拿大之后美洲的第三个重要的旅游目的地。

2. 旅游热点

1）墨西哥城

墨西哥城（图5.23），不仅是墨西哥的首都，还是墨西哥最大的城市，城内及城市周围的古印第安人文化遗迹是墨西哥文明历史的宝贵财产。建筑楼宇、历史古迹、博物馆、宫殿、纪念碑、商场、政府大楼，在墨西哥城应有尽有。墨西哥城是许多大型媒体公司和西班牙报纸的总部。墨西哥城的雅称是“壁画之都”，它集中了全墨西哥80%的壁画。国民宫的回廊，美术宫的内壁，大学的校园，饭店的大堂，剧院、医院、商场和银行的外墙，漫步在墨西哥城中，色彩鲜艳、气势恢弘的壁画随时映入眼帘。它们早已成为墨西哥城人们日常生活中不可或缺的组成部分，也成为吸引旅游者的亮丽风景。

宪法广场。宪法广场位于墨西哥城的中心，广场上有一尊名为“特诺奇蒂特兰创业者”的青铜雕像，一尊硕大的铜雕仙人掌上，雄踞着张开双翼的雄鹰，叼着一条正在挣扎的恶蛇。另一端是5个印第安人的雕像，他们脸上洋溢着发现新土地的喜悦。这组雕像生动地反映了墨西哥城的建城传说。每逢独立日等重大节日，联邦政府都在宪法广场上举行隆重的阅兵式，花车游行等活动。

改革大道。改革大道被誉为“墨西哥城第一街”，横穿墨西哥城东西，长30多千米。这条大道是为纪念墨西哥第一位印第安人总统胡亚雷斯进行的改革事业而建的。大道中心是标志醒目的6条快车道，快车道两侧是慢车道，慢车道外侧是人行道。人行道与慢车道之间，被茂盛的树木和街心公园隔开。

2）瓜达拉哈拉

瓜达拉哈拉是墨西哥第二大城市，哈利斯科州的州府。瓜达拉哈啦是墨西哥的商业、金融、工业和文化中心，也是大部分正宗墨西哥产品的生产中心。其中最著名的是起源于瓜达拉哈拉的龙舌兰酒。查帕拉湖（图5.24）、广场、教堂和大教堂的墨西哥历史描绘是瓜达拉哈拉著名的旅游景点。除了历史景点以外，瓜达拉哈拉也有异国餐厅，购物商场和动感的夜生活。

图5.23 墨西哥城

图5.24 瓜达拉哈拉的查帕拉湖

3）蒙特雷

蒙特雷，新莱昂州的州府，是墨西哥第三大城市。蒙特雷市是一座国际大都市，拥有诸多博物馆，例如现代艺术博物馆、墨西哥历史博物馆、自然历史博物馆、蒙特雷地区博物馆、墨西哥职业棒球名人馆等。除了博物馆、森林、古迹以外，蒙特雷也是墨西哥工业资本与一些大型工业总部所在地。蒙特雷的特色菜有碎石蛋和烤乳羊，碎石蛋是用鸡肉干、鸡蛋做的菜肴，有时会加辣的调料；烤乳羊用的都是吃草前的乳羊。

4）普埃布拉

普埃布拉是普埃布拉州的州府，墨西哥的汽车和钢铁工业中心。1987年，联合国教科文组织将普埃布拉历史名城作为文化遗产，列入《世界遗产名录》。普埃布拉城建于1531年，是一座典型的西班牙风格的城市。市中心广场上的普埃布拉天主教堂（图5.25），是当地最大的教堂。城内的圣塔罗萨博物馆收藏有16世纪珍贵的艺术瓷砖，砖上有五彩图案和人像，被称为塔拉韦拉瓷砖。城东部有建于1790年的美洲最古老的剧院和建于1537年的普埃布拉大学。普埃布拉工业有纺织、汽车、食品、建筑材料等，并以玛瑙、陶器、玻璃和首饰等手工艺术品驰名国内外。

5）莫雷利亚

莫雷利亚是墨西哥米却肯州的州府，殖民时期著名的文化和艺术中心，是一座在欧洲文艺复兴时期的思想影响下经过精心规划建设起来的城市。城市里的各种建筑例如街道、广场、宫殿、教堂、学校等和谐地结合成一个整体，至今仍保持着殖民时期的建筑原貌。1991年，莫雷利亚市因其完整地保存了西班牙殖民时代的建筑原貌，被列入联合国教科文组织的《世界遗产名录》。莫雷利亚大教堂（图5.26）是莫雷利亚市最高大最醒目的建筑，始建于1660年，直到1744年才建成，工期长达84年。巴洛克风格与丘里格拉风格的完美结合使莫雷利亚大教堂成为墨西哥最经典的殖民建筑之一。

图 5.25　普埃布拉天主教堂

图 5.26　莫雷利亚大教堂

6）杜伦古城

杜伦古城（图 5.27）位于尤卡坦半岛东北部，盘踞于加勒比海沿岸崖边。杜伦古城早于 1 200 年前就有人居住，曾是 14 世纪玛雅文化末期的宗教城市，是墨西哥玛雅文化后期的重要遗址，现今遗址仍保存完好。古城四周可见高达 5 米的围墙围绕，墙身厚达 6 米，部分已经倒塌。西墙的南北角建有瞭望塔楼，海岸悬崖上也有城楼及瞭望台，可远眺加勒比海及断崖四周。杜伦古城中有石建造的神殿、宫殿及柱楼等建筑超过 60 栋，尤其以屹立于 12 米悬崖以上的古城大神殿最为著名。神殿四周都有雕刻装饰，旁边还有一些雕像。

图 5.27　墨西哥杜伦古城

7）坎昆

坎昆是墨西哥著名旅游城市，位于加勒比海北部，尤卡坦半岛东北端，过去它只是加勒比海中靠近大陆的一座长 21km、宽仅 400m 的狭长小岛。整个岛呈蛇形，隔尤卡坦海峡与古巴岛遥遥相对。坎昆是世界公认的十大海滩之一，在玛雅语中，坎昆意为“挂在彩虹一端的瓦罐”，被认为是欢乐和幸福的象征。这里的海面平静清澈，因其深浅、海底生物情况和阳光照射等原因，呈现出白色、天蓝、深蓝、黑色等多种颜色。

8）尤卡坦半岛

尤卡坦半岛位于墨西哥湾和加勒比海之间，地势南高北低，平均海拔不足 200m。半岛周围的海滩上棕榈、椰树成林，风光秀丽。尤卡坦半岛以玛雅文明著称于世，是玛雅文化的摇篮地之一。奇琴伊察玛雅城邦遗址就位于尤卡坦半岛中部，曾是古玛雅帝国最大最繁华的城邦，始建于公元 514 年。城邦的主要古迹有千柱广场、武士庙及庙前斜倚的两神石像、高 30m 的呈阶梯形的库库尔坎金字塔，以及圣井和筑在高台上呈蜗形的玛雅人古天文观象台，称“蜗台”。

希克苏鲁伯陨石坑。地球表面最大型的希克苏鲁伯陨石坑，藏在地表之下。希克苏鲁伯在玛雅语意为“恶魔的尾巴”。陨石坑整体略呈椭圆形，平均直径约有180km。在6 500万年前，一颗小行星撞击今天墨西哥境内的希克苏鲁伯地区是造成白垩纪—第三纪恐龙大灭绝的原因。

奇琴伊察古城遗址。奇琴伊察古城遗址（图5.28）位于坎昆以西约200km处，建于公元435年，南北长3 000m，东西宽2 000m，是古玛雅文化和托尔特克文化的遗址。城内有玛雅文化中期和后期建筑物数百座，1988年作为文化遗产列入《世界遗产名录》。“奇琴”意为“井口”，天然井为建城的基础。南侧的老奇琴伊察建于公元7~10世纪，具玛雅文化特色，有金字塔神庙、殿堂、球场、市场和天文观象台，以石雕刻装饰为主；北侧的新奇琴伊察为灰色建筑物，具托尔特克文化特色，有库库尔坎金字塔、勇士庙等，以朴素的线条装饰和羽蛇神灰泥雕刻为主。

卡斯蒂略金字塔。卡斯蒂略金字塔（图5.29），又称羽蛇神金字塔，高约23m，位于奇琴伊察古城遗址的正中，是为羽蛇神而建的神庙。金字塔的地基呈方形，四边依阶梯上升，直至顶端的庙宇。在春季和秋季的昼夜平分点，日出日落时，建筑的拐角在金字塔北面的阶梯上投下羽蛇状的阴影，并随着太阳的位置在北面滑行下降。考古学家在金字塔北面阶梯上发现的一个入口通往一个隧道，在隧道内可以沿着掩盖在金字塔内部的老金字塔的台阶向上攀登，直到顶端，并能见到刻在石头中，漆成红色镶着玉点的羽蛇神王的美洲虎王冠。

图5.28　墨西哥奇琴伊察古城

图5.29　奇琴伊察羽蛇神金字塔

9）乌斯马尔古城遗址

乌斯马尔古城遗址位于墨西哥东南部的尤卡坦州。1996年，联合国教科文组织将乌斯马尔古城遗址作为文化遗产列入《世界遗产名录》。乌斯马尔古城是公元600年至900年玛雅文化鼎盛时期的代表性城市。早在公元前800年左右就有人类在这里居住。古城的建设者继承了玛雅文化的传统，把重要建筑物建在一条南北方向的中轴线上，从南向北依次是南神殿、鸽子宫，以及一个由4座建筑围成的广场。11世纪受到托尔特克文化影响后，乌斯马尔逐渐衰落。在现存的玛雅文明遗迹中，乌斯马尔以其建筑艺术的严谨布局、高度技巧、宏大气势和精美细节，成为代表古玛雅文明的三大文化中心之一。

5.4 咖啡王国——巴西

5.4.1 概况

1. 地理位置

巴西，全称巴西联邦共和国，位于南美洲东部，是拉丁美洲最大的国家。南面与乌拉圭、阿根廷、巴拉圭接壤，西临玻利维亚、秘鲁，北面与哥伦比亚、委内瑞拉、圭亚那、苏里南、法属圭亚那接壤，东濒大西洋。“巴西”这个名字来源于一种可以提炼红色原料的树名，这种树是16世纪时最具经济价值的植物之一。巴西国土面积851.49万平方千米。

2. 自然环境

巴西的地形主要分为两大部分。一部分是海拔500m以上的巴西高原，分布在巴西的南部；另一部分是海拔200m以下的平原，主要分布在北部的亚马孙河流域和西部。全国地形分为亚马孙平原、巴拉圭盆地、巴西高原和圭亚那高原。亚马孙平原是世界上最大的平原，约占巴西全国面积的1/3。巴西高原是世界上面积最大的高原。

巴西大部分地区属热带气候，南部部分地区为亚热带气候。亚马孙平原年平均气温25~28℃，南部地区年平均气温16~19℃。

3. 人口、语言及宗教

巴西全国总人口约2亿（2013年），居拉美首位。东南地区是巴西人口最多的地区，相当于巴西人口总数的42%。该地区拥有巴西3个人口最多的州（圣保罗州、米纳斯吉拉斯州和里约热内卢州）。在圣保罗州和里约热内卢州的交界地带形成了以圣保罗市、里约热内卢市为支柱的商业地带，该地区聚集了约23%的巴西人口，成为该国人口密度最大的地区。

由于历史上曾为葡萄牙的殖民地，巴西的官方语言为葡萄牙语。

巴西是一个移民国家，移民来自世界各地，因而集中了东西方多种宗教信仰。在巴西的各种宗教中天主教是最大的宗教，约有65%的居民信奉天主教，23%的居民信奉基督教福音教派。

4. 国旗、国歌、国花

国旗：巴西的国旗（图5.30）为长方形，长与宽之比为10∶7，旗底色为绿色，中央为黄色菱形，菱形中央是深蓝色圆形天球仪，其上有一条白色绶带，绶带上面书以葡萄牙文“秩序与进步”。蓝色天球仪上有27颗白色五角星，象征巴西的27个行政区，而且那些白色五角星的位置是1889年11月15日8点50分，新政府成立当天，里约热内卢星星排列的位置（巴西的首都原是里约热内卢，后来迁到巴西利亚）。绿色和黄色是巴西的国色，绿色象征森林，黄色象征矿藏和资源。

国歌：巴西的国歌名为《听，伊皮兰加的呼声》。1822年9月7日，巴西国王佩德罗一世在圣保罗附近的伊皮兰加河岸上以“不独立，毋宁死”的口号，宣布巴西脱离葡萄牙而独立，史称这一口号为“伊皮兰加的呼声”。但佩德罗一世登上王位后实行独裁统治，激起了人民起义，1831 年 4 月 7 日被迫宣布退位。现在的巴西国歌的作者是帝国乐队的大提琴师弗朗西斯科·曼纽尔·达·西尔发，原名《四月七日颂歌》，巴西改为共和国后，1909 年由乔昆姆·奥索里奥·杜克·埃斯特拉达重新填词，1922 年被巴西政府正式定为国歌。

国花：巴西的国花是毛蟹爪兰（图 5.31），亚马孙热带雨林中的一种附生植物，体色鲜绿，茎多分枝，常成簇悬垂，一根枝条由若干节组成，数节连贯似蟹爪，因而得名。自 1818 年被人们发现以来，毛蟹爪兰已在世界各国广泛栽培出 200 多个优良品种。花期从头年 10 月到次年 3 月，花色有白、红、紫等，一株开花数朵，且无枝无叶，十分奇妙。巴西曾经将此花馈赠中国，丰富了中国兰花珍品。

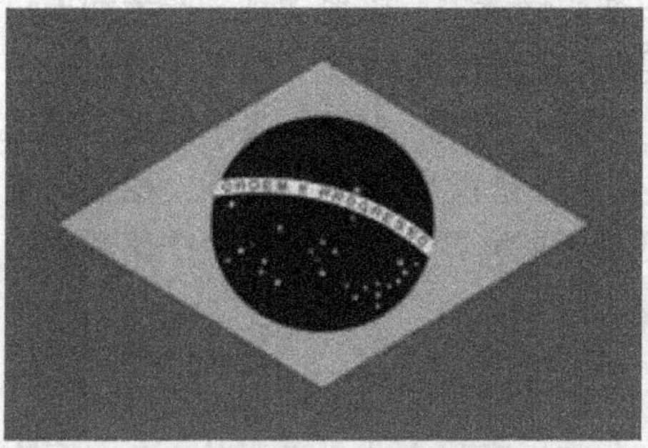

图 5.30 巴西国旗

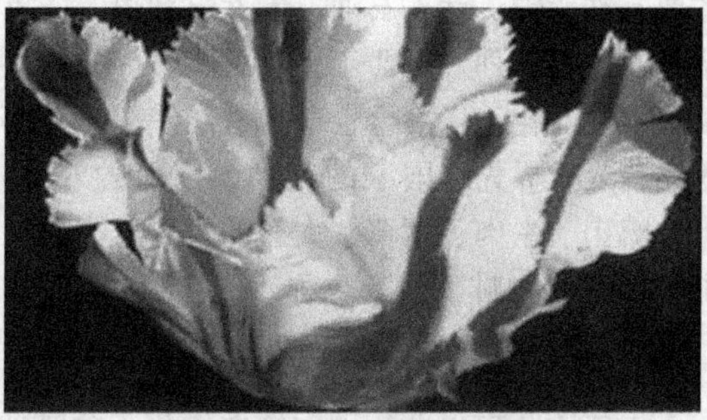

图 5.31 巴西的国花毛蟹爪兰

5. 行政区划

巴西全国划分为 26 个州和 1 个联邦区（巴西利亚联邦区），州下设市。

首都巴西利亚，地处巴西高原中部，海拔 1 158m，是世界上海拔最高的首都之一。1960 年 4 月 21 日，巴西首都正式由旧都里约热内卢迁移至此。巴西利亚是全国政治、经济、文化和交通中心。巴西利亚虽然是南美洲建都时间最短的城市，却因其独特的建筑而闻名。1987 年 12 月 17 日，联合国教科文组织将巴西利亚列入《世界文化遗产名录》。

5.4.2 发展简史、政治、经济、文化

1. 发展简史

巴西曾是古印第安人居住地。1500 年 4 月 22 日葡萄牙航海家卡布拉尔到达巴西。16 世纪 30 年代，葡萄牙派远征队在巴西建立殖民地，1549 年任命总督。1807 年拿破仑入侵葡萄牙，葡萄牙王室逃到巴西后，巴西成为葡萄牙的帝国中心。1820 年葡萄牙王室迁回里斯本，王子佩德罗留在巴西任摄政王。1822 年 9 月 7 日获得独立，建立巴西帝国。1888 年 5 月废除奴隶制度。1889 年 11 月 15 日废除帝制，成立共和国。1891 年 2 月 24 日通过第一部共和国宪法，定名为巴西合众国。1960 年将首都由里约热内卢迁往巴西利亚。1964 年 3 月 31 日，军人政变，实行独裁统治，1967 年更改国名为

巴西联邦共和国。1985 年 3 月军政府还政于民。1989 年 11 月，巴西举行了首次全民直接选举，费尔南多当选总统。

2. 政治

巴西实行总统联邦共和制，根据 1988 年颁布的巴西历史上第 8 部宪法，规定总统由直接选举产生，任期 5 年，取消总统直接颁布法令的权力。总统是国家元首和政府首脑，兼任武装部队总司令。1994 年和 1997 年议会通过宪法修正案，将总统任期缩短为 4 年。国会是国家最高权力机构，由参、众两院组成，行使立法权。两院议长、副议长每两年改选一次，可连选连任。

3. 经济

巴西拥有拉美最为完善的产业体系，经济实力居拉美首位。巴西矿产资源丰富，主要有铁、铀、锰、石油、天然气和煤等，其中铁矿储量大，质地优良，产量和出口量都居世界前列。巴西工业体系较为完整，主要工业部门有钢铁、汽车、造船、石油、水泥、化工、冶金、电力、纺织、建筑等。核电、通讯、电子、飞机制造、军工等已跨入世界先进国家的行列。巴西的农牧业发达，是世界蔗糖、咖啡、柑橘、玉米、鸡肉、牛肉、烟草、大豆的主要生产国。巴西还是世界第一大咖啡生产国和出口国，素有“咖啡王国”之称。

4. 文化

巴西文化可以分为古印第安文化、殖民地文化和近现代文化。巴西独立后，具有混合特点的传统民俗文化得到发展，内容更加丰富，形式更加多样。这种多样文化体现在音乐和舞蹈方面。无论是艺术形式还是通俗特色，巴西音乐都能引起世人瞩目。普遍的音乐舞蹈时尚，例如桑巴舞，具有浓郁的拉美特色，极具风情。

巴西的教育体系分为基础教育和高等教育，基础教育又分初级教育和中等教育。初级教育相当于我国的小学和初中，中等教育相当于我国的高中。高等教育指各类大学，学制一般为 4 年。

5.4.3 民俗

1. 姓名称谓

巴西人起名较随便，星期天生的就叫星期天（Domingo）、七月份生的就叫七月（Julho）；妈妈喜爱小动物，就为孩子取名兔子（Coelho）；爸爸是贝利的球迷，儿子就叫个桑托斯（Santos）。前总统卢拉的全名是路易斯·伊纳西奥·卢拉·达席尔瓦（Luiz Inacio Lula da Silva），卢拉，葡文直译为墨鱼，并不是他的原名，只是因为大家把这个外号叫顺了，作为政治家，需要一个响亮有号召力的名字，他于 1982 年正式将外号“卢拉”加到原名上。

巴西人习惯呼名不称姓。父母一般都给子女起两个名，而且往往双名齐用。无论在家里还是公共场合都只叫本人的名。在巴西，人们在称呼问题上，即使书面行文也不习惯用姓氏。葡文中的一些名字是不能随便起的，例如费尔南德斯（Fernandes）是指费尔南德（Fernando）的儿子、亨里克斯（Henriques）是指亨里克（Henrique）的儿子等等。巴西人名字的性别符号很清楚，男士的名字结尾大多有 o；女士的名字结尾大多有 a。巴西妇女结婚后可以随丈夫的姓。例如马塞卢（Marcelo）是男性名字；马塞拉（Marcela）是女性名字。对社会各阶层的人士称谓都有特别约定。如称呼总统需要前面加上：最最尊贵的共和国总统先生（Excelentíssimo Senhor Presidente da República - V. Exmo.）；给大学校长写信需要前面加上：杰出无比的校长先生（Magnífico Reitor）；给社会名流发邀请要称：精彩绝伦的先生（Ilustríssimo Senhor）。

2. 生活习俗

1）服饰

巴西人比较注重根据场合穿衣。在正式场合，巴西人的穿着十分考究。重要的政务、商务活动中，巴西人一定要穿西装或套裙。上班的时候他们会穿着比较正式的服装或者制服、工作服，下班时穿休闲装。遇到婚礼、晚会或者舞会，巴西人讲究盛装前往。平时巴西男子喜欢穿短裤和衬衫，女子喜欢穿色彩艳丽的裙装。

2）饮食

巴西人的饮食习惯深受移民国的影响，各地习惯不一，极具地方特色。南部土地肥沃，牧场很多，烤肉成为当地居民最喜欢的食物。在巴西东北地区，人们的主食是木薯粉和黑豆，其他地区的居民主食是面、大米和豆类。蔬菜的消费量，以东南部和南部地区居多。

知识链接 5-13

巴西烤肉

巴西烤肉是巴西的国家招牌菜，在巴西的每个角落，烤肉都是能登大雅之堂的风味菜之一。这主要得益于巴西发达的畜牧业，肉多菜少，也是巴西饮食的一大特色，每逢家宴、野餐都是必备的食物。

巴西烤肉主要以烤牛肉、火腿肠等为主。刷过酱汁的原材料被串在一个特制的器具上，放到火上翻烤，期间随着火势翻转，并刷上油，直至金黄。巴西烤肉最有特色的是它的吃法，一般是在餐厅中央放置一些西式的自助餐，烤肉一般在开餐后 15 分钟上桌，侍者左手拿烤肉棍和一把明晃晃的锋利长刀，右手拿个小圆盘托住烤肉棍，防止油滴到顾客身上。来到顾客身边，麻利地用刀片削表面烤得焦黄的肉放在顾客的餐盘中。巴西烤肉烤的时候只要七分熟，所以吃烤肉的时候往往还带有血丝。

3）民居

巴西人的住房多种多样，城市居民既住高楼大厦，又住庄园式的传统庭院。农村居民住的是用支架支撑起来的距离地面很高的圆筒形草房。东北地区人民多住木质房屋，东南地区人民住石屋、木屋和土屋。

3. 主要节庆

巴西的主要节庆日有元旦（1月1日）、狂欢节、复活节、劳动节、敬牛节、耶稣受难日、圣诞节，主要纪念日有独立纪念日和共和国日。

狂欢节。2月下旬，持续3天，是巴西人民的传统节日。节日期间，巴西各地张灯结彩，人们载歌载舞，游行队伍川流不息。巴西的狂欢节已经成为世界性的节日，被称为“世界上最伟大的表演”。

敬牛节。6月下旬，是巴西东北部的传统节日，人们以游行表达敬牛和爱牛。

独立纪念日。9月7日（1822年）。

共和国日。11月15日，确立共和政体的纪念日。

4. 礼仪禁忌

巴西人在社交场合与客人相见时，最常用的礼节是微笑和握手礼以及赠送名片。一般场合相见时，往往以拳礼相互表示请安和致敬。亲朋好友、熟人或情人之间相见时，大多都习惯施拥抱礼或亲吻礼。妇女之间最常用吻礼，在施礼时要脸贴脸用嘴发出接吻的吻声，以示亲热之情。男人与女人见面和分手时一般总是握手为礼。

巴西人赠送礼物时，接受礼品的人要当面打开包装，表示谢意。巴西人慷慨好客，到他们家里做客，酒杯里永远有酒，盘子与咖啡杯里永远不空。巴西人忌吃奇形怪状的水产品和用两栖动物制作的菜品，也不喜欢吃牛油制作的点心。受邀到巴西人家里做客，礼貌的做法是在翌日给女主人送去一束鲜花并附上一封感谢信。巴西人对时间很随便，通常比约定时间迟到10分钟或15分钟。在交谈中巴西人爱夸耀自己的孩子，对他们的孩子表示关注会使他们高兴。但是在谈话中应回避谈论政治、宗教以及其他有争议的话题。除此之外，巴西的印第安人还有一种习俗，若家中有客人便邀请客人一起洗澡，据说这是他们对宾客的最尊敬的礼节，洗澡次数越多，表示越尊重。

巴西人忌讳黄色和紫色，认为黄色表示绝望，紫色则是死亡的象征。与巴西人打交道时，不宜向其赠送手帕或刀子，认为会引起吵嘴或不快。巴西人忌讳数字“13”，认为是不祥之数，会给人带来厄运或灾难，每年的8月13日是巴西传统的禁忌日。在巴西忌讳手指形成“OK”的手势，会被认为是非常不文明的表示。

5.4.4 旅游业概况

1. 旅游资源概况

巴西是一个多民族的、多姿多彩的国家，以节日众多闻名于世，素有“旅游王国”的美誉。在这块神奇的土地上，除了足球、桑巴舞、各种各样的节目，还可以去看看巴西三大名城——巴西利亚、圣保罗、里约热内卢。北部有被称为“地球之肺”的亚马孙热带雨林，南端有气势恢宏的伊瓜苏大瀑布，中西部的大沼泽地是野生动物的天堂，漫长的海岸线上分布着大量风景绚丽的海滩。旅游业是巴西近年来发展较快的行业之一，游客多数来自拉丁美洲、欧洲、美国以及加拿大和日本。

2. 旅游热点

1）里约热内卢

里约热内卢，里约热内卢州府，位于该州南部，是巴西第二大城市。建于1565年，1822至1960年为巴西首都。里约热内卢是巴西重要的交通枢纽和文化中心，也是巴西和世界著名的旅游观光胜地。里约热内卢的海滩举世闻名，其数目和延伸长度为世界之最。里约热内卢被誉为“狂欢节之都”，巴西一年一度在这里举办最有特色的狂欢节。

耶稣山。耶稣山（图5.32）位于巴西里约热内卢的国家公园内，高710m。山顶塑有一座耶稣像，故又名耶稣山。巨大的耶稣像塑成于1931年，为纪念巴西独立运动100周年而建。耶稣像是法国赠送，头和手在法国制造，用船海运至里约热内卢，全部工程历时5年。耶稣站立着，两手向旁边平伸，从远方看去，就像一个巨型十字架。耶稣像在里约热内卢市的每个角落都可以看到，是里约热内卢的象征之一。

2）伊瓜苏

伊瓜苏市位于巴西、巴拉圭、阿根廷3国交界的巴拉那河与伊瓜苏河汇合处。“伊瓜苏”在印第安瓜拉尼语中意为“大水”。伊瓜苏市是巴西主要旅游中心，年均接待游客约700万人次，当地居民主要从事商业和旅游业。著名的伊瓜苏瀑布距市区28km。

3）萨尔瓦多

萨尔瓦多位于巴伊亚州，面临大西洋，是巴西的第一座首都，建立于公元1549年，是葡萄牙殖民地的贸易、防卫、首都所在地，主要分为上城及下城两大区。萨尔瓦多是巴西的文化发源地，保留着浓厚的巴伊亚文化，1985年被列入《世界遗产名录》。萨尔瓦多市内的大部分古老建筑都是16、17世纪建筑中最具代表性的。

4）三权广场

三权广场（图5.33）位于巴西首都巴西利亚，是一座露天广场，也是巴西标志性建筑之一。三权广场代表国家3种权力，即总统府、国会、联邦最高法院，三权广场被称为巴西的神经中枢。广场周围环绕众议会、参议会、国家大法院、总统府、外交部、国家民族独立纪念馆、劳动者纪念碑等众多建筑。建筑设计构思大胆、线条优美、轻盈飘逸。

图5.32 巴西里约热内卢的耶稣山

图5.33 巴西利亚的三权广场

5）伊瓜苏大瀑布

伊瓜苏大瀑布（图 5. 34）位于巴西与阿根廷交界处的伊瓜苏河上，是世界三大跨国瀑布之一。瀑布形成于 1. 2 亿年前，1542 年被西班牙人发现。1984 年，伊瓜苏瀑布被联合国教科文组织列入《世界遗产名录》。大瀑布由 275 个瀑布组成，最大的瀑布流量每秒 1 500m^3，被称为“魔鬼之喉”。伊瓜苏大瀑布的四分之三在阿根廷境内，但从巴西一侧看去更为壮观。

图 5. 34 巴西伊瓜苏大瀑布

6）伊泰普水电站

伊泰普水电站位于巴西与巴拉圭之间的界河巴拉那河上，距离伊瓜苏市北 12km 处，是世界第二大的水电站，由巴西与巴拉圭共建，发电机组和发电量由两国均分。伊泰普在印第安语中意为“会唱歌的石头”。自 1991 年起，伊泰普水电站每年发电收益约 23 亿美元。

7）亚马孙河

亚马孙河发源于秘鲁中部的科迪勒拉山脉，全长 6 480km，在巴西境内 3 165km，河面宽广，支流众多，流域和流量均居世界第一。由亚马孙河冲击而成的亚马孙平原面积 560 万平方千米，大多位于巴西境内。亚马孙流域适合植物生长，有浩瀚无际的原始森林，各种植物四万余种，盛产优质木材，被誉为“地球之肺”。

5. 5 探戈王国——阿根廷

5.5.1 概况

1. 地理位置

阿根廷，全称阿根廷共和国，是位于南美洲南部的一个联邦共和制国家。阿根廷东南面向大西洋，西以安第斯山脉为分水岭与智利接壤，北接玻利维亚、巴拉圭，东北部与巴西和乌拉圭为邻。阿根廷的国土面积 278.04 万平方千米，是拉丁美洲面积第二大国，世界面积第八大国。

2. 自然环境

阿根廷地势由西向东逐渐低平，西部是以绵延起伏的安第斯山为主体的山地，纵贯南北3 000余公里，约占全国面积的30%；东部和中部的潘帕斯草原是著名的农牧区；北部主要是格兰查科平原，多沼泽、森林；南部是巴塔哥尼亚高原。阿根廷气候多样，西部地区属高山气候，北部属亚热带湿润气候，南部为温带大陆性气候，大部分地区年平均温度在16~23℃之间。东北部降水丰沛，在1 000mm左右，西北部和南部为250mm。阿根廷全年都适于旅游，以10月至次年4月的春、夏两季最适宜观光。

3. 人口、语言及宗教

阿根廷人口增长迅速，1850年人口只有110万，1930年1 493.6万，2000年3 780多万，2013年近4 100万。在阿根廷总人口中，白人和印欧混血种人约占95%，多属意大利和西班牙后裔，印第安人口约60万。

阿根廷的官方语言是西班牙语。

阿根廷居民中大多数信奉天主教，其余居民信奉基督教新教及其他宗教。

4. 国旗、国歌、国花

国旗：阿根廷国旗（图5.35）呈长方形，长与宽之比约为5：3。旗面自上而下由浅蓝、白、浅蓝3个平行相等的横长方形组成，白色长方形中间是一轮“五月的太阳”。太阳本体酷似一张人脸，是阿根廷发行的第一枚硬币的图案，沿太阳本体圆周等距离分布着32根弯直相间的光芒线。浅蓝色象征正义，白色象征信念、纯洁、正直和高尚，“五月的太阳”象征自由和黎明。

国歌：阿根廷的国歌为《祖国进行曲》，是拉丁美洲的第一首国歌。它是1813年在拉普拉塔联合省（包括现在的阿根廷、巴拉圭、乌拉圭和玻利维亚）反对西班牙殖民统治的独立战争中产生的。1813年5月11日，阿根廷国会通过决议确定由比森特·洛佩斯·伊普兰内斯作词、布拉斯·帕雷拉普谱曲的《祖国进行曲》为阿根廷的国歌。

图5.35 阿根廷国旗

国花：阿根廷的国花是赛波花。赛波树属木本豆荚科植物，主要分布在中南美地区。在西班牙殖民统治时期，拉普拉塔地区的印第安人不断奋起反抗。传说在一次战斗中，一位印第安部落酋长不幸阵亡，他的女儿阿娜依挺身而出，指挥战斗，与西班牙殖民者浴血奋战，最后被俘。西班牙殖民者将阿娜依绑在一棵赛波树上，要用火烧死她。阿娜依在熊熊大火中慷慨就义。此时花期未到的赛波树上突然盛开出满枝如火如血的红花。1942年，阿根廷通过法令，正式确定赛波花为阿根廷的国花。

5. 行政区划

阿根廷全国划分为24个行政单位。由23个省和联邦首都（布宜诺斯艾利斯）组成。

首都布宜诺斯艾利斯，是拉丁美洲第三大都市，城市绿化面积约占市区面积的15%，景色宜人，素有“南方巴黎”之美称。

5.5.2 发展简史、政治、经济、文化

1. 发展简史

阿根廷的土著居民是印第安人。16世纪中叶阿根廷沦为西班牙殖民地。1810年阿根廷爆发反抗西班牙殖民统治的“五月革命”，成立了第一个政府委员会。1812年，民族英雄圣马丁率领人民抗击西班牙殖民军，于1816年7月9日宣布阿根廷独立。此后阿根廷长期处于动乱和分裂状态。1853年，乌尔基萨将军制定了第一部宪法，建立了联邦共和国，乌尔基萨成为阿根廷制宪后第一任总统。1860年改为共和国。

2. 政治

阿根廷1853年制定第一部全国统一的宪法，1994年第4次修改后实施。修改后的宪法规定，阿根廷为联邦制国家，实行代议制民主，内阁是政府执行机构。总统、副总统由普选产生，总统是国家元首、政府首脑和武装部队总司令，执掌国家最高行政权，任期4年，可连选、连任一次；副总统兼任参议院议长。宪法还规定设内阁总理一职。总理、部长和总统府各国务秘书均由总统任命。议会是国家最高立法机构，国会分参、众两院，拥有联邦立法权，参、众议员均由直选产生，可连选、连任。

3. 经济

阿根廷是拉美地区综合国力较强的国家，农牧业发达，工业门类齐全。阿根廷是世界粮食和肉类的重要生产和出口国，素有“世界粮仓和肉库”之称。阿根廷全国大部分地区土壤肥沃，气候温和，适于农牧业发展。东部和中部的潘帕斯草原是著名的农牧业区。阿根廷还是世界上最大的马黛茶生产国。阿根廷的工业主要有钢铁、电力、汽车、石油、化工、纺织、机械、食品等，钢铁产量居拉美国家前列。阿根廷的渔业资源也很丰富，主要渔产品为鳕鱼、鱿鱼、对虾等。阿根廷的矿产资源主要有石油、天然气、煤炭、铁和银等。

4. 文化

阿根廷的科研水平位居拉美前列。据联合国教科文组织统计，阿根廷每一百万人就中有713名科学家或工程师，每一千名经济活动人口中就有1.9名研究人员，均居拉美前列。探戈是世人皆知的舞蹈形式，它作为阿根廷的国粹享誉世界。阿根廷是南美洲最重要的体育大国之一，足球、篮球、马球并称为“阿根廷三大运动”，阿根廷的国球是马球，但是在阿根廷，最受欢迎的体育项目是足球。阿根廷国家足球队曾分

别两次夺得世界杯冠军（1978 年、1986 年）和奥运金牌（2004 年、2008 年），以及 14 次美洲杯冠军。

5.5.3 民俗

1. 姓名称谓

在社交场合，阿根廷人广泛使用的称呼是“先生”、“夫人”、“太太”，对未婚青年男女分别称为少爷和小姐。正式场合还要在称呼前加行政职务或学术职称。阿根廷人见面普遍采用握手礼，并且阿根廷人认为与对方握手的次数是多多益善。

2. 生活习俗

1）服饰

在正式场合，阿根廷人着装讲究干净整齐。无论是正式访问还是外出活动，男士一定要穿西装套装，女士要穿套裙或长裙。在阿根廷最好不要穿灰色的套装套裙。阿根廷人平时着装比较随便。

2）饮食

阿根廷人普遍喜欢吃欧式西餐，喜欢吃牛、羊、猪肉。烤全羊、烤乳猪是阿根廷人招待贵宾的传统食品。人们喜欢的饮料有红茶、咖啡与葡萄酒。名为“马黛茶”的饮料最具有阿根廷特色，在当地语言中“马黛茶”就是“仙草”、“天赐神茶”，所以马黛茶被誉为“国茶”。

3）民居

阿根廷的城市建筑是欧式的，有高层豪华建筑，沿海有漂亮的别墅。农村小镇大多数是砖瓦房，少数是土坯房，有的还是茅草房。

3. 主要节庆

作为移民国家的阿根廷由于独特的历史文化，节日名目繁多，除了欧洲移民带来的节日，如圣诞节、复活节等，还有一些具有政治内容的节日，如国庆日（5 月 25 日）、国旗节（6 月 20 日）、独立纪念日（7 月 9 日）、圣马丁逝世纪念日（8 月 17 日）等，以及许多与当地社会经济生活密切相关的节日。

葡萄节。2 月 22 日到 3 月 9 日，葡萄节是阿根廷的传统节日，始于盛产葡萄的门多萨省。每当节日来临之际，人们都身着节日服装、载歌载舞，随着彩车游行。

牲犊节。4 月初，阿根廷人对牛、羊牲畜有着特殊的感情，节日期间，全国各省市都要举行各种形式的庆祝活动。

苹果节。8 月 2 日，阿根廷全国性的节日。

马黛茶节。11 月的第 2 个星期。

阿根廷还有一些宗教节日，最重要的节日是圣诞节和复活节。

4. 礼仪禁忌

阿根廷的礼仪和欧美国家大体相似。阿根廷人热情奔放，见面都要热情问候，彼此握手。熟人朋友见面还要拥抱或亲吻。去阿根廷人家里做客，可以给女主人送上一束鲜花或一盒包装精美的糖果，结束后还要给主人写一封感谢信。阿根廷的许多风俗习惯都受到西班牙的影响，随着英国人的传统习俗和文化的不断渗透，从而使得阿根廷人既有南欧人的热情好动，又表现出西欧人的彬彬有礼。阿根廷人起床较晚，一般不习惯一大早就从事商务活动。约会一般在上午10点左右较为合适，如果商业伙伴迟到也不必惊讶。阿根廷人可能会安排晚7点甚至晚8点在办公室会客。

阿根廷人不喜欢别人送手帕、衬衫、领带之类的贴身用品。客人所穿衣服的颜色也要注意，灰颜色是阿根廷人所忌讳的，他们认为这种颜色阴郁、悲伤，因而要避免穿着。阿根廷人不喜欢谈论有争议的宗教和政治问题。适于谈论的话题有足球及其他体育项目、烹饪技巧、家庭陈设等。

5.5.4 旅游业概况

1. 旅游资源概况

阿根廷的古迹名胜众多，有五月广场、巴里洛切风景区、伊瓜苏瀑布、罗斯格拉希亚雷斯国家公园等，伊瓜苏瀑布最宽处达4 000米，为世界上最宽的瀑布，阿空加瓜山是世界最高的死火山，乌斯怀亚是世界最南端的城市，被称为“世界尽头”。阿根廷的旅游业发达，是南美主要旅游国家。同时各种体育赛事、政治会议和文化盛会在阿根廷和周边国家的举办，也吸引着到阿根廷休闲度假和参加商务活动的游客。

2. 旅游热点

1）伊瓜苏瀑布

伊瓜苏大瀑布位于巴西与阿根廷交界处的伊瓜苏河上，是世界三大跨国瀑布之一。形成于1.2亿年前，1542年被西班牙人发现。1984年，伊瓜苏瀑布被联合国教科文组织列入《世界遗产名录》。大瀑布由275个瀑布组成，最大的瀑布流量每秒1 500m^3，被称为“魔鬼之喉”。伊瓜苏大瀑布的四分之三在阿根廷境内，1934年阿根廷在这里修建了国家公园，以吸引更多游客前往。

2）阿根廷湖

阿根廷湖是一个坐落于阿根廷南部圣克鲁斯省的冰川湖，面积1 414km^2，以冰块堆积景观而闻名于世。该湖接纳来自周围150多条冰河的冰流和冰块。巨大的冰块互相撞击，缓缓向前移动，形成造型奇特的冰墙，最后全部汇积到阿根廷湖，组成了洁白玉立的冰山雕塑。湖畔雪峰环绕，山下林木茂盛，景色迷人，是阿根廷最引人入胜的旅游景点。

3）卡特德拉尔山

阿根廷著名的滑雪中心，位于里奥内格罗省西部的纳韦尔瓦皮国家公园中，每年6月至9月，正当欧洲和美洲处于盛夏之际，这里大雪纷飞，银装素裹，成为天然的滑雪圣地，大批欧美滑雪爱好者接踵而至。为方便滑雪爱好者，这里修有完好的旅馆、饭店等设施，并建有空中缆车，直接把游客载到山顶。

4）科隆大剧院

科隆大剧院（图 5.36）是世界上最大而且繁忙的歌剧院演出厅之一，是一座典型的法国文艺复兴式的建筑。剧院始建于 1908 年，位于阿根廷首都布宜诺斯艾利斯的五月大街。剧院表演的内容包括歌剧、芭蕾和音乐剧等。剧院的大礼堂在 2 500 个观众席外，还能容纳 1 000 位站着的观众，单是正厅前排就有 632 个座位，座位之间宽敞舒适。剧院设有总统和市长的包厢。科隆大剧院还是一所艺术学院，设有音乐、芭蕾舞、交响乐等艺术小组。

图 5.36　阿根廷科隆大剧院

课后习题

一、思考题

1. 简述美国旅游资源的特色。
2. 美国的习俗与禁忌有哪些？
3. 请描述并解释加拿大国旗的含义。
4. 加拿大主要的旅游城市有哪些？加拿大首都有哪些旅游景点？
5. 试述墨西哥的气候特征，墨西哥有哪些著名的旅游城市和景点？
6. 简述巴西文化艺术的特点。
7. 阿根廷人日常社交礼仪有哪些？
8. 填写下表。

项目 国别	首都	人口	民族	宗教	语言	国旗	国歌	国花
美国								
加拿大								
墨西哥								
巴西								
阿根廷								

二、案例分析题

导游张晓在机场接到一个20多人的美国旅游团，领队是一位30多岁的女士，见到张晓就主动打招呼，为客人办理手续和服务也很热情勤快。从机场到饭店的路上，客人显得很随和，对张晓的沿途讲解也听得很认真。到饭店后，张晓与领队讨论了活动日程，领队要求将活动节奏放慢一些，要让客人在休闲和愉快的气氛中旅游。

第二天早上出发后，张晓介绍了当天的天气情况、沿途的建筑和风景，还教大家学了几句常用中文。客人现学现卖，车内不时响起洋味的“早上好”、“谢谢”、“对不起”的话音。客人们还经常提出一些问题，询问当地市民的生活。针对大家的提问，张晓给予耐心的解答，有时还用一两句美国俚语，大家的情绪十分高涨。

在接待中张晓发现，那些美国客人比较喜欢休闲、娱乐形式的活动，游览过于劳累时，有人会放弃集体吃晚饭的权利，选择回房休息。每次吃晚饭前，他们总是要求先回饭店休息，再从饭店出发去用餐。针对客人的这些特点，张晓与领队商量后，改变了旅游路线，尽量选择短途的路线，途中还给客人留出休息的时间。这样一来，客人体验到了丰富的旅游内容，因此非常满意。

请结合案例思考并分析美国人在社会交往过程中的日常礼仪、性格特征和禁忌。

6 大洋洲旅游区

学习目标

知识目标：了解大洋洲旅游区主要客源国的地理位置、语言、宗教和自然环境，掌握各主要客源国家人文地理的基本知识。

技能目标：掌握大洋洲旅游区主要客源国的人文概况、发展简史、政治、经济、文化、民俗和主要旅游资源等社会概况，能够对各主要客源国概况做出简要分析。

素质目标：能运用所学相关知识，分析相关客源国的基本情况，为了解和分析大洋洲旅游区市场打下基础。

课前导读

大洋洲原名澳洲，位于亚洲和南极洲之间，西邻印度洋，东临太平洋，并与南北美洲遥遥相对。大洋洲面积约 897 万平方千米，是世界上面积最小的一个洲。大洋洲人口约 3 700 万，是除南极洲之外，世界上人口最少的一个洲。

大洋洲地区共有 14 个独立国家，在地理上划分为澳大利亚、新西兰、新几内亚、美拉尼西亚、密克罗尼西亚和波利尼西亚 6 区。澳大利亚和新西兰的居民绝大部分是欧洲移民及其后裔，通用英语，全洲约有 80%的人口信奉基督教。

大洋洲是联系亚非之间与南、北美洲之间船舶、飞机往来所需淡水、燃料和食物的供给站，也是海底电缆的经过之地。大洋洲四周环海，又位于热带及亚热带再加上密布的群岛，形成了美丽的海岛风光。其中，澳大利亚的大堡礁、黄金海岸，新西兰的峡湾，汤加海岸的巨浪水柱、奇特的火山岛等，都是其他大洲难以比拟的国际著名海岛海滩旅游胜地。本区特有的古老动物和独特的建筑艺术也是令人神往。

6.1 袋鼠之国——澳大利亚

6.1.1 概况

1. 地理位置

澳大利亚，全称澳大利亚联邦，位于南太平洋和印度洋之间，由澳大利亚大陆和塔斯马尼亚岛等岛屿和海外领土组成。澳大利亚四面环水，东临太平洋，西、北、南三面临印度洋及其边缘海，海岸线长约 3.67 万千米。澳大利亚是世界上唯一一个独占一个大陆的国家。

澳大利亚的国土面积约 769.2 万平方千米，仅次于俄罗斯、加拿大、中国、美国和巴西，是大洋洲最大的国家。

2. 自然环境

澳大利亚全国分为东部山地、中部平原和西部高原 3 个地区。全国最高峰科西阿斯科山海拔 2 228m，位于澳大利亚大陆东南部。中部的艾尔湖是澳大利亚的最低点，湖面低于海平面 16m。澳大利亚是世界上最平坦、最干燥的大陆，沙漠及半沙漠土地约占整个大陆面积的 35%。澳大利亚跨 2 个气候带，北部地区属于热带气候，每年 4 月至 11 月是雨季，11 月到第二年的 4 月是旱季，1 月至 2 月是台风期，年平均气温为 27℃；南部地区属于温带气候，四季分明，年平均气温为 14℃。澳大利亚地处南半球，虽然时区比中国早 2 小时，但是季节却完全相反，12 月至 2 月为夏季，3 月至 5

月为秋季，6月至8月为冬季，9月至11月为春季。

3. 人口、语言及宗教

澳大利亚全国人口约2 327万（2013年），其中74%是英国及爱尔兰后裔，18%为欧洲其他国家后裔，亚裔约占6%，其余为土著居民。澳大利亚的国土面积虽然大，人口却主要集中于东南沿海地区，是地广人稀的国家。

澳大利亚的通用语言是英语。

澳大利亚是一个宗教自由的国家，各种宗教信仰，包括基督教、天主教、印度教、犹太教、伊斯兰教和佛教等在这个国家并存。澳大利亚的居民中大部分信奉基督教，少数人信奉犹太教、伊斯兰教、印度教和佛教。

4. 国旗、国歌、国花

国旗：澳大利亚的国旗（图6.1）呈长方形，长与宽之比为2∶1。旗底色为深蓝色，左上方是红、白"米"字，"米"字下面是一颗较大的白色七角星。旗的右边为5颗白色的星，其中一颗小星为五角，其余均为七角。国旗的左上方的"米"字为英国国旗图案，表明澳大利亚与英国的传统关系。澳大利亚为英联邦成员国，英国女王为澳大利亚的国家元首。最大的七角星象征组成澳大利亚联邦的6个州和联邦区（北部地区和首都直辖区）。五颗小星代表南十字星座，为"南方大陆"之意，表明澳大利亚处于南半球。

国歌：1977年之后，澳大利亚的国歌是《澳大利亚，前进》（Advance Australia Fair），这是澳籍苏格兰裔作曲人彼得·多兹·迈克康米克（Peter Dodds McCormick）创作的作品，1878年被首次演奏。之前澳大利亚的国歌是《天佑我王》或《天佑女王》。1977年，澳大利亚举行全民公决，从4首候选歌曲中评选出一首国歌，歌曲《澳大利亚，前进》得票数最高，正式成为澳大利亚的国歌。

国花：澳大利亚的国花为金合欢（mimosa Sweet Acacia，Sponge Tree）（图6.2），别名叫相思树。澳大利亚人喜欢用金合欢作庭院的刺篱，种在房屋周围，非常别致。金合欢盛开时，花朵好像金色的绒球一般，花篱似一道金色屏障，带着浓郁的花香。

图6.1 澳大利亚国旗

图6.2 澳大利亚国花金合欢

5. 行政区划

澳大利亚全国分为6个州和两个地区。6个州分别是新南威尔士、维多利亚、昆士兰、南澳大利亚、西澳大利亚和塔斯马尼亚，各州有自己的议会、政府、州督和州总理；两个地区是北部地区和首都直辖区。

首都是堪培拉。

6.1.2 发展简史、政治、经济、文化

1. 发展简史

澳大利亚最早的居民是土著人，以采集狩猎为生。1642 年，荷兰人塔斯曼发现塔斯马尼亚岛，以荷属东印度总督范迪门之名，将塔斯马尼亚命名为范迪门地。澳大利亚大陆则被荷兰人称为新荷兰。1770 年，英国人库克远航太平洋，在澳大利亚东南岸的植物湾登陆，以英王乔治三世的名义命名该地为新南威尔士。1786 年，英国政府决定将新南威尔士辟为罪犯流放地。1788 年 1 月，新南威尔士殖民地正式建立。后又相继建立斯旺河（今西澳大利亚）、维多利亚、昆士兰等新殖民地并相继成立责任自治政府。1880 年 11 月的墨尔本殖民地际会议决定由新南威尔士草拟联邦委员会法案，成立联邦委员会，并英国政府支持联邦委员会法案。1900 年 9 月 17 日，英国女王签署声明宣布联邦将在新世纪的第一天诞生。1901 年 1 月 1 日澳大利亚联邦在悉尼正式成立，后定都堪培拉。1931 年，英国议会通过"威斯敏斯特法案"，给予自治领内政、外交独立自主权，从此澳大利亚成为英联邦内的一个独立国家。1992 年 12 月 17 日，澳大利亚联邦政府内阁会议决定，澳大利亚的新公民不再向英女王及其继承人宣誓效忠。

2. 政治

1900 年英国议会通过澳大利亚联邦宪法，根据宪法规定，英国女王是国家元首，由女王任命总督作为最高行政长官执掌联邦政府的行政权。澳大利亚联邦各州设有州长，负责州内事务。澳大利亚联邦议会是最高行政机构，由英女王（总督代表）、众议院和参议院组成。内阁是政府的最高决策机关。澳大利亚现有大小政党几十个，主要政党是工党和自由党。

3. 经济

20 世纪 80 年代以来，澳大利亚的经济保持持续增长，是世界上经济增长强劲的国家之一。农牧业和采矿业是澳大利亚的传统经济产业，服务业在澳大利亚的经济中占有重要地位。澳大利亚矿产资源丰富，矿产资源储量排在世界前列的有铁矿石、氧化铝、黄金、镍、铀、钻石等。澳大利亚是世界上烟煤、铝矾土、铅、锌、钻石的重要出口国，具有"坐在矿车上的国家"之称。

澳大利亚的农牧业也很发达，主要农作物有小麦、油菜籽、棉花、蔗糖。澳大利亚是世界最大的羊毛和牛肉出口国，被称作"骑在羊背上的国家"。澳大利亚的渔业资源也十分丰富，是世界上第三大捕鱼区，主要产品有对虾、龙虾、鲍鱼、金枪鱼、扇贝和牡蛎等。澳大利亚的服务业包括物流、电信与邮政、金融服务、旅游、零售商业、建筑与房地产等，其中产值最高的是房地产和金融服务、零售商业。

4. 文化

澳大利亚是一个移民国家，各民族之间相对较为平等，多元文化和谐并存是澳大利亚文化的特点。澳大利亚的多元文化表现在开放的政策、丰富的饮食文化、语言文化、宗教文化以及社会生活各方面。不同种族或民族的居民均可使用他们的母语，也鼓励任何背景和任何民族的人们保留自己的文化。不同风味的美食互相借鉴、不断创新，发展了更多的特色风味美食。澳大利亚的文学作品，在其内容和风格上融合了澳大利亚和其他国家的特色，充分体现多元文化的影响。

澳大利亚是注重教育的国家，澳大利亚的中小学及职业学院由各州或领地的教育部负责管理，联邦政府拨款资助，大学则由联邦政府统一管理。凡澳大利亚的公民和永久居民，均享受免费的中小学教育。澳大利亚全国有 42 所大学及 230 多所专科技术学院。

知识链接 6－1

澳大利亚的土著文化

澳大利亚拥有全世界历史最悠久的土著文化，其历史可以追溯到 2 万年前。澳大利亚的土著文化因其原始的艺术魅力而受到广泛关注，主要体现在各种土著文化遗产，例如石块、木头、树皮、羽毛、动物骨头等，如今这些已经成为澳大利亚珍贵的文化遗产，这一独特的艺术形式也融入澳大利亚的很多商品设计中。澳大利亚北部地区的树皮画就是土著绘画的一种体现，以符号来表现世界是土著绘画的一大特征，它们多见于岩石表面、树上、地上或土著人的身体上。对于现代人来说，土著文化的魅力不仅仅体现在土著艺术方面，更在于它可以帮助我们了解历史上澳大利亚土著人的生活和澳大利亚的历史。

6.1.3 民俗

1. 姓名称谓

澳大利亚人的姓名大都名在前，姓在后。澳大利亚人在第一次见面或谈话时，通常互相要称呼为“先生”、“夫人”、“女士”，熟悉之后就直呼其名。与澳大利亚人交谈时，应当使用其头衔称号，熟人之间可以称呼小名。

2. 生活习俗

1）服饰

澳大利亚人非常注重公共场合的仪表，男子大多数不留胡须，西装革履，女性则是西服上衣西服裙。在购物、游览等闲暇活动中，人们更加偏爱便装。时至今日，各式各样的土著艺术已融入时装设计之中，土著的古代艺术对现代澳大利亚时装潮流有重大影响，这也是澳大利亚时装与众不同，具有线条硬朗、色彩鲜明的原始风格的原因。

2）饮食

澳大利亚人的饮食习惯与欧美国家相似，以英式西菜为主。澳大利亚人口味清淡，不喜油腻。早餐主要有牛奶、麦片粥、面包、黄油、火腿和煎蛋；午餐一般是快餐，通常包括汉堡、热狗、冷餐肉等；晚餐是一天之中的正餐，食物丰盛，多有以煎、炸、炒烹制的热菜和经过炖煮和烧烤的肉食。调味品常用番茄酱、葱、姜、胡椒粉等。澳大利亚人喜欢饮用啤酒和葡萄酒，对咖啡和红茶等饮料也比较感兴趣。下午茶是咖啡或茶加上小饼干、点心等甜食。澳大利亚人对中餐非常喜欢，一些大城市都有中餐馆。澳大利亚人很喜欢野餐，通常以烤肉为主。

3）民居

在澳大利亚通常见到的是宽大的住宅而不是高楼大厦，72%的澳大利亚人拥有自己的单家独院，这些院落在中国被称为别墅，是澳大利亚最普遍的住宅形式。大部分住宅的建筑格局是有4~6个房间的一层庭院式，房舍周围为种满花草和蔬菜的花园和菜园，人口较多、十分富有的人家多为二层房。澳大利亚人的住宅或公寓都有很高的建筑标准，而且住宅内一般都拥有现代化的家用电器设备，绝大多数住宅装有空调和现代化供暖设备，而且大部分澳大利亚人都拥有自己的汽车。

居住在澳大利亚的土著人仍然保留着自己的风俗习惯，很多仍然居住在用树枝和泥土搭成的窝棚里，围一块布或用袋鼠皮蔽体，喜欢纹身或在身上涂抹各种颜色。随着时代的变迁，一些土著居民渐渐离开部落，搬迁到城市居住。澳大利亚有优惠土著居民的各种政策，包括在房屋、就业、福利等方面为他们投入现代生活提供各种必要的协助。

3. 主要节庆

澳大利亚的主要节日有新年、国庆日、复活节、墨尔本美食美酒节、墨尔本杯大奖赛举行日，圣诞节（12月25日）和开盒节（12月26日），主要纪念日有安扎克日和女王诞生日。

国庆日。（1月26日）1788年1月26日英国首批移民抵达澳大利亚，在悉尼湾海岸建立第一个殖民地，后来这一天被确定为澳大利亚国庆日。

复活节。（3月28日至31日）从耶稣受难日开始，为期4天。

墨尔本美食美酒节，每年3月中旬到4月初。这是澳大利亚最重要的美食节，在澳大利亚具有较高的知名度。

安扎克（恩沙克）日。（4月25日）安扎克是澳大利亚和新西兰军团的英文缩写音译，为纪念第一次世界大战中被英国借派的澳大利亚和新西兰联合军登陆土耳其卡利波里半岛而设。

女王诞生日。（6月9日）一般安排在6月的第二个周一，可以连休。西澳大利亚是9月29日。

墨尔本杯大奖赛举行日。11月的第一个星期二，闻名世界的澳大利亚赛马日，全国在这一天停止工作，观看赛马比赛。

4. 礼仪禁忌

澳大利亚人见面习惯握手，但是女子之间不握手，相逢时的见面礼是亲吻对方的脸。在澳大利亚，女性受到人们普遍尊重。澳大利亚人性格开朗，喜欢交际，乐于助人。澳大利亚人的时间观念很强，商业约会必须事先安排，办事注重效率，有准时赴约的好习惯。澳大利亚的基督教徒有周日做礼拜的习惯，所以要避免在这天和他们邀约。前往澳大利亚开展商务活动，最好选择在3月至11月间进行，其他时间多为节假日，应避免前往。应邀到澳大利亚人家做客，最合适的礼物是给女主人带上一束鲜花，也可以给男主人送一瓶葡萄酒。澳大利亚土著居民的一些生活礼俗十分特别，例如马斯格雷夫山地人习惯以锣声迎送客人。凡有客人来访，他们即敲锣以示迎接，若是来客不受欢迎，他们也以锣声逐客。有些地方的土著居民则有嚼骨告别的礼俗，亲友告别时，总要使劲地咬嚼一根骨头，并使之发出"格格"的声音，以示互道珍重，盼望早日重逢。

澳大利亚人忌讳兔子及兔子图案。喜爱袋鼠、琴鸟和金合欢花图案。忌送菊花、杜鹃花、石竹花和黄颜色的花。澳大利亚人平等意识浓厚，交往时应注意一视同仁，不要厚此薄彼。乘出租车必须有一人与司机并排坐，以示尊重。切忌对其国内事务发表议论，也不要说"自谦"的话。不可竖大拇指表示赞扬（在当地被认为下流动作），切忌对人眨眼。另外，澳大利亚人讲究礼貌礼节，在社交场合，忌讳打呵欠、伸懒腰等小动作。

6.1.4 旅游业概况

1. *旅游资源概况*

旅游业是澳大利亚近年来发展最快的行业之一，在澳大利亚的经济中占有重要地位。澳大利亚的旅游资源丰富，大堡礁、黄金海岸等都是国际著名海岛海滩旅游胜地。本区特有的古老动物和独特的建筑艺术也是游客所爱。著名的旅游城市和景区遍布全国，每年都吸引了大批的旅游者前来观光游览。

2. *旅游热点*

1）堪培拉

堪培拉是澳大利亚的首都，政府和外国使馆所在地。堪培拉除了旅游业、博彩业以及满足联邦政府机构、科研单位、大专院校及文化娱乐等部门需要的服务行业之外，没有其他经济部门。堪培拉是现代城市规划的结晶，整个城市的设计非常新颖，几乎所有建筑都是依山而建、临湖而立，街道纵横交错，井井有条。城市中有很多具有历史意义的雄伟建筑和纪念馆，例如国会大厦，国立艺术馆、最高法院、国立图书馆等。在堪培拉可以体验澳大利亚多元的饮食文化，不但能品尝到欧洲菜，也可以找到精美的亚洲菜。

格里芬湖。格里芬湖（图6.3）位于国会山和首都山之间，面积704公顷，是一个人工湖，湖名来源于规划堪培拉的设计师格里芬。格里芬湖湖区碧波荡漾，景色美丽，可供人们游泳、驾驶帆船和垂钓。环湖建有公路，路边遍植花木。湖中有为纪念库克船长而建造的喷泉，它从湖底喷出的水柱高达137m，站在全城任何地方，都可以看到高大的白色水柱直冲云霄。水柱四周的水珠和雾粒在阳光的照耀下，闪烁着一道道彩虹，极为壮观。堪培拉的主要国家机关和公共建筑，如国会大厦、政府大厦、国立图书馆、国立大学、国立美术馆等都建在湖畔，倒映在碧波万顷的湖水中。

新国会大厦。澳大利亚新国会大厦（图 6.4）位于堪培拉，以大理石为建筑材料，在白、黑、红 3 种颜色的大理石空间中成功地营造出权力机构的非凡气势。新国会大厦是世界上少数几个对游客开放的国会大厦之一，大厦内的大部分区域游客都可以免费参观。乘坐电梯到达顶端，可以看到堪培拉的全景。国会大厦里陈列着许多艺术品，其中约有 70 多件是专门制作的，3 000 多件是收购的名画、雕塑、装饰精品和照片。大厦里还有一个画廊，里面有澳大利亚联邦成立以来历届总理的画像。在即将结束参观的出口处，有专售纪念品的商店，供游客选购。

图 6.3　堪培拉的格里芬湖

图 6.4　澳大利亚新国会大厦

澳大利亚国立图书馆。澳大利亚国立图书馆位于格里芬湖畔，介于联邦大道和国家科技中心之间，前身是 1901 年成立的联邦议会图书馆。图书馆馆藏书籍 500 多万册，其中包括库克船长的手稿，是世界著名的图书馆之一。图书馆的主体建筑有 7 层，40 多根十字形的白色大理石柱环绕四周。游客可以通过现代化的检索手段迅速找到自己所需的资料，也可以通过馆内的展览、商店和咖啡馆放松休闲。

图 6.5　澳大利亚国立美术馆

澳大利亚国立美术馆。澳大利亚国立美术馆（图 6.5）于 1982 年正式成立并对外开放。馆内的收藏品是 1788 年到 1880 年这段时间由欧洲、美国、亚洲分别以不同的方式和渠道流入澳大利亚的，并最终在澳大利亚本土保管和收藏。这些艺术珍品大致可分为三大类。第一类是艺术家的作品，包括版画、木雕、石雕、石板印刷等作品；第二类是海报，包括记载澳大利亚各个旅行协会的重大事件的旅行海报、收集世界几次战争及全球各地大小战事的战争海报和其他类别的海报；第三类是一些世界著名的图书馆收藏的名著的片断和节选。

2）悉尼

悉尼是新南威尔士州的首府，澳大利亚最大的城市和重要港口，是澳大利亚重要的政治、经济、金融及交通中心，有“南半球纽约”之称。悉尼在澳大利亚国民经济中的地位举足轻重，高度发达的服务业以及金融业是其经济的主体。悉尼是澳大利亚最古老的的城市，位于悉尼港口边、紧邻环形码头的岩石区，是澳大利亚首批欧洲移民的落脚地。悉尼也是澳大利亚华侨和华人聚居最多的地区。离唐人街不及半公里的中国式花园“谊园”，是纪念澳大利亚 200 周年大庆的工程之一，园内有景区 40 余处。“谊园”是友谊之园，是中澳两国人民友谊的象征。作为国际旅游胜地之一，悉尼歌剧院和港湾大桥使悉尼闻名遐迩。

悉尼塔。悉尼塔位于悉尼市中心，始建于 1968 年，高 304. 8m，是澳大利亚最高的建筑，也是南半球最高的参观平台。悉尼塔和悉尼歌剧院、悉尼海港大桥并称为悉尼三大地标性建筑。悉尼塔的塔楼是个 9 层的圆锥体建筑，外表呈金黄色。第一、二层是两个旋转式餐厅，各有座位 200 多个，因为座位有限，吃饭必须预订。塔楼的第三、四层是瞭望层，为游客准备了高倍望远镜，借助它凭窗眺望，整个悉尼市一览无余。瞭望层还设有多屏幕的电视装置，播放电视录像，介绍悉尼塔的建造过程和悉尼市的开发史。悉尼塔还是一个大型购物中心，在塔基部分的 3 层建筑里，有大小商店 180 个，商店里商品琳琅满目，从时装、皮毛、照相机，到食品、书报杂志，应有尽有。

悉尼歌剧院。悉尼歌剧院（图 6. 6）是从 1955 年开始公开征求世界各地的设计作品、由丹麦建筑师约恩·乌松设计、1973 年竣工的 20 世纪最具特色的建筑之一。悉尼歌剧院是悉尼的象征，已经成为悉尼的标志性建筑。它不仅是悉尼文化艺术的殿堂，也是世界著名的表演艺术中心。2007 年 6 月 28 日悉尼歌剧院被联合国教科文组织列入《世界文化遗产名录》。悉尼歌剧院的外形为 3 组巨大的白色壳片。第一组内部是大音乐厅；第二组内部是歌剧厅，歌剧厅演出频繁，除圣诞节和耶稣受难日之外，每天开放 16 个小时，可同时容纳 7 000 余人；第三组规模最小，内部是一间餐厅，旅游者可以在此边享用美食边欣赏夜景。远望悉尼歌剧院就像一只即将乘风出海的白色风帆，和悉尼港湾大桥一起，与周围景物相映成趣。

图 6. 6　澳大利亚悉尼歌剧院

知识链接 6-2

悉尼歌剧院的第一华裔男高音

悉尼歌剧院活跃着一批才华横溢的华裔艺术家，其中就有从澳大利亚的总理到百姓都知道的华裔艺术家丁毅。他在1999年步入国际乐坛，成为悉尼歌剧院的合约男高音。丁毅初次崭露头角是在2001年，当时排演歌剧《茶花女》的男主角突然病倒，丁毅临危受命，演出取得巨大成功。2002年丁毅担纲主演经典浪漫歌剧《托斯卡》，精彩成功的演出使他成为悉尼歌剧院的首席男高音。

悉尼海港大桥。悉尼海港大桥（图6.7）号称世界第一单孔拱桥，位于悉尼的杰克逊海港，是早期悉尼的代表建筑。大桥1857年开始设计，1924年建造桥基，直到1932年才竣工。它的拱架跨度为503m，身长1 149m，桥面宽49m，中间铺有双轨铁路，两侧的人行道各宽3m。悉尼海港大桥是连接港口南北两岸的重要桥梁，交通完全由计算机控制。由于与悉尼歌剧院隔海相望，将歌剧院和大桥联成一体欣赏时，可以看到一幅反差强烈又协调一体的美丽图画，气势磅礴。澳大利亚人形容悉尼海港大桥的造型像一个“巨型衣架”，横贯海港，并把它誉为悉尼的象征。

澳大利亚博物馆。澳大利亚博物馆位于悉尼市海德公园附近，是世界公认的十家顶级的展馆之一，也是澳大利亚最大的自然历史博物馆。博物馆建于1827年，是澳大利亚第一家博物馆，原名为“殖民地开拓者博物馆”，1929年改为现名。澳大利亚博物馆设有内容丰富的科普教育项目，馆内的教育中心可供中小学生上课用。博物馆还为学生放映科普电影、让学生观看显微镜标本、组织学生进行野外考察，每年大约接纳8万人次的学生参与学习项目。

3）墨尔本

墨尔本是澳大利亚的第二大城市，维多利亚州的首府。墨尔本城市绿化面积高达40%，曾连续多年被联合国人居署评为最适合人类居住的城市。在2011年、2012年和2013年连续3年的宜居城市评比中，墨尔本均摘得桂冠。墨尔本有“澳大利亚文化之都”的美誉，是澳大利亚的文化、工业中心。墨尔本也是一个时尚之都，服饰、艺术、音乐、电视制作、电影、舞蹈等领域在澳大利亚具备一定的影响力。位于墨尔本东南的查斯顿购物中心（图6.8）是南半球最大的购物中心，面积达19万平方米，亦是全球第三大的购物中心。

墨尔本皇家植物园。墨尔本皇家植物园位于墨尔本市中心以南约5km的地方，建造于1845年，占地40公顷。植物园以19世纪园林艺术布置，是全世界设计最好的植物园之一。植物园内有大量罕有的植物和澳大利亚本土特有的植物，还成功培育出2万多种外来植物。因为墨尔本全年没有霜冻，所以热带、亚热带、温带的植物都可以在这里茁壮成长。植物园内还有植物标本室，珍藏150多万件植物标本。

图 6.7 悉尼海港大桥

图 6.8 墨尔本的查斯顿购物中心

墨尔本水族馆。墨尔本水族馆坐落在被誉为“南半球的泰晤士河”的亚拉河畔，馆内有各种海洋生物500余种。游客可以近距离地观察到澳大利亚特有的海洋生物，还可以和大鲨鱼在水中畅游。在海底世界馆内，游客可以亲手触摸各种各样的海洋贝类，从电子模拟器里直观地学习了解海洋生物，3D海底模拟器可以让游客变成一条鱼，探索海底的奥秘。为了方便游客参观游览，馆内还提供7种语言的导游器。

维多利亚艺术中心。维多利亚艺术中心为大型交响乐及古典作品演奏会的专用演出场地，由维多利亚艺术中心信托所经营管理，其范围包括位于亚拉河南岸的剧院以及墨尔本音乐厅，在剧院和音乐厅中有会议厅、宴会厅、餐厅、画廊、博物馆、艺术商品店等。剧院供歌剧和芭蕾舞及大型音乐会演出之用，1996年建成。剧院的外形犹如尖塔，高达162m，是墨尔本醒目的地标。其用玻璃镜制成的屏墙大门，连续流动的水好像迷蒙的瀑布一般，独具特色。

4）布里斯班

布里斯班位于布里斯班河下游两岸，是昆士兰州的首府。布里斯班是澳大利亚第三大城市。布里斯班拥有美丽的自然风景和四季如春的气候，被称为“阳光之城”。布里斯班有许多动物园、植物园和公园，例如维多利亚公园、考拉动物园等，是游客休憩和观光的好去处。风光奇特的黄金海岸和大堡礁每年吸引着世界各地成千上万的游客。布里斯班的餐饮业非常有特色，食客多在户外进餐，无论是高档餐厅还是街边餐馆，都可以品尝到各种昆士兰独有的美味。除了一般的亚洲风味餐厅，还有黎巴嫩风味餐馆。南布里斯班的昆士兰表演艺术馆是各类艺术表演的场地，歌剧、芭蕾、戏剧、音乐会、各种展览会都在这里举行。

5）黄金海岸

黄金海岸是昆士兰州的太平洋沿岸城市，是澳大利亚最大的旅游度假城市之一和全澳经济发展速度最快的城市之一。黄金海岸的支柱产业是旅游、服务、教育、文化、渔业和生物科技等。黄金海岸的旅游资源丰富，海滩全长70km，适航水路260km，是意大利威尼斯适航水路的9倍。黄金海岸的自然生态环境优势明显，生物多样性特点突出，超过1 300种的动物和1 750种的植物遍布于黄金海岸的丛林、海洋和淡水区。市内还有多家大型购物中心、经营世界各国餐饮的饭店、咖啡店、酒吧、各类野生动物园和主题公园以及世界级体育和娱乐设施，这些都给黄金海岸增加了许多旅游亮点。

6）大堡礁

大堡礁（图6.9）位于南太平洋珊瑚海西部，沿着澳大利亚昆士兰州的海岸线，绵延略超2 000km，是世界上最大的珊瑚礁区。大堡礁是昆士兰州最大的观光招牌，也是澳大利亚人最引以为荣的天然景观。它宛如一道天然海堤，像堡垒护卫着海岸，故称堡礁。大堡礁有600多个大小岛礁、400多种活珊瑚，色彩绚丽，千姿百态，被称为“透明清澈的海中野生王国”。在大堡礁17个较大的岛屿上，建有旅馆和公寓，每年游客接踵而至，观赏海洋奇景。

图6.9 澳大利亚大堡礁

知识链接6-3

“世界活化石博物馆”——澳大利亚

据统计，澳大利亚有植物12 000种，其中约有9 000种是其他国家没有的；有鸟类650种，450种是澳大利亚特有的。全球的有袋类动物，除南美洲外，大部分都分布在澳大利亚。澳大利亚的特有生物是在地球演化过程中保留下来的古老生物种类，它们虽显得原始，却成为人类研究地球演化历史的活化石。

鸸鹋（Emu）是出现在澳大利亚国徽上的动物之一，是飞翔功能已经退化的大鸟。鸸鹋是世界上第二大的陆地鸟，也是世界上最古老的鸟种之一，是鸟纲鹤鸵目鸸鹋科唯一现存种。

树袋熊（Koala）又名树熊或考拉，澳大利亚特有的动物之一，既是澳大利亚的国宝，又是澳大利亚奇特的珍贵原始树栖动物，属哺乳类中的有袋目树袋熊科，分布于澳大利亚东南部的尤加利树林区。

鸭嘴兽（Platypus），澳大利亚的单孔类哺乳动物，鸭嘴兽是出现在澳大利亚20澳分硬币上的动物，它们分布于澳大利亚东部约克角至南澳大利亚之间，在塔斯马尼亚岛也有栖息。

袋鼠（Kangaroo），原产于澳大利亚大陆和巴布亚新几内亚的部分地区。有些种类的袋鼠为澳大利亚独有。不同种类的袋鼠在澳大利亚各种不同的自然环境中生活，从凉性气候的雨林和沙漠平原到热带地区。袋鼠以跳代跑，最高可跳到4m，最远可跳至13m，可以说是跳得最高最远的哺乳动物。

6.2 绵羊之国——新西兰

6.2.1 概况

1. 地理位置

新西兰位于太平洋西南部，西隔塔斯曼海与澳大利亚相望，北邻汤加、斐济。新西兰由北岛、南岛、斯图尔特岛及其附近一些小岛组成。新西兰的南海岸距离南极只有2 400km，所以新西兰被称为“世界边缘的国家”。

新西兰国土面积27万平方千米，专属经济区120万平方千米。新西兰是一个岛国，四面环海，海岸线长6 900km。新西兰境内多山，植物生长茂盛，森林覆盖率达30%，天然牧场或农场约占国土面积的一半。

2. 自然环境

新西兰境内多山，山地面积约占全国总面积的3/4。新西兰的地表景观富于变化，北岛多火山和温泉，南岛多冰河与湖泊。北岛第一峰鲁阿佩胡火山高2 797m，火山以北有新西兰最大的湖泊陶波湖，面积616km^2。南岛上有全国第一峰库克峰，海拔3 764m。新西兰特殊的自然景观让它有了“大自然的活地理教室”的美誉。新西兰水力资源丰富，全国80%的电力为水力发电。

新西兰北部属亚热带气候，南部是温带海洋性气候。新西兰的季节与北半球相反，12月至次年2月是夏季，3月至5月是秋季，6月至8月是冬季，9月至11月是春季。12月至2月最热，6月至8月最冷。这与中国夏季高温、冬季寒冷的显著大陆性气候特征产生了鲜明的对比。新西兰的春季和秋季气候温暖，是最佳旅行季节。

3. 人口、语言及宗教

新西兰人口447万（2013年）。其中，欧洲移民后裔占67.6%，毛利人占14.6%，亚裔占9.2%（华人约20万），太平洋岛国裔占6.9%。

新西兰官方规定了3种官方语言，分别是英语、毛利语、新西兰手语。通用语言为英语。毛利语是新西兰土著毛利人的语言，毛利人从太平洋诸岛来到新西兰之后，语音变化很少，基本上各地的人都可以沟通无碍。新西兰手语是世界手语系中的一种。

新西兰约56%的居民信奉基督教新教和天主教，其他为无宗教信仰者或无固定信仰者。

4. 国旗、国歌、国花

国旗：新西兰国旗（图6.10）呈横长方形，长与宽之比为2∶1。旗底色为深蓝色，左上方为英国国旗红、白色的“米”字图案，右边有4颗镶白边的红色五角星，4颗星排列均不对称。新西兰是英联邦成员国，红、白“米”字图案表明同英国的传统关系；4颗星表示南十字星座，表明该国位于南半球，同时还象征独立和希望。

图 6.10 新西兰国旗

国歌：新西兰的国歌是《天佑新西兰》。

国花：银蕨。蕨类植物并没有花，它们是依靠孢子来繁殖的，因其叶子和其卷曲的幼芽的形状像“花”。在毛利传说之中，银蕨原本是在海洋里居住的，后被邀请来到新西兰森林里生活。毛利族猎人和战士都是靠银蕨的银闪闪的树叶背面来认路回家的。

5. 行政区划

新西兰全国分为 16 个大区，设有 73 个地区行政机构（其中包括 16 个市政厅、56 个区议会和查塔姆群岛议会）。主要城市有惠灵顿、奥克兰、克赖斯特彻奇、哈密尔顿等。首都为惠灵顿。

6.2.2 发展简史、政治、经济、文化

1. 发展简史

公元前 10 世纪，波利尼西亚人最先来到新西兰，一直到公元 12 世纪，全国分布了许多定居点。1769 年，英国海军船长库克及其船员成为首先踏足新西兰土地的欧洲人。随后定居点开始逐渐建立起来。到 1840 年，英国迫使毛利人酋长签订《威坦哲条约》，把这片土地划入英国的版图，新西兰成为英国的一个殖民地。1907 年，英国同意新西兰独立，成为英联邦的自治领，但是政治、经济、外交仍然受到英国控制。1931 年，英国议会通过《威斯敏斯特法案》，根据这项法案，新西兰于 1947 年获得完全自主，但仍为英联邦成员。

2. 政治

新西兰是英联邦成员国之一，实行英国式的议会民主制。英国女王是新西兰的国家元首，女王任命的总督作为其代表行使管理权。总督与内阁组成的行政会议是法定的最高行政机构。内阁掌握实权，由议会多数党组成。议会只设众议院，由普选产生，任期 3 年。新西兰无成文宪法，其宪法是由英国议会和新西兰议会先后通过的一系列法律和修正案以及英国枢密院的某些决定所构成。

3. 经济

新西兰是经济发达国家，畜牧业是其经济的基础，新西兰农牧产品出口量占其出口总量的 50%，乳制品与肉类是新西兰最重要的出口产品。粗羊毛出口量居世界第一

位，占世界总产量的25%。新西兰还是世界上最大的鹿茸生产国和出口国，产量占世界总产量的30%。新西兰森林资源丰富，占全国土地面积的30%，主要产品有原木、木浆、纸及木板等。新西兰渔产丰富，是世界第四大专属经济区，200海里专属经济区内捕鱼潜力每年约50万吨。

新西兰工业以农林牧产品加工为主，主要有奶制品、毛毯、食品、酿酒、皮革、烟草、造纸和木材加工等轻工业，产品主要供出口。新西兰环境清新、气候宜人，旅游胜地遍布全国。旅游业收入约占新西兰国内生产总值的10%，是仅次于乳制品业的第二大创汇产业。

4. 文化

新西兰实行全国统一的教育体系，19岁以前在公立学校上学为免费教育。通过学校、大学、技工学院和其他教育机构提供高质量的教育，教育经费开支占政府开支第三位。新西兰的艺术与文化得自于各个种族，产生了结合毛利人、欧洲人、亚洲人和大洋洲人的特质。新西兰的艺术圈反映了这种融合。新西兰最有价值的绘画中是由查尔斯·高第（Czarles Goldie）于19世纪所画的毛利人画像。橄榄球是新西兰最受欢迎、影响最大的体育运动，曾经夺取过橄榄球世界杯冠军，并且长期名列世界前茅。国家橄榄球队在每次开场比赛前，总是集体表演古毛利土著武士的称为“哈卡”（Haka）站舞，用以鼓舞士气。

6.2.3 民俗

1. 生活习俗

1）服饰

新西兰人是欧洲移民的后裔，在日常生活里通常以穿着欧式服装为主。他们注重服饰质量，讲究庄重，偏爱舒适，强调因场合而异。正式盛大的集会大都穿深色西服或礼服，但在一般场合人们的穿着趋于简便。妇女打高尔夫球时都是穿裙子。外出参加交际应酬时，新西兰妇女不但要身着盛装；而且一定要化妆。在她们看来，参加社交活动时化妆，是一种基本的礼貌修养。周末假期，人们出外郊游则是另一番打扮，十分随便。

新西兰毛利人的传统服饰鲜艳而简洁，富有民族特色。有披肩、围胸、围腰和短裙。最常见的是“比乌比武”（Piupiu）短裙，它是用亚麻类植物织成，人们习惯称之为毛利草裙。此裙不分男女，现在多作演出时的道具。毛利人最讲究的是羽毛大氅，过去是酋长才能披戴的，现在遇有盛大庆祝活动时才穿上迎接贵宾。以示庄重威严。现今毛利人平时的穿戴也是西装革履，并无异样。

2）饮食

新西兰人的饮食习惯与澳大利亚人相似，饮食中肉类占有很大比重，尤其喜爱吃羊肉，传统的新西兰餐由一道肉（羊、牛、猪或鸡）、马铃薯及二至三样蔬菜构成。晚餐的烧烤是肉和蔬菜加油烤制而成。新西兰人习惯吃英式西餐，口味喜清淡，一般都爱喝咖啡和红茶，爱吃水果。

新西兰全国各地的咖啡馆和餐厅都提供结合各地特色的料理，地道的新西兰风格的菜品有羊肉、猪肉、鹿肉、鲑鱼、小龙虾、鲍鱼、扇贝、甘薯、奇异果等烹制的菜品，还有最具代表性的新西兰甜点“帕洛娃”，把白奶油和新鲜水果铺在蛋白上制成。异国料理包括日式、印度式、意式、墨西哥式、中式、马来西亚式和泰式。新西兰共有900多家亚洲料理餐厅。

3）民居

新西兰被誉为“世界上最适宜居住的国家”，房子呈现英式风格，基本上均为白色的木质结构，一般为平房，高不过两层，非常实用舒适。室内装饰舒适而典雅，院内按规划种上了绿草，在草地上间种各式各样的树木。房子四周的木墙上装着宽大的透明玻璃，坐在屋中，四周风景尽收眼底。

毛利人住房特点是：全木结构的一层平房，屋顶尖耸，屋顶正面会用染红的木头雕刻上代表神灵的图腾。从外面就可以看到硕大的图腾木雕、羊头骨、毛利旗等代表原住民文化的象征物。走进去，或威严，或恐怖，或欢喜，或怪异的各种图腾装饰品随处可见。房子前面是一片空地，作为迎接宾客的场所。

2. 主要节庆

新西兰的主要节日有：新年（1月1日）、世界街头艺人节、怀唐伊（威坦哲）日、波利尼西亚毛利文化节、复活节（4月6日）、女王诞辰日（6月的第一个星期一）、劳动节（10月的第4个星期一）、圣诞节（12月25日），节礼日（12月26日），主要纪念日有澳新军团日。新西兰每个地区还有不同的周年庆活动。

世界街头艺人节。1月15日至24日，节日期间，来自世界各地的街头艺人同在基督城表演才艺。

怀唐伊日。2月6日，每年的这一天新西兰全国放假一天。1840年2月6日，毛利人和英国王室在怀唐伊签署了《怀唐伊条约》，确立了新西兰成为英国的一个殖民地。《怀唐伊条约》是新西兰的立国奠基文件。每年的2月6日，举国上下共同欢庆《怀唐伊条约》的签订。

波利尼西亚毛利文化节。每年的3月1日至31日，是新西兰规模最大的传统文化节庆，节日期间进行各种传统表演。

澳新军团日。4月25日。最初这个节日是用来纪念澳大利亚和新西兰联合组建澳新军团在第一次世界大战、第二次世界大战等战争中牺牲的军人的。

3. 礼仪禁忌

新西兰的大部分居民是英国人的后裔，因此这里流传着许多英国人的身势语和示意动作的习俗。新西兰人见面和告别均行握手礼，习惯的握手方式是紧紧握手，目光直接接触，男士应等候妇女先伸出手来。新西兰人时间观念较强，约会须事先商定，准时赴约。客人可以提前几分钟到达，以示对主人的尊敬。应邀到新西兰人家里作客，可以送给男主人一盒巧克力或一瓶威士忌，送给女主人一束鲜花。社会交往中赠送礼物不可过多，不可昂贵。

在社交场合忌大声喧哗和装腔作势。当众嚼口香糖或用牙签在新西兰被认为是不文明的行为。新西兰人忌讳“13”与“星期五”，如果有一天既是13日又是星期五，那么在这一天新西兰人几乎不会安排任何活动。新西兰人不愿谈论有关宗教信仰、国内政治和私人事务的话题。

新西兰的毛利人仍然保留着浓郁的传统习俗。他们有一种传统的礼节，当遇到尊贵的客人时，他们要行“碰鼻礼”，即双方要鼻尖碰鼻尖二三次，然后再分手离去。按照其风俗，碰鼻子的时间越长，说明客人受到的礼遇越高。他们大都信奉原始宗教，相信灵魂不灭，尊奉祖先的精灵，因此对拍照、摄像十分忌讳。

6.2.4 旅游业概况

1. *旅游资源概况*

新西兰纯净的空气和未经污染的水源、辽阔的森林和草原以及遍布全国的牧场风光是吸引各国旅游者的热点。新西兰殖民与土著相结合的历史背景和独特的毛利文化环境是促进其旅游业快速发展的重要因素之一。在新西兰，旅游者可以参观农场、葡萄酒厂、博物馆和艺术画廊，也可以参加各式各样的食品节、葡萄酒节或鲜花节，感受这里的独特风情。新西兰的主要客源市场为澳大利亚、中国和英国。

2. *旅游热点*

1）惠灵顿

惠灵顿是新西兰的首都，位于北岛南端，三面环山，一面临海，是往来新西兰南北二岛的交通枢纽。惠灵顿是新西兰的第二大城市，也是新西兰政治、工业、金融中心。惠灵顿整个城市依山而建，空气清新，四季如春。市内的主要旅游景点有国会大厦建筑群、国家艺术画廊和国家博物馆。市内保存的古建筑有1876年修建的市政府大厦，外观酷似石头所建，但却是木质结构，是南太平洋最宏伟的木结构建筑之一。惠灵顿有很多新兴饭店、小酒馆、咖啡店，提供世界各种风味的菜肴。惠灵顿的一大特产是绵羊，羔羊肉味道鲜美，尤其以烤羔羊肉或羔羊排最具特色。

新西兰国立博物馆。新西兰国立博物馆位于皇后湾附近，地处惠灵顿中心，是新西兰唯一一家由政府直接管理的博物馆，也是南半球最大的博物馆。博物馆始建于1933年，1986年后进行了搬迁和扩建。1998年2月新馆开馆，免费向游客开放。馆内设有毛利族陈列大厅、太平洋陈列室、地质史陈列室、动物陈列室等展厅。其中毛利族陈列大厅展有许多毛利族人的珍贵器物、个人饰品及仪式用武器。这里还陈列着毛利人的特有服装——夏季的“麻洛”，以及用狗毛皮制成的、象征身份和地位的冬季披风等。与其他国家相比，新西兰的土著文化保护的是最好的。博物馆是新西兰历史文化的写照，也是传承文化的重要场所，是新西兰人从小就经常光顾的场所。

惠灵顿植物园。惠灵顿植物园位于惠灵顿一道V字形的山岭上，占地26公顷。植物园汇聚着世界各国的名树名花，是一座国际性的花园。其中有中国的山茶，法国的月季，巴西的珊瑚树，澳大利亚的毛榉，非洲的雪松，荷兰的郁金香以及多种颜色的日本樱花。园内数量最多的是新西兰土生土长的松、柏、榆、柳、蕨等。因为植物园有众多来自不同国家、不同土壤、不同气候的花草树木，才能四季常绿，山岭上和山谷里都开满鲜花，争奇斗艳。

2）奥克兰

奥克兰是新西兰的第一大城市，位于新西兰北岛的奥克兰区，是全国工业、商业和经济贸易中心。奥克兰两面环海，东侧是濒临太平洋的威特马塔港。奥克兰市民拥有的私人船只的数量居世界前列，平均每 11 个人就拥有 1 艘船，因此奥克兰享有“风帆之都”的美誉（图 6.11）。

每年 1 月举办的奥克兰帆船赛，是奥克兰及各国帆船爱好者的狂欢节。奥克兰还是旅游购物的天堂，皇后街是奥克兰传统的主要街道和新西兰的最佳商业区，它汇集了市内所有购物商店及大型百货公司。美丽的海港、海滩、现代化的大都市，这些元素使奥克兰成为理想的旅游目的地。

天空塔。天空塔（图 6.12）坐落在奥克兰的市中心，始建于 1996 年，1997 年正式开幕，高 328m，是奥克兰的标志性建筑，也是南半球的最高建筑。天空塔是观光及电台广播塔，位列全球独立式观光塔第 13 位。天空塔共用 15 000m^3 的混凝土和 2 660T 的强力钢铁建成，地基深达 15m。塔上 190m 处有多层观景台和高倍望远镜，可以方便游客观赏奥克兰的全景。主观景台内设有电脑，用来检索在观景台看到的景点资料，还有多种语言的广播服务和交互式科技设备，以及视听展览。

图 6.11 “风帆之都”奥克兰

图 6.12 新西兰的天空塔

伊甸山。伊甸山位于奥克兰市中心以南约 5km 处，是一座死火山形成的火山口，形成于约 3 万年以前，高 196m，是奥克兰陆地火山带中最高的火山，也是奥克兰最重要的象征之一。山顶设有瞭望台，视野开阔，可以眺望奥克兰全市的景色。山上有一个标志牌，上面标有世界较大首都距离此地的公里数。伊甸山属温带海洋性气候，四季温差不大，四季皆适宜旅游。

3）克赖斯特彻奇

克赖斯特彻奇称基督城，是新西兰的第三大城市，也是南岛最大的城市。基督城约在 150 年前开始建立，由于当初前来建设城市地标“大教堂”的人多是英国牛津大学的基督教会出身，所以这个城市取名为“基督城”。城中道路整洁，草木繁盛，花团锦簇，因此基督城被称作“花园城市”。基督城内常举行不同类型的节庆活动，如花卉节、佳肴美食节、全国艺术节及历史悠久的嘉年华会。城内可见各国风味的餐馆、酒吧、咖啡厅，有的营业到深夜。基督城内住宿类型多样，国际酒店、度假别墅、汽车旅馆、农庄住宿或青年客舍一应俱全。基督城与中国的武汉市互为友好城市，两市之间多有文化交流。

4）罗托鲁阿

罗托鲁阿，又译罗托鲁瓦，位于罗托鲁阿湖南畔，距奥克兰221km。罗托鲁阿是南半球最有名的泥火山和温泉区，也是毛利人的聚居区。“罗托鲁阿”在毛利语中的意思为“火山口湖”。罗托鲁阿湖面积23km^2，湖光潋滟，空气中硫黄弥漫，热泉泥浆沸腾。罗托鲁阿市内旅游设施齐备，旅馆饭店林立，旅馆大部分设有蒸汽浴和露天温泉游泳池。罗托鲁阿的毛利文化多姿多彩，毛利人每年都在文化村里举办盛大的聚会，吸引了许多来自世界各地的旅游者。

知识链接6-4

新西兰罗托鲁阿的毛利文化

罗托鲁阿是毛利族历史文化荟萃之地，展现出最完整的毛利文化。源远流长的毛利族历史和别具一格的文化工艺，成为罗托鲁阿的重要旅游资源，旅游者通过在毛利文化村的参观，了解毛利人的日常生活和风俗习惯。

毛利文化村Maori village将毛利人的古老房屋经过修缮后集中在这里，村的中央有一处展览所，内部陈列了毛利人独特的雕刻品，是了解毛利族文化的最佳场所。

罗托鲁阿市内还建有毛利博物馆、毛利工艺研究所雕刻中心、毛利会堂和颇具民族特色的毛利村寨。人们可以向毛利艺术大师学习传统的毛利雕刻或编织技艺，也可以品尝用传统方法烹制的现代食物，或者和毛利朋友们一起尽情唱歌跳舞。

彩虹泉公园。彩虹泉公园建于1928年，距罗托鲁阿市区约5km，是一处具备多种主题的观光公园。公园内有世界最大的养鳟场，饲养各式各样的鳟鱼，游客可以在最自然的状态下观赏鳟鱼的生态。公园内有许多难得一见的稀有动物，如新西兰的夜行动物负鼠和国鸟几维鸟。公园每天上午8点到下午5点开放，从公园通过彩虹隧道前往彩虹农场只需4分钟，彩虹农场的表演一天4场，有剪羊毛秀、牧羊犬秀以及现场挤牛奶、制奶油等。

5）昆斯敦

昆斯敦又名皇后镇，是新西兰南岛的避暑胜地，位于南岛南部的瓦卡蒂普湖的北岸，瓦卡蒂普湖是新西兰的第三大湖。昆斯敦是一个被南阿尔卑斯山包围的依山傍水的美丽城镇。昆斯敦四季分明，景色变化万千。镇内交通方便，滑雪场、高尔夫球场、葡萄园、商店等旅游娱乐设施完备。从昆斯敦的港口码头乘古老的蒸汽轮船就可饱览瓦卡蒂普湖的景色，湖泊和高山景观非常适合开展各种探险活动，例如跳伞、蹦极、喷射快艇、骑马和水上漂流等，休闲活动包括钓鱼、滑水、湖上巡游、温泉浴和休闲高尔夫。

6）达尼丁

达尼丁是新西兰南岛第二大城市，也是新西兰第五大城市，仅次于奥克兰、惠灵顿、克赖斯特彻奇、哈密尔顿。达尼丁气候宜人，没有严寒和酷热。达尼丁的居民大部分为英国后裔，他们的祖先在150多年前来到这里淘金，因此这座城市的建筑大部分保留着苏格兰情调。达尼丁是新西兰的教育中心，享有“大学城”的美誉，奥塔哥大学、达尼丁教育学院及技术商业专科学校等都具有优良的教育环境和条件，在新西兰占有重要地位。达尼丁目前约有3 000名华人，大多是早年来自中国广东沿海一带的矿工移民，后代在此经营餐馆，该市现有10余家中餐馆。达尼丁的主要工业有羊毛制品、制衣和化肥，外贸产品主要是羊毛、肉类和乳制品。达尼丁的旅游业也比较发达，拥有众多历史性建筑、博物馆和鸟类保护区。

图6.13　库克山

7）库克峰

库克峰（图6.13）是南阿尔卑斯山脉的最高峰，海拔3 764m，有“新西兰屋脊之称”。库克峰位于库克峰国家公园的中心，终年被冰雪覆盖，附近群山环绕，群山的谷地里隐藏着许多条冰河。其中塔斯曼冰河长约29km，宽2km，深600m，是世界上除极地以外最长的冰河。在冰河内部，由于它的移动，带着山体的碎石下滑，加上阳光的照射，使冰河表面形成了无数的裂缝和冰塔，造型千姿百态，耀眼夺目。山麓地带是绝佳的自然游乐场，可以开展滑雪、爬山、狩猎活动。

8）汤加里罗国家公园

汤加里罗国家公园建于1887年，是新西兰最早建立的国家公园。整个公园内森林密布，溪水流淌，有壮观的火山群及变化多端的生态环境。当地土著毛利人的文化是其特色之一。公园中心地带的山脉对于毛利人来说具有宗教上的象征意义，标志着整个部落及其环境在精神上的联系。汤加里罗公园地热资源丰富，沸泉、间歇泉、喷气孔、沸泥塘等遍地可见。沸泥塘是新西兰一大奇观，泥塘中黄色的泥浆突突沸跳。

9）峡湾国家公园

峡湾国家公园（图6.14）位于新西兰南岛西南端，濒临塔斯曼海，是新西兰最大的国家公园，也是世界上最大的国家公园之一。公园内有南岛最深的马纳波里湖和最大的蒂阿瑙湖。马纳波里湖，毛利语为“伤心湖”，长约29km，面积约190km^2，最深处达443m。湖内有许多小岛，较大的岛屿约有30个。周围群山环拥，岛屿隐现，被誉为“新西兰最美之湖”。湖滨有岩洞，洞里有地下河和两个地下瀑布以及萤火虫奇观。1986年峡湾国家公园被联合国教科文组织列入《世界遗产名录》。

10）瓦卡蒂普湖

瓦卡蒂普湖位于新西兰南岛西部，形状如闪电，是新西兰的第三大湖泊。瓦卡蒂普湖是冰蚀湖，因此是新西兰的避暑胜地和户外活动的集中地。滑雪、冲浪、滑翔

图 6.14 新西兰峡湾国家公园

伞、喷气飞船、激流划艇、蹦极等探险活动应有尽有。瓦卡蒂普湖由于不寻常的形状而形成了独特的“潮汐”现象，使得湖水面每隔25分钟就上升和下降约10cm。据毛利人的传说，这种现象和湖底名为默特乌的水怪有关，它在湖底休息，“潮涨潮落”就是它的心跳导致的。

11）拉那克城堡

拉那克城堡是新西兰唯一的古堡，坐落在奥塔哥半岛上，1871年开工建造，由200名工匠建造外部，5年后完成。后又由3名英国雕刻师花了12年的时间装饰内部。古堡独特的建筑风格，是新哥特式复兴主义建筑与英国殖民时代建筑的结合。古堡内部华丽，不仅有意大利的石膏天花板、威尼斯的玻璃墙，还有南半球唯一的乔治王时代的悬梯。通往城堡的高速公路修筑在奥塔哥半岛的沿岸，一路风光秀丽。站在城堡上眺望达尼丁港口，美丽的海湾景色尽收眼底。

课后习题

一、思考题

1. 试述澳大利亚的气候特征，澳大利亚首都有哪些旅游景点？
2. 简述新西兰人在饮食方面的习惯。
3. 新西兰人的日常社交礼仪有哪些？

二、案例分析题

旅行社的导游小李要接待一个来自澳大利亚的旅游团，做带团准备的时候小李收集了以下资料。

1. 澳大利亚人性格开朗，说话直截了当，做事不拖泥带水。
2. 带团过程中要严格遵守日程的时间安排，因为澳大利亚人时间观念比较强。
3. 旅游过程中餐饮和风味餐的安排可以适当安排中餐，例如饺子。

请结合小李收集的资料谈谈澳大利亚人的性格特征和风俗习惯，以及接待澳大利亚旅游团的注意事项。

参考文献

[1] 黄明亮，刘晓芬．中国旅游客源国（地区）概况[M]．北京：科学出版社，2013.
[2] 陈家刚．中国旅游客源国概况[M].2版．天津：南开大学出版社，2013.
[3] 张金霞，赵亮．中国主要旅游客源国与目的地国概况[M].2版．北京：清华大学出版社，2012.
[4] 胡华．中国旅游客源国与目的地国概况[M]．北京：中国旅游出版社，2012.
[5] 杨载田．旅游客源国概论[M].2版．北京：科学出版社，2012.
[6] 刘文海．世界旅游业的发展现状、趋势及启迪[J]．中国市场，2012.
[7] 熊国铭．旅游客源地与目的地概况[M]．上海：上海交通大学出版社，2012.
[8] 蔡杰．旅游客源国概况[M]．成都：西南财经大学出版社，2011.
[9] 唐玲萍．旅游客源国概况[M]．昆明：云南大学出版社，2011.
[10] 夏绍兵，吴明清．旅游客源国（地区）概况[M]．天津：天津大学出版社，2011.
[11] 何丽芳．中国旅游客源国概况[M]．长沙：湖南大学出版社，2010.
[12] 孙克勤．中国旅游客源国概况[M]．北京：旅游教育出版社，2010.
[13] 王兴斌．中国旅游客源国概况[M].5版．北京：旅游教育出版社，2010.
[14] 许晓光．世界旅游地理[M]．天津：天津大学出版社，2010.
[15] 赵利民．旅游客源国概况[M]．大连：东北财经大学出版社，2009.
[16] 于向东．中国海外客源市场概况[M]．大连：东北财经大学出版社，2009.
[17] 杨静达．旅游客源国（地区）概况[M]．大连：大连理工大学出版社，2009.
[18] 王勇，吕迎春．中国旅游文化[M]．大连：大连理工大学出版社，2009.
[19] 彭淑清．中国旅游客源国概况[M]．重庆：重庆大学出版社，2008.
[20] 王秀琳．海外旅游禁忌[M]．北京：旅游教育出版社，2006.
[21] 杨英杰．中外民俗[M]．天津：南开大学出版社，2006.
[22] 吴忠军．中外民俗[M].2版．大连：东北财经大学出版社，2007.
[23] 王维克．世界旅游业发展回顾与趋势展望[J]．乌鲁木齐职业大学学报，2005.
[24] 宝胜，舒惠芳．客源国（地区）概况[M]．北京：机械工业出版社，2004.
[25] 中国旅游网：http：//www.cnta.com
[26] 世界旅游网：http：//www.worldtravelno1.com
[27] 外交部：http：//www.fmprc.gov.cn
[28] 百度百科：http：//baike.baidu.com
[29] 行政区划网：http：//www.xzqh.org